佐证秋

编委会

主 任 关爱和　刘增杰

委 员（以姓氏笔画为序）

马小泉　白春超
关爱和　任　光
刘增杰　刘进才
刘　涛　刘小敏
朱秀梅　张云鹏
张先飞　李国平
李　敏　沈红芳
杨萌芽　杨站军
孟庆澍　侯运华
胡全章　郝魁峰
高恒文　袁喜生
解志熙　靳宇峰

总校阅 任　光

任访秋文集 ⑩

集外集

河南大学出版社
·郑州·

图书在版编目(CIP)数据

任访秋文集.集外集/任访秋著.—郑州:河南大学出版社,2013.7(2018.6重印)
ISBN 978-7-5649-1285-7

Ⅰ.①任… Ⅱ.①任… Ⅲ.①任访秋(1909～2000)—文集 Ⅳ.①I217.2

中国版本图书馆CIP数据核字(2013)第158567号

责任编辑　张云鹏　马　龙
责任校对　孙增科
封面设计　翟淼淼

出　版	河南大学出版社		
	地址:郑州市郑东新区商务外环中华大厦2401号　邮编:450046		
	电话:0371—86059701(营销部)　网址:www.hupress.com		
排　版	河南新华印刷集团有限公司		
印　刷	河南瑞之光印刷股份有限公司		
版　次	2013年7月第1版	印　次	2018年6月第3次印刷
开　本	710mm×1000mm　1/16	印　张	31.75
字　数	427千字	插　页	2
定　价	115.00元		

(本书如有印装质量问题,请与河南大学出版社营销部联系调换)

1984年与版画家刘岘（右一）在一起，左起：张如法、刘增杰、任访秋

前排左起：姚雪垠、苏金伞、陈雨门、魏　巍
后排左起：苏　鹰、任访秋、周启祥、刘　溶

改革开放后第一次校庆中文系学术讨论会部分成员合影

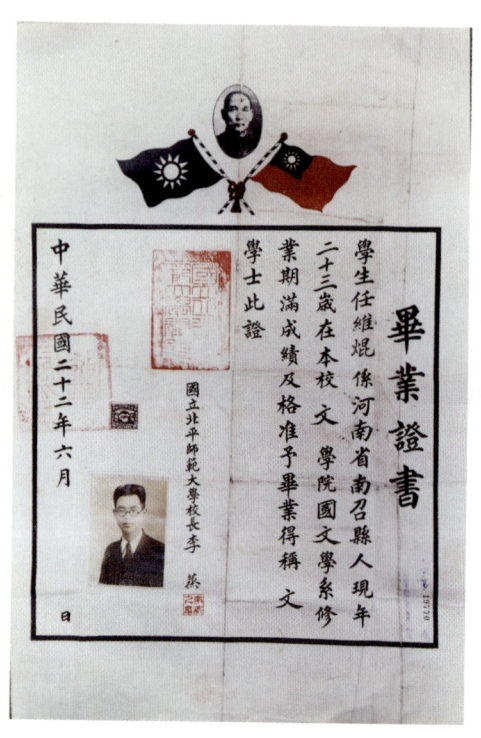

1933年在北师大毕业时的毕业证书

凡　例

一、《任访秋文集》收入作者1920年代末以来的作品，包括专著、论文、序跋、回忆性散文、日记以及部分未刊稿。文集大致按内容分为七编，分别是古代文学研究、近代文学研究、现代文学研究、鲁迅研究、未刊著作三种、集外集和日记。

二、已经发表和出版的作品，以初次发表的报刊和初版本为依据收录，首次出版的日记及未刊稿，均按原件收录，除明显错误外，原则上不做任何改动。每编之首加《出版说明》对该编著作的发表情况、版本沿革等问题作必要交代。

三、文集各卷所收著作，除个别技术处理外，根据不同情况，分别按内容性质或出版时间先后排序；未经结集的文章，以发表或写作时间先后排序。

四、原文中读之疑似不通，或疑有误而不知所误为何者，一仍其旧，不作改动，加注释说明；原文偶有印刷缺漏，不妄自以意添增，加注释说明；个别字迹不可辨识的，用□标识。

五、编制《任访秋先生生平著作系年》、《任访秋先生著作分类目录》作为附编置于末卷。

出 版 说 明

　　本编收录了作者专集之外现存的所有文章,包括论文、序跋、评传等杂著72篇,从20世纪20年代末至90年代,时间跨度约70年,贯穿其整个学术生涯。其中纪念师友、回忆河南大学文史系旧事等一系列文章曾陆续发表于1987~1989年的《教育时报》上,作者曾定名为《感旧集》;所收录的其他文章大都曾发表过,部分文章从未刊行,由手稿整理而成。此次整理将其合为一集,统以《集外集》名之,仅按内容进行了简单的归类。

目　录

古 代 文 学

边塞诗人吴汉槎评传……………………………………（3）
古文家的文论……………………………………………（17）
萧散诗人马致远…………………………………………（67）
略论《歧路灯》对明代白话小说写实主义的继承………（79）
李贽与晚明思想解放及文学革新运动…………………（84）
试谈曹雪芹的艺术思想…………………………………（96）

近现当代文学

刘师培的文学论…………………………………………（105）
谈谈五四文学革命运动在思想上的领导问题…………（114）
对《中国新文学史教学大纲》的商榷……………………（120）
附录：敬复王、韩、任、俞四位先生………………………（125）
为贯彻毛泽东文艺路线，文艺工作者要加紧自我改造
　………………………………………………………（128）
鲁迅《谈金圣叹》注释……………………………………（132）
《谈金圣叹》的时代背景…………………………………（138）
《女神》中的"泛神论"思想与中国文化的传统精神
　………………………………………………………（141）
毛泽东同志论批判继承…………………………………（150）
漫谈《李自成》……………………………………………（155）

五四新文化运动与晚明文化革新……………………（166）
胡适与"整理国故"及其存在的问题 ……………………（178）
历史的无情选择——漫议文化的借鉴与继承……………（192）
我国近现代学者对祖国传统文化在认识与态度上的发展
　……………………………………………………………（199）
龚自珍与魏源——纪念龚自珍诞生200周年……………（211）
章太炎与五四新文化运动…………………………………（216）

其　他

东西洋文学中之恋爱观……………………………………（227）
听觉文艺描写方法之研究…………………………………（229）
碎话…………………………………………………………（235）
谚语之研究…………………………………………………（242）
同适斋读书劄记之一………………………………………（257）
同适斋读书劄记之二………………………………………（263）
论文学中思想与形式之关系………………………………（272）
得天下英才而教之,乐在其中……………………………（297）
怎样度假……………………………………………………（300）
兰亭纪行……………………………………………………（303）
谈谈我国古代哲人论养生…………………………………（307）
怀念茅盾先生………………………………………………（310）
东南行纪……………………………………………………（314）
"考古求真"、"致用求适"…………………………………（321）
悼念薛绥之同志……………………………………………（324）
河南大学任访秋教授的贺词（庆祝姚雪垠80寿辰）
　……………………………………………………………（327）

书　序

《人生珍言录》序言…………………………………………（331）

《〈红楼梦〉十讲》序 …………………………………（334）
《历代名人嵩山诗选》序 ……………………………（340）
《韩诗外传选译》序 …………………………………（343）
《王桐乡诗三百首》序 ………………………………（344）
《何景明评传》序 ……………………………………（350）

感 旧 集

《感旧集》序 …………………………………………（353）
嵇文甫先生 ……………………………………………（355）
忆知堂老人 ……………………………………………（358）
亡友张长弓 ……………………………………………（363）
张邃青先生 ……………………………………………（365）
忆胡适 …………………………………………………（367）
钱玄同印象 ……………………………………………（369）
忆老友罗梦册 …………………………………………（372）
万曼 ……………………………………………………（375）
潭头时期的河大 ………………………………………（377）

自 传

从家塾到大学研究院 …………………………………（385）
我的家庭 ………………………………………………（399）
我的婚姻 ………………………………………………（404）
我的朋友 ………………………………………………（411）
十年飘泊记 ……………………………………………（418）
回忆我的老师 …………………………………………（431）
七十自述 ………………………………………………（440）
五十年来在治学上走过的道路 ………………………（450）

补　遗

杨柳与文学……………………………………………（471）
怎样学习文学…………………………………………（484）
文章简繁………………………………………………（489）
"智"与"明"……………………………………………（498）

古 代 文 学

边塞诗人吴汉槎评传

一

  入秋以来,复事赋学,妄谓可以规模江、鲍,接迹王、杨,但负罪之人,为时捐弃,纵调如白雪,才似和璧,亦将唾涕视之矣。彼才不逮于中人,名不出里闬,一旦身跻云霄,从容辇毂,虽复伏猎侍郎,金根校理,得其片言只语,以为韩、欧复生。

  这是诗人吴汉槎给他的朋友计甫草信中的一段话。我们读后,该起一种什么样的感想呢?唉!我们以为,只晓得在交际场中的一般人们是都带着势力的眼睛,但哪知道在文学界里,也免不掉这种卑鄙的毛病呢!

  我们试翻开二十四史看一看,真不知有多少作家,因为行为之不彰,所以姓名也就随之而被埋没了;又不知有多少作家,因得罪了当时的君主,而受一般人的轻视,到了以后,也一样地销声匿迹,在后世人的记忆中泯灭了。唉,哪晓得现在我要谈的边塞诗人吴汉槎,也就是这类作家中之一个呢?

  谈到诗人吴汉槎,刹那间就可以使我们联想到西汉的苏子卿来。他们的身世,不是一样的凄苦,他们的遭际不是一样的坎坷吗?你想他们都是自幼生在那山明水秀、气候温和的祖国,一但陡然间,迁居在荒凉偏僻、萧条冷酷的边塞,他们的心魂该是破碎到什么地步,他们的精神,该惨痛到什么情景,恐怕这不是我们所想像得到的吧!不过苏子卿总算后来受到君主的优遇,得到人世的荣誉了。就是现在,他的英名不是仍然脍炙人口,在人间流传不息吗?可是吴汉槎呢?他挨尽了旁人的唾骂,受尽了旁人的白眼,虽然他曾把自己的凄苦哀怨,一一诉诸诗歌,但有谁能去了解他呢?所以他就不能不因此埋没无闻了。清初的诗人吴梅村、龚鼎孳等都是人所共知的。但是吴汉槎呢?究竟有几人晓得他呢?所以现在要把他的身世略略申述一番,借以引起人们对他的注意,我想诸君或不至认为这是一桩无谓的举动吧!

二

吴诗人(1631~1688)名兆骞,字汉槎,明末崇祯四年十一月生在江苏吴江县一个姓吴的家里。这家姓吴的,也可以说是当地的世家。汉槎的七世祖立斋公,曾当过明朝的刑部尚书。到了汉槎的父亲燕勒公,也能继先世的功业,在崇祯三年中了进士。后来,看到国势的危弱、群盗的猖獗,所以决计团练乡勇,以御敌寇。后来,曾经巡抚衡、永、郴、桂等处,因为湘阴长沙兵变,他看到大势已去,明朝的国运已到了不可挽回的地步了,于是就披剃为僧,遁迹空山。清兵到后,曾一度招降,他执意不肯,从此就绝意仕进,老死田园。这是《吴江县志》中所载关于燕勒公事迹的概略。

汉槎生在这样的一个家庭里,他的先天的赋予同后天的获得,自然与众不同啦。本来一个天才卓荦的人,他的性格自然不免要桀傲不驯的。因为他看不惯一般人的庸俗,看不惯社会的污浊,所以只有孤高自赏,不为世人所知;或者不见容于社会,而为世人所陷害。汉槎在童年时期,已经露出他那落落不与人合与蔑视一切的态度了。当他在家塾读书的时候,他不时拿他同学脱下的帽子,当作他的溺器。后来被他的同学告发了,于是塾师就大申斥特申斥地询问他:"为什么要溺到别人的帽子里?"他不客气地答道:"与其戴在俗人头上,还不如盛我的尿哩!"所以当时他的老师就叹道:"他日必以高名贾祸!"

汉槎在幼年既是这样的桀骜不驯,以后渐渐地大了,他这种态度,仍然是不稍改变。不但不改变,而且几乎是与时俱进。当他中了孝廉以后,一次与他的朋友步出吴江县的东门,意气岸然,有些不屑与别人为伍似的。在半途中猝然注视着他的朋友顾青坛说:"江东无我,卿当独秀。"所以别人就不禁为之胆寒。

我们上边的两桩事,就很可以晓得汉槎是什么样的一个人了。他拿这种态度来处世,自然要受社会的排挤,不为世人所喜啦。他的朋友也很有劝告他的,但他很气愤地说道:"哪有名士而不简贵的?"你想他不但不能与世人同流合污,反而处处与社会为敌,以后他之所以终身潦倒,愁苦以死,自然是不能说没有原因呢。

现在既然我们晓得吴汉槎是什么一个人了,以下就不妨再来谈谈他一生的遭际。我打算把他的身世分做三个时期来次第地叙述:

第一个时期:从他的幼年叙起,一直到他下狱的时候。
第二个时期:自他出塞的时候,到他回国以后。
第三个时期:自他回国以后,到他命殒的时候。

三

汉槎的幼年生活大概都是在他的故乡吴江县消磨过去的。我们都晓得吴江县是在江苏,那里的风景是非常秀媚的,我们的诗人的诗才就是从这里孕育出来的。到了他十四岁的时候,因为他的父亲燕勒公授永州推官,所以他就随他的父亲之任所,经过金陵、浔阳等名胜之区,他作一些诗,来描绘吟咏当地的风景。

徐釚给他作的墓志铭中有云:

> 过浔阳、大别,由洞庭泛衡湘,揽其山川形胜景物气象,为诗赋惊其长老。

这几句话,可以说把他的气慨描写得妙肖极了。"太史公周游名山大川,故其文疏荡,颇有奇气"。至于汉槎呢,在垂髫之年,即已登山临水,遨游他乡。这种自然界给予他的性灵的陶冶,自然也很不少,加以他的惊人的绝才,所以能吐属清绮,造成了他的杰作。我不妨来引证他13岁时所作的两首诗,也许可以从这里见到他幼年作品之一斑。

金　陵

　　汉家居重两京开,度邑龙盘实壮哉。
　　黄屋切云双阙迥,朱门不夜五侯来。
　　荡舟桃叶迎鸳袖,邀笛梅花近凤台。
　　莫道江东非战地,徐常曾负折冲才。

湘　阴

　　二月逢寒食,三年寄短亭。
　　山空春雨白,江迥暮潮青。
　　芳树连巫峡,归鸿落洞庭。
　　严城有刁斗,萧瑟未堪听。

(均见《秋笳集》卷五)

　　第一首,可以说是怀古诗,固然不能说"关千古登临者之口",但亦大有伤今悼时之感。至第二首之"山空春雨白,江迥暮潮青",其写景色已有如许深致,无怪乎为一时人所传诵了。

　　汉槎在湘中差不多住了三年之久,在他的《秋感》八首中有"三年作客清砧断,万里怀人丛桂长"之句。后来张献忠蹂躏楚地,汉槎也就同他的母亲归还故里了。他的《秋感》八首多为感时之作。如:

　　殊锡竞推王导贵,折冲空忆谢元才。
　　先皇恩泽知无数,誓众应多缟素哀。
　　……
　　严城落日征烽急,绝塞迎寒画角残。
　　共道楚军工战斗,却教鄢郢路常难。(同上)

这些诗句中,都大有国破家亡之慨。计甫草评之谓"悲凉雄丽,便欲追步盛唐",实非有意称誉啊!

汉槎回到故乡后,更肆其雄伟之才,专力于诗赋的制作。于是声名大噪,人都以才士目之。当时称其兄弟为江东三凤。徐釚《汉槎墓志铭》中说道:

> 我朝廷定鼎江南,汉槎年方英妙,才名大起。相随诸兄,为鸡坛牛耳之盟,驰骛声誉。与今长洲相国文恪宋公家、司寇司农玉峰两徐公,暨诸名贤,角逐艺苑,谈论风生。酒阑烛跋,挥毫落纸如云烟,世咸以才士名之。

这段话是很可注意的,从这里我们很可以想像得到汉槎当日的生活,是如何的倜傥放达了。同时,我们还必须晓得的,就是当时文坛上的那一些人,比较有声名的,自然是吴梅村哪。他是复社的重要角色,而汉槎和他很有关系。至于他们什么时候认识的,那就很难说了。不过从梅村的《悲歌赠吴季子》这首诗上看,可知他同汉槎并非浮泛之交可比。而且在旧史中有"长继复社主盟,才名动一时"之语,也可以说是他同梅村的关系密切的证据。他除掉和梅村来往以外,其他如王渔洋、宋德宜、徐乾学、宋牧仲、陈素庵诸公,也和他们有文字之交。所以这个时期可以说是汉槎的黄金时代。你想吧,一个年仅及冠的青年,而能出入于名流学者之林,和他们周旋,自然他的声誉要大噪海内啦!他的生活怎能不放荡。所以在这个时候,他的诗都是非常绮丽的。在他全集中的杂体诗,差不多都是这个时候的作品。因为尽是模拟的东西,没有征引的必要。现在不妨举他一首《夜宴吴闾》的五言诗来看一看。

> 凉飙起高树,飘飘吹我衣。繁星耀中天,光景照四垂。华灯乐遥夜,歌舞欢相随。清商发皓齿,妍迹杨元眉。吴客歌采菱,曲度何靡靡。绮丽尽今夕,沉湎忘所归。忧人独愁思,散步临阶墀。金波淡欲落,河汉清且微。愿随晨风翔,一举凌朱羲。安能坐长叹,时往不可追。(同上)

这或许可以表现他当时生活的一斑,而且也许还可以表现他这个时期的作风的一斑。我们从这儿得到一个教训,就是欧阳永叔的一句话"诗穷而后工"确切是不错的。一个人在生活安定的时候,只能作些靡靡之声。即如吴汉槎说,他此时的作品,除了赠诗、和诗以外,就是《望远曲》十二首、《三妇艳》三首,等等,尽是些想像之作。不客气地说,都是没把自己的感情放在里边。所以我们要拿他的未出塞时的作品同出塞后的作品相比较,可以说一种是"为赋新诗强说愁",一种才真是"欲说还休,欲说还休"呢。

人们每每在欢乐之中,感不到欢乐,但到凄苦的时候,回忆到已往,才晓得常日的生活是甜密的,愉快的,值得追忆,值得眷恋的。汉槎呢?在这个时候所写出的诗,还没有把这个时候的生活尽情地表现出来。直到出塞以后,在他回忆往日的诗中,才算一一地吐露出来了。不然,我们还真不晓得他少年时候的生活是如何的侈丽,是如何的风流呢。他在《同陈子长坐氍帐中话吴门旧游怆然作歌》一诗中有云:

忆昨故乡百不忧,命俦啸侣吴趋游。裁诗每题白团扇,纵酒欲赌青羔裘。沙棠之桨云母舟,美人玉袖挡箜篌。金窗银烛月未午,清歌窈窕无时休。就中少年三五辈,徐郎顾子称风流。独孤侧帽倾士女,正平摇笔凌王侯。(《秋笳集》卷二)

又《闻三月朔日将赴辽左留别吴中诸故人》:

忆昨胥台事侠游,才名卓荦凌王侯。黄童雅擅无双誉,温峤羞居第二流。相将日向春江曲,阖庐墓前草初绿。彩鹢春风客似云,珠簾夜月人如玉。少年行乐恣游盘,夹道飞花覆锦湍。按歌每挟茱萸女,驻马频看芍药栏。(《秋笳集》卷四)

唉!汉槎就是在这"沙棠之桨云母舟,美人玉袖挡箜篌"中把他那流水似的青年期消磨过去了,到了顺治十四年才中了举人,但是不幸的灾祸就从此种下根了。我们在开卷第一章中曾一度的说明汉槎的性格和他的为人,即处处好与世人龃龉的。所以钱林的《文献征存录》中称之谓:"性傲岸,不为同里所喜。"惟因为他不会随俗浮沉,所以令人非常地嫉妒他,加之又中了举人,更惹起敌人的忌恨。因此不幸的事,就在中举之次年发生了。在汉槎的墓志铭同汉槎的传中,关于他下狱的事情说得非常简略。不是说"会科场事起,下刑部狱",就是说"以科场事,谪宁古塔"。其真相我们始终是不明白的。但是从汪琬的《尧峰文钞》同蒋良骐的《东华录》中,颇得到一点梗概,现在把它抄在后边:

壬辰,权贵人与考官有隙,谋因事中之,于是科场之议起。指摘进士首名程国是经义被黜,科场之议因以炽。其端发于是科,而其祸及于丁酉,士大夫糜烂溃裂者,不可胜计。(汪琬《尧峰文钞》)

顺治九年三月,大学士范文程等言:"会试中式第一名举人程可则文理荒谬,首篇又悖戾经注。"命革中式,并治考官罪。……十五年二月,以贿买情弊,复试丁酉科……十一月,刑部审实江南乡试作弊。旨:"主考方犹、钱开宗正法,同考官叶楚槐等即处绞。"(蒋良骐《东华录》)

这真可以说是"城门失火,殃及池鱼"。因为权贵人与考官有隙,结果这一考试者也就跟着倒了霉。汉槎正是丁酉科江南举人,而况有人从旁陷害,自然是不能幸免啦!所以戊戌年(顺治十五年)三月九日就被逮下狱了。唉!可怜一个文弱书生,一旦囚在监狱中,去饱尝那铁窗围墙的冷酷滋味,其惨痛伤心恐非言语所能形容吧。我们试读其被逮后的作品,就可以晓得他当时的情况是什么样子了。

  戊戌三月九日自礼部被逮赴刑部口占二律

仓皇荷索出春官,扑目风沙掩泪看。自许文章堪报主,那知罗网已摧肝。冤如精卫悲难尽,哀比啼鹃血未干。若道叩心天变色,应教六月见霜寒。

庭树萧萧暮景昏,那堪缧绁赴圜门。衔冤已分关三木,无罪何人叫九阍。肠断难收广武哭,心酸空诉鹡亭魂。应知圣泽如天大,白日还能照覆盆。(《秋笳集》卷四)

本来一个超群的俊士,不但不能得到朝廷的任用,反遭了不白之冤,心中酸辛可想而知。在汉槎自己,不仅他自己,即任何人也觉得他没有"保全首领以没"的希望了。唉！宿昔皇帝的威严是多么的可怕，臣民之命悉悬于君主之口，只用嘴唇一动，就可以使任何人粉身碎骨，家灭九族。汉槎总算万幸，因为能以"慷慨赋诗"，世祖皇帝觉得他很有高才，于是就宽宥了他，没得置之死地，仅仅把他放逐到宁古塔去。天哪！离乡背井，跑到极北的边塞去，这与死亡有什么差别呢？然而这还是皇帝的宏恩呢！

我们在这个地方，可以注意一下，因为汉槎以前由豪华侈丽的名士，一降而为殆死的囚徒，再变而为远谪之犯人，其环境之更易，无异于从山岭坠入深渊。"昔为人所羡，今为人所怜"。不但身心受着难言之痛，而且还备受旁人的轻薄诽谤与快意的讪笑。这种情况在常人就受不了，不要说在一个多情善感的桀傲的诗人了。所以汉槎遭了这次从天上掉下来的打击以后，他的诗格纯然改变了。真可以从讴歌人生，而一变为咀咒人生；从绮靡之音，一变为凄厉之音了。我们列举二首诗作为汉槎第一时期生活的结束吧！

感怀诗八首呈家大人

其　　二

风尘日夕满燕山，马角乌头尚未还。梦绕高堂怜白首，书来香阁泣红颜。凄凉铃柝悲风外，黯淡松楸落照间。极目南云何处是，羁心一夜度江关。

其　　六

青青杜若满芳洲，回首家山忆昔游。父子文章推二庾，弟兄才笔说诸刘。那知眉黛悲谣诼，还使衣冠泣累囚。闻道江东花信好，五湖归去看渔舟。（《秋笳集》卷四）

四

"悲莫悲兮生别离"，汉槎竟要遣谪边塞了。这已是萧瑟的秋天，在代北的京都，那一幕凄凉的送别剧，居然开演了。当时送别的，赠

诗的,纷纷皆是。而就中以梅村老诗翁的《悲歌赠吴季子》尤为激越沉痛,令读者亦为之泪下。如:

> 山非山兮水非水,生非生兮死非死。十三学经并学史,生在江南长纨绮。词赋翩翩众莫比,白璧青蝇见排抵。一朝束缚去,上书难自理。绝塞千山断行李,送吏泪不止,流人复何倚?彼尚愁不归,我行定已矣……(《梅村集》卷七)

此等句,几何不令人肝肠碎裂哉!此时即送行吏卒,也无不为之鸣咽的。因为想像远塞的苦寒荒凉,真所谓"古来征战几人回"。但是汉槎竟然掉头不顾,独凭一辆牛车,把自己所携的书载在上面,向众人略一挥手,扬长地踏上赴边的路程了。

关山的逾越,江河的跋涉,到了年冬才抵达沈阳,与陈素庵及其子子长同住在一起。所以本年冬有许多与子长相和的作品,我最爱其《冬夜同诸子饮方坦庵先生斋即席赋呈》一诗。其诗曰:

> 月落层城雁度哀,南冠相对暂衔杯。天涯兄弟情偏苦,江表山川梦未回。穿径已荒庾信宅,思家莫上李陵台。夜深何处吹羌笛,肠断乡关是落梅。(《秋笳集》卷四)

在他《戊午二月十一日寄顾舍人书》中有"己亥夏出榆关"之话,而本年又有《闰三月朔日将赴辽左留别吴中诸故人》一诗,可知本年夏,从沈阳出发,往宁古塔去,在《临行留别吴中故人》诗中,确有许多惊人的妙句,此篇当为其一生中之杰作。我们不能把它轻轻放过,篇幅稍长,仅能将其后边的征引一段:

> 忽承恩谴度龙沙,边草茫茫去路赊。名列丹书难指罪,身投青海已无家。销魂桥畔谁相送,一曲芦笳自悲痛,皂帽惭非避世人,青山何处思乡梦。乡心日夜绕江干,江柳江花不复攀。万重关塞行应遍,十载交游见欲难。从此家山等飞藿,满眼黄云横大漠。自伤亭伯远投荒,却悔平原轻赴洛。一向冰天逐雁臣,东风挥手泪沾巾。只应一片江南月,流照飘零塞北人。(《秋笳集》卷四)

汉槎于本年七月十一日才算历尽艰辛到达了谪戍地,从此开始了他那枯燥寂寞的蛮人生涯。不过飘泊异乡、和他身世相同的也不乏其人,真是所谓"同是天涯沦落人,相逢何必曾相识",所以他们追踪已往的陈迹,就又开始了那种豪放的生活了。平时不是赌博,就是围棋;不是放歌,就是纵酒。这样地混下去,也颇能忘却贬谪异乡的痛苦,不过,我们要晓得这完全是一种变态的生活。因为禁不起心中的愁苦,所以才放荡,才纵酒,在昏昏沉沉的醉乡中,在叫号狂呼的赌场上,或者可以忘怀一切,得到暂时的安慰。但是到了清醒以后,酒阑人散,回首四顾,仍然的几簇荒山,一片流沙。极目望去,连天衰草,衬着晚霞。自己呢?孑然一身,囚居在野兽出没的乡域,南望故国,只有苍烟暮霭,浮云片片而已。此情此景,虽铁石人也不能不为之肝肠寸断,泪下数行吧!何况汉槎少年时又曾度过"公子王孙芳树下,清歌妙舞落花前"的豪华生活,而现在的遭际又是如此的凄凉。抚今追昔,其发之于诗的,自然是愁苦之词多而欢愉之言少了。

古来憔悴多名流,吾辈何悲弃榛荞。君才弱冠我盛年,可怜沦落俱冰天。旧游一别已如雨,阴关万里徒含烟。寄哀欲托庾信赋,赏音空忆钟期弦。金樽有酒且沉醉,何须惆怅风尘前。(《秋笳集》卷二《同陈子长坐毡帐中话吴门旧游怆然作歌》)

落日凭栏四望开,江流如带抱山迴。云林晴色秋横野,雪岭寒光晚照台。万里寒垣长放逐,百年乡国未归来。天涯此日无衣客,愁听清砧处处哀。(《秋笳集》卷三《西山阁晚眺》)

读着这样的诗句,能不为之黯然魂消!

汉槎以两袖清风的一个囚徒,蹭蹬匍匐地来到这举目无亲的边塞,又没有负薪搏兽之力,真所谓"一身飘寄,囊空半文"。生活自然是非常困窘,无法维持。然而总算得到了救星,幸免葬身沟壑。最初的时候,有许总戎、孙给谏的接济。次年他的夫人自家乡奔来,少有资斧,又算维持一时。到了后来又当私塾的学究,传授生徒。及至生徒散后,又得副帅安公以米相饷,得以不死。到了癸丑年又当了大帅的西宾兼秘书,生活总算舒适了一点。但至此时,在塞外已快20个寒暑了。他在《寄顾舍人书》中云:

弟年来摇落特甚,双鬓渐星,妞复多病。一男两女,藜藿不充。回念老母,茕然在堂,迢递关河,归省无日。虽欲自慰,只益悲辛。(《秋笳集》卷八)

唉!杜工部所谓"文章憎命达",岂其然耶?

"否极泰来",我们只有拿这一句带有几分宿命的话来说明汉槎的命运了。真不料,当风烛残年、行将就木的时候,能重返故国,再睹亲旧。这或许在他自己也是梦想不到的吧!关于他所以能归国的原因,我们可以说大概有两种,第一是朋友的帮忙,第二就是他所上的《长白山赋》有感于君主。至于第二种原因简单,毋庸赘述。第一种呢?我们很有详细一叙的必要。

前边曾经提到过的顾梁汾舍人,他同汉槎可以说是少年之交。大概汉槎在20岁前后就与顾梁汾认识了。在顾梁汾的传中云:"能诗,尤工乐府,与吴江吴汉槎齐名。"从这里也就可以晓得他们中间的关系了。顾梁汾与吴汉槎的交情那样的密笃(在《戊午二月十一日寄顾舍人书》中可以看到),而顾梁汾又与纳兰性德有旧,而纳兰性德的父亲明珠太傅,正是炙手可热的当国时期,顾梁汾怎能不生法子去救汉槎呢!他曾多次恳求纳兰氏,设法救之,但纳兰氏并未允许。后来顾梁汾作了两阕词,题名《金缕曲》,以词代书,寄赠汉槎。第一阕云:

季子平安否?便归来,平生万事,那堪回首!行路悠悠谁慰藉,母老家贫子幼。记不起,从前杯酒。魑魅搏人应见惯,总输他,覆雨翻云手。冰与雪,周旋久。

泪痕莫滴牛衣透!数天涯、依然骨肉,几家能够?比似红颜多命薄,更不如今还有。只绝塞、苦寒难受。廿载包胥承一诺,盼乌头、马角终相救。置此札,君怀袖。

其第二阕又云:

我亦飘零久。十年来,深思负尽,死生师友。宿昔齐名非忝窃,试看杜陵消瘦,曾不减、夜郎僝僽。薄命长辞知己别,问人生,到此凄凉否?千万恨,从君剖。

兄生辛未吾丁丑。共些时、冰霜摧折,早衰蒲柳。词赋从今须少作,留取心魂相守。但愿得、河清人寿。归日急翻行戍稿,把空名、料理传身后。言不尽,观顿首。

这真足以感天地而泣鬼神了。后来这两阕词被纳兰性德看到了,也不禁为之泣下。因说道:"河梁生别之诗,山阳死友之传,得此而三。此事三千六百日中,弟当以身任之,不俟兄再嘱也。"贞观曰:"人寿几何?请以五载为期。"侍卫(性德官一等侍卫)领之,于是委曲告于其父明珠,后来又赖徐乾学等捐金纳输,才得到了还乡的赦诏。总计汉槎自28岁出塞至51岁入关,在绝域已历23年之久。当其头白还国的时候,一时名人无不哭以迎之。但不幸在这悲喜交集的欢迎场合中,我们的老诗人吴梅村的踪影,已不可得而见了。所以王渔洋的《和健庵喜汉槎入关》之作云:

丁零绝塞鬓毛斑,雪窟招魂再入关。万古客荒生马角,几人乐府唱刀环。天边魑魅愁迁客,江上莼鲈话故山。太息梅村今宿草,不留老眼待君还。

五

汉槎回国后,其老母尚健在人世,而其诸兄已相继凋零了。他在京中又当了一年的经师,才返故里。当时亲戚故旧相聚之下,都觉得是相会于梦寐之中。又未及一年,复往京师,不料这位薄命的诗人,竟如此地寂寞寥落,而死于旅邸中了。总之,在他回国后的短短几年中,又不免饱尝了衰世的凄凉,一则家境萧条,同昔日的全盛时代相较,自然免不掉沧桑之感;二则自己年已衰颓,回忆少年时的壮志,到此时都尽成泡影了,所以他因此而抑郁悲愤,潦倒以终。唉!我们读文学史,不知有多少作家都死于穷愁困厄之中,所谓"文人命薄",岂其然耶?现在读《秋笳集》者,恐无不掩卷叹息,为这位边塞诗人抱恨终天吧!

六

关于汉槎的作品,现在所存的共有八卷,在《粤雅堂丛书》中,总名为《秋笳集》。内容即

杂体诗——1
秋笳前集——1 } 2——大致为入狱以前之作。

西曹杂诗——1
秋笳集——3 } 4——大致为下狱后,及未回国以前之作。

秋笳后集——1
杂著——1 } 2——大致从戍所暨归来之作。

我们深恨此集编辑太纷乱了,既不以体例分别,又不以时期分列,弄得乱七八糟。前边所谓"大致"也者,既不纯然为某时期之作品故也,《四库全书提要》谓其"随得随刊,故舛讹如是",或许是实在情形吧。谈到汉槎的作风,可以说是深秋的深夜,洒着凄凉的凄雨,这种萧瑟的情调,溢于言表。人评其为"风格遒上"、"惊才极艳",或许不错吧。我们都晓得在唐代有许多的作家,来写边塞的状况,如岑参、李欣等,大半系想像之作,那能像汉槎亲临其境,饱尝此中滋味,其发之于诗之真且明耶!所以我称汉槎为"边塞诗人",没有什么不合适吧?汉槎风格的转变,我觉得下狱之前后是一个最大的关键。也如同李后主的词似的,入宋之前后为一大转机。其未入狱时之作,也好像李后主未亡国时之作,偏于绮靡的居多;但出塞以后,也好像李后主降宋后一样。环境大变,而其风格亦顿变。渐由缓和而紧张,由欢愉而愁苦,由闲适而凄戾了。《四库全书提要》评汉槎谓:"使其谨守防检,克保身名,岂非国初一作手哉?"我觉得批评作品,只能因作品而评作品,决不能因人而评作品。这种因人之优劣而涉及作品之优劣已属过分。至于以旧道德观念而评衡某人并及其作品更属荒谬绝伦。过去的作家,因行为不合于旧伦理的标准,致使其作品亦随之湮没的不知有多少了。我觉得我们很应当力矫此种毛病。汉槎除

诗以外,更长于赋及骈体文,但多已散佚,不能悉读,确是一桩大的憾事。不过就像他这样潦倒的一位诗人,仅仅就他的身世上看,已足以深深地引起别人的同情了,不要说再读他的凄哀欲绝,如孤鸿夜鸣、三峡猿啼的诗歌了。

十九年一月十八日写于北平

（原载中华民国十九年三月十九日～廿四日《北平新晨报副刊》）

古文家的文论

A. 绪论　一、引言　二、古文的源流
B. 创作论　一、论道　二、论气　三、论力行与作文之关系　四、论诵读与作文之关系　五、论古文之本原
C. 批评论　一、论义法　二、论阳刚阴柔与古文之关系
D. 一般的文学论　一、论模仿与蜕化　二、论绚烂与平淡　三、论文学为苦闷的象征
E. 余论　一、论古文家取法标准之递降　二、论古文衰歇之原因

A. 诸　论

一、引　言

　　一提到"古文"二字，总不免有一种腐臭之感。它的确是不大时髦了，这并不是我们故意的要冤枉它。自从民国七年的文学革命以后，它可以说简直是不被人们所注意了。虽然像胡适之先生所说的，在报纸上、公文中，在一般的交际应酬上，还依旧可以看到它。但这也不过是一部分人的惰性，因为在抱残守缺的老先生们，他们是宁死也不会放弃了旧日的主张的。所以我预想着，将来总会有一日古文是要绝迹的。

谈到此地,一定要有人问我:"既然古文是这样的不能够存在,那么你为啥要写这篇东西呢?你为啥放着时髦的工作不做,而偏偏来弄这出力不讨好的工作呢?"朋友,你有所不知,古文固然要完全衰歇,甚而至于绝迹了,它的末路的作者固然曾被骂为"桐城谬种",但是我们不能够因为它现在在文学的园地里失去了势力,而不理会它。我们要晓得在过去的一千多年中,它是坐在文坛上第一把交椅上边的,它是被人认为正统派文学的,它的历史非常的悠久,它的势力非常的广大,它曾几次的衰歇而又复兴起来。我们现在固然觉得它是赘疣,然而回顾到它的已往的光荣的历史,我们也是禁不着要起一种赞扬之念的。但是它为什么会衰歇呢?我想这是在我们心中都有的一种问题吧。目下它已经成为历史上的东西了,我们为的想要认清楚它,而且进一步的还要想晓得它之所以盛衰兴亡的原因,那么我们就不能不去仔细的把它研究一番。这固然在一方面可以得到关于上面问题的解答,而同时在另一方面呢,岂不更可以证明白话文之所以成功的必然性了吗?

此外,还有一种事实也值得我们注意的,即在最近的出版物上,看见不少关于古人的"文论"一类的作品。我们以为这都是很需要的工作,倘若这类文字出现的很多的话,那么以后要有人想从事于"中国文学批评史"之作,那就很有东西可以凭借了。不过据我的观察,现在大凡作这类文章的人,都是检择比较正确一点的文学见地,去阐明,去发挥,至于见地谬误的,则都不屑置理,我觉得这也是不大对的。因为我们去研究中国文学批评,目的在"真",在"整理",文学见地比较正确的固然要去表彰它,即令是谬误的也何妨去说出来以昭白于世人呢。总之,我认为现在从事这种工作的人,应当把过去文人们的"文学论",不管是好的还是坏的,是正确还是谬误,都应该研究一下,去还它一个本来面目。然后作文学批评史的,才不至于茫无头绪,结果弄出来一些粗制滥造,生吞活剥的假古董,以自欺欺人。

我因为上述的原因,所以才作了这篇东西,至于里边谬误之处,很希望高明的读者能够给以纠正。

二、古文之源流

说到古文的源流一层,觉得这好像是一般文学史家们的责任,不是谈文学论的所应涉及的。不过作者为解释方便,及使读者容易明白起见,这也许不算是什么多余之举吧,虽然说本文是免不掉挂一漏万之病的。

"古文"的名子,可以说是始于唐之韩柳。曾文正公说:"古文者,韩退之氏,厌弃魏晋六朝骈俪之文,而反之于六经两汉,从而名焉者也。"(《复许仙屏书》)

提起韩、柳之倡古文,不能不说是文坛上的一个大革命。本来文章到了六朝,真是浮靡到万分了。有人骂之为"脂粉文学",实在是一点也不错。文学固然要注重辞采,然而也得有丰富的内容,可是六朝时的文学呢?只在雕琢字句上、推敲声调上用工夫,内容反而把它轻忽了。有的简直是削足适履,把自然的感情斫丧殆尽了。在隋文帝的时候,有一个李鄂,他上书给皇帝,评论当时的文章说:

遗理存异,寻虚逐微,竞一韵之奇,争一字之巧。连篇累牍,不出月露之形;积案盈箱,唯是风云之状……指儒素为古拙,用词赋为君子。

曾文正公也说:

自东汉至隋,文人秀士,大抵义不孤行,辞多俪语。即议大政,考大礼,每每缀以排比之句,间以婀娜之声。(《湖南文征序》)

从这儿可以想到六朝文体之一斑。本来骈俪文是中国特有的一种文体,这是由于中国的文字是单音的缘故。我以为骈文是赋与散文中间的一种文体,既可以说是赋的散文化,也可以说是散文的赋化。不过就它的内容说,实在是同散文接近一点。在中国过去的一千五六百年的文坛上,可以说是古文与骈文角逐的场所。我们假如把话说得时髦一点,就是一千多年来的一部分的中国文学史,也就是

"骈散的斗争史"。它们是明争暗战,互为长雄。现在不说这么多的废话了,我们溯而上之,看看古文同骈文的来源如何。

中国文学最早的时期比较着可靠一点的自然是周、秦啦。那时在北方的有所谓六经同百子之书。在南方的有屈原(前343至前277)、宋玉、景差的辞赋。这可以说是中国文学原初的两大主流。到了两汉就产生了两大作家,一个是散文的大家司马子长(前145至前86),一个是辞赋的大家司马长卿(?至前117)。他们所承接的渊源是迥然不同的。司马子长可以说是偏于北方的,他的文章的来源大半是根于六经、百子之书。而司马长卿呢?可以说是偏于南方的,无疑义的是屈宋的谪传(这在《文心雕龙》及刘师培的《文说》中都有详论,兹不赘述)。两司马以后,由东汉渐渐的演变到六朝,于是骈文就盛行起来了。骈文是什么呢?就是赋的散文化。由赋至骈文中间的桥梁,可以说是"七"与"连珠"。不过最初仅仅讲究华丽工整罢了。到了萧梁以后,诗的方面既尚音律,而这种桎梏,文人们也就毫不犹疑的把它加在骈文的身上了。因此骈文真成了旧式的女子,不仅艳妆浓抹,还得缠小脚带耳环,弄得不像一回事儿,处处现出矫揉造作、不自然的怪像来。"物极必反",这是中国一句老话。文体也是如此。胡适之先生说,一种文体到了末流处处现出毛病的时候,就该有一种新的文体起而代之了。骈文呢?自然也出不了这个公例。它到最后竟惹出反动的论调来了。当时的北朝文学家颜之推在他的《家训》中《文章篇》里已陈述文章专贵华丽之弊。他以为文章皆原于六经,所以他主张文本六经。不过他还是一个折衷派。他说:

> 文章当以理致为心肾,气调为筋骨,事义为皮肤,华丽为冠冕。今世相承,弃本趋末,率多浮艳,辞与理竞,辞胜而理伏,事与才争,事繁而才损。放逸者流宕而忘归,穿凿者补缀而不足。……古人之文,宏材逸气,体度风格,去今实远,但缉缀疏朴,未为密致耳。今世音律谐靡,章句偶对,讳避精详,贤于往昔多矣。宜以古之制裁为本。今之辞调为末。并须两存,不可偏弃也。

颜氏以后又有苏绰(498~546)。他是极端复古的一个人,他曾奏闻朝廷,把官制仿《周礼》,诏诰仿《尚书》。不过这并不曾矫正了一点当时的风气。以后虽有隋之李鄂,唐初之陈子昂都有返丽为朴的论调,然而都不能挽回颓风。一直到中唐的韩愈(768~824)、柳宗元(773~819),古文才算崭然大露头角了。这种原因是无足怪的,大凡一种文体在最初只是宣传,但是树立稳定的基础还是在真正的作品产生出来以后。古文呢?固然在最早就有人来鼓吹了,然而他们都没有变易了当时的风气,这里边的最大原因,就是在提倡者没有作出很好的作品的缘故。所以只不过空空的喊几句口号罢了。至于韩柳呢?他们不仅是宣传者,而且是作者,所以才能使天下翕然向风。苏东坡的《潮州韩文公庙碑》中说道:

> 自东汉以来,道丧文弊,异端并起。历唐贞观开元之盛,辅之以房、杜、姚、宋而不能救。独韩文公起布衣,谈笑而挥之,天下靡然从公,复归于正。盖三百年于兹矣。文起八代之衰,道济天下之溺。

这固然不免有几分过誉,但也实在是这种情形。

关于韩柳对于后世的影响,可以说韩的大,而柳的小。根本原因是韩乐以师自居,而柳则否。跟韩学文章的,总算皇甫湜(字持正)、李翱较为有点成就。李翱的门徒,我们不大知道。皇甫持正以后则有孙樵。在孙樵氏的《与王霖秀才书》中云:

> 樵尝得为文真诀于来公无泽,来公无泽得之于皇甫持正,皇甫持正得之于韩吏部退之。

苏东坡在他的《谢欧阳内翰书》中亦云:

> 盖唐之古文自韩愈始,其后学韩而不至者为皇甫湜。学皇甫湜而不至者为孙樵。自樵以降,无足观矣。

不过韩愈以后作古文的,都不能去发扬光大。像皇甫湜及以后的孙樵,可以说是每况愈下。结果骈文的伏流又昌炽起来。到了晚唐而绮靡之风又行,以后历五季至宋初,而是风终不少衰。

宋初的文学既然仍是沿晚唐、五代的余风,文章自然依旧尚格律声调啦。不过,最初提倡古文的是始于柳开。在《柳先生行状》中云:

> 天水赵生，老儒也。持韩愈文数十篇，授公曰："质而不丽，意若难晓，子详之何如？"公一览不能舍，叹曰："唐有斯文哉，其余不足观也。"因为文以韩为宗尚。时韩之道独行于公。……韩之道大行於今，自公始也。

与柳开同时的又有穆修，以后又有尹洙及苏舜钦等，俱为古文。但势力极微，不能摇撼一时的风气。在穆修的遗集中有这样的话：

> 本朝古文，柳开、仲涂、穆修、伯长为之倡。尹洙、师鲁兄弟继其后。欧阳文忠公，早工偶俪之文，故试於国学南省，皆为天下第一。既擢甲科，河南，始得师鲁，乃出韩退之学之。

欧阳文忠公的《苏氏文集叙》中云：

> 天圣间，予举进士于有司，见时学者务以言语声偶相擿裂，号为时文，以相夸尚。而子美独与其兄才翁，及穆参军伯长作为古歌诗杂文，时人颇共非笑之，而子美不顾也。

从这儿可见宋初的情形了。后来欧阳永叔（1007～1072）舍去了时文而从事于古文，因之天下翕然归之。这种原故，是由于一则欧阳氏有绝顶的天才，造诣又很深遂，有很好的作品从他的笔下写出来。二则他在政治上学术上又很有势力，一般人都望之如泰山北斗，从他门下出来的学者，更是有惊人的奇才的作者。所以古文到了北宋，真是一个黄金时代。

欧阳文忠公既为一代大师，文宗六经，而法韩柳，出其门下的有曾巩及苏东坡、苏子由。至于王介甫、苏明允也是被他一手捧起来的人物。他们的作风固然是不同，可是在体制上面是没大差异的。苏明允那种纵横的笔锋，很有苏秦见赵王时抵谈于华屋之下的气慨。苏东坡呢？可以说如长江大河，奔放奇谲，而其微妙处又如行云流水。曾子固与苏子由很有一种举止中规、温文尔雅的态度。至于王介甫呢？他的作风又颇肖其为人，有一种坚强执拗的风采。但都可以说已臻于文家之绝境。北宋以后就是南宋，这时关于文章的主张已走到极端。在北宋的周敦颐已大倡起"文以载道"之说，后来打总又以为文是"玩物丧志"了。所以语录兴后，而古文遂臻于末日。

历元而迄于明初,古文几全在困顿蛰伏的状态下。后来有所谓前后七子者出,大倡其复古之说,以为文必秦汉,诗必盛唐,但是他们的流弊竟完全走入剽窃模拟之途,结果引起了三派的反响。一是公安派,其创于袁宏道及其兄宗道、弟中道。他们的诗文一以"清新俊逸"为宗。二是竟陵派,其创自钟谭,而以"幽深孤峭"为宗。三是茅坤等,这是纯粹矫正文一方的,他们以唐宋六家为宗。所以古文到了这个时候,又算复活了。

在何李以后大倡古文的,固然有王慎中、唐顺之、茅鹿门等,但他们做的都不大好。惟有归震川还比较着好一点。他是取法欧曾而又精于《史记》的。不过在明代的古文家中,他已经是庸中之佼佼了。可是同唐宋比较着就不能不令人有一种"江河日下"之感。

有明一代除了归氏以后,几无可述了。到了清初有所谓三大家者,即侯方域、魏禧、汪尧峰是也。

在这三家之中,侯方域很有天才,但死得较早,文章并没做到淳正的地步。魏禧则是宗法老苏的。尧峰(1624～1690)则取师欧归。不过在以后的方望溪、刘大櫆等竟将此三家排斥于古文统系之外,这也未免为之已甚。

康、雍、乾以还,古文之风顿炽。桐城之方苞(1668～1749)以古文鸣于海内,并创所谓古文义法,而传其门人刘大櫆。刘氏又传其乡人姚姬传(1731～1749)。诸人皆家籍桐城,至姚氏更以为古文之法传授生徒。所以历城周书昌就说道:"天下之文章,其在桐城乎?"从此就有了"桐城派"的名号。

姚氏以后有所谓"桐城"、"阳湖"二派。此后曾国藩(1811～1872)亦致力于古文,但他不过私淑于姚姬传罢了。其门徒张廉卿(1823～1894)、薛福成(1838～1894),幕宾吴汝纶(1840～1903)等亦善为古文。至于再稍后一点的严又陵(1853～1921)及林琴南(1852～1924)更以古文去翻译西洋的名著。但是古文终竟到了它的"风烛残年的运头"。因此禁不起文学革命的一击,于是即瓦解冰消,而到末日穷途了。骈文与古文虽一直争斗到清末民国初,但也同宋金之争一样,元人一来,遂两败俱伤。古文与骈文呢?虽打得不休,但白话一来,这是一支生力军,他们就不得不偃旗息鼓,伏在文坛的一个角落里把一统山河让给白话文来支撑了。

现在为明了起见,把桐城派的源流列表于下:

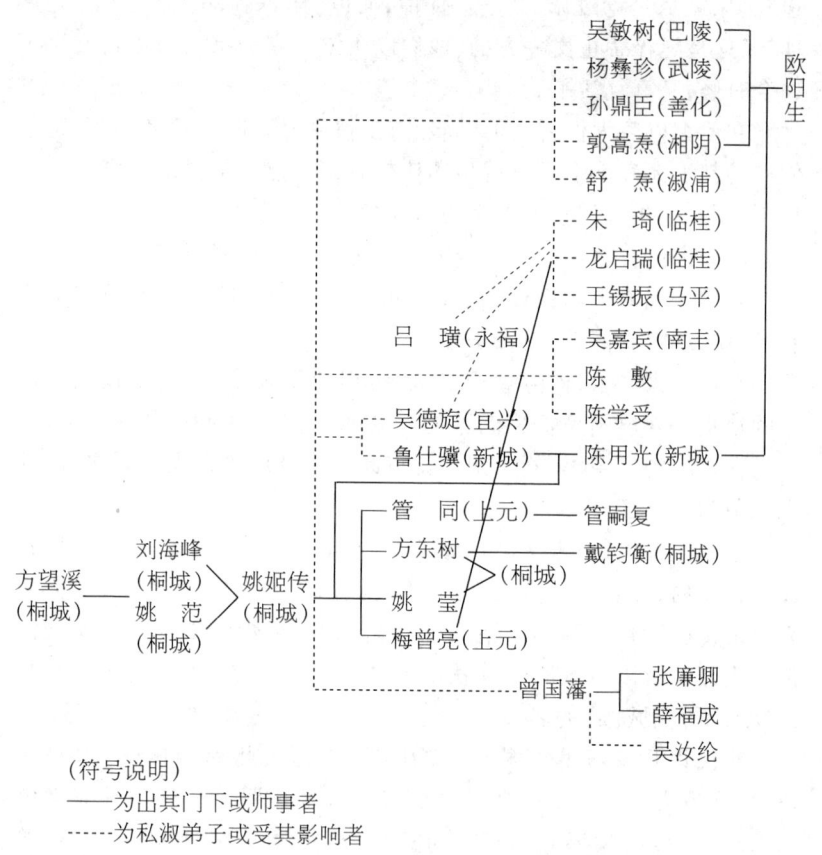

(符号说明)
——为出其门下或师事者
------为私淑弟子或受其影响者

B. 创 作 论

一、论　　道

我们一谈到"古文,"就会立刻联想到"道"来。这本是极平庸而无庸怀疑的。"古文"与"道"是有着极密切的关系。虽然说从这些古文家们的文章中,未必就可以看出所谓"道"来,但他们却是终天这样地唱着口号的。

在韩柳以前的刘勰已经有"宗经"之说。颜之推又有文章皆本于六经的论调。不过这不是本文的范围以内所要谈的事,因之只好省略。现在只有从韩柳谈起了。

古文家们终天喊着"文"哪"道"哪,究竟"文"与"道"有着什么关系呢?我们看他们的说法是多么的不一致啊。不过我们要把它归纳起来呢,大致可以分为四类:(一)文以明道;(二)文以贯道;(三)文以捕道;(四)文以载道。现在就依次陈述于后:

(一)文以明道。持这种说法的第一个就是韩愈,其次就是柳宗元。在韩愈与人论文的书札中,有下边这样的话:

　　或问"为文宜何师?"必谨对曰:"宜师古圣贤人。"曰:"古圣贤人所为书俱存,辞皆不同,宜何师?"必谨对曰:"师其意,不师其辞。"(《答刘正夫书》)

　　读书以为学,缵言以为文。……盖学所以为道,文所以为理耳。(《送陈彤序》)

我们再看柳宗元的话是怎样说的:

　　始吾幼且少,为文章以辞为工。及长,乃知文者以明道。是故不苟为炳炳烺烺,务采色,夸声音,而以为能也。(《答韦中立论师道书》)

　　凡吾所为者,皆自为近道,而不知道之果近乎远乎?吾子好道,而可吾文,或者其於道不远矣。(仝上)

读者看了韩柳这几段文后,不知作何感想?在我的解释,所谓"明道"是什么呢?就是作者自己对于圣贤之道都明白了,那么在脑中就有一个很正确的尺度,遇着人间的一切的事情,都是按着这个尺度去衡量的。所以无论是修身治家,甚而至于平天下,一定可以合乎圣贤之道的。即退而在下位,自己居在旁观的地位去考察人世间的一切,上而君臣的行动、政令的设施,下而人民的习惯、社会的风俗,都可以用之去衡量的。倘若合乎这个尺度,自然可以赞颂啦;不合尺度时,也不妨去攻击,去鸣不平的。所以这种"赞颂"同"攻击"的文章,都是以圣贤之道去作为标准的,那么这一种的文章,自然就是"明道"的文章。我们再看韩愈还有这样的话,就是:

穷究于经传史记百家之说,沈潜乎训义,反复乎句读,砻磨乎事业,而奋发乎文章。

这就是作古文的步骤,也可以说是作古文的方法。实在所谓"明道"也者,也就是因为作者在事业上不能够有所建树,所以才发而为文章。这同孔、孟之周流列国,不能行其道,因退而著书,"思垂空文以自见"是一个意思。不过孔、孟是自己的学说,而古文家是承继孔、孟的学说罢了。

(二)文以贯道。最初说这话的是李南纪(汉),他说:

文者,贯道之器也。不深於斯道,有至焉者,不能也。

后来重述这个说法的是清初的汪尧峰(琬),在他的《王敬载先生集序》中说道:

琬闻之文者,贯道之器也。故孔子曰:"文不在兹乎?"盖谓《易》、《诗》、《书》、《礼》、《乐》也。是岂后世区区俪青妃白之为与?

"贯"字的意义,有"贯穿"、"条贯"等解释。但我们只有解作"贯穿"。所谓"文"即是贯道的一种器具,所谓"道"是一些散见于天地间的一种东西。而文呢?好比一种贯穿它的器具,有了它,才能把一些天地间的"道"贯穿起来,使它有条而不紊。前边的"明道"好像有点抽象,而这已经是具体一点了。

（三）文以捕道。这种说法更妙，把文比做筌，而"道"呢？自然是比做鱼啦。这是柳仲涂（开）的话，他在《上王学士第三书》中云：

  文章为道之筌也。筌可妄作乎？筌之不良，获失斯矣！

在柳氏的意思，文章是很重要的，倘若文章作不好，"道"是不会存在的。也如同捕鱼的筌一样，筌要损坏的话，鱼是捕不着的。但我觉得这是下一说的滥觞。因为一步一步的把文章弄得离文学渐渐的远了。

（四）文以载道。周敦颐在他的《通书》中说道：

  文所以载道也。轮辕饰而人弗庸，徒饰也。况虚车乎？文辞，艺也，道德，实也。笃其实而艺者书之，美则爱，爱则传焉。贤者得以学而至之，是为教。故曰："言之不文，行而不远。"然不贤者虽父兄临之，师保勉之，不学也，强之不从也。不知务道德，而第以文辞为能者，艺焉而已，噫！弊也久矣。（《文辞》第28）

这是从《论语》中所谓"言以足志，文以足言，言之不文，行而不远"引申而来的。不过周氏还能把"文"与"道"都看得重要。即"文辞，艺也，道德，实也。笃其实而艺者书之，美则爱，爱则传焉"。但是毕竟他是一位道学家，总有几分抑"文"而重"道"的意思。把文比做车，而车中之乘者则为道，这已经把"文"看得成一种附属品了。周氏以后，程子竟更进一步说，文是玩物丧志，适足以害道，所以程子而后，儒家之文渐变而为语录讲章，而古文遂因之以亡。到了几百年以后的曾国藩，又谈到文以载道的话，他说道：

  周濂溪氏称"文以载道"，而以虚车讥俗儒。夫虚车诚不可，无车，又可以行远乎？孔子殁，而"道"至今存者，赖有此行远之车也。吾辈今日苟有所见，而欲为行远之计，可不早具坚车乎哉！（《与刘孟容书》）

这种话，还是说明"文"与"道"必需并重的意思。

总以上的四种说法，我们可以说"文以明道"还比较着含混一点。至于"文以贯道"、"文以捕道"及"文以载道"诸说，都是把文章当做一种工具，是用以说明道，解释道，记载道的，所以自然是把"道"看得

重,而文章不过是用以作为一种手段,自是看得轻啦。可是这样的结果呢?到了不能不成为一种分裂的局势。汪尧峰说道:

> 嗣后陵迟益甚,文统道统,歧而为二。韩、柳、欧、曾以文,周、张、二程以道,未有汇其源而一者也。

曾文正公也有这样的话:

> 自孔孟以后,惟濂溪《通书》,横渠《正蒙》,道与文可谓兼至交尽。其次如昌黎《原道》、子固《学记》、朱子《大学序》,寥寥数篇而已。此外则道与文竟不能不离而为二。(《与刘霞仙书》)

这确是实在的情形,文章同"道"是很难兼全的。这是从一般古文作家们的作品中看出来的。至于姚姬传同吴挚甫呢?则更敢大胆的声言"文"与"道"是很难兼并的了。姚姬传在《复钦若善书》中说:

> 夫文技耳,非道也。然古人藉以达道,其后"文"至而渐与"道"远,虽韩退之、欧阳永叔,不免病此,况以下者乎!

这是揭去了假面具而说的真情实话。不过还没说明文为什么不能与道并。在吴挚甫《答姚仲实书》中说得至为详尽:

> 说道说经,不易成佳文。道贵正,而文者必以奇胜。经则义疏之流畅,训诂之繁琐,考证之该博,皆於文体有妨。故善为文者,尤慎於此。退之自言执圣之权。其言道只《原性》、《原道》等一二篇而已。欧阳《辨易》、《论诗》诸篇,不为绝胜之作。

又云:

> 但必以义理之说,施之文章,则其事至难,不善为之,但堕理障。程朱之文,尚不能尽餍众心,况余人乎?方侍郎学行程、朱,文章韩、欧,此两事也,欲并入文章之一途,志虽高而力不易赴。此不佞所亲闻之达人者。(《与姚叔节书》)

吴氏的话几乎把以前所谓"贯道"、"载道"等话都一下儿推翻净尽了。实在说起来,想把文章做好,干脆把什么"道"放到脑后。然后骋一己之雄才,纵笔挥去,自然可以写出惊人的妙文。倘若想传道,就趁早循规蹈矩的做"注"、"疏"好了。现在一方面想传道,一方面还想把文章做好,二者兼而有之,结果非弄得四不像,成了一种不伦不类的东西不可。韩愈的《原性》、《原道》实在不能佩服。说理既是肤浅,文章更是不大高明。同他的《祭十二郎文》那种感情充溢的作品比较着已经是天地悬隔了。所以如欧阳修、张皋文之辈,并不说什么"载道"的话,仅仅说,文章想传之久远,非有"所载"不可,至于"所载"的不一定是"道",只要有"内容"就可以传之久远。这是真正有见地的话。至于汪尧峰同曾文正公都想以韩、柳、欧、曾之"文",去传周、程、张、朱之"道",这才真是所谓"以蚊而负泰山,盲人而行万里"啊!

二、论 气

刚才说了"道"与"古文"的关系,现在又该谈谈所谓"气"了。因为"道"同"气"之于"古文",无异于魂魄之于肉体。古文之所以同别的文章不同的处所,也就是在这里。不过"道"固然抽象,然而它是文章的内容,还比较的容易说明它。至于"气"呢?更是"玄之又玄"了。它既不是文章的内容,又不是文章的外表,而是蕴蓄在字里行间的一种东西,不去高声朗诵,是领略不出来的。既然它是如此的玄妙,为什么还要谈它呢?我可以答道,它是古文的特色,而且是古文家们所常提到的,现在我既是要谈古文家们对于文章的见解,自是不能够把它省略了,所以我只好勉为其难,出一出丑了。

一说到"气",就可以想到孟子的关于"养气"的话来。据一般老先生们说,这一章是《孟子》里边最难解的,因为是含有哲学的意味的缘故。孟子之谈"养气",这只是他的哲学,自然不是本文的责任。但是他确实是后来一般古文家所讲"气"的先声。后来又有个魏文帝,它在《典论·论文》中也谈到了"气",可是他之所谓"奇气"、"逸气"等,好像是偏于神韵意味方面,好在这也可以省掉不讲的,目下就从韩愈说起。

在韩愈的《答李翊书》中说:

气,水也,言,浮物也。水大,而物之浮者大小毕浮,气之与言犹是也。气盛,则言之短长与声之高下者皆宜。

他把"气"比做水,而物呢?就是言辞。所以一篇文章无形中是有"气"在那儿贯注着的,至于言辞不过是浮在"气"上的一种东西罢了。倘若"气"盛的话,则文中的抑扬顿挫,自然非常的合适。我们再看姚姬传同张廉卿的话:

> 夫道有是非,而技有美恶。诗文皆技也。技之精者必近道,故诗文美者,命意必善。文字者,犹人之言语也。有气以充之,则观其文也,虽百世而后如立其人而与言于此。无气,则积字焉而已。意与气相御而为辞,然后有声音节奏高下抗坠之度,反复进退之态,采色之华。故声色之美,因乎意与气而时变者也。是安得有定法哉?(姚姬传《答翁学士书》)

> 古之论文者,曰文以意为主,而辞欲能副其意,气欲能举其辞,譬之车然,意之为御,辞为之载,而气则所以行也。(张廉卿《答吴至父书》)

从这两段话,我们可以略略的体味出"气"与文的关系。第一,从"气"的方面,可以见到文章中所表现的个性。因为每个作家他写文章的笔法是和别人不同的,因为每个人说话的声调口气是不能和别人相同的。文呢?不过是用文字表达罢了,那么从他的文章中,也可以看出他这个作家的口调语气来。所以姚姬传氏说道:"有气以充之,则观其文也,虽百世而后如立其人而与言于此。无气,则积字焉而已。"所以从这一点看,不能不说是古文家的特长,因为惟其如此,才不能相袭,才能够显示出来每个作家的个性。第二呢?"气"好比是一种发动力一样,辞是文中所载的东西,意呢?是一种御者;"气"呢?是使这车走动的力量。有了"气",那么文章的变化才能够次第的表现出来。唉!惜乎它太抽象了,所谓"只能意会,而不可言传",我想是稍微读过两篇古文的,总可以明白"气"是什么回事儿。倘若没读过古文的,恐怕再说到具体一点,也很难以使他洞晓吧。

"气"与文既然是有这样的关系,作古文的自然不能够离开"气"啦!所以就有"养气"之说,苏子由在他的《上枢密韩太尉书》中说道：

> 文者气之所形，然文不可以学而能，气可以养而致。孟子曰："我善养吾浩然之气。"今观其文章，宽厚宏博，充乎天地之间，称其气之大小。太史公行天下，周览四海名山大川，与燕赵间豪俊交游，故其文疏荡颇有奇气。此二子者，岂尝执笔学为如此之文哉？其气充乎其中，而溢乎其貌，动乎其言，而见乎其文，而不自知也。

这一段里边举出两个例子，一个是孟子，一个是太史公。他们两个一个能善养浩然之气，一个能以周览名山大川以开扩胸襟，也可以说善于养气。所以他们虽不曾怎样的去努力学文，然而一写出来，就是伟大的杰作。从这儿可以知道作文的第一步，得能以"养气"。归熙甫呢？他也说道：

> 读书如读项羽垓下之败，必潸然出涕，乃为得之。为文须要养气。

所以养气成了作文的第一步功夫，但怎样养气呢？这只有在下文中专篇解释了。

总之"气"这个字，可以说以后成了一般人谈文的口头禅了。在三家村的冬烘先生，每每批学生的文章时，加上这样的话头，不是什么"一气呵成"，就是什么"一气贯注"，再不然就是"气势汹涌，如长江大河，一泻千里"，等等。足见拿"气"来权衡文章是多么的普通了。清初侯方域以为"秦以前之文主骨，汉以后之文主气"。用"骨"与"气"来划分出文章的两个时代来，我们仔细的想去，不能不认为这是有见地的话。社会上有一句俚语，就是"理直气壮"，这固然是很简单、很容易明白的，但我们很可以拿来解释文章上所谓"气"这个东西的；怎么为之"理直气壮"呢？就是在市井间常常见到一个小孩子打一个大的人，小孩子自然打不过大人，然而因为大人欺负了他，所以他奋不顾身的大骂起来。可是这一个大人呢？很可以逞逞他的武力，来制服这个势力微弱的小孩子，然而因为自己没理，结果只有任他骂了。这就是孟子所说的："自反而不缩，虽褐宽博，吾不惴焉；自反而缩,虽千万人,吾往矣。"(《孟子·公孙丑上》)文章也是如此,倘若你是为一个弱者、被压迫者辩护,那你一定可以滔滔不穷,痛陈压迫者之非理,这种文章一定"气"很盛,能动一般读者的感情。可是为一个强者、压迫人者辩护,自己总觉得是强辞夺理,虽然说得很圆滑,但毕竟是有几分掩饰,定有许多罅漏的地方。韩愈说:"凡物不得其平则鸣……人之于言也亦然。"(《送孟东野序》)所以这些"鸣不平"的文章,才能够做到好上,因为看到社会上的不合理,一切的反常,在作者的心中郁积着一些愤愤之气,好像是非发泄出不可,所以发而为文章,"气"自然如排山倒海,汹涌澎湃,有不可一世之慨。我们试读太史公的《报任少卿书》,就可以领略出里边的气是多么的雄伟了。

三、论力行与作文之关系

在前边已经论到了古文与"道"同"气"的关系,现在自然该谈到"力行"上面去了。本来古文与别的文章不同之处,按古文家们的说法是"道"与"气"。但是这两种东西——"道"与"气"是怎样的才能够得到呢?这在古文家们的说法,就不一致了。很明显的可以分做两个时期。方望溪氏同方氏以前的古文家,他们的见地大致是相同的;姚姬传氏同姚氏以后的古文家,他们的见地又是大抵一致的。现在本篇先说方氏同他以前的古文家们的见地,至于姚氏同他以后的诸家的说法,等到下文再讲。

从方氏起上溯而至于韩愈,在这个时期的古文家们,他们认为想得到"道"与"气"有两种方法:

(一)读古人之书。所谓古人之书,就是经传子史之书。但是这些书不尽是儒家之言,所以他们是有鉴别的,也可以说是各取其长的办法。他们读六经同孟、荀、杨、韩之文,目的是在求"道"。至于读《左传》、《国语》、老、庄、司马迁等之文,目的是在求作文的方法。关于这方面的话,现在不必细述,读者试看后边《论古文之本源》中的表,就可以明白个大概了。

（二）力行圣贤之道。这可以说是"养气"的方法，同时也可以说是古文家们认为很重要的一点。韩昌黎在他的《答尉迟生书》中道：

夫所谓文者，必有诸其中。是故君子慎其实，实之美恶，其发也不掩，本深而末茂，形大而声宏，行峻而言厉，心醇而气和。

柳宗元亦云：

大都文以行为本，在先诚其中……其归在不出孔子，此古人贤士所憛憛者。（《报袁若陈秀才避师名书》）

那么要按文是作者自身的表现的话说，不能不承认昌黎的话是对的。因为一个作者，目的要想把自己的文章做成儒家的，而内容不离乎"道"，那么至少自己得能行古人之道，一直到自己的思想行动都变成儒家的了，那么自己所说出来的话，不用说是很自然的可以流露出自己的本来面目的。一个富人绝对不会说寒酸的话，而寒酸的人即令勉强说几句大话，也是破罅百出，不像那么一回事的。一个真正的道学家，才能说出真正的"明道"或"卫道"的话来，一个佛学家，而想说"明道"或"卫道"的话，那是装腔做势，决玩不像的。韩昌黎氏说："实之美恶，其发也不掩。"而方望溪氏又谓：

盖古文之传，与诗赋异道。魏晋以后，奸佥污邪之人，而诗赋为众所称者有矣，以彼瞑瞒於声色之中，而曲得其情状，亦所谓诚而形者也。故言之工，而为流俗所不弃。若古文，则本经术，而依於事物之理，非中有所得，不得以为伪。故自刘歆承父之学，议礼稽经而外，未闻奸佥污邪之人，而古文为世所传述者。（《方望溪先生全集·答申谦居书》）

这也同韩昌黎的话是同样的意思。所以从这儿足见想打算说出合乎古圣贤之道的话，那么自己就非去"力行"不可了。至于欧阳修呢？他也以为文者乃作者有所蕴蓄而不能见诸事功，而发诸于文字的东西，他给《吴充秀才书》中这样的说道：

昔孔子老而归鲁，《六经》之作，数年之顷尔。然读《易》者，如无《春秋》；读《书》者如无《诗》，何其用功少，而至於此也。圣人之文虽不可及，然大抵道胜者，文不难而自至也。故孟子皇皇,不暇著书;荀卿盖亦晚而有作。若子云、仲淹方勉焉以模言语,此道未足,而强言者也。后之惑者,徒见前世之文传,以为学者文而已,故愈力愈勤,而愈不至。

这种论调,差不多是一般古文家们常说的。就是孔孟何尝致力于著作,不过因为"道"之不能行于天下,所以才"思垂空文以自见"。同时,我们看现在一般论诗的人呢,也有这种说法。说诗"不是作成的,而是写出的"。《三百篇》皆为劳人思妇之歌,然为诗之祖;屈灵均并不是故意想当大文豪,不过也只是借文辞以抒发自己胸中的郁闷罢了。可是后世一般人,既没感触,而又没天才,也想名垂竹帛,于是弄出些似诗非诗的无病呻吟的东西来。这也就是欧阳永叔所说的"愈力愈勤,而愈不至"。至于说到"养气"上,"力行"更是重要。苏子由说过,孟子同太史公并不曾执笔学为如斯之文,然而不自知地文章写的很好。可见"养气"是作古文的第一要义。而"力行"更是"养气"的不二法门。因为自己的立身处事、一举一动都是合乎"道"的,孟子所谓:"仰不愧而俯不怍。"同时,对于世间的事事物物、它们的是是非非,自己都可以分辨出来。自己不仅能以分辨就算完事,还要救济,还要矫正。所以像孔子周游各国,欲拯斯民于水火之中;孟子也是皇皇然游说各国诸侯,而想行自己"仁义"之道,但是都失败了。后来不得已,孔子作一部《春秋》,孟子作了七篇文章,这里边都是要说明自己的主张同痛恨当时社会的话,所以文章才能充塞着一种"浩然"之气。而我们稍一读他们的东西,就立刻可以感得到。魏叔子所谓:"吾则以为养气之功,在于集义。"(《魏叔子文集·宗子发文集序》)所谓"集义"也者,也就是要把圣贤之道见诸实行的意思。可见"力行"是怎样的为一般古文家们所重视了。

四、论诵读与作文之关系

现在要叙述第二种说法了,这是从姚氏起以后的古文家们都是这样主张的。这种说法是什么呢?即作文必从诵读入手。

古文自韩愈起一直到清初,差不多同时出名的大作家没有够上十个的。至于以作古文之法传授生徒者,更是寥寥无几。韩昌黎仅教李翱、皇甫湜以为古文之法。至宋代的欧阳文忠公,也不过一般后进如曾、王、三苏,直接间接的受他的影响罢了,也并不是开初就从他学古文的。所以自韩愈至方望溪,在这将近 1000 年中,所谓鼎鼎大名的古文家,屈指算起来,不过 20 人。可是到姚姬传以后,就不然了,它好像黄河出了龙门一般,陡然间势力展布开了。他——姚氏以作古文之法传授生徒,而生徒又从而传授生徒,因此辗转相传,数十年之间,蔚然成风,号为桐城派。看前边的一个表,也就可以晓得当时的情况了。姚氏既以擅长古文鸣于海内,而又以之传授生徒,故关于古文的作法谆谆然言之綦详。如模仿与蜕化的问题,他曾说了许多话(后边有专篇论及),至于作文必须从诵读入手,也是自他开始的。在他的《给陈硕士书》中首先标出这种话头:

　　诗、古文,各要从声音证入。不知声音,总为门外汉耳。

所谓"声音证入"就是从声调方面着手。作文怎样从声调入手呢? 就是没有二法,只有"诵读",所以他又说:

　　学文之法无他,多读多为,以待其一日之成就,非可以人力速之也。

但是怎样的去读呢? 他又告诉我们了,就是要疾读缓读。他说道:

　　大抵学古文者,必要放声疾读,又缓读之。久之自悟。若但能默看,即终身作外行也。

又云:

　　所寄诗文,皆有可观,文韵致好,但说到中间,忽有滞钝处,此乃是读古人文不熟。急读以求其体势,缓读以求其神味。得彼之长,悟我之短,自有进也。

姚氏在这里并没明言诵读是求气的,不过仅仅说"体势"、"神味"罢了。其实"体势"也就是文中所贯注的气势。这话一直到了梅伯言才说了出来,到了张廉卿而论之愈精详。曾文正公固亦一度提及,然不过沿姚氏之旧说而已。

梅伯言《与孙芝房书》中云：

> 古文与他体异者，以首尾气不可断耳。有二首尾焉，则断矣。……其能成章者，一气者也。欲得其气，必求之於古人。周、秦、汉及唐、宋人文其佳者皆成诵乃可。夫观书者用目之一官而已，诵之而入於耳，盖一官矣，且出於口，成於声而畅於气。夫气者吾身之至精者也，以吾身之至精，御古人之至精，是故浑合而无有间也。

从这儿已经可以看到欲得气，必熟读古人之佳文。我们在读的时候，"成於声而畅於气"，拿我们的气而与古人文中之气相合即为一，久之自己作文，自然也就气势条畅了。曾文正公《复吴子序书》中云：

> 杨君遗书序读过，清劲为尊兄本色，所短者，在声色之间。弟尝劝人读《汉书》、《文选》，以日渐於腴润。姚惜抱论诗文，每尝称"从声音证入"，尊兄或可以此二义参证得失。

从这儿看，固然觉得很没什么，不过曾氏在他的《家训》中却时时劝告他的儿子纪泽、纪鸿，要熟读古人之文，也足见他的见解与姚氏是一致的。他的门人张廉卿呢？几乎把这种奥义，阐发靡遗了。在他的《答吴挚甫书》中云：

> 夫作者之亡也久矣，而吾欲求至乎其域，则务通乎其微。以其无意为之，而莫不至也，故必讽诵之深且久，使吾之气与古人诉合而无间，然后能深契自然之妙，而究其能事。若夫专以沈思力索为事者，固时亦可以得其意，然与夫心凝形释，冥合於言议之表者，则或有间矣。故姚氏及诸家，因声求气之说，为不可易也。吾所求於古人者，由气而通其意，并及其辞与法，而喻乎其深，及吾所自为文，则一以意为主，而辞气与法胥从之矣。阁下以为然乎？

这可以说由"诵读"而始能"通乎其微"自然可以"与古人诉合"，那么作文也就可以达到"无意为之，而莫不至"的境地。张氏同时又举出两个例子来，一个是刘海峰"日取古人之文，纵声读之"，再一个就是姚惜抱，不过姚氏患气弱，然而"仍不废哦诵"。可见"诵读"真成了作古文的不二法门了。实在说起来,也真可笑,中国的艺术如戏曲,文学如诗词、文章,几乎没有不讲声调的。讲声调自然要会"运气",中国的戏曲并没什么内容,只不过是音调圆润铿锵,足以令人神往罢了。诗词呢?自然也讲音调,乡间所谓"读会《唐诗三百首》,不会作诗也会凑"。足见作诗也非得从诵读方面着手不可。至于文章呢?八股文纯然是格律声调,内容真是狗屁不通,然而我亲眼见到一位村学究,年已花甲,尚诵读前清闱墨一类的文章,声琅琅然,摇头摆尾,大有一唱三叹之慨。所以以前作八股文,更是非从诵读入手不可啦!而古文呢?照这些大作家们所说,也一样的得从诵读入手。回想十几年前乡村,每每有一种读书之声,达于四野。自科举废,学校兴,而诵读之风大衰。虽然现在照例还要说我在某校某地方读书,而其实已变成"看"与"听",而不大"读"矣。诵读之风既将衰熄,那么还能够怎样再产生出像桐城派的那样雄奇瑰玮之文呢?言念及此,能不为之怅然乎?

五、论古文之本源

　　文章必有它的本原,所谓本原也者,就是作者作文时所取法的典籍。然而这仅仅是方法罢了。至于古文呢?同别的文学作品更不能相提并论了。因为别的如诗歌、小说等文学作品,至多不过是形式同方法与前人相同而已,至于内容,则纯为表现作者自己的经验同情感,各有各的面目,是不能够相袭的。至古文它的内容,在一般作者,认为是要"明道"、"载道"的,而"道"呢?也是载在古先圣贤的典籍中,作文既欲"明道",而第一步作者必得了解"道"。但是怎样的去了解"道"呢?没有别的方法,自然必须读古人的著述。因为他们所见到的"道"都在他们的典籍中蕴蓄着的缘故。

　　千余年来的古文家们对于他们自己平生所得力的书籍多有所陈述。有的在他的与友人或生徒的论文书中,有的在他们的札记或跋文中,眼下我打算列表以明之,因为这比较清楚一点,而且也可以省去许多事的缘故。

古文作家的姓名	平生所得力的典籍	本表所根据的文章
韩 愈	《尚书》、《春秋》、《左传》、《易》、《诗》、《庄子》、《骚》、《史记》、杨雄文、司马相如赋	见《进学解》
柳宗元	《书》、《诗》、《礼》、《春秋》、《易》——取道之原　《谷梁》、《孟》、《荀》、《老》、《庄》、《国语》、《离骚》、《史记》取辞之原	《答韦中立论师道书》
李 翱	《六经》、《老子》、《列子》、《庄子》、《鹖冠子》、《孙武子》、《孟子》、《楚辞》、《商君书》、《墨子》、《鬼谷子》、《荀子》、《韩非子》、《史记》、李斯、贾谊、枚乘、相如、刘向、杨雄文	《答朱载言书》
皇甫湜	《六经》、《楚辞》、《史记》、李斯、相如、杨雄之文	《答李生第二书》
李南纪	《易》、《春秋》、《诗》、《书》、《礼》、《史记》、相如、董生、杨雄、刘向之文	《昌黎先生集序》
柳仲涂	孔子、孟轲、杨雄、韩愈——道　孔子、孟轲、杨雄、韩愈——文	《应责》
欧阳修	《诗》、《书》、《易》、《春秋》、荀卿、孟轲、屈原、贾谊、董仲舒、司马相如、杨雄等之所著	《代人上王枢密求先集序》
苏明允	《诗》、《骚》、孟子、韩愈之文,《史记》、《汉书》、贾谊之文	《上田枢密书》
侯方域	《六经》、《老子》、《韩非子》诸子《左传》、《国策》、《国语》皆敛气于骨《史》、汉八家——皆敛骨于气	《与任王谷论文书》
魏叔子	《六经》、《四书》、周秦诸子、西汉百家之书、唐宋大家	《宗子发文集序》
方望溪	《春秋》、《三传》、《管》、《荀》、《庄》、《骚》、《国语》、《国策》、《史》、《汉》、《三国志》、《五代史》、八家文	《评沈椒园文后》

续表

古文作家的姓名	平生所得力的典籍	本表所根据的文章
管异之	《六经》——道德之原 贾谊、太史公——文辞之原	《与人论学书》
曾国藩	《六经》、《史》、《汉》、《庄子》、《韩文》、《文选》、《说文》、《通鉴》	《覆许仙屏书》及家训
吴汝论	《六经》、《史》、《汉》、《庄》、《韩》、《文选》、《说文》、《通鉴》、《十八家诗钞》、《古文辞类纂》	《与严又陵书》

这仅仅十四家,当然是挂一漏万,其他古文家俱有所述,兹不多赘。现在就这十四家看去,我们把他们所举的书目归纳起来,还可以列表于后。

所举之书名	所举之次数	所举之书名	所举之次数
春秋	13	国语	4
易	12	国策	4
诗	12	贾谊之文	4
书经	11	韩愈之文	4
史记	11	八家之文	4
礼	10	老子	3
离骚	11	韩非子	2
庄子	8	李斯之文	2
孟子	7	刘向之文	2
杨雄之文	7	董仲舒之文	2
司马相如之赋	7	文选	2
荀子	6	说文	2
汉书	5	通鉴	2
左传	4		

从这个表可以得到这样的结果:

1. 十次以上的有《易》、《诗》、《书》、《春秋》、《礼》、《离骚》、《史记》。

2. 五次以上的有《庄子》、《孟子》、《荀子》、《汉书》、杨雄之文、相如之赋。

3. 四次的有《国语》、《国策》、《左传》、贾谊同八家之文。

4. 二次以上的有《老子》、《韩非子》、李斯、刘向、董仲舒之文及《文选》、《说文》、《通鉴》三书。

我想从这种近似科学的统计中,很可以看出古文家们的见解的。在十次以上的诸书,如《易》、《诗》、《书》、《春秋》、《礼》,可以说是古文家们自命为取道之原的。《离骚》与《史记》尤为作文之极规。其他均可以此意类推,去年翻阅往日的《京报副刊》,翻出孙伏园先生编辑时的东西来,就是青年必读书一栏里。我曾把它统计过,后来工作没完成,因《京报副刊》找不全了,所以一时的兴趣也就消逝了。我想在那里边去统计一下,很可以看出中国一般知识阶级的心理的。本表仓促罗列,自然谬误百出,不过借此可以窥见古文家们见地之一斑罢了。

C. 批 评 论

一、论 义 法

关于文章义法,其系桐城派古文家所独有的创作与批评的标准。今仅就《望溪全集》而论列之如次。

(一)什么是义法?我们看方氏怎样去解释吧。

《春秋》之制义法,自太史公发之,而后之深於文者亦具焉。"义",即《易之》"言有物也";"法",即易之所谓"言有序也"。义以为经,而法纬之,然后为成体之文。(《又书货殖传后》)

这是多么浅近啊!可怜我这个傻子,竟因为它钻了几年的闷葫芦。不过方氏的话还不很明白,我可以申说一下。所谓"义",即文章里边所要写的事实或理论,方氏谓之"言有物"。所谓"法",即文章之编排结构有一定的秩序,方氏谓之"言有序"。不过"义法"的深一层的意义,就是作者能用种种方法或明谕或暗示,使有眼光而好学深思者,能以明白自己的用意。所以方氏谓:"'义法'自太史公发之。"就因为太史公的《史记》能以用这种方法的缘故。

(二)义法的例证。我们可以看看方氏所举的例子:

《史记》伯夷、孟荀、屈原传,议论与叙事相间,盖四君子之传,以道德节义,而事迹则无可列者。若据事直书,则不能排纂成篇,其精神心术所运,足以兴起乎百世者,转隐而不著。故於《伯夷传》,叹天道之难知,於《孟荀传》,见仁义之充塞;於《屈原传》,感忠贤之蔽塞,而阴以寓己之悲愤。其他本纪、世家、列传,有事迹可编者,未尝有是也。(《书五代史安重诲传后》)

本纪、世家、列传后皆有论,惟《伯夷》、《孟荀》合传,与论而为一,故无后论。(《〈史记〉评语》)

这两段就是说明《史记》的"义法"的。前一段是关于《史记》的内容的"义法",因为没有事迹可列,所以不得不加以议论。后段是《史记》组织上的"义法",因为《伯夷》、《孟荀》同传,在篇中已杂有议论了,所以在篇后作者去了论赞。

(三)义法的源流。我们试看方氏的话吧:

《春秋》之制义法,自太史公发之,而后之深於文者亦具焉。(《又书货殖传后》)

可知义法是始于《春秋》,本来《春秋》之所以制"义法"完全是为褒贬善恶,不过后来作文的也仿效它罢了。

记事之文,惟《左传》、《史记》,各有义法。(《书五代史安重诲传后》)

夫记事之文,成体者莫如左氏……然其义法,皆显然可寻。(《又书货殖传后》)

从此可知《春秋》以后之具有"义法"的文章,厥为《左氏传》。左氏以后呢?自然可以继踵前哲的是司马子长啦。方氏云:

春秋之"制义"法,自太史公发之。

又云:
> 此篇侧入逆叙处,酷似《左传》。(《吴王濞列传》)

可见子长不但承接着《春秋》与《左传》二书的文章"义法",而同时呢,还发扬光大,自己又造出许多新的义法来。方氏在书《韩退之平淮西碑后》,开始即谓:
> 碑记墓志之有铭,犹史有赞论,"义法"创自太史公。

足证方氏之所以那样的推尊子长,也非无因啊。方氏于《史记》确有心得,故作《〈史记〉评语》几于每篇《史记》后,都有说明。《史记》之"义法",藉方氏之阐扬而益明,方氏之功伟矣乎哉!

子长之后继踵者为班孟坚,然孟坚不能全了解子长的"义法",所以《汉书》中有许多于义法乖谬的地方。
> 子长世表,年表,月表序,义法精深变化。……孟坚《艺文志七略序》淳实渊懿……其源并出於此。(《古文约选凡例》)

> 甚矣哉,班氏之疏於义法也。……

班固以后真能了解子长义法的,恐怕也只有韩愈吧。
> 碑记墓志之有铭,犹史有赞论,义法创自太史公,其指意辞事,必取之本文之外。班史以下,有括终始事迹以为赞论者,则於本文为复矣。此意惟韩子识之。(《书韩退之平淮西碑后》)

> 退之、永叔、介甫。俱以志铭擅长。但序事之文,"义法"备於《左》、《史》。退之变《左》、《史》之格调,而阴用其义法。(《古文约选序例》)

我们看了这两段,也足以明白前边的话不是瞎说的吧。

现在已经是扯到唐宋八大家了,韩愈既然说了啦,现在依次说说其余的诸家。

柳子厚。方氏不大满意他,说他的文章的"根源,杂出周、秦、汉、魏、六朝诸文家,而于诸经特用为采色声音之助耳"(《书柳文后》)。所以他说:"北宋文家,只及韩、李(翱)而不及柳氏也。"我觉得方氏之不赞成柳氏大部分的作品,或许是因为这些东西没有根据所谓文章"义法"吧。你看柳氏有几种文章,是方氏所认为满意一点的,即

《读鲁论》、《辨诸子》、记柳州近治山水诸篇。但为什么这几篇好呢，就因为是根据文章"义法"了的缘故。方氏之言曰："子长世表、年表、月表序，义法精深变化，退之、子厚读经、子，永叔史志论，其源并出于此。"我真不禁呼口气道："呜呼！义法之神通广大矣哉。"

欧阳永叔。固然永叔也得到一点《左》、《史》所谓"义法"，可是也有疏漏之处，方氏在书《五代史安重诲传后》云："欧公最为得《史记》'义法'，然犹未详其义，而漫效焉。后之人又可不察而仍其误耶！"难矣哉，义法之学也！

曾子固、王介甫。这是前边的话，即"子长世表……义法精深变化……子固序群书目录，介甫序《诗》、《书》、《周礼》义，其源并出于此"。

方氏于八家之中，除上边的五家，都算批评过以外，至于苏氏父子三人，则未曾提及（或者我没看到）。不过唐宋八家文都俱有"义法"的，所以苏氏父子三人之文之有义法也不待言矣。方氏这样的说道："惟两汉书疏及唐、宋八家之文，篇各一事，可择其尤。而所取必至约，然后义法之精可见。"《古文约选序》这不是明明八家都具有"义法"吗？不过，他们有等差之别。接着方氏又说道："故於韩取者十二，於欧十一，余六家或二十、三十而取一焉。"（同上）可知在这八家之中精于"义法"的自然是属于韩欧二家啦。其余六家恐怕已同韩欧跟不上班了。

到了宋朝以后，能以接续着唐代的韩柳，宋代的欧曾的步伐的，恐怕也只有明代的归震川还差不多吧。谈到归氏，方氏对他可以说是褒贬参半。方氏谓：

> 孔子于《艮五》、《文辞》，释之曰：言有序；《家人》之象系之曰：言有物。凡文之愈久而传，未有越此者也。震川之文所谓有序者，盖庶几矣，而有物者则寡焉。（《书归震川文集后》）

按：所谓"言有序"即前边所讲之"法"，"言有物"即前边所讲之"义"。方氏谓："震川之文，於所谓有序者，盖庶几矣，而有物者，则寡焉。"这就是说，震川的文章，你说他结构好、组织好，还差不多，至于内容,可是非常贫窭。因为这个原因,所以方氏认为人家有的批评归氏为"肤庸",有的批评归氏为"破八家之樊,而据司马氏之奥",这两种说法,都是"各有见,而特未尽也"。所以方氏认为归氏也有长处,也有短处。长处是"其气韵盖得之子长,故能取法於欧、曾,而少更其形貌耳",短处是"徇请者之意,袭常缀琐",反正归氏之文很难以说到完璧上,至多也不过是"非后世文士所能及"就是了。

这篇文章只有草率的结束了。"义法"自方氏以后,有许多的条例产生出来。曾文正公在他的《复陈右铭太守书》中曾举其大者有四:(一)禁剽窃模拟;(二)作墓志要文称其人;(三)每篇中要有主脑;(四)禁用僻字涩句。除此以外,当然还有许多,但这只能让那些桐城派的古文大师去讲了。总之"义法"自方氏揭出以后,确切成为古文家们作文与评文的标准了。其来源无非是根据所谓"文以载道"及"言之不文,行而不远"的两句话罢了。

二、论阳刚阴柔与古文之关系

自从《易经》中有了所谓阴阳二气之说,于是就支配了几千年来的中华民族思想,不仅在人们彼此的关系上有所象征,如夫为阳而妻为阴,父为太阳而母为太阴,子为少阳而女为少阴。就是在医药岁时上,也有阴阳之分,至于卜筮,更是以阴阳为依归。到了北宋以后,所谓理学家性命之说,几乎是集阴阳二说之大成了。不过这些东西,好像同阴阳之说还接近一点,至于古文呢?我真料不到,在百余年前居然也有人把它和阴阳拉在一起了。在这儿我们不能不暗暗惊讶,阴阳二气之说为何竟有这样大的神通呢?

这位开始把阴阳与古文合在一起来解说的是谁呢?就是编纂《古文辞类纂》的那位大师,姚姬传先生。

姚先生以为天地之道不过是阴阳刚柔,可是文章呢?是天地间的精华,所以自然是阴阳二气之表现于外者。在他的《复鲁絜非书》中,先说明阴阳刚柔与文之关系,次论阳刚之文与阴柔之文在风韵上之不同,最后举例以证明之,现在依次缕述之:

（一）文为阳刚阴柔之表现：

　　鼐闻天地之道，阴阳刚柔而已。文者，天地之精英，而阴阳刚柔之发也。

（二）阳刚之文与阴柔之文在风韵上之不同。姚氏以为只有"圣人之言，统二气之会而弗偏"，但是《易》、《诗》、《书》、《论语》所载，也有可以以刚柔分的，自诸子而降，一般的文章就可以很明白的去分别了。

1. 得阳刚之美者。"如霆，如电，如长风之出谷，如崇山峻崖，如决大川，如奔骐骥；其光也，如杲日，如火，如金镠铁。"

2. 得阴柔之美者。"如升初日，如清风，如云，如霞，如烟，如幽林曲涧，如沦，如漾，如珠玉之辉，如鸿鹄之鸣而入寥廓。"

　　我们从姚氏所举的例别而去仔细的思索一下，则所谓阳刚之文，即雄状瑰玮之文；所谓阴柔之文，即缠绵悱恻之文。以时代而论，则两汉之文偏于阳刚，而两宋之文偏于阴柔；以地域而论，则北方之文偏于阳刚，而南方之文则偏于阴柔。不过这是我所想的，现在还言归正传，看姚氏的说法吧。

（三）因文而可以想见作者之为人。姚氏云：

　　观其文，讽其音，则为文者之性情行状，举以殊焉。

1. 其得于阳与刚之美者。"其于人也，如凭高视远，如君而朝万众，如鼓万勇士而战之。"

2. 其得于阴与柔之美者。"其於人也，渺乎其如叹，邈乎其如有思，暖乎其如喜，愀乎其如悲。"

　　这种见地自然是对的，文为作者精神之表现。太史公所谓："余读孔子书，想见其为人。"文章不能表现作者之风格，其文必无一读之价值。而因文以判断作者之性格、身世，尤为千古中外一般学者之定论。姚氏的话，当然不可厚非。

（四）阳刚阴柔之不能偏废。最好的文章是能得二者之中，次之则有所偏胜，否则即不足以成文矣。

　　且夫阴阳刚柔其本二端，造物者糅，而气有多寡进绌，则品次亿万,以至於不可穷,万物生焉。故曰一阴一阳之为道。夫文之多变,亦若是已。糅而偏胜可也,偏胜之极,一有一绝无,与夫刚不足为刚,柔不足为柔者,皆不可以言文……宋朝欧阳、曾公之文,其才皆偏於柔之美者也。欧公能取异己者之长,而时济之;曾公能避所短而不犯。

以上还是《复鲁絜非信》中的话。在他的《海愚诗钞序》中又申述其旨道:

> 苟有得乎阴阳刚柔之精,皆可以为文章之美。阴阳刚柔并行而不容偏废,有其一端而绝无其一,刚者至於偾强而拂戾,柔者至于颓废而暗幽,则必无於文者矣。

不过姚氏向来把阴阳刚柔分出高下来,到了姚氏的弟子管异之就不然了,他竟把刚柔分出优劣来了。

(五)贵阳刚而贱阴柔说。管氏之言曰:

> 偏焉而入於阳,与偏焉而入於阴,皆不可以为文章之至境。然而自周以来,虽善文者亦不能无偏。仆谓与其偏於阴也,则无宁偏於阳。何也?贵阳而贱阴,伸刚而绌柔者,天地之道,而人之所以为德者也……圣贤论人,重刚而不重柔……夫为文之道,岂异於此乎?(《与友人论文书》)

本来以阴阳刚柔去分文学作品,已经是有点走入岐途了,现在更进而以阴阳之贵贱而去评衡作品之优劣,更是走向牛角尖中去。所以这种说法,是不能令人心折的。

管氏以后就有曾文正公,他可以说进一步了,就是把古人的文章区分为阳刚阴柔二类。

(六)用阳刚阴柔以区别古人之作品。在曾文正公的《与张廉卿书》及《圣哲画像记》二文中,曾这样的分别过。

阳刚	庄子 杨雄 韩愈 柳宗元	司马相如
阴柔	司马迁 刘向 欧阳修 曾巩	匡衡
所见篇目	《与张廉卿书》	《圣哲画像记》

不过这仅仅是从文中见到的。至于详细的,还有曾氏的大著《四象表》一书,这部书在他的全集目录中没有见,还没看到它。不过从曾氏的《家训》与吴挚甫的《记古文四象表》里边,可以晓得所谓"四象"也者,就是太阳、少阳、太阴、少阴是也。表的内容大概是把古文的作者分为四类,以列于表中。吴挚甫的文中说道:

> 自吾乡姚姬传氏,以阴阳论文,至公而言益奇,剖析益精,於是有四象之说。又於四类中各析为二类,则由四而八焉。盖文之变不可穷也,如是至乃聚两千年之作一一称量定之,以为某篇属太阳,某篇属少阴,此则前生所无有,真天下环伟大观也。顾非志於文事者,骤闻其说,未尝不相与惊惑。文之精微,父不能喻之子,兄不能喻之弟,但以俟知者耳。

读此可少知其中底蕴矣。

(七)用阳刚阴柔之说以批评文章。曾氏既然下了这种"剖析益精"的工夫,所以他就用此说来批评文章了,他在《给张廉卿书》中云:

> 足下为古文,笔力少患其弱。……然柔和渊懿之中,必有坚劲之质,雄直之气,运乎其中,乃有以自立。足下气体近柔,望熟读杨、韩之文,而参之以两汉古赋,以救其短何如?

又与纪泽的《家训》中有云:

> 四象之中,惟气势之属太阳者,为最难能而可贵。古来文人虽偏于彼三者,而无不在气势上痛下工夫,两儿均宜勉之,此嘱。

可见曾氏之见与管氏是差不多的。

阳刚阴柔之说到了曾氏已经到了成熟时期,不仅用之以批评古人之文,亦已用之批评当时之文。所以在古文的创作上,已经发生效力了。不过古文到了曾国藩已经臻于末流,因为后继者无人,所以古文亡了以后,阴阳刚柔之说自然是"皮之不存,毛将焉附",与古文同归于尽了。

D. 一般的文学论

一、论模仿与蜕化

自从胡陈诸先生提倡文学革命以后,而首先打倒的就是"模拟古人"(在胡适之先生的《文学改良刍议》中"八不主义"中之"一不")。不过当时就有人怀疑,说假使文章不摹仿,则当从何处着手? 而反对白话文者,即以此为口实,攻击胡先生,说他光唱高调,而不顾实际之能行与否。不过这确是一个问题,即文章模仿呢,不模仿呢?模仿吧,自然无聊;不模仿,而青年作文,最初又无从入手。现在呢,我不想解答这个大的问题,还是让那些古文家们来讨论这件事吧。

古文家们对于模仿问题也常常提及,而尤其是姚姬传。不过我们可以把他们分做两方面来说,一是反对模仿的,二是主张模仿的。

现在我们先看前边一方面的主张。

> 或问:"为文宜何师?"必谨对曰:"宜师古圣贤人。"曰:"古圣贤人所为书具存,辞皆不同,宜何师?"必谨对曰:"师其意,不师其辞。"

> 若圣人之道不用文则已,用则必尚其能者。能者非他,能自树立,不因循者是也。(韩愈答《刘正夫书》)

> 当其取於心而注於手也,惟陈言之务去,戛戛乎其难哉。(《答李翊书》)

他的主张在这几段文中表示得很显明,就是只能师其意不必师其辞。后世论韩愈的,说他善于模仿,虽然窃取古人,可是不露马脚;至于柳子厚,就差一点了。这大概是由于他对于文章方面用功较深的缘故吧。

曾南丰在他的《与王介甫书》中有云:

> 欧阳公更欲足下少开廓其文,勿用造语及模拟前人。请相度示及。欧云:"孟、韩文虽高,不必似之也,取其自然耳。"

魏叔子亦云：

  识不高於庸众，事理不足关系天下国家之故，则虽有奇文与《左》、《史》、韩、欧阳并立无二，亦可无作。古人具在，而吾徒似之，不过古人之再见，顾必多其篇牍，以劳苦后世耳目，何为也？（《宗子发文集序》）

以上的几家都是不赞成模仿的，他们的理由自然是文章是发抒自己的意见，徒模仿古人，不过多一个古人而已，而古人之文俱在，何必要这赝品呢？不过清代的几家，如汪尧峰、姚姬传、曾文正公就不然了。第一，他们先证明古时的作家都多有所模仿。汪尧峰云："前明二百七十余年，其文尝屡变矣，而中间最卓卓知名者，亦无不学於古人而得之。罗圭峰学退之者也，归震川学永叔者也，王遵岩学子固者也，方正学唐荆川学二苏者也，其他杨文贞、李方正、王文恪又学永叔、子瞻而未至者也。"（《答陈霭公书二》）姚姬传云："文士之效古也，莫善如退之，尽变古人之形貌，虽有模拟，不可得而寻其迹也。其他虽工於学古，而亦不能忘。杨子云、柳子厚於斯盖尤甚焉。"（《古文辞类纂序》）我们要这样的说，几乎过去的作家没有一个不是取法古人的（可参看本篇中之《论古文家取法标准之递降》），但这样一来不是都没有价值啦么？其实呢，所谓取法不一定是句模字拟，汪尧峰谓："前贤之学於古人者，非学其词也。学其开阖呼应，操纵顿挫之法，而加变化焉，以成一家者是也。后生小子，不知其说，乃欲以剽窃模拟当之，而古文於是乎亡乎。"（《答陈霭公书》）曾国藩亦云："作文宜模仿古人间架。一（笔例从略）！即韩、欧、曾、苏诸巨公之文，亦皆有所模拟，以成体段。作文作诗，均宜心有模仿，而后间架可立，其收效较速。"（《家训》）从这儿看起来，所谓"得力於古人"，不过是对于某人的作文之法有所领悟罢了，归震川谓："夫知《史记》之所以为《史记》，则能《史记》矣。"（《五岳山人前集序》）也就是这个意思。因此他们的结论，自然是诗文必须从模仿入手啦。不过模仿的方法说得最详细的，就是姚姬传。他很非笑一般不主张模仿的人，他说道：

> 近人习闻钱受之偏论,轻讥明人之模仿。文不经模仿,亦安能脱化?观古人之学前古,模仿而浑妙者,自可法,模仿钝滞者,自可弃。(《与管异之书》)

> 近人每云:"作诗文不可模拟。"此似高而实欺人之谈也。学诗不模拟何由得入,须专模拟一家,已得似后,再易一家。如此数番之后,自能镕铸古人,自成一体。(《与伯昂从侄》)

他把模仿的步骤说得很显明,第一步是模仿一个大家,模仿得像了以后,再另学其他的一家。学像后,再更易一家。这样的学古人,只徒能似其形貌。到了第二步,就可以镕铸诸家之长,而不一定像他们了。到了第三步,则纯然蜕化了出来,成为自己的面貌了。他给《方植之书》中,自己述说他的经验道:

> 大抵学古人,必始而迷闷,苦毫无似处,久而似之,又久而自得,不复似之。若初不知有迷闷难似之境,则其人必终身无望矣。

模仿既然是目的在蜕化,那么为什么有的学古人的只得个皮毛,而丝毫不能表现自己的特色呢?这没有别的原因,根本由于天才的敏钝的关系。不仅由于天才,而且还有用功时候的深浅关系。姚氏云:

> 夫古今暌绝,以今追昔,非拟学何由得道!才高者取其精华,才卑者获其糟粕,功深者化其痕迹,功浅者滞於形模。此在昔人集中,亦多利病互见耳。(《跋刘海峰诗》)

管异之也说道:

> 后人为文不能不师古,上者神合之,次者貌尚之,最下者贩其辞。故曰惟古於文必己出,降而不能乃剽窃。(《答侯念勤书》)

江尧峰也说道:

> 凡为文者,其始也必求其所从入。其既也,必求其所从出。彼句剽字窃,步趋尺寸,以言工者,皆能入而不能出者也。(《与梁日辑论类稿书》)

目下我可以列表于后：

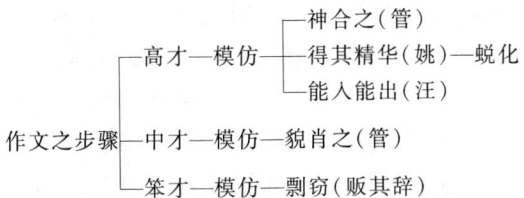

总之，模仿为人类的本能，一切的事物在最初都得从模仿入手。所谓"熟能生巧"，到了这桩事情运用得熟悉的时候，自能进于化境。譬如儿童们最初学说话吧，他非得学大人不可，直至一切都会说了，然后才能练习演说同辩论，到了以后或许可以成一个演说家、辩论家。但是你最初就不叫他学说话，你就想马上叫他成为一个演说家、辩论家，不是梦想吗？其他如艺术方面的绘画，最初非得临摹古人的名笔，一直到自己可以画人物山水花卉了，那时才能表现自己胸中的意像。再说书法，也是一样的道理，最初也得临摹一家，直至临成后再改临别的，能临几十家后，自然能以把他们镕铸在一起。相传康南海氏自称他的字是镕铸钟鼎、汉隶及各种碑帖而成功的，从这儿可见，他在初步也非摹仿不可。不过要特别注意的就是要"蜕化"，即汪氏所谓"能入亦必能出"，这才能够自成为一家，这才不致于受那种"优孟衣冠"之讥。世间一般的作家，多半不是限于天才，就是限于懒惰，结果不能达到至境就中道而止了，以致于貌似古人的东西盈满天下，后来才会产生出这种矫枉过正的论调。所以"不模拟别人"成了一些倡新文学者的口头禅了。不过要仔细的说起来，真正是不模仿别人了吗？现在的青年固然不去学什么八家桐城派的古文调子了，然而何尝不学现在一般的大作家的文章呢？曾文正在他的《胡南文征序》中很郑重的说，文章不可模仿，倘若不模仿，那么人心各具自然之文。但是我们看他的《家训》，不惜再三再四的嘱咐他的儿子纪泽、纪鸿，说文章的初步要得模仿，因为这条路很捷近。从这儿可知，一切的论调不能不严正，而方法倒不能不取巧。在文学的本身上说，模仿是没丝毫价值的，杨子云之所以见鄙于苏东坡，也就是因为这个缘

故。但是在方法上说,模仿不能不说是初步学文的捷径。所以主张作文要模仿的,固然不能极力赞同,而主张作文绝对不可模仿的,也不能够令人心折。总之在初步作文的人,固然不妨模仿,但以后总须要"蜕化",等到自己陈述事理描写景情的手法练习纯熟以后,就应当写自己心中所想写的事,说自己嘴中所要说的话,那么自然就会在自己的文章中显示出自己的本来面目,而不致于被人骂为模仿或剽窃者了。

二、论绚烂与平淡

所谓"绚烂"与"平淡",乃是指作品的风格方面说的。在我们中国过去的文学园地里,特别的有了这两派。不过在这两派之中而最为一般研究文学者所赞颂不止的,乃是后边的一派。诗人陶元亮、词客朱敦儒、文人柳子厚,他们之所以能受到一般人的称道,无非是由于他们的作品在风格方面很"平淡"的缘故。至于"绚烂"呢?大凡具有这种风格的作品的作家,多半是才气纵横的,他们的文章如锦绣一般的华丽,大河一般的奔放,然而也只能为一般青年的读者所爱好,至多也不多为一般平庸的读者所爱好,倘若遇到老年的读者,或者是对于文学有很深的修养的人们去看,一定觉得是肤浅无味的。所以"绚烂"的作家,如王、杨、卢、骆,奔放的作家如龚定庵同早年的梁任公,他们的作品是不会使人从少年就爱读,一直爱读到老的。所以"绚烂"与"平淡"这两种风格的作品,对于读者的爱憎,是有年龄的关系的。近读古文家文集,从他们的文章中也见到他们谈及了这个问题,所以就把它搜集起来,作一种比较的观察。第一个提到这个问题的就是苏东坡,他给他侄儿的手札中说道:

> 文字亦苦重难处,止有一事与汝说,凡文字少时,须令气象峥嵘,采色绚烂,渐老渐熟,乃造平淡。其实不是平淡,乃绚烂之极也。汝只见我而今平淡,何不取旧日应举时文字看,高下抑扬,如龙蛇捉不住,当且学此。书字亦然,善思吾言。(《与侄帖》)

在苏东坡的意思,就是"平淡"这种境地,实是文章之至境,所谓"绚烂之极"是也。决非粗浅可比。其次是姚姬传,他给王铁夫的信中也曾这样的说道:

> 古人文章之体非一类,其瑰玮奇丽之振发,亦不可谓其尽出於无意也。然要是才力气势驱使之所至,非勉力而为之也。后人勉学,觉有累积纸上,有如赘疣。故文章之境,莫佳於平淡,措语遣意有若自然生成者,此熙甫所以为文章正宗也。(《与王铁夫书》)

所以这种"平淡"的地步,实在是很难以达到的,为什么呢?就是"措语遣意有若自然生成者"这种地步难以达到。苏东坡说,文章能以做到"达"的地步,已经是到了极致了,的确是如此,我们不说什么达不达,就说文章能做到同说话一样吧,这已经是不大容易了。我们试看中国当今这么多的作家,有几人是真正能做到作文如说话的境地。有几人是可以使你读他的文如听他在说话,听他在说话也就好像在读他的文似的呢?恐怕有许多说话是这个样子,而作文时就变了态度了。苏东坡说"达"是文之至境,不能不说是至论。姚姬传能了解文章的佳境是"平淡",也无愧他是桐城派的大师。第三个说到"闲适"的是曾文正公,他自述他是很爱这种作品的:

> 诗中有一种闲适之境,专从胸襟著功夫,读之但觉天机行,百物相弄相玩。天宇奇宽,日月奇闲。如陶渊明之五古、杜工部之五律、陆放翁之七绝,往往得闲中之真乐。白香山之闲适古调,东坡过陵后之五古,亦能将胸中坦荡之怀,曲曲写出。(《与李眉生书》)

又云:

> 国藩尝好读陶公及韦、白、苏、陆闲适之诗,观其抟物之态,逸趣横生,栩栩焉神愉而体轻,令人欲弃百世而从之游。而惜古文家少此恬适之一种,柳子厚山水记,破空而出,并物我而纳诸大适之域,非他家所可及。(《复吴南屏书》)

曾氏固然很爱这种闲适的诗文,但是他给他的儿子的信中(见家训)每每叫他们写气象峥嵘、辞采绚烂的文章。他叫他们读两汉的赋,并要多抄手抄,以便作文时遣辞之用,这种意思,大概同苏东坡有点相近吧。在古文家中最后谈到这个问题的,要数着吴挚甫了。他因为他的朋友有一次在与大家谈话的时候,盛称刘海峰而抑方望溪于刘氏之下,所以他要辩论这是谬误,才写有一封信给他的朋友。不过他用的字眼不大相同,他把"平淡"改用为"老确",也许"老确"与"平淡"不绝对相同,然而总是相近的。

夫文章之道,绚烂之后归於老确,望溪老确矣,海峰犹绚烂也。意望溪初必能为海峰之闳肆,其后学愈精才愈老而气愈厚,遂成为望溪之文。海峰亦欲为望溪之醇厚,然其学不如望溪之粹,其才其气不如望溪之能敛,故遂成为海峰之文。(《与杨伯衡论方刘二集书》)

一般的论者以为诗、文、书法都要经过这三种境界,最初是"模仿",其次是"闳肆",最后是"平淡"。可是我们初听着觉得有点不大敢相信,可是我们仔细的去观察古时的作品呢,觉得这种说法确切有几分是对的。我们倘若再仔细的思考一下,更觉得是合乎至理的了。现在我可以先解答他们所说的是对的这个问题。我目下可以举出来一些例子去证明它。现在就文章来说吧,我们看看近人梁任公先生的文章,他在二十几岁所作的(大半收在《饮冰室文集》中),是多么狂放雄伟吧,但到后来呢,渐渐的老练,锋芒亦不像以前那样的显露,从他的近著中总可以看到。至于诗的方面呢? 我们可以举出两位来,一是杜少陵,一是陆放翁。关于杜少陵的作风的转变,在胡适之先生的《白话文学史》中,论得很详细,就是他的早年的诗,如在天宝时的作品《兵车行》、《丽人行》、《哀江头》等,都有几分豪壮的风格。但到他退隐到四川以后的作品,就大不然了,简直成了一个不问国事的陶元亮了,因此他的诗就写得很"老确"(用吴挚甫语),很"平淡",不像以前那个样子了。陆放翁呢? 他的志气本来是很大的,当异族猖獗,国势危亡的时候,他很想提一旅劲师,歼灭胡虏,但是不得志,只有老死田园。在他的诗集中,我们可以看到许多的慷慨悲歌的吟啸,而同时又有许多恬淡闲适的绝句,这可以说是他的现实与他的理想交战而生出的结果。自他退居在田园以后,只有所谓"长为农夫以没世矣"的希望了。在平时,他多半是写些田家的生活与自然的风景,但到喝醉了酒时,就又引起往日的大志来,这时就不免有些愤然了。所以醉后的诗,总有几分悲壮的气慨。不过大致仍是"平淡"的居多。说到书法,我可以举出一个清人郑板桥来,因为郑板桥是一般人都晓得的。他的诗、画、书法都很好,所以当时称之为"郑虔三绝",拿他比之唐时的郑虔也足见对于他的抬举了。他的字是写得很怪的,虽然怪,毕竟是有风味的,因之也就以书法家闻于世了。不过据研究书法的人说,他的字是达到了第二种境地——闳肆,还没达到至境。按他的天才说,是一定可达到至境的。不过因为他死得早一点,所以没有尽书法之极致,是很可惜的。从这些例子去看,那么那些话不是很对的么?可是我们再稍微用脑袋去想一想,愈可以证明这话尽合理的。我们第一要先知道的,就是艺术是作者精神的表现。诗、文、书法之有价值,也就是因为它是创作者自身的反映。现在假若认为这话是不错的,那么就可以很容易的明白,为什么少年时的作品与老年时的作品是不同的了。在心理学同生理学上告诉我们,一般人在青年同壮年的时期,身体是在发育,思想是在变化,他有沸腾的热血、坚强的体格同大无畏的精神。他们有雄心,有大志,见到国家纷乱,就想自己出来整顿一番,见到不讲理的权威者,就想食其肉而寝其皮。所以像这种样的人们,他们所写出的文章,自然会反映出他们的生理同心理上的状态,奔放峥嵘,蕴蓄着不可一世的气慨。但我们就实际上去看,这种文章每每失之于"夸大"、"虚妄",或者是"华而不实"。至于老年人的心理同生理呢?自然是与少年同壮年人不同啦,他们在生理上,身体各部已发育到成熟时期,只有渐渐的衰颓了。心理上呢?他们的见解也固定了,因为他们饱经了人世变迁的原故,自然也看破了一切。对于青年人壮年人所想的而且希望达到的,等等,在他们看起来,也成为幼稚而可笑的了。所以他们写出的文章,自然是"老确"的,"平淡"的,而且是深藏着丰富的人生的经验的。

总以上的种种,我可以说,"绚烂"与"平淡"是一般作家们必经的两个阶段(也许有例外),并没优劣之可言。在少年人读着奔放的作品,觉得很合自己的脾胃(如梁任公在少年时就是很爱龚定庵的文章的),可是对于"平淡"的东西,反觉得无聊。这或许可以说他们是不能领略,简言之是不懂。至于老年人自然觉得"平淡"的是有意味,而"奔放"的为虚浮不实的东西,这也可以说他们的青年期已经过去了的原因。要真说起来,"平淡"的作品自是文的至境,因为花只能悦目,只能赏玩而已,至果实呢?不仅是丰媄可爱,而且可以滋养我们的身体。倘若我们看到腴润的雪梨与艳丽的桃花,要让我们去选择,恐怕我们只有拿那雪梨吧。因为它不仅好看,而且又有甜蜜的滋味啊!

三、论文学为苦闷的象征

《苦闷的象征》是厨川白村氏一部论文学的名著,内容是根据着心理学的法则,来说明文学之产生的原因。这部书由鲁迅先生早已译为中文,恐怕一般的读者都曾经看过的。本文因欲使人容易明了起见,所以标题就把它拿来借用一下,这是我要在此地特意声明的。

文学是作者苦闷的象征,在我们中国,很早的时候就有人谈到。不过后来的一般作者有时也说一说,但并不是科学的解释,而且没有人去专一的详述它,结果不过是作者当替人作序或者同别人发牢骚时,借以为口实罢了。本来谈到这上面的,有许多许多的诗人同散文、小说、戏剧的作家,理应把过去的关于讨论这些话的文章,都搜集在一起,作一个有条理的编排与叙述,这才真正可以说是一个有价值的工作。不过,可惜本文是古文家的文论,所以只在这个小小的古文的圈子里打旋转,所论的自然是不外乎古文家们所说过的话啦。

在韩柳以前,最初谈到这个问题的,恐怕要数着司马子长啦吧,在他的《报任少卿书》中很沉痛的叙述他的隐衷同他当时所处的环境的卑劣,后来他就引证古人,原文是这个样子:

盖文王拘而演《周易》,仲尼厄而作《春秋》,屈原放逐乃赋

《离骚》，左丘失明，厥有《国语》。……《诗三百篇》，大抵贤圣发愤之所为作也。此人皆意有所郁结，不得通其道，故述往事，思来者。乃如左丘无目，孙子断足，终不可用，退而论书册，以舒其愤，思垂空文以自见。

这是说明，一些圣贤豪杰之士，因为不能得志，备遭坎轲，所以胸中积蓄着那种闷郁不平之气，想着要用文字发泄出来，结果文章就是他们的苦闷的象征。司马子长呢？他本来就是一个倜傥不羁之士，但是后来仅仅能以作一个太史令，并不被主上所重视，所谓："文史星历，近乎卜祝之间，固主上所戏弄，倡优所畜，流俗之所轻也。"这种情况已经够使他难受，使他愤愤不平了，不料偏偏又遭了一场从天上掉下来的灾祸，因为李陵的事情，他轻意的多了嘴，结果就受了腐刑之辱，他更是难堪了。不过他之所以能隐忍苟活的，就是因为他的不朽的大著《史记》并未完成，所谓："草创未就，会遭此祸，惜其不成，是以就极刑而无愠色。"现在我们试读他的《史记》，里边蓄蕴着不可遏抑的愤郁之气。曾文正公说，《史记》大都亦是寓言，这句话可以说正中我的下怀。《史记》是一部历史的东西，为什么千百年后仍然为一般人所爱好不止呢？就因为它是司马子长"苦闷的象征"，外边虽罩着历史的躯壳，而内容则为作者的热情愤气充塞着的原故。话扯得太远了，离本题快有十万八千里了，现在勒马收缰，不妨回过来看看韩愈是什么样的说法。

> 大凡物不得其平则鸣……人之於言也亦然，有不得已者而后言，其歌也有思，其哭也有怀，凡出乎口而为声者，其皆有弗平者乎？（《送孟东野序》）

这正可与厨川白村的话比较的看一下，韩退之所谓声之由来多由于两种东西相击的结果，他说道：

> 草木之无声，风挠之鸣；水之无声，风荡之鸣。其跃也，或激之；其趋也，或梗之；其沸也，或炙之。金石之无声，或击之鸣。

这里边的"挠"、"荡"、"激"、"梗"、"炙"、"击"诸字，用得最好。因为从这种结果，才能生出声来。厨川白村在他的《苦闷的象征》的

开卷第一章中,就引征勃廉谛尔的话来解释一切的文学为两种力相撞而生的。勃廉谛尔道:

> 有如铁和石相击的地方,就迸出火花;奔流给磐石挡住了的地方,那飞沫就现出虹采一样;两种力的一冲突,於是美丽的绚烂的人生的万花镜,生活的种种相,就展开来了。

这不是同韩退之的话没大差异吗?

现在要该谈到,在什么环境之下的人才能够产生作品来呢?谈到这儿,就慢慢的牵涉到作家的生活上面来了。在过去的作家,认为文学是"穷"的结果,有的认为"穷"是文学的结果。换言之,一方面是主张作品是"穷"之因,一方面主张"穷"是作品之因。以下略述他们的说法。

(一)创作是因为穷的缘故

> 夫和平之音淡泊,而愁思之声要妙,欢愉之辞难工,而穷苦之言易好也。是故文章之作,恒发於羁旅草野,至若王公贵人,气满志得,非性能而好之,则不暇以为。(韩愈《荆潭唱和诗序》)

> 盖世所传诗者,多出於古穷人之辞也。凡士之蕴其所有,而不得施於世者,多喜自放於山巅水涯。外见虫鱼草木风云鸟兽之状类,往往探其奇怪,内有忧思感愤之郁积,其兴於怨刺,以道羁臣寡妇之所叹,而写人情之难言,盖愈穷愈工。然则非诗之能穷人,殆穷者而后工也。(欧阳永叔《梅圣俞诗集序》)

> 由仆观之,非穷愁不能著书,古人之文安得有所谓无寄托者哉?(汪尧峰《答陈霭公书》)

他们的意思可以拿一句话作为代表,即"穷而后工",也就是因为环境不好,所以才作诗文以发抒胸中之郁闷。

(二)穷是因为创作的缘故

> 诗能穷人,所从来尚矣,而於轼特甚。今足下独不信。建言诗不能穷人,为之益力,其诗日益工,其穷殆未可量。……人生如朝露,意所乐则为之,何暇计议穷达。(苏东坡《答陈师道

书》)

这是东坡的见地,到了清代的刘海峰,他论得愈精详了,他同时说明"诗穷而后工"与"诗能穷人"的原因,几乎把它们说成一个互为因果的东西了。刘氏云:

> 公卿大夫皆有职,农工商贾皆有业,今之读书号称为士,其上可以为公卿大夫,而其下不可以为农工商贾。其幸而得为公卿大夫,则方坐论奔走之不暇,何暇其他,其不幸而不得为公卿大夫,其将奚为,为诗而已。故曰"穷而后工"於诗也。……进士然后释褐,登朝为大夫公卿矣,然其道则四子、五经,为文化之时文,至於诗盖无所用之,而天下之皆为举子业者,多不能为诗,其能为诗者,亦不复曾留意举子业,呜呼!此诗之所以能穷人也。(《王载杨诗集序》)

刘氏的话固然很有理由,但是我认为还免不了所谓皮相的观察。我们要真正的想了解为什么"诗能穷人"?又为什么"诗穷而后工"?根本非得从诗人们的性情入手不可。我们都知道诗人是预言者,是超出一般人的先觉者,他是有聪慧的性灵,锋锐的眼光,敏利的感觉,他对于人世的现在、过去同未来看得都是非常的清楚,在澄平的治世,一般人都在享乐高兴、粉饰太平之际,他看出了将来的祸乱;一般人都认为贪污卑鄙的在位者是值得尊崇仰恭的,而他呢? 在蔑视骂詈。所以处处与世人抵触,因之他也就处处碰着社会的钉子,受社会的排斥,为一般庸俗所遗弃。譬如就拿我们中国的诗人来说吧,屈原均不能够去变节从俗,所以得罪了上官大夫,结果放逐到异域——所谓沅湘之间,终日只有披发长吟,痛哭流涕,怅惘愤恨于山麓泽畔,终究是溺死在汨罗江中。陶元亮不能够为"五斗米折腰",所以连个小县令就干不了,终于挂冠而去,过他的贫士生涯,有时没有饭吃,还得去行乞,结果也就算老死于田园。李太白因为傲慢了高力士,因之也就见罪于皇帝所宠为掌中明珠的杨贵妃,所以不能飞黄腾达,弄得满脚烟尘,飘零四海,到了不知所终。唉!多着呢。如阮嗣宗、稽叔夜……简直是举不完的例子。总之,你去翻文学家的传略,十之七八都是命运不济,一生坎坷的。真正如宋之欧阳永叔、清之王渔洋,能以富贵利达的,实在是极其寥寥。这是什么原因呢? 就是所谓"诗穷而后工"。但是为什么"诗又能穷人"呢? 这就是由于诗不是求功名的捷径,一去作诗就不能不疏于人事的交际,不能不草介功名利禄,所以为诗而因之愈穷。固然古往今来有不少为诗以装风雅的,他们并不曾穷,但我们不承认他们这些东西,是真的文学。因为不是无病呻吟,就是对人的颂赞,是无聊的字词杂凑而已。

我记得在中学时曾读《佛兰克林自传》,里边有这样的一句话,就是:"But my father discouraged me by ridicriling my Performances and telling me verse-makers were a generally beggars."唉! 古今中外的诗人,为什么都与"穷"结下了不了的姻缘呢?

E. 余　　论

一、论古文家取法标准之递降

我们从韩昌黎的文章谈起,一直到清末的张裕钊、吴汝纶等的文章,那么在这一千余年中间的古文递变的痕迹,我们可以很明显的把它看出来,就是他们取法的标准因着时代而递变的。第一,我们先看韩柳他们是取法的谁。

上规姚姒,浑浑无涯,《周诰》《殷盘》,佶屈聱牙,《春秋》谨严,《左氏》浮夸,《易》奇而法,《诗》正而葩,下逮《庄》《骚》,太史所录,子云、相如,同工异曲。(昌黎《进学解》)

从这儿我们可以知道,他是取法于《尚书》、《春秋》、《左传》、《易经》、《诗经》、《庄子》、《离骚》、《史记》、杨雄之文同司马相如之赋的。至于柳子厚呢? 他把自己所取法的典籍分为两类,一是取道之原,二是取辞之原。

本之《书》以求其质,本之《诗》以求其恒,本之《礼》以求其宜,本之《春秋》以求其断,本之《易》以求其动。此吾所以取道之原也。参之《谷梁》氏以厉其气,参之《孟》、《荀》以畅其支,参之《老》、《庄》以肆其端,参之《国语》以博其趣,参之《离骚》以致其幽,参之太史公以著其洁,此吾所以旁推交通而以为之文也。(柳子厚《答韦中立论师道书》)

所以子厚关于文的内容方面,是取法于《书》、《诗》、《礼》、《春秋》、《易》诸经的,至于外形方面,则是取法于《谷梁》、《孟》、《荀》、《老》、《庄》、《国语》、《离骚》、《史记》诸书的。以后的古文家呢?我们知道是受子厚的影响极小的。昌黎就不然了,在唐代的时候,他的门人李翱同皇甫湜已经是取法于他了。李翱学韩愈得其通畅平易之处,而皇甫湜则得其奇奥诡谲之处,但较昌黎已差得多了。苏东坡云:

盖唐之古文,自韩愈始,其后学韩而不至者为皇甫湜,学皇甫湜而不至者为孙樵,自樵以降无足观矣。(《谢欧阳内翰书》)

古文到了晚唐,本已衰歇(详见古文源流一文),历五代至宋初,虽有柳开、穆修等提倡古文,然因其学浅位低,不足以号召而树反骈之旗,所以迁延以至于欧阳公,古文才算又大倡起来。但是欧阳公的文章是取法于谁呢?

予少家汉东,得旧本唐《昌黎先生集》于州南李尧辅家,因乞以归。读之,觉其言深厚而雄博。然余犹少,未能悉穷其义,徒见其浩然无涯,若可爱。是时,天下学者杨、刘之作号为时文,能者取科第,擅名声,以夸荣当世,未尝有道韩文者。予亦方举进士,以礼部诗赋为事。年十七试於州,为有司所黜。因取韩氏之文复阅之,则喟然叹曰:"学者当至於是而止耳。"因怪时人之不道,而顾已亦未暇学,徒时时独念於予心。……后七年,举进士及第,官於洛阳。而尹师鲁之徒皆在,遂相与作为古文。……其后天下学者亦渐趋於古,而韩文遂行为世,至於今,盖三十余年矣,学者非韩不学也。(《记旧本昌黎文后》)

这是永叔学昌黎之一证,就其文中看,如《本论》之仿《原道》与《范司谏》书之仿《诤臣》,《与梅圣俞诗乐序》之仿送《孟东野序》……此其学昌黎之二证也。永叔以后,如王安石、曾巩、三苏皆出于欧阳永叔之门,故其文均在直接间接受有永叔之影响。古文至北宋以后,又呈衰落之现象,直至明归震川氏起而振之,古文之余绪得以不绝。至归氏则系模仿欧阳公者也。汪尧峰云:

> 前明二百七十余年,其文尝屡变矣,而中间最卓卓知名者,亦无不学於古人而得之……归震川学永叔者也(《答陈霭公书》)

方望溪氏亦云:

> 震川之文……其气韵盖得之子长,故能取法欧、曾,而少更其形貌耳。(《书震川文集后》)

这自然是没问题啦。可是,与归氏同时足以当得起一位古文家的,也只有一位唐荆川,他的文章是学二苏的,也就是在汪琬的《答陈霭公》书所说的"方正学、唐荆川学二苏者也"。明以后的古文家,自然数到清初三大家侯方域、魏禧同汪琬啦。

侯方域,不悉他是学谁的。至于魏氏呢?则是效法苏明允的。在他的《与诸子世杰论文书》中云:

> 吾诸论亦私自谓苏氏后,恐无其偶……吾少好《左传》、苏老泉!

所以他是受过苏明允的影响的。至于汪琬,则是学庐陵同震川的。在他的《与梁日缉论类稿书》有云:

> 今之读某文者,不曰祖庐陵,即曰祢震川也……某尝自评其文,盖从庐陵入,非从庐陵出者也。

在《清史列传》中评之谓:"其言大抵原本於六经,灏瀚疏畅,颇近南宋诸家,庐陵、南丰固未易言,接迹唐、归无愧色也。"可谓至论。三大家之后,就数到方、刘、姚桐城三巨子了。

方望溪,史称其文学韩欧。其实他也很受震川的影响,不过他对震川的文不十分满意就是了。至于刘海峰则几乎全学震川了。张惠言在他的《书海峰文集》后有云:

> 海峰之文学《庄子》、《史记》,为之时有弗至也。学欧阳、王

介甫,为之时至焉;学归熙甫,辄至焉。名取远,迹取迩,其效然耶?

这些话,真可以说道破古文家的假面具了。因为他们实在是模仿近人,而因为近人名不大,故每每欺人,为学古之人某某,所谓"名取远,迹取迩"者是也。刘海峰之弟子姚姬传,他也是学震川的。他同别人极力称道震川。在他的《与王铁夫书》云:

> 故文章之境,莫佳於"平淡"。措语遣意,有若自然生成者。此熙甫所以为文家之正传也。

又云:

> 震川《阅本史记》,於学文最为有益,圈点启发人意,有愈於解说者矣。(《答徐无雅书》)

所以姚氏学文之初步,大概也是从震川入手的。至姚以后所谓桐城派的作家,则又以姚氏为法了。到了曾国藩,他还说:"国藩之粗解文字,自姚先生启之也。"所以我们可以总结一下,古文自韩愈后,可以说一般古文家们的取法,能分为四个时期,而这四个时期是渐次递降的:

(一)北宋欧阳修以前诸家,是取法于韩昌黎的。

(二)明季归震川以前诸家,是取法于欧阳修的。

(三)清季姚姬传以前诸家(除二三少数以外),是取法于归震川的。

(四)清末曾国藩以前之作家,是取法于姚姬传的。

所以张皋文的话,是千真万确的,"名取远,迹取迩"。这真是时代为之,是没奈何的。生于宋代的不能不取法于唐。生于明代的不能不取法于宋。而生于清又不能不取法于明。所以古文到了末流,完全拘拘于"义法",而从事者又无深厚之学识以济之,无怪其臻于末路而不能再续也。

二、论古文衰歇之原因

有许多的文体,按现在说已经成为不能应用的东西了。然而它们只要在过去的时代中曾经有过很大的势力,那我们就不能不说它有相当价值,至少是在过去。所以讲文学史的时候,就不能不大提而特提一番。古文呢?可以说早已成为被打倒的东西了,差不多在文学革命时候,胡适之先生的一篇《文学改良刍议》,已经宣布了古文的死刑,而"桐城谬种"又为革命时候最有声势的口号。所以古文自此,遂一蹶而不能复起了。但是有一般人或许要这样想,这种想头比一般乡民梦想真龙天子还要可笑。他们的想头是什么呢?就是古文仍会复兴,因为他们有历史上的证据啊!东汉以后文体日卑,而流为骈骊,但至唐而复兴,唐末又衰,历五季至宋而又复兴,北宋末年又衰,历南宋至明嘉靖间而又复兴。这样的一起一伏,至清而势力大张,几乎要笼罩着整个的中国文坛。现在呢?"固然白话文战胜了,但将来总会有一天还要复兴呢"。这一类的话,我们乍听着好像很有理由似的,而其实是谬误百出。这一次古文的衰歇,同以前并不相同,我们就由它的本身上说,已经是到了死亡的时候了。本文就是要从古文家的文论中,去证明古文衰歇的必然原因。

我们就先从古文的惟一任务"明道"或"载道"方面来说吧。"道"是什么东西?就是文、周、孔、孟之道,是用以"修齐治平"的。自从秦以后,一般的君主都是推尊儒家的。因为儒家是他们的护符。但是古文家之大倡"文以明道"、"文以载道"的种种口号,又何尝不是以儒家作为护符呢?因为在二千余年来,中国民族的思想固然是乱七八糟的杂汇。所谓道家的也有,佛家也有,而最占势力的被一般人所目为正道的,还要推儒家思想了。所以韩柳大倡所谓"文以明道"的话,就很能耸人听闻,得到一般人的向慕。但我们仔细分析一下,它们何尝能以"明道"、"载道"呢?这种不能"明道"、"载道"的话,到了姚姬传已经揭破了,至吴挚甫而言之愈详。所以古文到了末流,已经失掉了它的不可干犯的严正的面孔了。加之民国以来儒家思想已不能够维系一般的人心了。文学革命的高潮怒起时,同时就有反孔教的运动,如陈仲甫、吴又陵之流,所以到了这时古文本已不能载什么"道"了。而同时它的后台,自己所用以作为护符的儒家思想也动摇了,所以它也就不能不衰歇了。

　　复次,我们看古文之所以能够每当衰歇后,而又复兴的最大原因,厥有二端,一是乘当时别种文体之弊,二是产生了天才的大作家。韩柳之所以能成功,是这种原因。不然为什么在他们以前的陈子昂、萧颖士之流就不能成功呢?北宋欧阳修之所以能成功,也一样是这种原因。西昆体一派的文章,已闹得不像样子,然而尹洙、穆修之徒还不能改动当时的风气。一直到欧阳永叔,凭着他的杰作和他在政治上、在学术界中所占的势力去提倡古文,于是天下才靡然向风。归熙甫的文才并不怎样的超绝,不过也因为王李一派的流弊太甚了,然而归氏在明代并没多大的影响。所以归纳起来,古文复兴之原因,最大的有这两种。可是清末民初的古文呢?已很衰弊了,几乎臻于奄奄一息之势。所以人家一来攻击,自己就没办法了。所谓当时的领袖林琴南先生,然而作文还免不了文法上的错误,其他自然更不足道了。古文的衰歇亦由于没有天才的作者支撑门面故。

　　现在我们再就古文的作法上看,在明清以前还没闹什么特别的花样,韩、柳、欧、曾之告人的作文之法,也不过是明古人之道,行古人之道,然后发为文章罢了。到了以后就不然了,明代的归熙甫圈识《史记》,劝学古文者要从他所圈识的地方悟出为文之法。至方望溪更制出来一些束缚人的"义法"。姚姬传劝人作文要诵读,要模仿,同时还发出阳刚阴柔的怪论来。这简直同道家一般,最初只是清净无为,末流有所谓"咒语",有所谓"符箓",弄得五花八门,而道亡矣。古文呢?臻于末流,无才者只能劝人"诵读"、"模仿"、"遵守义法",可是同韩柳一类的文越离越远了。你想它怎能禁得起别人的攻击呢?

　　末了还要得注意的一点,就是白话是一种新兴语言。古文、骈文都差不多有一千多年的历史了。而白话呢?起源较晚,至元明有白话小说,固然在南宋已有用白话写的语录,所以它的势力非常的大。同时,言文渐趋一致,这是在各民族的文化进程中必然的现象。所以到了胡陈,一倡文学革命,而衰颓之古文、残废之骈文,都不能不随着溥仪一齐逊位了。

最后我们可以归纳古文之衰歇,其最大的原因:

(一)古文所藉为护符的儒家思想,已不足以维系人心,且其末流已不能"明道",故不能不衰歇。

(二)古文之每次衰歇后能以复兴,由于产生天才之作家故。清末民国初已无天才作家足以撑持门面,故不能不陡然衰歇。

(三)古文末流渐趋于浮浅,一般平庸作者仅能恪遵义法,墨守旧规,禁不起他人之攻击。

(四)言文渐趋一致,为一般民族文化进程中之必然现象,且白话已臻于成熟地步,又为新兴民族,故古文遇之不能不倒退数里,把文坛上的领域让了出来,自己伏处在一个幽暗的角落里。

十九年六月二七号脱稿于旧京师大

附记

本文曾求正于郭绍虞先生。郭先生以为不宜在数篇之首冠以"创作论"或"批评论"等题目,因所谓"道"与"气",不仅为创作者所必须注意,即批评者亦以之为衡量作品的标准。焜(作者原名维焜)按郭先生的话极是。但文章仓卒付印,无暇将全文改正一过,而且为醒目起见,只有把长短不齐的14篇大章,放在那五个总目之下;固然不能说恰当,然而也没十分大的误谬。不过这是作者不得已的办法,只有请读者原谅了。最后并谢谢郭先生的指教。

十九,十,廿四。

(原载 1930 年《师大国学丛刊》第 1 卷第 1 期)

萧散诗人马致远

一

马致远号东篱,大都人。他的事迹已不可考,仅仅晓得他做过江浙行省务官。王国维《宋元戏曲史》把他列入元代第一期的作家中。

他的作品不只有杂剧,而且有散套。杂剧据涵虚子《太和正音谱》所载,共有13本之多。不过像《误入桃源》、《酒德颂》、《岁寒亭》、《踏雪寻梅》、《斋后钟》、《戚夫人》等6本,已散佚。现存者只剩:《江州司马青衫泪》、《吕洞宾三醉岳阳楼》、《西华山陈抟高卧》、《破幽梦孤雁汉宫秋》、《半夜雷轰荐福碑》、《马丹阳三度任风子》、《邯郸道省悟黄粱梦》7本。不过王氏《宋元戏曲史》中前6本为东篱所作,后1本乃东篱与李时中、花李郎、红字李二所合作者。现在因这本的风格与东篱前几本并无大的不同,所以也一并提及。至于散套则有近人任二北所辑之《东篱乐府》一卷,存小令104首,套数17套。

二

从来旷达的诗人,最初也都是心肠极热的,不过到社会上潦倒坎坷,不能大展怀抱时,于是就一变而为"蝉蜕污泥,蜉蝣尘埃之外"的高士。陶渊明之赋《归去来兮》,苏东坡之《临江仙》(长恨此身非我有,何时忘却营营?夜阑风定縠纹平,小舟从此逝,江海寄余生),都有"道不行乘桴浮于海"之意。不过孔子是一个"知其不可而为之者",至于陶渊明、苏东坡,都多少受点老庄的影响,所以就索性遗脱世事,而守分安命,了此一生。一般不解事的人们,以为他们真个是舍弃人间而忘情事功的,那简直是错误到透顶了。东篱呢,也同陶渊明、苏东坡的情况差不许多,我们试看他的散套〔黄钟〕《女冠子》:

  枉了闲愁,细寻思自古名流,都曾志未酬。韩信乞饭,傅说版筑,子牙垂钓,桑间灵辄困,伍相吹箫,沈古歌讴。陈平宰社,买臣负薪,相如沽酒。

  〔幺篇〕上苍不与功名候,更强更会也为林下叟。时乖莫强求,若论才艺,仲尼年少,便合封侯。穷通皆命也,得又何欢,失又何愁。恰似南柯一梦,季伦锦帐,袁公瓮牖。

  〔出队子〕若朝金殿,时人轻马周。李斯岂解血沾裘?亚父争如饥丧囚,到老来终不将秦印收。

  〔幺篇〕圣贤尚不脱阴阳彀,都输与范蠡舟。周生丹凤道祥禽,鲁长麒麟言怪兽,时与不时都总休。

  〔黄钟尾〕且念鲰生自年幼,写诗曾献上龙楼,都不迭半纸来大功名一旦休,便似陆贾随何,且须缄口。着领布袍虽故旧,仍存两枚宽袖,且遮藏著钓鳌攀桂手。

关于东篱的身世,现在虽不能详细知道,但读他这篇散套,可知他是抱着大志的人。不过不幸而生在异族统治中华的时代,没有机会来施展自己的才能,因之自己心中无限的愤慨。但到末了,自己认清了社会的情形,参透了人世的险恶,于是就觉"今是昨非",而立志啸傲林泉。在他的《悟迷》(〔大石调〕《青杏子》)中道:

  世事饱谙多,二十年漂泊生涯,天公放我平生假。剪裁冰雪,追陪风月,管领莺花。

又〔般涉调〕《哨遍》中云:

  半世逢场作戏,险些儿误了终焉计。白发劝东篱,西村最好幽栖。老正宜,茅庐竹迳,药井蔬畦。自减风云气,嚼蜡光阴无味。旁观世态,静掩柴扉。虽无诸葛卧龙冈,原有严陵钓鱼矶。成趣南园,对榻青山,绕门绿水。

可知隐逸乃是他看彻世态后的人生观。但我们知道诗人的作品多是他个人整个儿写照。他既然立意退归林泉,那么必然的有称为他隐居的根柢的中心思想。他的中心思想是什么?两言以蔽之,即老庄的虚无主义与方士的渴慕神仙。在前者,他近于阮嗣宗与陶渊明,在后者,他近于郭景纯与李太白。现在把作为东篱的出世的人生观的根柢的中心思想,剖析为下列四端,分述于后:

(一)人事的无常。阮嗣宗80多首的《咏怀诗》,所写的全是叹息宇宙事物的无常。至于东篱之作,大半也是一样的。在写宇宙事物之无常,如〔双调〕《庆东原》、《叹世》六首:

拔山力,举鼎威,喑鸣叱咤千人废。阴陵道北,乌江岸西,休了衣锦东归。不如醉还醒,醒而醉!

这是说勇猛威力。

明月闲旌旆,秋风助鼓鼙,帐前滴尽英雄泪。楚歌四起,乌鸦漫嘶,虞美人兮!不如醉还醒,醒而醉。

这是说佳人美色。

三顾茅庐问,高才天下知,笑当时诸葛成何计?出师未回,长星坠地,蜀国空悲!不如醉还醒,醒而醉。

这是说聪明才智。

夸才智,曹孟德。分香卖履纯狐媚。奸雄那里,平生落的,只两字征西。不如醉还醒,醒而醉。

这是说奸雄诡诈。

画筹计,堕泪碑,两贤才德谁相配?一个力扶汉基,一个恢张晋室,可惜都寿与心违。不如醉还醒,醒而醉。

这是说智慧贤德。

珊瑚树,高数尺,珍奇合在谁家内。便认做我的,岂不知财多害己,直到东市方知。则不如醉还醒,醒而醉。

这是说富利财货。由于对人世一切事物之飘忽变幻,因而就想到这里还一定有命运在那儿主宰着呢,所以就不能不成为一个命定论者。

（二）命定论。陶渊明一生就是一个守分安命者,所以他一则曰:"聊乘化以归尽,乐夫天命复奚疑。"(《归去来兮辞》)再则曰:"酣饮赋诗,识运知命。"(《自祭文》)马东篱也同陶渊明一样,有自知之明,所谓:"本是个懒散人,又无甚经济才,归去来!"(〔南吕〕《四块玉》、《恬退》)他的命定论整个儿表现于他的杂剧《半夜雷轰荐福碑》一本中。这篇剧的大意是写宋代范仲淹的友人张镐最初训蒙为活,后遇范仲淹,一面给他三封荐信,让他投奔三位权贵,一面又携去他的万言长策,去进奏天子。不巧在他离开他教书的地方——张家庄的时候,天子的诏下来了,命他为吉阳县令,恰好他的东家的名字叫张浩,就顶替了他上任去了。他呢,投奔了两位权贵,不巧都死了,在他将要打算归去的路中,又遇见他的东家,结果他的东家派人去杀他,赖他求饶,才算不死。末了到了一个庙里,和尚对他很好,就打算把庙中颜真卿所写的一统碑拓了一些送他作为川资,不料夜间一阵大雷,就把碑击碎了。次日他看见这种情况,正想自杀,他的友人范仲淹偏偏来了,算是带他到京,一举成名。这本完全来写一个人的淹蹇与亨通,完全操握在命运的手心里。剧中写张镐因在龙王庙中抽签,结果得个下下,他就愤然在墙上写了首诗,来嘲骂龙王。龙王就说道:

> 叵耐张镐无理!你自命寒福薄,时运未至,却怨恨俺这神祇,将吾毁骂,题破我这庙宇。更待乾罢,你行一程,我赶一程,行两程,我赶两程,张镐你听者……

可见运命是一定的,"时乖强求",终于还是徒劳。

（三）对自然的陶醉。在中国文学史上只要是出世的诗人,没有不爱大自然的。东篱自然也逃不出这个例子。他对自然的咏歌与赞叹,可从《清江引》(《野兴》)、《四块玉》(《恬退》)、《双调新水令》(《题西湖》)诸曲中看到:

> 樵夫觉来山月低,钓叟来寻觅。你把柴斧抛,我把鱼船弃。寻取个稳便处,闲坐地。

林泉隐居谁到此?有客清风至。会作山中相,不管人间事。争甚么半张名利纸?

　　西村日长人事少,一个新蝉噪。恰待葵花开,又早蜂儿闹,高枕上梦随蝶去了!

　　东篱本是风月主,晚节园林趣。一枕葫芦架,几行垂杨树!是搭儿快活闲住处。(《野兴》八首录四首)

　　绿鬓衰,朱颜改,羞把尘容画麟台。故园风景依然在,三顷田,五亩宅,归去来!

　　绿水边,青山侧,二顷良田一区宅。闲身跳出红尘外。紫蟹肥,黄菊开,归去来!

　　翠竹边,青松侧,竹影松声两茅斋。太平幸得闲身在,三径修,五柳栽,归去来!

　　酒旋沽,鱼新买,满眼云山画图开。清风明月还诗债,本是个懒散人,又无甚经济才,归去来!(《恬退》四首)

　　〔挂玉钩〕曲岸经霜落叶滑,谁道是秋潇洒。最好西湖卖酒家,黄菊绽东篱下。自立冬,将残腊,雪片似江梅,血点般山茶!

　　〔山石榴〕橹摇摇,声嗟呀!繁华一梦天来大。风物逐人化,虚名争甚那?孤舟驾,功名已在渔樵话,更饮三杯吧!(《题西湖》)

　　马东篱在各方面都很显明的受着陶渊明的影响,他的《恬退》不用说是在学《归去来兮辞》,而"东篱"一号,恐怕也是他晚年退隐时起的,当系本着陶渊明饮酒诗中"采菊东篱下"之句。所以在他的作品中,常常提到陶渊明,而杂剧又有《误入桃源》一本,今虽不传,想定系写的关于陶渊明《桃花源》一记的故事。

　　(四)对神仙的企慕。对于神仙一事,过去的诗人中陶渊明是不提的,在他的《归去来兮辞》中所说之"帝乡不可期"一语,可知他纯属道家,并未受方士的影响。至于阮嗣宗就不然了,他如《咏怀诗》中虽否认了一切的永久性;但对神仙还有着若干的渴望,他在《咏怀诗》其十中云:

> 独有延年术,可以慰我心。

又在其三十二中云:

> 愿登太华山,上与松子游。

因此刘彦和谓其:"诗杂仙心。"到了以后之郭景纯(璞)同鲍明远(照),都有游仙之作,此风一直到唐代的李太白还没有消歇。如太白的《庐山谣寄卢侍御虚舟》中云:

> 谢公行处苍苔没,早服还丹无世情。琴心三叠道初成,遥见仙人彩云里,手把芙蓉朝玉京。先期汗漫九垓上,愿接卢敖游太清。

这是对仙家生活的企慕与幻想。至如《梦游天姥吟留别》更是全篇写出仙境的清幽与奇丽。至如东篱呢,在他的文字的豪放一方面,不减景纯、太白,而对神仙的渴慕,较之景纯、太白更有过之而无不及。在他的《散套题西湖》中有这样的话:

> 〔驸马还朝〕想像间神仙宫内馆娃,俯仰间飞来峰胜巫峡。葛仙翁郭璞家,几点林樱似丹砂。

> 〔胡十八〕云外塔,日边霞,桥上客,树头鸦。水亭山阁日西斜,哎!老子醉么,宜阆苑泛浮槎。

这还不过是拿西湖与仙境来比而已,至他的杂剧《陈抟高卧岳阳楼》、《任风子同黄粱梦》,不是写的仙人点化的故事,就是写的高人修仙的故事。我们分析起来,《岳阳楼》是吕洞宾点化柳树精同腊梅精的故事,意思就是土木形骸,只要能了悟修炼,也能成仙。《任风子》写马丹阳超度任屠的故事,意思颇近于"放下屠刀,立地成佛"一语。所以《任风子》受了马丹阳的指引,就听从他的话,在菜园中修炼,摆脱尘世,舍弃妻儿,终于成仙。第四折中有两节写他修炼的生活,写得很好:

> 〔双调新水令〕我虽不曾倒骑鹤背上青霄,今日个任风子积功成道。编四围竹寨篱,盖一座草团瓢,近着这野水溪桥,再不听红尘中是非闹。

> 〔驻马听〕散诞逍遥,虽不曾阆苑仙家采瑞草,又无甚忧愁烦

恼。海山银阙赴蟠桃。新种下黄花三径有谁浇？白云满地无人扫，人道我归去早，春花秋月何时了！

《黄粱梦》写钟离道士点化吕洞宾的故事，中间的曲折变化，多本唐人沈既济的《枕中记》，不过把主人公的名子换换而已。这是写士子之成仙，末尾钟离告吕洞宾的几段话，很有意思：

〔倘秀才〕你早则省得浮世风灯石火，再休恋儿女神珠玉颗！咱人百岁光阴有几何？端的日月去，似窜梭。想你那受过的坎坷！

〔滚绣球〕你梦见里儿了么？心儿里省得么？这一觉睡，早经了二十年兵火。觉来也依旧存活，瓢古自放在灶窝，驴古自映着树科。睡朦胧无多一和，半霎儿改变了山河，兀的是黄粱未熟荣华尽，世态才知鬓发皤，早则人事蹉跎！

〔煞尾〕你正果正是修行果，你灾咎皆因我度脱。早则绝忧愁，没脑聒。行处行，坐处坐，闲处闲，陀处陀。屈着指自数过，真神仙是七座。添伊家，总八个。道与哥哥，非是风魔，这个爱吃酒的钟离便是我。"

至于《陈抟高卧》，写五代末高人陈抟曾在汴梁设一卜肆，遇赵匡胤，而许以有帝王之分。后宋太祖即位，以安车蒲轮到西华山去迎他。他到朝中，力辞禄位，重行退隐。这篇作品是一面写陈抟的高洁，一面写修仙的人过的生活是如何的恬静闲散。现在把剧中借陈抟口中所说的话录下一二来：

〔隔尾〕则与这高山流水同风韵，抵多少野草闲花作近邻。满地白云扫不尽，你与俺紧关上洞门，休放个客人，我待静倚蒲团自在盹。（第二折）

〔倘秀才〕俺那里草舍、花栏、药畦、石洞、松窗、竹几，您这里玉殿、朱楼、未为贵。您那人间千古事，俺那松下一盘棋，把富贵做浮云可比。（第三折）

〔离亭宴带歇指煞〕把投林高鸟西风里放，也强如衔花野鹿深宫里养。你待要加官赐赏，教俺头顶紫金冠，手执碧玉简，身着白鹤氅。昔年旧草庵,今日新方丈。贫道呵!除外别无伎俩。本不是贪名利世间人,则一个乐琴书林下客,绝宠辱山中相。推开名利关,摘脱英雄纲,高打起南山吊窗,常则是烟雨外种莲花,云台上看仙掌。(第四折)

  从上边的分析,我们很明白的可以看出东篱的思想是老庄思想与方士思想的混合。一方面看彻人世,敝屣名利,要回到大自然的怀抱中去,同时又渴慕神仙,想延年益寿,与天地终古。所以我们可以说他的退隐、他的旷达,近于陶渊明,但他的豪放同幻想,又同景纯、太白差不多。本来是无足怪的,一个怀抱利器的人,一生潦倒,不得已而隐居林泉,自然之秀丽虽可以陶醉一时,使他忘去富贵的享受与功名的煊赫,但灵魂总不免要感到空虚与寂寞。所以不能不再进一步而逃到神仙的幻想中,这样才可以免去心中一些无谓的烦恼。陶渊明的思想是那样平易近人,这是因为陶渊明的天禀慧敏,与他的修养深沉之故。至如阮嗣宗、郭景纯同李太白在天禀上或者可以追步陶渊明,但修养不足,不免走进诡奇的幻境之中。马东篱虽一生服膺渊明,但在这一点,终于没赶上,而只落进阮嗣宗、郭景纯、李太白的一流中去,这也是他所意料不到的。

三

  以陶渊明之淡泊,还有《闲情》之赋,那么正无怪乎我们在东篱乐子中,能发现出言情的作品来。不过元曲作家善于写爱情故事的,如乔梦符、王实甫诸公,他们的作品,都极艳冶浓丽,描写毫无顾忌。可是马东篱同他们就不大相同了,恰如王国维评欧阳永叔同秦少游的话,所谓"虽作艳语,终有品格"者是也。他的言情之作,散曲中有小令《寿阳曲》23首,套数《仙吕赏花时》(《掬水月在手》、《弄花香满衣》)两套、《商调集贤宾思情》一套、《大石调青杏子因缘》一套、《商调水仙子》一套,杂剧则有《汉宫秋》同《青衫泪》两本。马东篱喜欢写的多是离情,所以风格方面有时凄怆,有时悲壮。前者最好的例子

是散曲,即如小令

江梅态,桃杏腮,娇滴滴海棠颜色!金莲肯分选半折,瘦厌厌,柳腰一捻。

思今日,想去年,依旧绿杨庭院。桃花嫣然三月天,只不见去年人面。

青纱帐,白象床,晚凉生月轮初上。谁家玉箫吹凤凰,教断肠人越添惆怅。

如年夜,人乍别,角声寒玉惊梅谢。梦回酒醒灯尽也,对着冷清清半窗残月。(《洞庭秋月》)

又如套数

〔浪来里〕更漏永,怎地捱,砧声才住角声哀。有灯光恨杀无月色,是何相待,姮娥影占了看书斋。

〔尾〕听夜雨无情,哨纱窗紧慢有三千解,韵欺蛩入耳,点共泪盈腮。疏竹影,晚风筛,划地将芭蕉叶儿摆,意中人何在?猛随风雨上心来。(《商调集贤宾思情》)

都极其凄婉之至。说到杂剧《汉宫秋》,论者一向称此篇为元曲中之冠,因为昭君和戎一事,乃千古一大悲剧。诗人咏歌的篇什,不知有多少,所以马东篱竟以此篇,而负盛名。中间写元帝同昭君离别的一折,真是苍凉悲壮。

〔梅花酒〕呀!俺向着这迥野悲凉,草已添黄,兔早迎霜,犬褪得毛苍,人搠起缨枪,马负着行装,车运着糇粮,打猎起围场。他!他!他!伤心辞汉主。我!我!我!携手上河梁。他部从入穷荒,我銮舆返咸阳。返咸阳,过宫墙;过宫墙,绕回廊;绕回廊,近椒房;近椒房,月昏黄;月昏黄,夜生凉;夜生凉,泣寒螀;泣寒螀,绿纱窗;绿纱窗,不思量!

〔收江南〕呀!不思量,除是铁心肠,铁心肠,也愁泪滴千行。美人图今夜挂昭阳,我那里供养,便是我高烧银烛照红妆。

尚书云:"陛下回銮罢,娘娘去远了也。"(驾唱):

〔鸳鸯煞〕我煞大臣行,说一个推辞谎,又则怕笔尖儿那火编修讲。不见他花朵儿精神,怎趁那草地里风光?唱道伫立多时,徘徊半响,猛听的塞雁南翔,呀呀的声嘹亮,却原来满目牛羊,是兀那载离恨的毡车半坡里响。

《青衫泪》一曲,系本《琵琶行》而写,与白乐天原意大不相合。马东篱一时神经过敏,而认为白乐天在京都时即与这个妓女有白头之约,中因白乐天被谪,音问梗塞,于是她不幸而被卖于浮梁茶客。不想在湓浦口于无意中竟又重逢,终于团圆。这篇倒是个喜剧,中间不无名言警句,以篇幅之限,只有从略了。

四

论到马东篱作品的风格,可以说豪放之外而兼有凄惋。大半过去的文人,沉浸在感情的漩涡中,而不能出脱的,文字多沉郁凄怆,如屈原之骚、贾谊之赋,就是很好的例证。若能从感情中超脱出来,而站在客观的立场上来观察社会,文字就会走到豪放同清逸的路上。陶渊明之诗,是清逸的,李太白的诗,苏东坡的词,则是豪放的。马东篱在论世的方面,多同于李太白、苏东坡,故自然豪放,但每在写情的时候,似乎稍有变易,而常沦于凄惋。作为前者的例子的,是小令中的《蟾宫曲》与套数中的《双调夜行船秋思》。

咸阳百二山河,两字功名,几阵干戈?项废东吴,刘兴西蜀,梦说南柯。韩信功兀的般证果,蒯通言那里是风魔。成也萧何,败也萧何,醉了由他。(《蟾宫曲》)

〔乔木查〕想秦宫汉阙,都做了衰草牛羊野,不恁么渔樵没话说。纵荒坟横断碑,不辨龙蛇。

〔庆宣和〕投至虎踪与兔穴,多少豪杰,鼎足虽坚半腰里折,魏耶?晋耶?

〔离亭宴煞〕蛩吟罢一觉才宁贴,鸡鸣时万事无休歇,何年是彻?看密匝匝蚁排兵,乱纷纷蜂酿蜜,急攘攘蝇争血。裴公绿野堂,陶令白莲社,爱秋来时那些,和露摘黄花,带霜分紫蟹,煮酒

烧红叶。想人生有限杯,浑几个重阳节?分付与顽童记者,便北海探吾来,道东篱醉了也。(《双调夜行船秋思》)

作为后者的例子的,则为《寿阳曲》与《商调集贤宾思情》,例已见前。

其次是马东篱的技巧,王静庵三语足以尽之,即"写情能沁人心脾,写景能豁人耳目,述事则如其口出者"。即如天净沙小令:

  枯藤、老树、昏鸦。小桥、流水、人家。古道、西风、瘦马。夕阳西下,断肠人在天涯!

寥寥28字,而且仅用动词3个,其余全是用形容词与名词拼成的,但活活画出一幅在秋日的黄昏一个远方的征人,漫行在荒凉的古道之上的情形。笔墨是这样的简洁,写景是那样的逼真,而且令人读后又不能不深深感动,这非真正的天才的作家,是决办不到的。北曲之胜于南曲的,在一任自然,毫不雕饰,而极其工巧。至于马东篱之作,又为北曲中之冠。其写情之真挚,与遣词之本色,更不待说。至于例证前边所举已经不少,此地只好从略了。

五

最后谈到马东篱在文学史上的位置,同他与古代作者异同之点,涵虚子《太和正音谱》评马东篱谓:

  有振鬣长鸣,万马皆喑之意。

这可说是推尊到极致了。王静庵《宋元戏曲史》称之谓:

  高华雄浑,情深文明,不失为第一流。

亦为持平之论。不过一般论马曲者多以《汉宫秋》为马东篱之代表作,所以王静庵氏有"东篱似李义山"之论。不知其真正足以代表马东篱的作品的,与其说是《汉宫秋》毋宁说是《陈抟高卧》。昭君出塞一事,不过为马东篱所偶然述写,遂成杰作,但决不如《陈抟高卧》之能代表马东篱的思想也。要论到言情,马东篱是那样的明快爽利,与李义山之深闭固拒,扑朔迷离者迥然不同。王氏因太看重艺术的技巧,而忽略了作者的思想,所以才有这样的偏见。实际要拿马东篱来比附于古代作者,我可以说他的作品的风格是有陶渊明的旷达,李太白的豪放,而且兼有苏东坡的清俊与飘逸。质诸海内方家,以为然否?

二四,五,二九写成
二四,八,八,改定
(原载 1936 年《师大月刊》第 30 期)

略论《歧路灯》对明代白话小说写实主义的继承

《歧路灯》的作者李绿园对宋元以来的小说,像《三国演义》、《水浒传》和《金瓶梅》等作品的内容思想给以抨击,但却继承了它们的创作方法同写作手法。

先就题材而论,《金瓶梅》是以西门庆家庭的盛衰为主要线索,反映了明代中叶嘉靖年间严嵩当国时政治与社会的黑暗现实。我在过去所写的《略论〈金瓶梅〉中的人物形象及其艺术成就》一文中曾说过:

> 再从小说的题材来说,《水浒》、《三国》都是根据前代历史故事与民间传说,以及已经成书的评话,进行了扩充改写而成的。《金瓶梅》虽然借用了《水浒》中的故事,但基本上是作者独特创造。从这一点说,《金瓶梅》的巨大成就,是具有划时代的意义的。特别是细腻委曲、淋漓尽致地反映现实生活上,洋洋百余万言,在十七世纪出现这样的大著,的确是应该大书而特书的事。由于《金瓶梅》的出现,才使中国长篇小说,在反映现实生活上,进入了一个新的历史阶段。由于《金瓶梅》在创作上所开辟的现实主义的广阔道路,于是到了清代,《儒林外史》、《红楼梦》和短篇的《聊斋志异》等现实主义的伟大作品才相继出现。所以使作者注意现实生活,以现实生活为题材,以及如何反映现实生

活,批判现实生活,《金瓶梅》实给后来作者以极大的启发作用。

李绿园在写《歧路灯》时,没有见到《儒林外史》同《红楼梦》,他的创作当然在方法上受到《水浒传》同《金瓶梅》,特别是后者的巨大影响是不言而喻的。所以,在题材上这是以谭家由盛而衰,再由衰而复兴的线索,反映清中叶中下层社会的生活面貌。但不同的是《金瓶梅》所揭露的是政治上自上而下一系列的黑暗统治,特别是以西门庆这样一个地方上恶霸人物为中心,反映出当时社会上纵的和横的各色人等与各种生活的画面,极尽其光怪陆离之致。而《歧路灯》乃是以谭绍闻这样一个不成才的官僚地主子弟为中心,揭露市井无赖、破落户子弟和衙门中的吏胥们为了敲诈欺骗富家子弟所玩弄的鬼蜮伎俩。

《歧路灯》在反映社会各阶层的生活面上是相当广阔的。栾星同志在本书的校本序中说:

> 在创作风格上,他虽极诋《水浒》诲盗、《金瓶梅》诲淫,恰恰在这里紧紧承继着发展了明代白话小说的写实主义传统。

这是有见之言,我非常同意。书中第十一回假塾师侯冠玉对《西厢记》、《金瓶梅》的夸赞,正代表了当时社会上沿袭金圣叹对《西厢记》、《水浒传》等书在写作方法上评论的观点:

> 侯冠玉道:"那是叫他学文章法子。这《西厢》文法,各色俱备。莺莺是题神,忽而寺内见面,忽而白马将军,忽而传书,忽而赖柬。这个反正开合,虚实浅深之法,离奇变化不测……看了《西厢》,然后与他讲《金瓶梅》……那书还了得么?开中'热结冷遇',只是世态炎凉二字。后来'逞豪华门前放烟火',热就热到极处;'春梅游旧家池馆',冷也冷到尽头。大开大合,俱是左丘明的《左传》,司马迁的《史记》脱化下来。"

尽管作者竭力反对让青年们看这些书,借谭孝移听了侯冠玉的话说道:"杀吾子矣。"但对于侯冠玉所讲的这两部书的写作方法,认为系从《左传》、《史记》脱化来的评论,应该说作者也是同意的。我们就单举用对比的方法表现对书中人物的讽刺态度上两书就有极其相似之处,说明后者是向前者学习来的。

《歧路灯》中第十九回写贵家公子盛希侨玩戏子的事,书中作这样的刻画:

把箱筒抬在东院对厅,满相公叫把槅子去了,果然只像现成戏台。客厅上边横着一个大匾,写的是"古道照人"四个字,款识落的是"荷泽李秉书"。一副木对联,写得是"绍祖宗一点真传克勤克俭;教子孙两条正路曰读曰耕"。下边就是藩台公封君别号,乃是"六十老人朴斋病榻力疾书"。

试看《金瓶梅》第六十九回写西门庆到王昭宣府上所看到的厅中陈设用"节义堂"与对联"传家节操同松竹,报国勋功并斗山",有意地把它与这家的主妇林太太的淫荡失节相映衬。后来在七十二回中,写林太太到西门庆家参加宴会时,作者就有"不但字得家声丧,有愧当时节义堂"的诗句。可见《歧路灯》中对盛希侨讽刺手法,正是从《金瓶梅》中脱胎而来的。像这样的情况,还有一些,就无须一一列举了。

在语言上《金瓶梅》用山东方言,《歧路灯》则用河南方言,应该说这也是受到《金瓶梅》的启发的。里边的词汇、成语和谚语,绝大部分具有地方的特点。在词汇上,如称女婿为"娇客"(二十四回),称傻子为"憨子"(二十四回),称喜欢某人为"爱见"某人(三十五回),称女人自杀为"寻无常"(五十九回),称孩子们吵嘴打架为"各气"(二十七回),称色情的戏为"酸戏"(二十一回);至于成语,如"过这个村,没这个店"(十三回),"一权主定"(五十回),"磕头礼拜"(十三回);谚语,如"一文钱逼死英雄汉"(二十三回),等等,不一而足。所以河南人读起来,会特别感到亲切有味。

这部书的一个最大的特点是作者竭力纠正宋元以来,特别像《金瓶梅》那种对色情的描绘。由于作者蓄意来劝世警世,因而以作者的身份对读者进行说教的地方随处可见。这些话多半都是非常迂腐,自然也有的是经验之谈,可是令读者感到唠叨罗嗦,觉着有点蛇足。因为文学是要通过形象进行教育,而不是劝世文,这就远逊《儒林外史》同《红楼梦》了。

至于在刻画人物方面,《歧路灯》还是比较成功的,尽管远逊于《儒林外史》同《红楼梦》,但里边主要人物还是各有其独特的精神面貌而能给读者以较深刻的印象。下边试举几个人物为例。

书中主人公谭绍闻是一个毫无社会阅历的阔公子,在他父亲去世后,由于母亲溺爱少失家教,经不起市井无赖和浪荡公子们的引诱,于是玩戏子、宿娼、赌博,尽情挥霍,终于家庭破产,当房卖地,几乎到了冻馁的边缘。像这样的浪荡子弟,最后弄得倾家荡产,就封建社会一般官僚地主家庭的子弟来说,是有着一定的典型性的。不过书中写他最后痛改前非,立志读书,并教育儿子使之一举成名,终于重振家声,这同高鹗所续写的《红楼梦》贾家后来兰桂齐芳,以及文康的《儿女英雄传》安骥的金榜题名与十三妹洞房花烛都是按作者个人理想虚构出来的结局,是不完全符合生活逻辑的。

书中其次的重要人物是王中。他是谭家的忠仆,由于生性耿直,敢于直言劝戒主子,因而遭到多次驱逐。但他从没有忘掉自己的主子,甚至到后来自己从地下挖出藏金也不敢占有,还要如数奉献给自己的主子。在封建社会中,确有这种类型的人。《今古奇观》中的徐家阿寄(《徐老仆义愤成家》)就颇有点近于王中,不过作者把王中拔的更高就是了。很清楚,封建阶级在意识形态上大力表彰具有浓厚的奴隶主义思想的人物,就是要巩固封建地主阶级的统治地位,这是非常反动的。但是《红楼梦》中却写出了敢于反抗的奴隶,从这里就可以看出曹李两人思想相去多么遥远了。

李绿园的封建等级观念的严重,又表现在奴隶的女儿嫁给宦门地主家庭的公子,只能作妾。所以王中这个奴才,后来竟甘愿把自己的女儿送给谭绍闻的儿子兴哥作妾。

盛希侨和谭绍闻两人,虽同是出身于封建官僚家庭的阔少爷,但盛与谭大不相同。他喜欢玩戏子,结交不三不四的朋友,挥霍不少家产。但一般地痞流氓,不敢随便地哄骗他,敲诈他,因为他刚直爽快,具有一点古人所说的豪侠作风,同时他对世路的艰险、人情的奸诈有着丰富的经验。这个人物写得是比较成功的。

夏鼎是一个破落户子弟，堕落为流浪无赖，谭绍闻与盛希侨同他拜为把兄弟，谭上他的当，吃他的亏最多，而倾家荡产，多半是受到他的引诱、哄骗的结果。这个人寡廉鲜耻，坏点子也最多，为了自利，什么丑事坏事都能干出来。作者借这个形象揭露了社会上另一角落的黑暗面。由于作者对这类人物深恶痛绝，所以他的下场也最惨。

戏霸茅拔茹，书中虽然着墨不多，但性格却极突出。此外，如谭母王氏、谭的续妻巫氏也都有特色。因此《歧路灯》在刻画人物上虽不及《儒林外史》、《红楼梦》曾经雕塑出广阔的社会人物的画廊，个个栩栩如生，但比诸《儿女英雄传》、《野叟曝言》等作品还是较为成功的。

《歧路灯》毕竟是一部长篇巨著，作者社会阅历较深，而各方面的知识也比较丰富，特别是宋元明以来的长篇作品，尤其是刻画世态人情反映时代面貌的《金瓶梅》给他树立了榜样，所以作者对清代中叶的朝章国政、科场惯例、社会风俗（如婚丧庆吊以及医卜星相、名胜古迹等），书中凡涉及到的，无不一丝不苟地认真给以详细的论述与描绘，从而扩大了读者的视野，丰富了人们的知识，对于了解18世纪中国社会的精神面貌是有着深刻的认识意义的。所以在中国文学史上是应该给它以一定的地位的。

（原载1982年《今昔谈》第3期）

李贽与晚明思想解放及
文学革新运动

　　明代中叶,在哲学上出现了同程朱理学相对立的王阳明学派。前者为客观唯心论,而后者为主观唯心论,都是为封建统治阶级服务的思想流派。不过王学主张尊重个人,重视个人独立思考,比诸程朱派理学主张纯然恪尊古圣贤的道德规范来说,具有一定的解放精神。王阳明曾经说过这样的话:

　　　　夫学贵得之心。求之于心而非也,虽其言之出于孔子,不敢以为是也。(《王文成公全书·传习录中》)

　　这同韩愈所说的"一经圣人手,议论安敢道"就大相迳庭了。所以到了后来的王学左派,对程朱派的道学,敢于横加诋諆,而其中的李贽,除抨击道学外,并进一步对孔子的是非也提出了异议。由于李贽敢于冲破孔孟思想的网罗,因而他的论著受到当时广大读者的欢迎,一时间在思想界形成了一个不可遏抑的革新运动。

　　在李贽的影响下,当时文坛上也出现了以公安袁宏道为首的反王李复古主义的革新运动,我们可以称之为晚明的文化革新运动,这两个运动,对后来文学发展的影响是非常深远的。

　　李贽,号卓吾,泉州晋江人。生于明嘉靖六年(1527年),卒于神宗万历三十年(1602年)。卓吾出身于商人家庭,他的二世祖李驽为泉州的巨商,贸易于吴越之间。明初洪武年间,"奉命发舶西洋,娶色目人,遂习其俗"。四世祖慕惠谙译语,荐为通事官,引日本诸国入贡京城。其后世袭先代官职,代代相承。李贽父祖均信仰伊斯兰教,从他临老遗言里,对于葬式,似乎也是遵循回教的礼俗。这就说明他家世代都是回教的信徒。

嘉靖三十一年(1552年)中福建乡试举人,因困乏不再进京会试(《林李宗谱·卓吾公传》)。30岁任河南共城(辉县)教谕,从此日遨游百泉之上。

嘉靖三十九年(1560年),34岁,任南京国子监博士,到官数月丁父忧,回家守制。服阕后,又入京任北京国子监博士。但同当时的祭酒司业等人格格不入。不久祖父病殁,李贽遂把他的家小安置在共城。他只身返里,料理丧事。

嘉靖四十五年(1566年),李贽40岁,由泉州回共城,又携眷入京,补礼部司务。这年他接触到王学,于是遂宗信之。他在《阳明先生年谱后序》中说:

> 余自幼倔强难化,不信道,不信仙,故见道人则恶,见僧则恶,见道学先生尤恶……不幸年甫四十,为友人李逢阳徐用检所诱,告我龙溪先生语,示我阳明先生书,乃知行道真人不死,实与真佛真仙同。虽倔强不得不信之矣。

隆庆四年(1570年)调任南京刑部员外郎,任职7年。在这时期,他结交了耿定向、耿定理兄弟,还有焦弱侯竑。后来他同代表当时假道学的耿定向在理论上往复辩难,反映了当时思想界的反封建礼教思想与封建礼教的卫道者之间的斗争。

另外,李贽还见过王守仁的弟子王畿和泰州学派的罗汝芳,他对二人非常崇敬。另外,更值得注意的是,在这一时期他师事泰州学派的学者王襞。

万历五年(1577年)任姚安知府。他做官是一切搞简易,任自然,务德化,做到了政简刑清。袁中道说他:"政令清简,不言而治。"(《李温陵外纪》)

在任3年,他厌恶簿书生活,遂入鸡足山,阅龙藏不出。御史刘维奇其节,疏令致仕以归(《李温陵传》)。

李贽解官后,携妻女去黄安,依其挚友耿定理。他在黄安共住了三年,万历十二年(1584年),耿定理去世,他遂由黄安去麻城。万历十三年(1585年)三月,才定居于麻城龙潭湖上芝佛院,与一二相知者讲学。

这时他对封建主义的假道学进行了尖锐的揭露和批判。写了像《童心说》、《答耿中丞》、《又与焦弱侯》、《别刘肖川书》、《何心隐论》等文,直指当时耿定向。于是耿定向在惭愤之余,就嗾使他的学生蔡毅中著《焚书辨》进行反驳,并进一步唆使地方人诬蔑李贽为"左道惑众,坏法乱治"加以恫吓,并驱逐李贽,不让他在龙湖安居。

这年公安袁宏道到麻城访李贽,两人论学极相契合,他赠中郎诗云:

诵君玉屑句,执鞭亦欣慕。
早得从君言,不当有老苦。

留住二月后,卓吾与中郎同至武昌,才别去(《公安县志·袁宏道传》)。

万历二十一年(1593年)李贽67岁,这年袁宏道偕其兄宗道、弟中道,又到麻城龙潭访李贽。万历二十四年(1596年)李贽70岁,这年耿定向死,刘东星这时约他到山西沁水。

万历二十六年(1598年)李贽与焦竑去南京。次年他的《藏书》六十八卷刻成于南京。这是李贽摆脱前人思想束缚,敢于用自己的观点来评论中国历史人物的一部杰作。但他后来遭到世人的攻击,主要也是由于这部书。

此后,李贽又曾应刘东星之约去山东济宁(时刘任河漕总督)。不久,又回麻城,再次受到封建势力的迫害。这时马经纶从北通州来接他,同入黄蘗山(河南商城县),共同读《易》。

万历二十九年(1601年)与马经纶同往北通州,这时反动统治阶级对他仍不放松,极尽其造谣诬陷之能事。到了次年(1602年)春二月,统治阶级逮捕了李贽,下镇抚司狱。三月十五日,他于狱中取剃刀自刭,次日死,年76岁。

他的著述数目极多,而最重要的是《焚书》、《续焚书》、《藏书》、《续藏书》、《初谭集》、《易因》、《四书评》、《李氏文录》、《李氏丛书》等。

李贽的著作两次被焚,第一次在神宗万历三十年(1602年),第二次在熹宗天启五年(1625年)。到了清代,他的书均被列为禁书。但是尽管焚,尽管禁,而仍然流行于世。因为真理是扼杀不了的,正如顾炎武《日知录》中所说的:"然虽奉旨严,而其书行于人间自若也。"又说:"而士大夫多喜其书,往往收藏,至今未灭。"(卷十八《艺文》)

李贽是晚明一位杰出的进步思想家,他的思想渊源,根据前边所引,他早年真是一空依傍、特立独行之士,什么教派都不信。直到他40岁到京师任职,接受朋友的劝诱,才看到阳明及其弟子王龙溪等人的书,于是乃大叹服。据他自己讲:"乃知得道真人不死,实与真佛真仙同,虽倔强,不得不信之。"(《阳明年谱后语》)可知李贽到中年以后,才成为王学的信徒。

阳明弟子继阳明之学,其趋向并不一致,因而分出了不少派别,其中泰州一派,思想尤其解放。这派创始人为王艮(1483～1540),泰州人,他本来是一个盐丁,后折节向学,闻阳明之学,遂拜之为师。他的次子王襞,字宗顺,号东崖,继承其学,传授生徒。李贽即曾从他问学。这派后学有颜山农、罗汝芳、何心隐等。他们思想都极解放,敢于独抒己见,批评前人,不屑于循行数墨,规行矩前。嵇文甫先生称这派学术为"王学左派",曾写了《左派王学》一书来阐发评述这派的学术思想。

李贽在这派中,尤其左。所以黄梨洲《明儒学案》中竟把他从王学学派中排斥了出去。这说明前边那些学者还应列入儒家之林,而李贽思想则已越出儒家思想范围之外了。

李贽思想的特点,有以下几个方面:

一、要求自由同解放,不愿受社会上种种约束。他在《感慨平生》

中说:

> 缘我平生不爱属人管,夫人生出世,此身便属人管了。幼时不必言;从训蒙师时,又不必言;既长而入学,即属师父与提学宗师管矣,入官即为官管矣;弃官回家,即属本府本县公祖父母管矣。来而迎,去而送;出分金,摆酒席;出轴金,贺寿旦。一毫不谨,失其欢心,则祸患立至,其为管束至入木埋下土未已也,管束得更苦矣。我是以宁飘流四外,不归家也。(《焚书》卷四《豫约》)

正因为他生来不愿受人管,当他入仕以后,处处与上级发生龃龉,产生矛盾,他说:

> 余唯以不受管束之故,受尽磨难,一生坎坷,将大地为墨,难尽写也。为县博士,即与县令、提学触;为大学博士,即与祭酒司业触。如秦、如陈、如潘、如吕,不一而足矣。……此余平生之大略也……贪禄而不能忍诟,其得免于虎口,亦天之幸耳。(同上)

这是他之所以辞官而寄后禅院,而从事寻朋访友,讲道论学生活的原因。由此可知他性格是怎样的疏狂不羁了。以他这样的性格,去看那些终日打拱作揖的假道学,当然要产生极端憎恶的情绪。

二、李贽在伦理范围内,充满了平等的观点。由于尊重每个人的个性,因而认为人类是天然平等的。人的个性各个不同,人人都有个人的欲望,趋利避害是任何人都不能例外的。认为吃饭穿衣就是人伦物理,应该承认每个人都谋求自己利益是合理的。李贽思想中的这些基本观点,在当时来说,具有反对封建等级与反对封建特权的战斗意义(《中国思想通史》第四卷第二十四章《李贽战斗的性格及其革命性的思想》第三节、《焚书》卷一《答以女人学道为见短书》、《答周西岩》)。李贽说天下无一人不生知,说明人人生知,人人是佛,人即佛,佛即人,从道德上看天下人都是平等的。

又《李氏文录》卷一九《明灯道古录》卷下说:

> 世人但知百姓与夫妇之不肖不能,而岂知圣人之亦不能也哉……自我言之,圣人所能者,夫妇之不肖可以与能,勿下视世

> 间之夫妇为也……夫妇所不能者,则虽圣人亦必不能,勿高视一切圣人为也。

这说明智、愚、贤、不肖,从其本性来说,愚夫愚妇同圣人没有什么差别。所不同者,在于学养有差别,所以不要过高看圣人而过低看群众,这就是对人们的平等观。

李贽在反封建正统思想上即敢于冲破世人对于儒家一尊的网罗,而提出不能"纯以孔子之是非为是非"而衡量一切,个人有权提出自己对事物的理解同看法。他在《焚书·答耿中丞》中道:

> 夫天生一人,自有一人之用,不待取给于孔子而后足也。若必待取足于孔子,则千古以前无孔子,终不得为人乎?故为愿学孔子之说者,乃孟子之所以止于孟子。仆方痛憾其非夫,而公谓我愿之欤?

三、是他对《六经》的批评,认为不能"作为万世之至论"。他说:

> 夫《六经》、《语》、《孟》,非其史官过为褒崇之词,则其臣子极为赞美之语。又不然,则其迂阔门徒,懵懂弟子,记忆师说,有头无尾,得后遗前,随其所见,笔之于书。后学不察,便谓出自圣人之口也,决定目之为经矣。孰知其大半非圣人之言乎!纵出自圣人,要亦有为而发,不过因病发药,随时处方,以救此一等懵懂弟子,迂阔门徒云耳。药医假病,方难定执。是岂可遽以为万世之至论乎?然则《六经》、《语》、《孟》乃道学之口实,假人之渊薮也,断断乎其不可语以童心之言明矣。(《焚书》卷三《童心说》)

特别对于历史人物的评价,他不满于过去儒家的观点,而大胆地提出自己新的看法,写出了《藏书》一书。他在《藏书·世纪列传总目前论》中说:

> 前三代,吾无论矣。后三代,汉唐宋是也。中间千百余年,而独无是非者,岂其人无是非哉,咸以孔子之是非为是非,故未尝有是非耳。然则予之是非人也,又安能已。夫是非之争也,如岁时然,昼夜更迭,不相一也,昨日是而今日非矣,今日非而后日

又是矣。虽使孔子复生于今,又不知作如何非是也,而可遽以定本行赏罚哉!

这的确是大胆的言论。就因为他所写的《藏书》有自己个人独特的见解,而不依孔子之定本行赏罚,所以遭到儒者之徒们的猛烈的抨击。

正由于以上原因,所以当李贽到通州后,礼科给事中张问达即疏劾他说:

> 李贽壮岁为官,晚年削发,近又刻《藏书》、《焚书》、《卓吾大德》等书,流行海内,惑乱人心。以吕不韦、李园为智谋,以李斯为才力,以冯道为吏隐,以卓文君为善择佳偶,以秦始皇为千古一帝,以孔子之是非为不足据,狂诞悖戾,不可不毁。

下边就对李贽进行造谣诬陷,说他讲学时"一境如狂……后生小子,喜其猖狂放肆,相率煽惑,至于明劫人财,强搂人妇,同于禽兽而不之恤"。于是要求"敕礼部檄行通州地方官,将李贽解发原籍治罪"。并将其著述无论已刊未刊的尽行烧毁。其结果是李贽被逮捕,终于被迫害自杀而死。

从历史上看,凡是提倡进步思想的思想家,没有不受到封建统治阶级的顽固派打击迫害的。李贽由于代表了当时市民阶级进步的思想倾向,所以受到代表封建地主阶级利益的道学家的打击陷害也是势所必至,理有固然的。

李贽的文学见解同他的学术思想基本上是一致的。其主要观点有以下几个方面:

一、他主张文学应是作者"童心"的流露。他在《童心说》中道:

> 夫童心者,真心也。若以童心为不可,是以真心为不可也。夫童心者,绝假纯真,最初一念之本心也。若失却童心,便失却真心。失却真心,便失却真人。人而非真,全不复有初矣。

二、他反对读古人书。因为读古人书会障蔽其"童心",这样发而为言语政事,以及文辞,都是虚伪的产物,是不可能有什么价值的,他说:

> 古之圣人,曷尝不读书哉!然纵不读书,童心固自在也。纵多读书,亦以护此童心而使之勿失焉耳。非若学者,反以多读

书,识义理,而反障之也……童心既障,于是发而为言语,则言语不由衷;见而为政事,则政事无根柢;著而为文辞,则文辞不能达。非内含于章美也,非笃实生辉光也,欲求一句有德之言,卒不可得。所以者何？以童心既障,而以从外入者闻见道理为之心也。

三、他认为天下之至文,皆出自童心。他说：

天下之至文,未有不出于童心焉者也。苟童心常存,则道理不行,闻见不立,无时不文,无人不文,无一样创制体格文字而非文者。

接着,他论到中国文学的发展,并批判了七子的复古主义：

诗何必古选？文何必先秦？降而为六朝,变而为近体,又变而为传奇,变而为院本,为杂剧,为《西厢曲》,为《水浒传》,为今之举子业,皆古今至文,不可得而时势先后论也。故吾因是而有感于童心者之自文也,更说什么《六经》,更说什么《语》、《孟》乎？

在文章的最后一段,认为这些为人们称为经典之作的,"乃道学之口实,假人之渊薮,断断乎其不可以语于童心之言明矣"。

卓吾这种观点,当时就影响了公安派袁氏兄弟。中郎所倡导的反复古主义的文学上的革新运动,其理论核心,实源于卓吾。直到后来如清代的龚自珍、焦循,他们在文学观上,贵独创,贬因袭,贵真切,诋虚伪,特别是焦循的"文学一代有一代之胜"的看法,实皆由卓吾有以启之。

卓吾这种文学观根于其哲学思想,而其哲学思想实上承孟子而又渊源于陆王。孟子讲："大人者不失其赤子之心者也。"所谓"童心"与赤子之心有什么不同？由于《孟子》亦为程朱理学家的口实,所以他也把它与《六经》、《论语》一概给以否定。至于陆象山有"尧舜曾读何书来",而卓吾则谓"纵不读书,童心因自在也"。至阳明就孟子的"良知"之说而提出"致良知"之说。卓吾认为圣人读书,乃护此童心而勿失,绝不像一般学者反以多读书识义理而反障之也。卓吾为阳明后学,则他根据阳明之学,而发展为对文学的理解与主张,也是很自然的。

卓吾以他的评论作品的标准,来衡量从先秦以来的作家。大概由于他在思想上倾向于道家,而对作品便从"真"的观点予以品评。他所推许的作者,于先秦则为屈原,于汉则为贾谊、司马迁,于魏晋则为嵇康,于唐则为李白,于宋则为苏轼,而尤其对司马迁、苏轼更是推崇备至。

对于司马迁的评论,班固在《汉书·司马迁传》中曾批评他所作《史记》"是非颇谬于圣人",而对于其身陷刑戮,谓其不能"明哲保身"。卓吾对此大加驳斥,他在《藏书》卷四十司马迁传的后边道:

  李生曰:此班氏父子讥司马迁之言也。班氏以此为真足以讥迁也,当也。不知适足以彰迁之不朽而已。使迁而不残陋,不疏略,不轻信,不是非谬于圣人,何足以为迁乎?则兹史固不得作也。迁固之悬绝,正在于此。

下边卓吾就作者为什么要写作的原因,进行说明道:

  夫所谓作者,谓其兴于有感,而志不容已,或情有所激,而词不可缓之谓也。若必其是非尽合于圣人,则圣人既已有是非矣,尚何待于吾也。夫按圣人以为是非,则其所言者,乃圣人之言也,非吾心之言也,言不出于吾心,词非由于不可遏,则无味矣。有言者不必有德,又何贵于言也。此迁之史,所以继麟经而作,后有作者终不可追也已。

下边总论《史记》,并反讥班固死于窦固之狱道:

  《史记》者,迁发愤之所为作也。其不为后世是非而作也,明矣。其为一人之独见也者,信非班氏之所能窥也欤!若责以"明哲保身",则死于窦固之狱,又谁为之?其视犯颜敢诤者,又孰谓不明哲与?

卓吾接着又在他写的班氏父子传的结尾道:

  彪固讥迁以为是非颇谬于圣人,然其论议,常排死节,否正直,而不叙杀身成仁之为美,则轻仁义,贱守节,愈矣。固伤迁博

物洽闻,不能以智免极刑,然亦身陷大戮,"智及之,而仁不能守之",呜呼!古人所以致论于目睫也。(《藏书》卷四十)

其次,对于苏轼的评价。卓吾在《藏书》卷三十八苏轼传后边评道:

> 李生曰:子瞻自谓嬉、笑、怒、骂皆可书而诵,信然否?夫嬉、笑、怒、骂既是文章,则风流戏谑,总成佳话矣。然则吹箎舞剑,皆我画筍,雀噪蛙鸣,全部鼓吹。坡公得之,是以大妙。奇正相生,如环无端,颠倒豪杰,莫知端倪,不亦宜欤!然无坡公之心,而效其颦,无坡公之人,而学其步,而自谓曰我能嬉笑怒骂也,我能风流戏谑也,又奚可?古今风流,宋有子瞻,唐有太白,晋有东山,本无几也。必如三子,始可称人龙,始可称国士,始可称万夫之雄。用之则为虎,措国家于磐石。不用则为祥麟,为威凤,天下后世但有悲伤感叹悔不与之同时者耳,孰为风流容易邪?

卓吾又在《焚书》卷五中,批判朱熹诋訾子瞻之荒谬,他说:

> 朱文公谈道著书,百世宗之。然观其评论古今人品,诚有违公是而远人情者。王安石引用奸邪,倾覆宗社也,乃列之《名臣录》,而称其道德文章。苏文忠道德文章,古今所共仰也,乃力诋之谓"得行其志,其祸又甚于安石"。夫以安石之奸,则未减其已著之罪;以苏子之贤,乃巧索其未形之短,此何心哉?

接着卓吾指出朱熹之所以有此评论的原因道:

> 文公非不知坡公也,坡公好笑道学,文公恨之,直欲为洛党出气耳,岂其真无人心哉!

下边又指出,朱子评论古人往往吹毛求疵,所以又说:"盖自周孔而下,无一人得免者。忆文公注《毁誉章》云:'圣人善善速,而恶恶则已缓矣。'又曰:'但有先褒之善,而无预诋之恶。'信斯言也,文公于此,恶得为'缓'乎?无乃自蹈于预诋人之恶也?"

在卓吾的影响下,公安袁氏兄弟都非常推尊东坡。袁伯修曾以"白苏"名斋,白为乐天,苏即东坡。而袁中郎对东坡之诗,尤其赞扬备至。他在《答梅客生开府》中说:

> 苏公诗无一字不佳者,青莲能虚,工部能实,青莲惟一于虚,故目前每有遗景,工部唯一于实,故其诗能人而不能天,能大能化,而不能神。苏公之诗,出世入世,粗言细语,总归玄奥,恍惚变怪,无非情实。盖其才力既高,而学问识见,又迥出二公之上,故宜卓绝千古。至其道不如杜,逸不如李,此自气运使然,非才之过也!

在明代中叶以后,由于王学的盛行,于是反程朱之风颇盛一时。而程颐与苏东坡,在元祐时有洛蜀两党之争,抑程,自不能不扬苏。所以在当时苏的诗文之所以受到推崇,其根本原因,还由于在思想上与当时王学左派有其一致之处的缘故。与中郎同时的沈德符,在《万历野获编》中《紫柏评晦庵》条道:

> 董思白太史尝云:"程苏之学角立于元祐,而苏不能胜。至我明姚江出,以'良知'之说变动宇内,士人靡然从之,其说非出于苏,而血脉则苏也。程朱之学几于不振。紫柏老人每言:'晦翁精神,止可五百年。'真知言哉!"

这段话中说姚江"良知"之说,振动宇内,其说非出于苏,而血脉则苏也,这真是极其精辟的见解。因为北宋程(洛)苏(蜀)在政治上的分歧,其根源在于学术思想上的分歧。后来陆王与程朱的分歧,其为学术思想的分歧更是显而易见的。至其分歧之所在,不外以下几点:

一、陆王尊重自我,富于自信,是自律的。而程朱则笃信周孔,言行一律以圣人为标准,是他律的。陆王因重自我,贵自信,遇事必须经过个人的思考同判断,而决不轻信他人,更反对人云亦云,随人脚跟转,所以最富于解放精神。

程朱因尊信圣贤的遗训,因而不免对孔孟旧教条,恪遵而不敢违反,于是往往循规蹈距,不敢少有逾越,其末流往往流于谨小慎微,因循守旧,所以对事往往倾向保守。

二、陆王在学术上,不讳言老、佛,高明者往往能吸取老、佛二家合理的思想因素。即如朴素的辩证观点,认为事物无时不在变化中。其次,是人人平等的观点。但程朱讳言老、佛,并在文字语言中抨击老、佛,实际他们则吸取了老、佛的消极的荒谬理论。即如"存天理,去人欲"之说,其来源根于老、佛,这一点后来戴东原批判程朱,即畅发此旨。由于"存天理,去人欲"而把儒家的三纲五常一概目之为天理,是永远不能改变的。而人们生活中合理的要求,即如男女的性生活,则因是"人欲"而被贬抑。而三纲纯粹是卫护封建统治阶级利益的道德教条,是强者强加给弱者的用以压迫弱者的枷锁,因而残酷地造成人与人之间的不平等的关系,而对社会上种种野蛮的残酷的人压迫人的现象,视为理所当然,这都是程朱一派理学所造成的。清儒戴震及后来的刘师培都曾畅发此旨。

基于以上的学术思想,反映到文学观上,凡受陆王派思想影响的,在创作上就主张"真",即要把自己真实的思想、情感用文字充分地表现出来,李卓吾就是这种看法。其次,在形式上贵独创而反对模拟因袭。

三、认为文学是随时代的发展变化而发展变化的,因而对宋元以来流行于社会的戏曲、小说,尽管代表统治阶级的正统派文人目之为诲淫诲盗,必欲禁之焚之而后快,而王学左派的李贽及受其影响的人则对之非常重视,并且予以表扬。

从以上各点来看,程朱理学及正统派文人是代表着统治阶级的利益的,而王学左派及受其影响的文人则在一定程度上代表着人民的利益,反映着人民的愿望和要求。李卓吾为什么受到当时程朱派理学家耿定向等的诋毁和攻击,正由于他敢于说出自己的真话,敢于批判道学家的荒谬理论,并揭露了他们虚伪的假面目——说的是仁义道德,而做的是男盗女娼。

文学的革新源于思想的解放。晚明以袁宏道为首的公安派所提倡的反王李复古主义的文学革新运动正是在李贽的思想与文学观的影响下而发动起来的。李卓吾对晚明思想解放和文学革新运动的贡献和影响是不应低估的。

(原载1985年第2期《河南大学学报》)

试谈曹雪芹的艺术思想

曹雪芹的《红楼梦》出现于 18 世纪的中叶并不是偶然的。从这部作品中所表现的作者整个思想体系来看,宋元以来比较具有进步意义的戏曲小说的影响只不过是其中的一部分,更重要的乃是中国从先秦以来被封建阶级所排击的所谓"异端"思想。

就中国思想的发展来看,在先秦曾经有过一个"百家争鸣"的时期,当时思想界的矛盾斗争也就是当时社会上压迫者与被压迫者阶级斗争的反映。后来,中国封建社会逐步形成,于是代表封建阶级利益的儒家孔孟思想遂被尊为正统。而儒家所标榜的三纲六纪之说(见《白虎通》)以及伴随着而产生的一系列的封建礼教,就成为封建阶级来维护他们的统治秩序的最得力的工具。到了宋代的程朱,又从哲学上为这一套封建等级制树立了更加系统的理论基础。他们提出"天理"与"人欲"的论点,"天理"就是公理,是绝对正确的;"人欲"是私欲,是异常邪恶的。封建统治者对于被统治者的压迫都是天理的体现,是完全正常的。相反的,被统治者不甘于受压迫,要进行反抗,那就是大逆不道。所以宋时有人问到程伊川,倘若一个寡妇家庭贫苦,不能生活怎么办?他答道:"饿死事极小,失节事极大。"(《二程遗书》卷二十二下)也就是宁可饿死,决不应改嫁。所以从元以来,儒家中的程朱派,就成为封建帝王最尊崇的学派。而封建礼教就越发成为紧箍咒,永远套在被压迫者的头上。这些被压迫者无论怎样受着残酷的折磨,也得咬着牙忍受,直到悲惨地死去,也不敢说一个"不"字。因为它是永恒的真理,任何人都不得随便非议的。

但是中国从古就有被正统派所攻击的所谓异端思想,他们揭露了封建统治者与剥削者的残酷面目,同时也揭露了一些汲汲于富贵利达的儒者怎样在为封建统治者进行着帮凶的活动,这在《庄子》中,表现的最为突出。他称那班封建统治者为"大盗",那些讲仁义道德的儒者,不过是为大盗积聚并看守财货的奴才罢了。尤其露骨的是,称儒家的祖师孔丘是诈巧虚伪,邀幸于封侯富贵的大骗子(《盗跖》)。这种思想,在一定程度上代表了被压迫人民的看法,但也正因为如此,才被统治者视为"异端"。从汉以后,就不断有受着这种异端思想的影响、站在人民立场上对正统思想表示异议的。最著名的像魏末的嵇康,用对历史人物的批判来"借古喻今",他沿袭古代道家的"非汤武而薄周孔"的论点来反对当时的权奸司马氏,最后竟至遭到杀身之祸。唐代的柳宗元,因为在思想上不受正统派思想的限制,吸取了当时所谓异端思想的积极因素,形成了他的进步世界观,敢于对各种问题提出自己的新看法。同时,又不顾一切地投身到以王叔文为首的企图革新政治的政治集团中,结果是遭到失败被放逐到远方。明代的李贽,因为提出了不应以孔子之是非为是非的叛逆的主张,对于维护封建阶级利益、巩固封建社会秩序的道学进行诋訾,因而遭到逮捕,最后自杀于狱中。

这种崇奉异端、提倡异端的思想尽管受着历代封建统治者的残酷迫害,但这种思想随着社会生产力的发展,随着被压迫人民的觉醒,逐渐地如滔滔洪流,终于冲决了正统派思想的堤防。先就反对从宋以来为祸最烈的程朱派理学而论,从明代中叶左派王学,特别是其中杰出的思想家李贽,开始彻底地反程朱,到了清初就出现了颜李学派,到了乾隆时期的戴震,由于他在当时学术界崇高的地位与声望,在他的新的哲学理论的打击下,程朱派在社会思想上的统治彻底地动摇了。

曹雪芹的时代,在思想上正是一个反理学的极盛时代。在这个时期,从哲学思想上看,由明代左派王学的反程朱发展到清初颜李的反程朱,到戴东原达到了高峰。从文学上看,宋元以来反映市民群众的要求与愿望的小说戏曲,有着长足的发展。元代的《西厢记》,已突破了礼教的樊篱,歌颂了叛逆者张生和莺莺。明代的《牡丹亭》,更是进一步地提出了爱情的作用和力量,可以使生者死,而死者又可以复生。到了清初的《聊斋志异》同《儒林外史》,前者大力地歌颂了青年男女的自由恋爱,批判了封建的婚姻制度;后者在主题思想上,虽不是写男女爱情的,但却赤裸裸地揭露了封建礼教如何地在吃人。从思想的发展上,在18世纪中叶就已出现了一个戴东原,那么在文学的发展上,这个时候出现了一个曹雪芹,不也是很自然的吗?

曹雪芹一生,杰作是一部《红楼梦》,从这部作品中所塑造的人物形象以及作者对他们所持的态度,就可以清楚地看出作者的学术思想来。

书中生动地刻画出一个正统思想的判逆者贾宝玉,从他的言论行动中,充分地说明了他对儒家思想以及程朱理学是深恶而痛绝的。他骂那些热衷仕宦的人为禄蠹为不学无术,只不过读点《大学》、《中庸》之类,说"只除了什么'明明德'外就没书了"。至于这些书,他认为都是前人混编纂出来的(十九回)。同时,他认为那些不怕死的忠烈们只不过是须眉浊物,故意地沽名钓誉,并不了解君臣的大义(三十六回)。其次,他对科举制度也是深恶而痛绝的。一次湘云劝他:"你就不愿读书去考举人、进士的,也该常常的会会这些为官作宰的人们,谈谈讲讲些仕途经济的学问。"他马上道:"姑娘请别的姊妹屋里坐坐,我这里仔细污了你知经济学问的人。"(三十二回)有时宝钗对他也这样劝导,他对她也深表反感,说什么"好好的一个清净洁白女子,也学的钓名沽誉,入了国贼禄蠹之流"。当时只有黛玉从来不曾去劝他立身扬名,所以他深敬黛玉(三十六回)。至于他对用以猎取功名的八股文,更是非常鄙薄。他一次对黛玉讲:"还提什么念书,我最厌这些道学话,更可笑的是八股文章,拿他诓功名混饭吃罢了,还要说代圣贤立言。"(八十二回)以上的见解,正如李贽所说的:"天幸生我大胆,凡昔人所忻艳以为贤者,余多以为假,多以为迂腐不才,而不切于用。其所鄙者,弃者,唾且骂者,余皆的以为可托国、托家而托身也。其是非大戾昔人如此,非大胆而何?"(《焚书·读书乐引》)第三,在封建社会中,妇女是最被轻视的,但他则认为女子比男子可贵,值得尊重。他说:"女儿是水做的骨肉,男人是泥做的骨肉,我见了女儿,我便清爽,见了男子便觉浊臭逼人。"(二回)这岂不是由于女子比较纯洁,男子多半利欲熏心,比较龌龊吗。最后是他对婚姻问题要求真正的爱情和深切了解自己的。宝钗、黛玉都钟情于他,而他独属意于黛玉。这是由于他两人的思想比较一致的缘故。但当他们婚姻为长辈所决定,他的愿望落空以后,就毅然决然地出走了。这分明是表示对那可诅咒的封建婚姻制度的激烈反抗。

《红楼梦》不只塑造了贾宝玉这个叛逆的形象,同时,对那些妇女中不甘心委曲求全、苟且偷生,当受到封建恶势力摆布时而毅然以死来反抗的,也进行了歌颂。尤三姐、金钏儿、司棋、鸳鸯自杀了,黛玉、晴雯近于变相的自杀。这样的消极道路,似乎是应该批判的,但在当时作为一般弱女子的最彻底的反抗道路也只有这一条,别的并没有更好的路可走。

除此之外,书中还塑造了一个典型的反面形象贾政。这是一个封建正统思想,特别是程朱派思想所培养出来的人物。曹雪芹通过这个形象,对道学思想给以尖刻的嘲讽与批判。贾政素日的言行,纯粹是一派虚伪与矫饰。在晚辈面前,充分表现了封建家长的威严。宝玉每次听到唤他,就吓得少魂失魄。他虽是那样严厉,但晚辈们背着他,几乎是无恶不作。贾珍、贾蓉,父子聚麀,嫖娼窝赌。贾琏夫妇,执掌府中财政大权,淫纵贪婪,受贿说情,重利盘剥,逼死人命。直到后来外边抄进来了,贾政才晓得他们过去的行为,张惶失措,不知如何是好。至他出外做官,也是庸懦无能,部下贪赃,由于自己没法制止,竟有意地不闻不问。最后搞得声名狼藉、一败涂地。贾政正是当时那些摆着道学面孔来吓唬人,实际不过是极其庸碌的封建官僚们的典型。

曹雪芹通过这些正反两面人物,写出封建官僚大家庭贾府一门的由盛而衰,揭露了封建社会的黑暗,抨击了封建家族制度与封建礼教给人们带来的深重灾难。他对正统思想,特别是程朱思想的控诉,与戴震的《孟子字义疏证》对程朱理学的批判,在同一时代真是交相辉映。但曹雪芹的思想比较更为彻底,《红楼梦》的影响比着《孟子字义疏证》也更加深广。

至于曹雪芹这种反正统反理学思想的渊源,我认为他受到正统派所谓的异端思想的影响很深。首先是老庄,他不仅受到它的积极面的影响,同时消极面对他也起着一定作用。这从小说中贾宝玉这一形象可以充分地看出。他在日常生活中,每当遇到刺激,心中苦恼的时候,就要从老庄书中悟出道理来。二十一回写他遭了丫头们的没趣之后,读《南华经·胠箧篇》,到"故绝圣弃智,大盗乃止"一段,忽然有所领悟,于是,就仿照着也写了一段。二十二回写他居心想调处湘云与黛玉二人间的误会,结果反引起两人对自己的误会。于是,他又忽然领悟到《南华经》内"巧者劳而智者忧"以及"山木自寇,源泉自盗"的话来。正因为老庄思想,才使他鄙弃那班求富贵利达的,说他们是"国贼",是"禄鬼"(三十六回)。在美学的观点上,他追求"自然",反对造作。十七回写他同贾政及清客们给大观园中各处景物题对额时,他就发表了一段"天然图画"的议论。至于他反对道学,自然也是由于道学的虚伪矫饰的缘故。这些都是比较积极的部分。但另外从老庄思想中也种下了消极遁世、虚无主义的因素。他从黛玉"葬花词"中体会出"人生无常",因而产生了无限空虚的哀感。由于这种思想的发展,后来又与佛家思想结合起来,就成为他后来出家的思想根源。

其次,佛家思想也曾给宝玉以极深的影响。二十二回写宝钗曾告他戏文《山门》一出中的曲词有"赤条条来去无牵挂"的话。后来因他曾受了湘云、黛玉的责问,当烦恼到极点时,又碰到袭人对他的劝说,他这时又领悟人间关系不过如此,于是就说:"什么大家彼此,他们有大家彼此,我只是赤条条无牵挂的。"接着又占了一偈,并填了一首《寄生草》在偈后。这种影响,在积极方面是,他曾经提出的"世法平等"的话(四十四回),消除社会上的等级观念。消极影响,而也种下了他后来出家的思想因素。

第三,书中的尊重妇女的观点以及反道学的思想很显然是渊源于明代的李贽。

以上不论是老庄和佛以及左派王学,在正统派看来都是"异端",但曹雪芹正是吸取了这些思想中的进步因素,所以才能塑造出宝玉这样的人物形象。但也不可讳言的,由于他的阶级的局限与时代的局限,还未能摆脱掉它们的消极部分,反映到作品中,就出现了不少的因果论与宿命论的观点,这就必然削弱了对封建社会鞭挞的力量。

至于在文学上,曹雪芹完全继承了中国民间文学的优良传统,二十三回写宝玉的小厮茗烟,曾从外边买到许多古今小说、传奇脚本来孝敬宝玉。因此,《西厢记》、《牡丹亭》成为宝玉所最熟悉的作品。并且由他影响到黛玉也是这样。这些作品的内容,主要反映了宋元以来市民阶级的思想意识。而曹雪芹之受到这种思想意识的影响,自是不言而喻了。所以《红楼梦》中所歌颂的与所暴露的对象同宋元以来戏曲小说比较起来,很显然是和《西厢记》、《水浒传》、《牡丹亭》、《聊斋志异》、《儒林外史》等作品是一致的。

所以就曹雪芹学术思想的渊源来看,一是先秦以来反儒家正统的异端思想,二是宋元以来民间文学中表现的市民思想。他对它们进行了分别的吸取与继承,因而才形成了他的反封建的叛逆思想。

(原载1991年《中原文史》第9期)

近现当代文学

刘师培的文学论

在近来,有两部书可以称得起是中国文学批评界的双璧。第一部是王国维的《人间词话》,再一部就是刘师培的《论文杂记》。这两部书是各有所长,在每部中都有卓越高明的见地。不过,关于《人间词话》,已早有人论及了,所以在此地不复赘述。现在呢,我们专一来谈谈《论文杂记》。

提起《论文杂记》,我们望文生义,觉得它很杂,而不像《人间词话》专讲词似的单纯,不过,里边谈到文学流别的一层,确是超迈前人。固然内容芜杂,然而我们读者何妨把它整理一番,弄得有点系统呢!所以本文的目的就是要把刘氏的这部书加以分析,然后再把它依类相从,分为八项。前四项为刘氏对于中国文学的总论;后四项为刘氏对于中国文体的分论。不过,有疏漏的地方或者有解释错谬的地方,望读者以惠意给以指教为幸。

一、论文学的演变。我们读过《日知录》的,都知道中国文学之所以由《三百篇》降而为《楚辞》,再降而为赋、为乐府的演变是必然的趋势。不过,当时顾炎武言之不详,只略一提及罢了。以后,王静安在他的《人间词话》中,曾经发挥顾氏之说。刘氏呢?在《论文杂记》中也曾再三谈及。刘氏云:

> 要而论之,文虽小道,实与时代而变迁,故东京之文,殊于西京,魏代之文,复殊于东汉。文章之体,在前人不能强同。

刘氏又云：

> 中国文学，则上古之书，印刷未明，竹帛繁重，故力求简质，崇用文言。降及东周，文字渐繁；至于六朝，文与笔分；宋代以下，文词益浅，而儒家语录以兴；元代以来，复盛兴词曲；此皆语言文字，合一之渐也。故小说之体，即由是而兴，而《水浒传》、《三国演义》诸书，已开俗语入文之渐。陋儒不察，以此为文字之日下也。然天演之例，莫不由简趋繁，何独于文学而不然！

由此可知，刘氏是晓得文学是演变的，进化的。根据这种见地，所以他就有下列的两种主张：

（一）反对模拟。他在论文学的演变后边，说道：

> 若夫去古已远，犹欲择古人一家之文，以矜效法，吾未见其可也。

又云：

> 由是言之，古代词人，莫不自辟途辙，故所作之词，各自不同。岂若后世词人之依草附木，取古人一家之词，以自矜效法哉！

焜（此文署名任维焜）按：在清末的时候，言诗者则多效法黄山谷，言词者则多效法吴梦窗与周美成。刘氏此言，真可谓对症下药，道出当时文人的毛病来。

（二）用俗语以启钥齐民。他说道：

> 故近日文词，直分二派：一修俗语以启钥齐民。

不过刘氏虽然看出文学是进化的，然而他因为迷恋骸骨，而犹以为颓风可挽。所以他又主张：

（一）保存国粹。如，他说道：

> 一用古文，以保存国粹。

（二）藻饰之文。他说道：

> 盖由简趋繁，由于骈文之废。由文趋质，由于语录之兴……此虽文字必经之阶级。然君子之学，继往开来，舍文曷达？若夫废修辞之功，崇简质之文，则文与道分，安望其文载道哉！则崇

尚文言,删除俚语,亦今日厘正文体之一端也。

所以刘氏仍不免抱着"文以载道"的旧观念。虽然知道文学是进化的,然而,他仍然以白话俚语为引车卖浆之徒的话,只能够用以"启钥齐民",不能写出伟大的文学,说出玄妙崇高的学理来。所以一则曰:"用古文,以保存国粹。"再则曰:"崇尚文言,删除俚语,亦今日厘正文体之一端也。"这不是分明在开倒车吗?虽然他一方面去骂人家,说是:"陋儒不察,以此为文字之日下。"可是,再一方面自己也不免蹈了陋儒的覆辙,认白话为俚俗,所以仍不去主张一切都用白话。不然,不又是一个王静安所谓"文学革命的先驱者"吗?

二、论文学的流别。这一点,确是刘氏的创见。经他这样一说,我们才真正明了了班固所说的"赋者,古诗之流也"的一句话了。他的意思,以为在春秋战国时,大凡通晓三百篇的,多半是行人之官。其后王政渐隳,王官失职,行人之官途流为纵横家。刘氏之言曰:

> 夫交接邻国,揖让论志,咸为行人之专司。行人之术,流为纵横家。故汉志叙纵横家,引诵诗三百,不能专对之文以为大戒,诚以出使四方,必当有得于诗教,则诗赋学之实惟纵横家所独擅矣。

可是纵横家,再一转变就成为辞赋家了。盖战国末叶,南方之文人,如屈原、宋玉,及西汉时之陆贾、严助,莫不长于辞令,有行人应对之才。所以刘氏云:

> 汉志所载诗赋,首列屈原,而唐勒、宋玉次之,其学皆源于古诗。虽体与三百篇渐异,然屈原数人皆长于辞令,有行人应对之才。西汉诗赋,其见于汉志者,如陆贾、严助之流,并以辩论是称,受命出使,是诗赋虽别为一略,不与纵横同科,而夷考作者之生平,大抵曾任行人之职。

从这看起来,由三百篇一变而为楚辞,再变而为汉赋。它们的源流不是很明白的吗?现在试列表于后以明之:

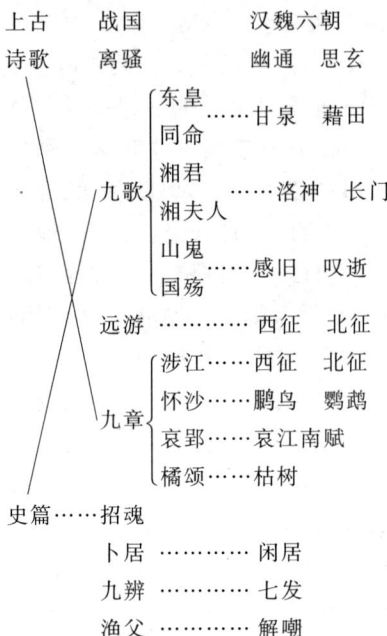

以上是关于赋的方面的流别,至于诗词、散文,刘氏悉谓源于诸子。如:

> 惟诗亦然,子建之诗,温柔敦厚,近于儒家。渊明之诗,淡雅冲泊,近于道家。康乐之诗,琢磨研练,近于名家……

现在为醒目起见,一一列表于后:

诗词之源流图

诸 子	诗				词
先 秦	魏晋	六朝	唐	宋	
儒 家	子建		少陵		少游、子谭、后村
名 家		康乐			柳耆卿
纵横家	太冲		太白		东坡、稼轩
道 家	渊明		孟襄阳	子瞻	剑南
农 家			储、王		
法 家				山谷	

散文之源流图

诸 子	流　　派	支　　派
儒家	韩、李、欧、曾	方,姚
名家	柳子厚	江,段,王
兵家	苏明允	叔子,崑绳
纵横家	苏子瞻	侯朝宗
法家	王介甫	子居,安吴
阴阳家		雍斋,于庭
道家		大绅,台山
小说家		维崧,瓯北

刘氏这样的去区分,有时不免有牵强附会之病。我觉得最著名的苏明允的文章,实在是纵横家的流派。过去的学者都称,苏明允之文得力于《战国策》,这话固然有几分是近于揣测,但我们看他作的《六国论》,意思同字句,不是大半抄自《战国策》的吗?所以明允的文,还是把它列在纵横家一派的较为合适一点。

三、论思想与文学之关系。本来一部文学作品,它是跳不出时代的圈子的。一方面固然要受当时社会上物质生活的影响,而再一方面也要受当时社会上精神生活的影响。我们试读中外的文学史,哪一个时代的文学不受当时支配,当时社会精神生活的思潮影响呢?欧洲中世纪的文学,可以说几乎篇篇都含有基督教的色彩;在日本,因为有一个时期武士道之风大倡,而文学也就因之形成武士道一派。由此足见社会思潮对于文学的影响是多么的大了。刘氏呢?他也看到这一点,所以他论中国的文学道:

> 要而论之,西汉之士侈言灾异五行,故西汉之文多阴阳家言。东汉之末,法学盛倡,故汉魏之文多法家言。六朝之世,崇尚老庄,故六朝之文多道家言。隋唐以来,以诗赋为取士之具,故唐代之文多小说家言。宋代之儒,以讲学相矜,故宋代之文多儒家言。明末之时,学士大夫,多抱雄才伟略,故明末之文多纵横家言。近代之儒,溺于笺注训诂之学,故近代之文多名家言。

刘氏的话,可以说是对的,我们试看过去的中国文学,不都是在给他的话作证据吗?

四、论集部与子部之关系。刘氏的意思,以为后世的集部多源于子部,而不应将集部与子部合而为一。刘氏之言曰:

> 则后世诗集皆纵横家之流派矣。焉得谓集部与子部无关耶?

又云:

> 六朝以前,文集之名未立。及属文之士日多,后之君子欲观其体势;以见性灵,乃荟萃成篇,颜曰文集。且古人学术,各有专门,故发为文章,亦复旨无旁出,成一家言,与诸子同……(以不为举的例子从略)虽集部之书,不克与子书齐列,然因集部之目录,以推论其派别流源,知集部出于子部,则后儒有作,必有反集为子者,是亦区别学术之一助也。

刘氏谓某部出于子部,可谓有见地之言。然而要把集部合于子部,所谓"反集为子",却是困难的很。倶有一派而源于数字者,有一家而演为数派者。且两汉以来,有许多派别为儒、道、佛之混血儿,试问将列于何家?须知六朝人之所以别子部而更立集部者,实由于不得已也。刘氏自身曾见及此,而不能"反集为子",恐所谓后儒者,将于焉断绝,则刘氏之望终难达到矣。

五、论赋。

(一)渊源。在前边已详述之,兹不复赘。

(二)正名。刘氏以为自唐以后,以律赋取士,而赋体日卑。他以为赋应当"指事类情,不涉虚象。语皆徵实,辞必类物。故赋训为铺,义取铺张。循名责实,惟记事析理之文可锡赋名"。到了以后,楚骚有作,亦冒赋名,于是"赋体始淆"。所以他论后代的赋,谓"其旨则是,其格则非。后儒作赋,多涉虚象,毋亦昧于文章之流别欤?"

(三)赋之分类。刘氏把赋分为三类:

1. 写怀之赋。屈原以下二十家是也。源于《诗经》。
2. 骋词之赋。陆贾以下二十一家是也。源于纵横家。
3. 阐理之赋。荀卿以下二十五家是也。源于儒道两家。

焜按：这是刘氏按着《汉书·艺文志》所分的类。

六、论文。刘氏以为按文的本义，应以有韵、偶行、沈思翰藻者为主，其余则只能谓之笔。刘氏之言曰：

> 盖文训为饰，乃英华发外，秩然有章之谓也……夫文字之训，既专属于文章，则循名责实，惟韵语俪词之作，稍于缘饰之训相符，故汉魏六朝之世，悉以有韵偶行者为文。而昭明编辑《文选》，亦以沈思翰藻者为文。文章之界，至此而明矣。

根据这种理论，刘氏批评韩、欧之文道：

> 而韩、欧之文，遂为后世古文之正宗矣。世有正名之圣人，知言之君子，其惟易"古文"之名，为"杂著"乎。

我们要晓得清末的文章，分为二派，一派为桐城派的末流；另一派即仪征派，其倡始者为阮元氏，此派主张与桐城派大相径庭。刘氏不是说桐城派所宗法的韩、欧的文章为"杂著"，就是骂姚鼐立"古文辞"一名为不通。从此就可以晓得他们怎样地攻击了。

七、论词。我们可以分为三方面来说：

（一）来源。刘氏以词之来源为乐府之遗，合诗教、乐教而自成一体者也。《诗经》中如三五言调，二四言调，换韵调，换头调，已开后世倚声之法。至梁武帝之《江南弄》及沈约之《六忆诗》，已为词曲之滥觞。逮后作者辈出，而词为一体矣。

（二）宋词与唐词之异

唐人之词	宋人之词
缘题生咏	则否
由词而制调	因调而填词
词旨与调名相符，无同题。	词旨多与调名不合，词牌之外有词题。

（三）方言俚语亦可入词。刘氏引毛西河之言而证明宋人以方言俚语入词。其原因，一则为的要叶韵，二则古人喜操土音之故。其后，刘氏又批评葛氏词律及蒋氏词韵以后人之词韵去绳古人为不当。这种见解，确是高明得很。

八、论曲。刘氏论曲的来源同它以后的影响,说得非常有趣。

(一)来源。为合传奇、乐府而为一者。刘氏云:

> 传奇小说者,曲剧之近源也;叙事乐府者,曲剧之远源也。乐府之诗,或由一解至数解,即套数之始也。乐府之句,或由三字至七字,即长短句之始也。且乐府之中,如《孔雀东南飞》诸篇,非惟叙众人之事,亦且叙众人之言,此又曲剧描摹口吻之权舆也。特曲剧之用,声容相兼,声出于雅,雅训为正,乃声音之不失其正者也;容出于颂,颂容互训,乃用佾舞以节八音者也。曲剧之兴,实兼二体。

(二)影响。明清之八比,为曲剧之变象,这真是刘氏的特见。刘氏云:

> 宋元八比之体……实曲剧之变体也。如破题小讲,犹曲剧之有引子也;提比、中比、后比,犹曲剧之有套数也;领题、出题、段落,犹曲剧之有宾白也。

(三)南北二曲之别。今列表于后:

南 曲	北 曲
调多本于词	调鲜本于词
保存古乐	与胡乐相杂

刘氏批评南北二曲之优劣,以南优于北。刘氏曰:

> 南剧之音,虽伤轻绮,糅杂吴音;然视北剧之吐音粗厉,声杂华夷者,岂不彼善于此乎?……声音感人,如响斯应,用夷变夏,此为滥觞。则音乐改良,乌可缓哉!

按:刘氏对于南北二曲之异点,看得很清楚。然以南曲因保存古乐而优于北曲,北曲因与胡乐相杂而逊于南曲,殊不知此为自然之趋势,非人力所得而勉强者也。刘氏心中尚有华夷之见,未免有几分令人好笑。

以上是刘氏论文大旨。除此之外,如论文法与修辞之重要及详释所谓双声迭韵,与夫古人以文害词等节,则不能悉述,阅者请看原文好了。

总之，刘氏的见解固有小疵，然大部都可以说是别具慧眼，议论精辟。读刘氏者，能以择其所长而去其所短，就很好了。我深觉此书前边校阅所批评刘氏的话为扼要中肯，今择要抄录于后，以为本文之结论。

刘氏论文，严文笔之辨，以有韵偶行者为主，与其乡先辈阮元同，此近人所称仪征文派，与桐城角立者也。实则论文言派，识者早议其非，必别仪征与桐城之外，以角立门户，未免巧立名目。……大抵汉学家论文，推究文字本义，故谓文章取义于藻饰；辨别文词性质，故又谓论文宜根于小学。前义阮氏元主之，后义王氏引之发之，而刘氏则兼取其长。故即汉学家文论而言，刘氏所论，已非阮说所得范围。何况刘氏言学，重在贯通，颇能兼取浙东史家之长。故其所得，乃能于文章流变，别具会心。谓为融清代经学、史学、文学诸家论文之长，以自成一家之言，殆非过誉已。

〔附白〕校订辑录《论文杂记》者，不知其系何人，不能向这位埋名的先生致谢，因为赖他的力量，我们才能读到刘氏这部书。

国历十八年十二月二十三日，写于旧京师大。
（原连载于《新晨报·副刊》民国十九年一月十三、十四日）

谈谈五四文学革命运动在思想上的领导问题

在 1940 年以前，对于五四新文化运动，一般接受了历史唯物主义的进步人士，大抵都认为是中国新兴资产阶级的民主主义的革命运动（如瞿秋白的《脱去五四的衣衫》，张庚的《话剧民族化与旧剧现代化》）；而对于新文学革命运动，则认为是资产阶级领导的革命运动，最显然的是，李何林同志的《近二十年中国文艺思潮论》纯粹是这种看法。

到了 1940 年，毛主席在他的《新民主主义论》中才很明确的指出：

> 在五四以前，中国新文化运动，中国的文化革命，是资产阶级领导的，他们还有领导的作用。在五四以后，这个阶级的文化思想，却比较它的政治上的东西，还要落后，就绝无领导作用。至多在革命时期，在一定程度上，充当一个盟员。至于盟长资格，就不得不落在无产阶级文化思想的肩上。这是铁一般事实，谁也否认不了的。

由于毛主席的正确指示，所以关于李何林同志在"文艺思潮"论中对文学革命在思想上领导问题的看法，后来钱俊瑞、何幹之、范文澜诸同志都曾写信给他，加以纠正。而他对他过去错误的看法也作了批判。至于钱、何、范三同志给李同志函中的要点，是：

五四运动,在其开始是共产主义的知识分子、革命的小资产阶级知识分子与资产阶级知识分子(他们是当时的右翼)三部分人的统一战线的运动。同时,这个五四运动是在当时世界革命号召之下,是在俄国革命号召之下,是在列宁号召之下发生的。因此我们应该肯定,五四运动这一统一战线的革命运动的主要领导思想,是无产阶级的共产主义思想。(钱函)

　　资产阶级的文学思想,只是五四文学思想的一种,并且不是最重要的一种。而李大钊、陈独秀等,早年就有共产主义思想,而这种思想,才是那时代的领导思想。(何函)

　　一、从五四运动作为世界革命的一部分来看,它是世界无产阶级革命运动所影响的,也可以说是世界无产阶级所领导的。

　　二、五四运动是三部分人的统一战线的革命运动……无产阶级思想在这个运动中虽然数量比较小,质量却比较高,是最先进的,最能动员广大革命群众的一种思想。所以这种思想,在这个统一战线中,是处于主导地位的,这是从发展的一方面着眼,所得到的结论。(范函)

这把五四运动发生的时代背景、社会基础、在运动中各进步阶级中间的相互关系以及作为领导的无产阶级思想的作用和影响,都分析得非常的清楚,非常的明确。所以关于五四运动在思想上的领导问题,可以说已经是得到了圆满的解决了。不过有些人对于五四运动中新文学运动的领导问题,在思想上还存在着若干的疑问,譬如:

　　一、文学革命的开始,是原于胡适的"文学改良刍议",可是胡适是当时资产阶级的代表,陈独秀、钱玄同等,不过是响应胡适罢了。

　　二、李大钊在当时虽是一个马克思主义的信仰者,是无产阶级思想的倡导者,但他与新文学革命运动,可以说没发生丝毫关系。

　　三、鲁迅在后来虽是走向了无产阶级革命的道路,但在当时他还是一个进化论者,同时他对文学革命,在理论上也毫无表现。

四、五四初期的新文学,一般都是反封建的作品,这正是当时资产阶级思想意识的表现。

根据这一些情形,怎能够说新文学运动是无产阶级思想领导的呢?

这一些问题的产生,主要原因是由于对问题专从表面的孤立的静止的去看,而不晓得从本质上、联系上、发展上去分析,去研究,因之对于这种已经获得了圆满解决的问题,总觉着有点想不通。

第一,我们先就胡适来说,固然他是最早提出"文学改良"口号的一个人,但当时他只是提出"改良",而且主张要"与国人商讨"。后来陈独秀首先响应,同时坚决的举起"革命"的旗帜,并且不数年间,这一运动取得了决定性的胜利,这实在是出乎胡适的意料,而为他始料所不及的。胡适他自己曾讲:

> 胡适自己常说,他的历史癖太深,故不配作革命的事业。文学革命的进行,最重要的急先锋,是他的朋友陈独秀。陈独秀接着"文学改良刍议"之后,发表了一篇"文学革命",正式举起革命的旗子……那时胡适还在美洲,曾有信给独秀……当时则认文学革命,正在讨论的时期……他这种态度,太和平了。若照他这个态度做去,文学革命至少还须经过十年的讨论与尝试。(《五十年来中国之文学》)

这里边把文学革命的成败,认为是系于一二人的见解和态度,这自是错误的观念论的看法。不过为什么文学改良的口号一提出,就有陈独秀等的响应,而且很快的发展,终于获得了迅速的成功,以致出乎资产阶级学者胡适的意料之外呢?这就说明了在客观的现实上,已有了新的发展,也就是在第一次欧战时,中国民族工业曾一度的乘机获得了长足的发展,而中国的无产阶级也就因之更加壮大起来。基于客观现实的要求,所以无产阶级思想——马克思主义,就被介绍到中国来,而李大钊和陈独秀,也就是当时中国先进知识分子中首先接受了马克思主义并且加以介绍与提倡者。至于新文学革命,在当时陈独秀的态度之所以比较坚决而彻底,这正如何幹之同志所说的,他是"具有共产主义思想"的。即令当时没有陈独秀的响应和主张,也会产生出另外一些坚决的响应者与提倡者的。从这里说明了,基于当时的历史条件,无产阶级思想就以新的装束与新的姿态而出现。同时,这种思想又由于适应了客观现实的需要,所以在文学革命、思想革命以及群众性的政治运动中就发生了它的积极性的领导作用。而这一些,也正是资产阶级的学者胡适所不了解、所不及料的。

第二,我们再就当时整个运动的形势来看,文学革命与思想革命同以后所发生的反帝反封建的政治运动是息息相关、不可分离的。由于当时的历史条件与现实的要求,所以才产生了思想革命与文学革命。又由于思想革命与文学革命的影响与指导,再加上现实的新的因素的构成,于是就发生了五四的群众性的政治运动。假若当时没有思想革命与文学革命,尤其是前者,则五四的政治运动就不易于及时爆发;但反转过来,没有五四的政治运动,那么思想革命与文学革命就不会得到那样迅速的扩大、发展与成功。但当时的思想革命与政治运动,除了中国现实的基础外,确确实实是在苏联十月革命的影响之下与无产阶级思想领导之下而爆发的。那么作为这一个大运动中的一环的新文学运动,又怎能说不是无产阶级思想领导的呢?所以李大钊虽然没有直接的参加了文学革命运动,但他的言论和主张,直接的领导了思想革命与政治运动,也就是间接的领导了文学革命运动。

第三,再就阶级方面来分析当时主张革命与反对革命的对于这一运动的认识和态度。首先主张革命的,那时比较坚决而彻底的是鲁迅同钱玄同。鲁迅在文学理论上,虽然没有发表什么文章,但他的反封建的辉煌名作《狂人日记》可以说给反对文学革命的封建主义者抛掷了一颗有力的炸弹。以后又继续的发表了《药》同《阿Q正传》等纪念碑式的杰作。基于他这些作品,才给新文学奠下了一个结实的基础,使社会上对于文学革命的胜利有了坚强的信心。至于钱玄同,他有许多主张和鲁迅都是一致的,如废除汉字,不读中国古书等,这种彻底而激进的主张,有些现在看来,似乎还有点过左。可是,这种思想很分明的是进步的小资产阶级受了无产阶级思想影响后的结果。当然,他们接受这种思想影响不一定是自觉的,或有意识的。

反转过来,再看一看所谓反对派,像严复、章士钊、梅光迪等,他们有些在过去还代表了资产阶级,提倡过"民主"与"科学",不过后来同封建势力妥协了。他们对于新文化运动以及新文学运动都抱着深恶痛绝的态度。为什么呢?假若这一运动纯粹是资产阶级领导的旧民主主义的思想革命运动,他们的态度,绝对不至于如此的。原因就在于这一运动是无产阶级思想领导的新民主主义的思想革命运动,里边有着鲜明的无产阶级思想成分的缘故。最显著的是梅光迪。他在《评提倡新文化者》中讲:

> 马克思之社会主义,久为经济学家所批驳,而彼等犹尊若圣经。其言政治,则推俄国。言文学,则袭晚近之堕落派……庄周曰:"井蛙不可以语於海者,拘於虚也。"彼等於欧西文化无广博精粹之研究,故所知既浅,所取尤谬。以彼等而输进欧化,亦厚诬欧化矣。

又说:

> 社会主义与堕落派文学,亦为少年所喜者也,则皆言社会主义与堕落派文学。

这,一方面反对无产阶级思想,另一方面把思想革命与文学革命相提并论,而把它们看成一而二、二而一的东西,这也足以说明无产阶级思想对当时文学革命运动所起的作用是怎样的大了。

第四,五四后初期的新文学当然以反封建的作品占绝大多数,而反帝的作品则很少见。但这决不能作为新文学运动非无产阶级思想领导的证据。

因为在半封建半殖民地的中国社会,历史所赋的时代任务自然是反封建与反帝,所以资产阶级反封建,而无产阶级更要反封建。在同样的反封建中,由于中国社会的条件决定了资产阶级的软弱性,他们虽然提出了反封建,但并不彻底,而且当无产阶级抬头的时候,他们很快就扭回头同封建势力妥协了。在这时,反封建的任务就单单落在无产阶级的肩上,所以无产阶级在反封建上是最坚决、最彻底的。五四后的新文学以鲁迅的创作为旗帜,他就是反封建最坚决而最彻底的。同时,在他的影响之下有许许多多的青年都走上了这种革命的道路,而这种坚决与彻底的精神,正是有意与无意中受了无产阶级思想影响的结果。至于当时揭发农民与地主矛盾、工人与资本家矛盾的,如沈玄庐的一些诗作,都说明了这是在无产阶级思想领导下产生出来的。至于资产阶级的思想,在当时自然也占了一个相当的数量,但正如范老所说的:

无产阶级思想,在这个运动中,虽然数量比较小,质量却比较高。

又说:

这是从发展的一方面所得到的结论。

所以我们从质量上去看五四时期的无产阶级思想,在当时是起着积极的领导作用。而从发展上来看,以后的1925年的五卅反帝运动与1927年的大革命运动都是从五四运动发展出来的。我们了解了这两次的反帝与反封建的革命运动都是由无产阶级所领导的,那么五四运动之为无产阶级思想所领导的自然是不必说了。至于文学上,很明显的,五卅后的革命文学口号的提出也一样是从文学革命运动发展出来的。这正是继承了五四反封建与反帝的革命传统而向前更推进了一步。

所以我们对于一个问题的分析和认识最重要的是思想方法,即如这一问题,倘若能够很好的掌握了唯物论辩证法,那就会明白毛主席给我们的指示以及钱、何、范诸同志的阐发都是极端正确毋容置疑的!

1951年3月25日写于河大。

(原载1951年《新中华》第14卷第9期)

对《中国新文学史教学大纲》的商榷

一年来从事中国新文学史的研究和讲授的工作,在这个过程中,最感到困难的,首先是材料的缺乏。因为不能掌握着全面的材料,自然在论述上就不免有偏不概全的毛病。其次是对于新的方法的掌握还非常的生疏,这样看问题就不敢说会一定正确。最后是可以共同讨论的同志太少。最初我们草写提纲时是李嘉言、张长弓两同志和我三个人合作的,但到了今年,因为嘉言同志忙于系务工作,而长弓同志又病了,这样在见解上就往往不免限于个人的主观。

月余前听说在北京的李何林、蔡仪、老舍、王瑶四位先生共同拟定的《中国新文学史教学大纲》要发表了,心中非常高兴。觉得这个大纲出来后,一定可以给我们许多的指示,纠正我们已往的错误,把新文学的教学纳入到一个正确的道路上去。及至《新建设》七月号出版后,我看到了这个大纲。但因忙于考试,没暇细看。不久又购到了李何林先生等的《中国新文学史研究》,这才仔细的读了几遍,仔细的同自己的讲授提纲作了一番印证,觉得这个大纲在内容上是丰富的,有不少地方可以补我们之不足。最显然的如第二编第五章之第一节《一九二三年中国青年几位作者的主张》、第五编之第一章《苏区文艺活动之优良传统》,在过去我们是没有讲的。不过里边也有漏略的,最显著的是翻译文学,根本一点都没提到。其次在分期上以及材料的编排上,还有一些枝节问题的看法上,也有着若干的不同。现在我愿把我个人不成熟的意见说出来,同李、蔡、舒、王四同志商讨,并质诸国内从事这门课程讲授的同志们。

现在就按这个大纲的次序,遇着有不同意见的地方,依次提出,加以讨论。

绪论第一章《目的与方法》。在"目的"方面,我们感觉到太富于原则性,而不够具体。我们在当时所拟定的目的共四项:一、了解并掌握中国新文学创作理论和现实中间的相互关系,以及创作在现实的基础上与理论的指导下的发展规律。二、了解"马列主义"、"毛泽东思想"、中国共产党对中国近三十年来新文学所发生的作用和影响,以及"毛泽东的文艺方向和道路"的历史的和现实的基础。三、了解外国文学,尤其是苏联文学,与民间文学,对新文学所发生的影响,并明确今后文艺工作者对它们应有的认识和应持的态度。四、批判接受这份文学遗产,纠正其缺点,赞扬其优良的传统。

在"方法"上,我们的也不像大纲那样具有原则性,而是比较具体的。这一共有六项:一、怎样探索创作与现实的关系?二、从作为阶级斗争武器的观点上来看新文学的发展。三、文学和社会是如何在同一的规律下向前发展着?四、怎样了解一时代文学的复杂性与多面性?五、怎样了解一个作家的没落、转变和进步?六、怎样批评作家和作品?我们不是光标出"辩证唯物主义"、"历史唯物主义"及马列主义文艺理论和毛泽东的文艺思想,而是把它们完全贯串在研究这六种问题的方法之中。

第二章,我认为没有设的必要,因为这一些口号,都是在五四时代胡适、周作人等提出来的,在后边讲到的时候,须要随时加以批判。假若在这里讲,一方面像讲文艺学,另一方面又必须把这一些口号的来源一一加以说明,然后再加批判。这样在后边是不是还要提出再讲?不讲,不能看出文艺思潮发展的全貌;如讲,即不免前后重复。

第三章,近于总结,不妨放到后边总结中讲。因为讲到这些项目时,必须列出史实,才能够讲清楚。列的史实少,就不容易讲透辟;列的太多,又不免讲授重复。如放在后边的总结中,那只用一提出,对过去所讲的扼要加以追述,那么听的人就会豁然贯通了。

第四章,在分期上,我们是依据历史的发展来划分的。因为中国新文学的发展有一个特点,即一般的都由客观现实决定了政治斗争的方向。由于政治的要求决定了文艺理论的方向,而理论又领导了文艺创作,所以五四以后,大抵是理论领导创作,同时创作也后于理论。根据这一点,我们商定从历史发展上来划分新文学的时期。一共分为三个时期,六个阶段。第一期,文学革命的前夜。第二期,从文学革命运动到延安文艺座谈会。这一期又分为四个阶段,即:一、五四前后到五卅;二、五卅到九一八;三、九一八到七七;四、七七到文艺座谈。第三期,从座谈会到第一次文代大会。这一期又分两阶段:一、从整风运动到日寇投降。二、从日寇投降到全国解放。这种分法与大纲中的分期,大体是相同的。其中稍有不同者,即我们分为三期。在第一期,显然还是旧民主主义的文学改良运动。第二期经过了无产阶级思想领导的文学革命,这才开始步入了新民主主义的文学革命运动阶段。而第三期,经过了文艺座谈会,于是新民主主义的文学革命运动才获得了基本的成功,而开始走上了建设的大道。所以这种剧烈的变化,只有这样划分,才可以把它显示出来。

第一编第一章标题为《五四前夕的文学革命运动》。把"文学革命运动"拘限于五四以前,这是需要考虑的。实际文学革命的发动及一部分的论争是在五四以前,中间经过五四运动的激荡、推动,才使文学革命运动得到了基本的胜利。所以五四前夕思想革命、文学革命与五四政治运动是互相关系,互相推动,辩证的在发展着。由客观现实的条件才产生了思想与文学上的革命。而这种革命也就促成了五四的政治运轨。反过来,五四政治运动的扩展又推动了思想与文学革命运动的发展。把文学革命运动拘限在五四以前,而在第二章讲倡导时期的创作中,补入五四运动对新文学的影响一节,这种割裂的讲法,会令人有破碎支离之感的。同时,这种分割无形中把它们相互间的紧密关系也就削弱了。

第二编第五章第一节《一九二三年中国青年几位作者的主张》,

这是张毕来先生的一个新发现,对新文学史的讲授是一个新的贡献。由这里可以看出中国共产党对于作为武器的文艺从来是不曾轻忽的,随时批判错误的倾向而提出与革命有利的正确方针。不过我们根据张先生所引的几位先烈们的话,大致对于文艺的主张:一、为革命服务;二、表现现实;三、深入生活。这与当时文学研究会中一部分作者的主张是相近的。但认识比较更明确,而态度也比较更积极。这时苏联的系统的文艺理论还没有介绍到中国来,这是在马列主义思想领导下产生的一种文学见解,这是后来无产阶级文艺理论的先驱。因为是先驱,所以也不免于粗疏和笼统。这与1942年毛主席所提出的文艺为工农兵服务,与作者深入工农兵,参加实际斗争,转变自己的阶级,先向工农兵学习,然后再来写工农兵等方向,在质与量上,都有着相当大的距离。当时邓中夏同志所讲的是革命第一,而创作乃是其次。他号召青年们去深入工农兵,做宣传组织的工作,并没有提出文艺工作者深入工农兵,去写工农兵。但因张先生脑子中已有毛主席的这样一种主张,因而一看到这样的文章,于是就很自然的把发动群众、组织群众的号召,当作表现群众的号召了。实际上当时的革命形势,不但不同于抗日战争时期的老解放区,就是与土地革命时代的苏区也有着相当区别。当时革命的迫切任务是发动群众工作,文艺倒还是其次。所以邓中夏同志讲:"据我看,中国革命所以软弱和不能完成的主要原因,是为革命主力的工人、农民、兵士这三个群众尚未觉醒和组织起来。换句话说,就是我们青年只在文章上和电报上空嚷,并未到这三个群众中,去做宣传和组织的工夫。"

至于描写工人,秋士在《告研究文学的青年》中,也只认为:"文学是表现人生的,像中国现在这种说不出的痛苦,难堪的人生,我们很少看见从文学中表现出来。"最后,他举出当时他所见到的煤矿工人生活的痛苦,而叹息没有文学家把他描写出来,认为是文学家的耻辱。这种主张,很分明的是文学应该表现真实的现实,暴露人生的黑暗。至于说表现工农兵,当时这几个作者,还没有把它当成为一种明确方向,正式的加以提出。所以张先生这篇文章中有些提法,就当时具体的历史实际以及整个的历史发展来说是不大切合的。而大纲中完全本着张先生这篇文章,来标出一些项目,也是须要加以考虑的。

  第三编中六、七、八三章中的小标题,标准极不一致,有些是根据内容的思想倾向,如"热情的憧憬";有些是根据创作的态度,如"透视现实";有些是根据表现的对象,如"城市生活的面影"与"农村破产的影像"。可是,如茅盾先生是被列入到"透视现实"一类中的,但他的作品也有写城市生活的,也有写农村破产的。所以这样的分法,是须要商酌的。我们的讲法,则是从作者代表的阶级意识与创作的道路来分的。而在每一类中,则只选出一二代表作家,重点的讲述,不必如第九章第四节的标题,于"小品"下,加一括号,而添上"如茅盾、丽尼、何其芳等","没落"下边添上"如林语堂周作人等"。实际散文小品的本身,是不会没落的。只有某些代表没落阶级利益的作家的作品(散文小品),是要没落的。如果散文小品可以没落,则诗歌小说也都可没落了。所以这样的标题,是不合适的。

(原载1951年《新中华》第14卷第24期)

附录:敬复王、韩、任、俞四位先生

李何林

自从我在七月号的《新建设》上发表《中国新文学史教学大纲(初稿)》,希望引起全国各大学"中国语文系"有关教师和文艺界同志们的讨论以后,首先接到福州大学俞元桂先生对于该《大纲》第二编的意见,连同我的简复发表在《新建设》九月号上。以后《新建设》杂志社陆续又接到王西彦、韩镇琪、任访秋、俞元桂四位先生的意见,都先后转送给我,并说"本刊因性质及篇幅关系,不拟发表"。我觉得四位先生的意见都很可以供我们参考或商讨,如不发表,很是可惜。当时立刻想到《新中华》,记得一年以来它很发表过一些有关新文学研究的文章,请它出个《新文学史教学大纲》讨论特辑,想是可以的。遂一面函征王、韩、任三先生(俞先生第二次文我十月初方收到)的意见,一面函商《新中华》主编卢文迪先生:两方面回信都同意了,只剩下我写一篇答复,即可发表。而我月余以来总抽不出时间把四位先生的文章重看一遍,并坐下来写这篇文章,真是对于四位先生、读者和《新中华》非常抱歉的,也是我月余以来几乎每天都感到的精神上的负担!

《中国新文学史教学大纲(初稿)》虽是我和老舍、蔡仪、王瑶三位先生共同起草的,但发表出去征求意见,引起讨论,是我的主张,所以一切来文应该由我一人答复;如有错误和不妥,也应由我一个人负责。

因为限于时间和学力,只能简单、粗陋、草率的敬复四位先生。

敬复任访秋先生

我基本上同意任先生提的所有意见,这些意见对于修改《大纲》是很有帮助的。但也有一些和任先生不同的看法:

一、关于分期的:"文学革命的前夜",照任先生的意思是指"五四前后"的即1917以前的文学改良运动,这似不应占"新文学"的"第一期",这不属于"新民主主义的新文学"的范围;新文学史应该从任先生的"第二期"讲起。

任先生的"第二期"又分为四段,以"五卅"、"九·一八"、"七·七"为界标,这是中国现代社会政治史上的几次大事件,"近二十年中国文艺思潮论"也是这样划分的。但1927资产阶级叛变革命以后到"七·七"抗战的十年国内革命战争时期,实在应该做为一个大段落,"九·一八"可以做为这一段落的前后期的分界。因为"九·一八"以后,外患虽然日紧,而地主买办阶级的反人民的战争并没有停止,国内阶级关系的变化是到1935年以后才显著起来的。在这以前,自1927以来的左翼文艺运动也没有什么变化。关于分期的其他意见,请看《敬复韩镇琪先生》。

"五四前夕的文学革命运动",意思并不是把"文学革命运动拘限于五四以前";五四以后文学革命运动还在进行,是谁都知道的。我们的章节没有安排好,以致好像把文学革命运动拘限在五四以前了。倘把第一编第一章的标题改为"五四前后的文学革命运动",其第三节的标题与第二章第一节标题掉换一下,成为下面这样,是否好一些呢?

第一章　五四前后的文学革命运动
第一节　文学革命运动发生的原因
第二节　义学革命运动初期的理论及其斗争
第三节　五四运动对文学革命运动的影响

第二章　倡导时期的创作
第一节　文学革命的实绩——鲁迅的创作
第二节　这一时期的其他创作

关于第三、四、五各编内各章有关作品分类的小标题，任先生的批评是很对的；《新建设》九月号上有我和俞元桂先生的讨论，请参看。至于"散文"、"杂文"、"小品文"的涵意，我觉得散文的范围比较广；杂文是散文的一种，是战斗的文艺性的政治社会论文；小品文则思想性没有杂文强，也是散文的一种。所以杂文、小品文都可以包括在散文内，而狭义的散文就是小品文。杂文是一种新兴的文体，富于战斗性或思想性，似可"和散文对立起来"。鲁迅先生说"小品文的危机"和"小品文的生机"，而不说"杂文的危机"和"生机"，因为杂文并没有"危机"：可见杂文与小品文是有区别的。

1951年11月12日匆草于北京师范大学。

为贯彻毛泽东文艺路线，
文艺工作者要加紧自我改造

今年5月，是毛主席《在延安文艺座谈会上的讲话》发表的十周年纪念。由于这一伟大的划时代文献的发表，在当时一面解决了从"五四"以来革命文学中所存在的根本问题，另一面也给一般革命文艺工作者指出了一条光明的道路。

十年来的历史证明，毛主席的文艺路线是成功的，是胜利的。文艺工作者凡是能遵循着毛主席所指出的方向迈进的，都取得巨大的成就，反之就脱离群众而为群众所遗弃。而就整个中国文学的发展来看，毛主席的讲话则给中国人民文学开辟了一个新纪元，在毛泽东文艺方针指导下而产生的杰作，真是光辉灿烂，美不胜收。最近几年来，不仅老解放区的作家，继续有着新的成就，同时，从青年作家中，从工农兵群众中，涌现出很多的"后起之秀"使新中国的人民文艺得到蓬勃的发展。

但是，另一方面，我们也必须看见在文艺工作中由于毛泽东文艺路线没有得到很好贯彻而存在着的严重问题。资产阶级的文艺思想，在我们某些文艺工作者和文艺工作中，还有着深重的影响。这从最近"三反"运动中文艺界所揭露的一些情况看，已经够令人吃惊了。

因此，我们文艺工作者以及从事文艺教学的工作者，在这样伟大的运动前面，都需要对毛主席这篇文件进一步作重新的研读。同时，更需要用里面的原则,好好来检查一下个人的文艺思想以及教学工作是不是还存在着浓厚的资产阶级思想,是不是有意无意的为资产阶级服了务,这样通过检查以加强思想改造,确定工人阶级的立场观点。

我个人是从事文艺教学工作的,现在仔细的从思想上检查起来,就正如毛主席所说的,在理论上并不反对文艺为政治服务,为工农兵服务,但是在灵魂深处,还是一个"小资产阶级的王国"。

首先,自己对于"赶任务"的作品,就有着轻视的心理。虽然在理论上也承认文艺是应该为政治服务的,但在结合到实际,对于紧密地服务于某一政治运动的作品就不怎样重视。总觉得在短短的期限内产生出的作品,不会写得好。不过是应个景儿,一旦时过境迁,还不是"明日黄花",立即消逝了吗?这种思想仔细的挖起根来,也就有着"文艺至上"和"追求伟大与不朽"的观念存在着。这正是资产阶级艺术观点所得到的必然结论。殊不知一个真正能抓着现实,能很好的为当前政治服务的作品,才可能产生出不朽的作品,才有着可以产生不朽作品的条件。正如匈牙利约里瓦伊所说的:"有些作家追求当前的现实,掌握此刻,结果创作了不朽的作品。有些作家追求永恒,结果今天就被抛弃。"(《作家的责任》)

其次,对普及的作品不重视,对工农兵的作品不注意。譬如开封市文联出的群众文艺小丛书和省文联出的"翻身文艺",我就没有好好看过,有时翻一翻就随手撂下了。对于这些通俗的作品,我总认为这是大众的读物,看这些东西,对于自己没有用处。这正如毛主席所说的:"他们(指小资产阶级文艺工作者)在某些方面也爱工农兵,也爱工农兵出身的干部,但有些时候不爱、有些地方不爱,不爱他们的感情,不爱他们的姿态,不爱他们萌芽状态的文艺。"而我就有"不爱他们萌芽状态的文艺"的思想在存在着。实际在这些刊物中,有些工农兵作家的作品,是很成功的。这一切都说明了自己的文艺思想,在口头上是一回事,碰到实际问题就另是一回事。也就是在口头上文艺是为工农兵,而在实际上行动上则仍然是小资产阶级的。

此外,在教学上,从1950年河南大学重新建校以来,已经两年多了。在这两年多中,我曾经担任过文艺学、中国文学史、新文学史等科目。现在检查起来,犯了不少的错误,在前一阶段的教学中曾经存在过客观主义的思想,那时认为课程改革内容,只要是用新的立场观点方法,对具体的材料加以分析批判与组织,拿这交给学生,也就对了。也就是还存在有"为教学而教学"的看法。最显著的例子,是1950年春,给国文专修科上新文学史课的时候,讲到胡适,于是就从理论上来批判他的实验主义、改良主义以及他的反辩证唯物主义的反动思想。后来一次在给同学作解答报告时,辅导教员廖玉和同志对胡适向反动的统治阶级以及美帝国主义的卖身投靠种种卑鄙无耻的奴才思想和反动行为,彻底的加以抨击。我当时听了后,心中颇有点不甚释然,觉着这样子是否能解决同学们思想上的问题呢?后来我才发现了这种想法的错误。原因是当时自己仅仅在理论上划清了敌我,但在感情上并没有划清敌我。其所以如此,主要是由于过去自己在治学方法以及思想上都曾受过胡适的影响。因为思想上有联系,于是感情上也有联系。这说明了当时在教学时,实际上还是存在着"客观主义"。原因就在于自己没有真正的树立起阶级感情。

另外,教条主义理论与实际的脱节。在1950年讲授文艺学时,没有能够把毛主席的文艺讲话的精神贯彻到全部的课程中。我还不了解毛主席的文艺路线正是马列主义文艺理论与中国革命实践具体相结合的产物。只有把文艺讲话贯彻到文艺学每一部分的脉络中,才可能使同学们清楚的了解马列主义文艺理论的本质和中国人民文艺的性质、任务及其应走的方向。

此外,在讲授时所举的例子,往往拣自己过去所熟悉的中国的或外国的一些古典文学中的作品来说明一些原理,而没有能够很好的从人民文学中以及工农兵的作品中来选择一些适当的例子,因此曾经使同学提出意见来。这都是理论与实际脱节的具体表现,以上的这些错误,我也在努力纠正。

最后,在教学方法上,由于学习人民大学的经验,每周举行了"习明纳儿"(堂上讨论),也比较着能结合实际,确切有了一定的收获。不过,在课外自己没有能够深入到同学中去主动的和他们联系,详细了解他们的学习情况与思想情况,这样在教室内就不能更好的来针对着他们的实际需要而给他们以适当的指示。

  统观以上各点,就可以看出来自己虽是小资产阶级,而在思想上却充满了资产阶级的一套。两年来个人在理论上虽也阅读了一些马列主义、毛泽东思想的著作,在行动上也参加了各种轰轰烈烈的运动,基本上已认识了个人所受的这种资产阶级思想的毒害,需要加以摧陷廓清,主观上要努力靠近工农,同工农打成一片,但是在情感上,还没有能够很好的转变过来。从今春的参加土地改革与最近的参加"五反",对工农兄弟算有了比较进一步的认识,同时也建立了一定的感情,可是还是很不够。所以今后要想很好的、很快的,把自己的屁股转移过来,那就需要继续不断的像毛主席所说,学习马列主义,学习社会,主动的争取参加一切群众的斗争生活。

  在这样值得我们欣快、庆祝的毛主席这一伟大文献发表十周年的日子,我愿以个人的思想改造与改进教学工作的实际行动来纪念它!

1951 年 5 月 19 日

(原载 1952 年 5 月 15 日《河南日报》)

鲁迅《谈金圣叹》①注释

讲起清朝的文字狱②来,也有人拉上金圣叹,其实是很不合适的。他的"哭庙"③,用近事来比例,和前年《新月》④上的引据三民主义以自辩⑤,并无不同,但不特捞不到教授而且至于杀头,则是因为他早被官绅们认为坏货了的缘故⑥。就事论事,倒是冤枉的。

清中叶以后的他的名声,也有些冤枉⑦。他抬起小说传奇来,和《左传》、《杜诗》并列,实不过拾了袁宏道辈的唾余⑧;而且经他一批,原作的诚实之处,往往化为笑谈⑨,布局行文,也都被硬拖到八股的做法上⑩。这余荫,就使有一批人,堕入了对于《红楼梦》之类,总在寻求伏线,挑剔破绽的泥塘⑪。

自称得到古本,乱改《西厢》字句的案子且不说罢⑫,单是截去《水浒》的后小半⑬,梦想有一个"嵇叔夜"来杀尽宋江们,也就昏庸得可以⑭。虽说因为痛恨流寇的缘故,但他是究竟近于官绅的,他到底想不到小百姓的对于流寇,只痛恨着一半:不在于"寇",而在于"流"。

百姓固然怕流寇,也很怕"流官"。记得民元革命以后,我在故乡,不知怎地县知事常常掉换了。每一掉换,农民们便愁苦着相告道:"怎么好呢?又换了一只空肚鸭来了!"他们虽然至今不知道"欲壑难填"的古训,却很明白"成则为王,败则为贼"的成语。贼者,流着之王,王者,不流之贼也,要说得简单一点,那就是"坐寇"。中国百姓一向自称"蚁民",现在为便于譬喻起见,姑升为牛罢,铁骑一过,茹毛饮血,蹄骨狼藉,倘可避免,他们自然是总想避免的,但如果肯放任他们自啮野草,苟延残喘,挤出乳来将这些"坐寇"喂得饱饱的,后来能够比较的不复狼吞虎咽,则他们就以为如天之福。所区别的只在"流"与"坐",却并不在"寇"与"王"。试翻明末的野史,就知道北京民心的不安,在李自成⑮入京的时候,是不及他出京之际的厉害的。

宋江据有山寨,虽打家劫舍,而劫富济贫,金圣叹却道应该在童贯⑯高俅⑰辈的爪牙之前,一个个俯首受缚,他们想不懂。所以《水浒传》纵然成了断尾巴蜻蜓,乡下人却还要看《武松独手擒方腊》这些戏。

不过这还是先前的事,现在似乎又有了新的经验了。听说四川有一支民谣,大略是"贼来如梳,兵来如篦,官来如剃"的意思。汽车飞艇,价值既远过于大轿马车,租借和外国银行也是海通以来新添的物事,不但剃尽毛发,就是刮尽筋肉,也永远填不满的。正无怪小百姓将"坐寇"之可怕,放在"流寇"之上了。

事实既然教给了这些仅存的路,就当然使他们想到了自己的力量。

五月三十一日

注释:

①《谈金圣叹》最初发表于 1933 年 7 月《文学》第 1 卷第 1 号,后收入杂文集《南腔北调集》。

金圣叹原名人瑞,明末清初的反动文人。曾评《离骚》、《南华》、《史记》、《杜诗》、《西厢记》、《水浒传》,并把这六种合称为"六才子书",借以衬托自己居于才子之上。其实,金圣叹是个地地道道的封建统治阶级的奴才。1661 年因哭庙案被杀。

②清朝的文字狱:文字狱是旧时统治者迫害知识分子的一种冤狱。清初的反动统治者为了摧残知识分子的反清朝统治集团的思想,采取了残酷的镇压手段,多次地兴起文字狱,如庄廷鑨的刻《明史案》(康熙二年),戴名世的《南山

集》案(康熙五十年)等。关于"哭庙"案,晚清人曾把《哭庙记略》与其他记载文字狱的典籍如《庄氏史案》并刻于《痛史》中。

③"哭庙":清人王应奎《柳南随笔》中载:清顺治十八年,大行皇帝(即顺治)遗诏至苏,巡抚以下,大临府治。诸生从而讦吴县令不法事,巡抚朱国治方瞩令,于是诸生被系者5人。翌日诸生群哭于文庙,复逮系至13人。俱劾大不敬,而圣叹与焉。当是时,海寇入犯江南,衣冠陷贼者,坐反叛,兴大狱。廷议遣大臣即讯并治诸生。及狱具,圣叹与17人俱傅会逆案坐斩,家产籍没入官。闻圣叹将死,大叹,诧曰:"断头,至痛也。籍家,至惨也。而圣叹以不意得之,大奇!"于是一笑受刑,其妻子亦遭戍边塞云。此外清人有《哭庙记略》记此事甚详。按"哭庙"一事,实质上是奴才与主子的论争。

至于金圣叹的参与"哭庙",实际上是属于为澄清吏治,等于变相的向清政府请愿,其目的决不是反抗政府,而是要巩固清政府的统治权。这正表现了奴才对主子的一片好心。

④《新月》:"新月"即"新月社",为一部分买办资产阶级文人所组织的社团,成立于1923年,主要成员为胡适、梁实秋、徐志摩等。最初为一诗社,曾在《晨报》上出过《诗刊》11期。1927年,该社成员多数南下,在上海创办新月书店,并出综合刊物《新月》月刊,最后投靠国民党,进行反对无产阶级文化革命运动。

⑤《新月》上的引据三民主义以自辩:《新月》在1929年曾发表胡适的《知难行亦不易》、《人权与约法》等文,被国民党认为"触犯党讳,污辱总理,有反革命罪,由教育部向胡适加以警诫"。北京新月书店曾一度被查抄,《新月》月刊被没收。鲁迅在《言论自由的界限》中说:"三年前的新月社诸君子,不幸和焦大有了相类的境遇。他们引经据典,对党国有了一点微词,虽然引的大抵是英国经典,但何尝有丝毫不利于党国的恶意,不过说:'老爷,人家的衣服多么干净,您老人家的可有些儿脏,应该洗它一洗'罢了。不料'荃不察余之中情分',来了一嘴的马粪:国报同声致讨,连《新月》杂志也遭殃。但新月社究竟是文人学士的团体,这时就也来了一大堆引据三民主义,辩明心迹的《离骚经》。现在好了,吐出马粪,换塞甜头,有的顾问,有的教授,有的秘书,有的大学院长,言论自由,《新月》也满是所谓'为文艺的文艺'了。"

⑥早被官绅认为坏货了的缘故:无名氏《辛丑纪闻》载:金圣叹名人瑞,又名喟,字圣叹,庠生,本姓张,原名采,字若采。文倜傥不群,少补长洲博士弟子员,后以岁试文怪诞被黜革。及科试,顶金人瑞名就试,即拔第一,补吴庠生。他曾

因试文怪诞被黜革,又顶别人名字就试,这都会为官绅所不齿。

⑦清中叶以后他的名声,也有些冤枉:"冤枉"二字,承上段"冤枉"二字。这里是具有讽刺意味的反语。

近人梁启超《小说丛话》中曾盛赞金圣叹,说:"良小说得良批评而价值益增,此其故宜人知之。然良小说固不易得,乃若良批评,则尤为难能而可贵者也。金圣叹曰:'今人不会读书。'吾亦谓必如圣叹,方是真会读书人。"(《晚清文学丛钞》)

胡适对金圣叹尤为推崇,详见另引(读《谈金圣叹》中的"时代背景"部分)。他对金圣叹删去《水浒传》后小半加以辩护说:"圣叹生于流寇遍天下的时代,眼见张献忠、李自成一般强盗流毒全国,故他觉强盗是不应该提倡的,是应该口诛笔伐的。"(《水浒传考证》)

周作人也说:金圣叹的思想很好,他的文学批评很有新的意见,这在他所批点的《西厢记》、《水浒传》等书上全可得看出来……他能将《水浒传》、《西厢记》和《左传》、《史记》同样的当作文学书看,不将前者认为是海淫海盗的东西,这在当时实在是一件很不容易的事(《新文学源流》)。按:梁启超、胡适、周作人对金圣叹的吹捧,是由于他们的反动立场相同;他们的吹捧是颠倒是非,混淆黑白的。所以鲁迅用"冤枉"二字,给以辛辣的讽刺。

⑧实不过拾了袁宏道辈的唾余:袁宏道《觞政》:《蒙庄》、《离骚》《史记》《汉书》……李、杜……为外典……乐府,则董解元、王实甫、马东篱、高则诚等,传奇则《水浒》、《金瓶梅》等,为逸典。明人周晖《金陵琐事》卷一载,卓吾(即李贽)……常云:宇宙内有五大部文章;汉有司马子长《史记》,唐有《杜子美集》,宋有《苏子瞻集》,元有施耐庵《水浒传》,明有《李献吉集》。金圣叹的提出"六才子书",不过把袁、李的看法,重新提了出来。

⑨经他一批,原作的诚实之处,往往化为笑谈:即如《水浒》第25回写武松杀嫂时的情景道:"那妇人见势头不好,却待要叫,被武松脑揪倒来,两只脚踏着她两只胳膊,扯开胸脯衣裳。说时迟,那时快,把尖刀去胸前只一剜,口里衔着刀,双手去挖开胸脯,把出心肝五脏,供养在灵前。"金圣叹在扯开胸脯衣裳句下批道:"雪天曾愿自解为之。"又道:"绝倒,嫂嫂胸前衣裳,却是叔叔扯开,千载奇文奇事!"这不只是"化为笑谈",并且是极其低级下流,也表现了金圣叹灵魂的极其肮脏。

⑩布局行文,也都被硬拖到八股的做法上:金圣叹在《读第五才子法》中说:"《水浒传》有许多文法,非他书所曾有。"下边就列了许多项文法,什么"倒插

法"、"夹叙法"、"草蛇灰线法",等等。而如"草蛇灰线法",他举了"景阳冈勤叙许多'哨棒'字,紫石街连写若干'帘子'字",说:"骤看之有如无物,及至细寻其中,便有一条线索,拽之遍体俱动。"

⑪堕入了对于《红楼梦》之类,总在寻求伏线,挑剔破绽的泥塘:如《脂砚斋重评石头记》的作者,有不少评语,往往蹈袭了金圣叹的故技。

寻求伏线,金圣叹在《水浒》第23回作者介绍西门庆身世的一段话中,用了许多"伏××"。如原文"就县里开着生药铺"句下,批道:"伏砒霜。""使得些好拳棒"句下,批道:"伏武大,武二。"

⑫乱改《西厢》句子的案子且不说罢:《此宜阁增订金批西厢记例言》中说:"世所传实甫《西厢记》,多为圣叹改窜。今仍圣叹改本,而原本曲白有不可删者,随处附入,庶通体贯串。"胡适《水浒传考证》:钱玄同先生说:"金圣叹实在喜欢乱改古书,近人刘世珩校改关、王原本《西厢记》,我拿来和金批一对,竟变成两部书。"

按金批《西厢记》卷五《赖婚·殿前催》:"你道他笑呵呵,这是肚肠阁落泪珠多。"金圣叹注道:"本作'江州司马泪痕多',我意元白同时,恐未可用,故特改之。"这是他不打自招地承认了他曾乱改《西厢记》的话。

⑬单是截去《水浒》的后小半:《水浒传》从明以来流行的有三种本子:(一)120回本,(二)100回本,(三)70回本。前两种是明代流行的本子,到金圣叹由于他适应当时封建统治阶级镇压农民起义的需要,在100回本的基础上删成70回。把70回以后梁山起义军受招安征方腊等情节,一概删去,认为系罗贯中所续,诋之为"横添狗尾,徒见其丑"。同时在卷首另加"楔子",在原70回后增添了卢俊义惊噩梦一事作结。因此,鲁迅称《水浒传》经他一删,成了"断尾巴蜻蜓"。从而掩盖了宋江这条投降主义路线如何从革命内部断送革命事业的全过程,以及宋江这个投降派如何背叛革命,甘当奴才的丑恶面目。

⑭昏庸得可以:方岩梁《使人民都知道投降派》:"鲁迅非常不满意金圣叹,专门写了一篇《谈金圣叹》的文章,批判金圣叹单是截去《水浒传》后小半,梦想有一个嵇叔夜来杀尽宋江们,也就昏庸得可以。金圣叹之'昏庸',首先在于他不懂得起义的农民是斩不尽,杀不绝的。'野火烧不尽,春风吹又生',别说一个'嵇叔夜',一百个'嵇叔夜'也没用。金圣叹之'昏庸',还在于他没有看懂施耐庵、罗贯中写《水浒传》的真正用意,他们正是站在金圣叹同一阶级立场上,反对农民起义,才塑造和歌颂这个投降派的形象。他们懂得堡垒是最容易从内部攻破的。金圣叹却不懂得这个道理。他没有看破宋江这号人根本不是'盗魁',而

是地主阶级的忠实的代理人。鲁迅还生动地把《水浒传》被砍的本子比作'断尾巴蜻蜓',宋江投降,受招安,打方腊,这是他的投降路线的必然结果。把这一半砍去了,宋江这个投降派的面目就不真实了。金圣叹这一砍,由于砍掉了宋江许多罪恶行径和丑恶表演,颇受许多为宋江唱赞歌的人们的欢迎。"(《红旗》1975年第9期)

金圣叹的昏庸,还在于他的立场的反动,也就是鲁迅说的"但他究竟近于官绅的"。正由于如此,他想不到百姓对于"流寇",只痛恨着一半,不在于"寇",而在于"流"。同时他更不解百姓对"劫富济贫"的梁山泊英雄们是同情的,但他却道:应该在童贯、高俅辈的爪牙之前,一个个俯首受缚。百姓想不懂。所以《水浒传》后小半尽管被他砍掉了,但还要看《武松独手擒方腊》这些戏。

又近人余嘉锡《宋江三十六人考实》:"按:《水浒传》叙事固非信史,然其擒方腊者为鲁智深,未尝归之武松,惟戏剧中有《武松独手擒方腊》之事耳。"

⑮李自成:明末农民起义领袖,陕西米脂人,自称闯王。1644年(时崇祯十七年甲申)李自成帅众攻克北京,推翻了腐朽的明王朝。明将吴三桂勾结清兵进攻农民军,李自成失利,退出北京。1645年在湖北通山之九宫山被地主武装杀害。

⑯童贯:北宋宦官,初任供奉官,与奸相蔡京勾结,监西北边军,掌握兵权约20年,权倾一时,历封至广阳郡王。后金人南侵,随徽宗南逃,钦宗即位后被处死。《水浒传》中曾写他带兵进犯梁山泊。他是镇压梁山泊农民起义的刽子手。

⑰高俅:北宋徽宗时的太尉,1126年金兵南下,随徽宗南逃,至临淮病死。《水浒传》中写他带兵进犯梁山泊,被俘后,叛徒宋江释放了他。他和童贯都是封建统治集团大官僚的代表,镇压梁山泊农民起义的刽子手。

(原载《教学参考资料》1975年4期)

《谈金圣叹》的时代背景

20世纪30年代初期是我国阶级斗争与民族斗争最激烈的时期。当时国内的革命人民在伟大领袖毛主席和中国共产党领导下掀起了轰轰烈烈的反帝反封的伟大斗争,并建立了苏区革命根据地。同时,日本帝国主义已占领了东北,并企图进一步进攻华北。但当时国民党反动政府完全敌视广大人民群众所开展的波澜壮阔的抗日救国运动,反而提出"攘外必先安内"的反动政策,对日寇委曲求全,妥协投降;对人民横征暴敛,敲骨吸髓。尤其不能令人容忍的是,对中国共产党所领导的人民革命与无产阶级文化革命运动,竟发动了极端残酷的军事与文化两种"围剿"。

这时国统区的买办文人"新月派"以及"论语派"等,他们打着不同的旗帜,喊出各样的口号,配合蒋介石的反动政策,为他的两种"围剿"出力卖命。

鲁迅为什么写出了《谈金圣叹》这篇杂文?根据当时的客观情况,决不是偶然的。首先,新月派和它的头子胡适在过去曾经大力地吹捧过金圣叹,说"金圣叹是17世纪的一个大怪杰",说他"把施耐庵、董解元与庄周屈原等人并列,这种文学眼光在古人中是很不可多得的"。此外,还盛赞他删节后的70回本《水浒传》,说:"自从圣叹把施耐庵的70回本从《忠义水浒传》里重新分出来,到今已经300年了。这300年中,70回本居然成为《水浒传》的定本。凭心而论,70

回本得享这点光荣是很应该的。"特别是金圣叹在批点《水浒传》中大骂"强盗",曾遭到不少人的非议,但胡适根据明末的史实,歪曲农民起义,来竭力为他辩护(以上所引均见《水浒传考证》)。这一切都充分说明,胡适同金圣叹在政治立场上,在文学观点上是多么的一致了。

1927年后,胡适和他的"新月派"同伙们竭力投靠蒋介石。他们攻击马克思列宁主义,攻击中国共产党所领导的人民革命,攻击无产阶级文化运动。他们为蒋介石的对外投降、对内镇压的反动政策摇旗呐喊,真是做尽了丑事和坏事!20世纪30年代的胡适和17世纪的金圣叹完全是一丘之貉。批判金圣叹,也正是为的批判胡适及其同伙。

其次,"论语派"的林语堂同周作人,他们提倡晚明和清初的小品文。周作人也是盛赞金圣叹的(参看《中国新文学的源流》),他的弟子沈启元在所编《近代散文抄》中就选了金圣叹的散文十多篇。后来林语堂特函请周作人写了《金圣叹》一文,发表于《人间世》。"论语派"这种倾向,鲁迅在与郑振铎信中曾指出:"语堂学圣叹一流之文,似日见陷没。"(《鲁迅书简》)同时,又把他们这派的作品比作"文学上的'小摆设'","要求者以为可以靠着低诉或微吟,将粗犷的人心,磨得渐渐的平滑。这就是想别人一心看着《六朝文絜》,而忘记了自己是抱在黄河决口之后,淹得仅仅露出水面的树梢头"(《小品文的危机》)。还有林语堂所提倡的"幽默",鲁迅举出金圣叹临死时说的"杀头,至痛也,而圣叹以无意得之,大奇"一段话,说:"虽然不知道这是真话,是笑话,是事实,还是谣言。但总之:一来,是声明了圣叹并非反抗的叛徒;二来,是将屠户的凶残,使大家化为一笑,收场大吉。"(《论语一年》)所以"论语派"所搞的那一套,正是"将屠户的凶残,使大家化为一笑,收场大吉"。他们是在另一意义上为国民党反动政府效劳的。

第三,在20世纪30年代,全国人民在蒋介石统治下,他的"德政"是"连年内战,空前水灾,卖儿救穷,砍头示众,秘密杀戮,电刑逼供"(《友邦惊诧论》)。但他反而把中国共产党所领导的工农红军说成是"匪",发动了上百万的大军,一而再,再而三地去进行"围剿"。同时,又对于手无寸铁的左翼文化人则实行诬蔑、压迫囚禁和杀戮。

在这样两种"围剿"的情况下,鲁迅这篇杂文深刻地揭露了国民党反动派的剥削和压迫人民的反动本质,在当时是具有异常猛烈的战斗作用的。而文中对金圣叹砍掉《水浒传》后小半的批判,对今天评《水浒传》来说,对我们彻底批判金圣叹及其吹捧者胡适之流的反动思想,恢复《水浒传》的本来面目,"使人民都知道投降派",把无产阶级革命进行到底,是具有极其深刻的现实意义的。

(原载《教学参考资料》1975年第4期)

《女神》中的"泛神论"思想与中国文化的传统精神

《女神》是郭沫若发表的第一部诗集,出版时间是1921年。到了1923年,他在日本大阪《朝日新闻》上发表了《中国文化之传统精神》,不久他又发表了《论中德文化书》。这两篇作品,因为发表的时间同《女神》的问世比较接近,而在内容上特别是"泛神论"思想有其一致之处,所以在读了《女神》后,倘若对里边充满着"泛神论"思想的第二辑中的篇什感到惝恍迷离、不甚理解的时候,那么再读他时隔一年多后发表的这两篇论文,就会恍然于诗人思想的渊源,同时对一些疑难之处,也就会涣然冰释了。

过去论《女神》中"泛神论"思想的,多偏重于诗人所受西方哲学思想的影响,而忽略了它是渊源于中国固有的传统思想。现在读了诗人自己论述的文章,我们对《女神》中的"泛神论"思想,就会有着进一步的理解。同时,诗人这种对"中国文化传统精神"的看法在1923年出现于中国思想界的确是值得我们特别注意的一件事。

我们知道,在"五四"前夕,中国思想界曾经掀起过一场轰轰烈烈的思想革命运动,这次革命的对象,直指中国封建思想的祖师孔丘。当时要打倒的孔家店是这次战役中首先要攻下的堡垒。到了1921年,胡适等人曾提出过"整理国故"运动。这一运动的目的,正如胡适所说的"要重新估定一切价值"。所谓重新估定,按胡适的意思,就是用资产阶级的立场、观点和方法,对中国古代文化进行一次新的研讨和评价。

可是郭沫若对先秦文化的看法,同五四时代"打倒孔家店"比起来,简直有点针锋相对。他不仅不批判孔丘,而且是大力地赞扬孔丘。另外,他与胡适等人"整理国故"的目的也是大异其趣的。胡适等人的意图,是想通过整理研究对中国古文化分别给以应有的地位与评价。而郭沫若则是根据他对东西文化的比较以及中国文化的发展而认为中国文化在先秦自有优良的传统。而这种传统,后来由于外来思想的影响,没有得到继承与发扬,因而逐渐地湮没了它的真精神。所以他主张要唤醒这种精神,进而继承发扬这种精神。先秦最足以代表这种精神的,是儒、道两派的创始人孔丘和老聃。

在传说中,孔丘是老聃的学生,而道家的庄周又是孔子弟子子夏的后学(郭沫若认为是颜氏之儒,见《十批判书》)。尽管他们在学术思想上有着极大的差别,但在宇宙观上确有其共同之处,这就是"泛神论"思想。

中国历来的学者同思想家,当外来文化传进来的时候,总是有人崇奉,有人反对。而崇奉的人,往往是拿它与中国文化比较研究,从而吸取其与中国文化相同或相异的因素,形成一种新的思想体系。宋明理学的产生,就与印度佛学有着极密切的关系。晚清西方文化随着帝国主义的商品和坚船利炮闯进了中国的大门,这样就又一次地给中国学者、思想家们以参考比较、吸取融会的机会,因而给中国文化的发展产生了积极的促进作用。这时中国学者,把西方哲学思想与中国的作比较,发现二者往往有其一致之处。章太炎就曾经用佛家思想来论证阐发庄子的思想,写了《齐物论释》。同时,他还曾用西方斯宾诺莎"泛神论"学说与我国孔子、老庄思想相印证,他说:

> 仆尝以时绌时申哗众取宠,为孔子咎(按:此指他的《诸子学略说》中的论点)。至于破坏鬼神说,则景仰孔子,当为岱宗北斗。凡人言行相殊,短长互见,固不容以一端相概也。或者谓孔子亦有"天祝"、"天丧"、"天厌"、"获罪于天"等语,似非拨无天

神者。按孔子词气每多优缓,而少急切之言。故于天神未尝所破。然其言曰"鬼神之为德,体物而不可遗",此明谓万物本体,即是鬼神,无有一物而非鬼神者,是即斯宾诺莎"泛神论"之说。"泛神论"者,即无神之逊词耳。盖孔子学说受自老聃。老子言"象帝之先"。既谓有先上帝而存者,庄生继之,则云:"道在蝼蚁、秭稗、瓦甓、屎溺(对原文有省略),而终之以汝唯莫必,无乎逃物,则正所谓体物而不可遗者。无物大道,亦无物非鬼神,其义一致'。此儒老皆主"泛神"之说也。(《答铁铮》,见《章太炎先生所著书》别录卷二)

郭沫若讲他在中学时期,曾读过梁启超、章太炎等人的著作,但对章太炎的不十分看得懂(《沫若自传·我的学生时代》,见《沫若文集》卷七)。不过他后来论孔子与老庄在学术思想上的关系以及他们都是"泛神论"者的思想观点,都与章太炎的看法是一致的。当然,郭沫若在晚清思想家中,与其说曾受有章太炎的影响,不如说受康梁师徒的影响比较更大一点,这当在后边再说。

郭沫若在《中国文化的传统精神》一文中,庄严地宣称"我崇拜孔子,说我们时代错误的人们,那也由他罢。我们还是崇拜孔子"。接着他又说:"可是决不可与盲目地赏玩骨董那种心理状态同论。我们所见的孔子,是兼有康德与歌德那样的伟大天才,圆满的人格,永远有生命的巨人。他把自己的个性发展到了极度——在深度如在广度。"

下边他引用《易传》中的话"天行健,君子以自强不息"。他认为孔子的人生哲学,是由他的"泛神论"宇宙观出发,而高唱精神之独立自由与人格之自律。他认为人类有许多缺陷,如想使人性完成向上,第一步当学神之日新。接着他举出《大学》中引古代铭文中的话"苟日新,日日新,又日新"。说要这样不断的自励,不断的向上,不断的更新。下边他谈到孔子的"克己复礼"以及"仁者不忧"、"智者不惑",从理论上对之进行了阐发,而认为他"投身于永恒的真理之光,精进不断,把自己充实着去"。

至于如何用宇宙观来指导自己的人生观,他说:

> 净化自己,充实自己,表现自己,这些都是天行。不过天能自然而然,吾人便要多大的努力。这种努力,这种坚固的意志,便是他所谓"勇"。

接着他又详细地阐发了孔子所谓"勇"的精义:

> 不自欺,与知耻,是"勇",然是"勇"的初步。进而以天下为己任,为救四海的同胞,而杀身成仁的那样的诚心,把自己的智能发挥到无限大,使与天地伟大的作用相比而无愧,终于于神无多让的那种崇高的精神,便是真的"勇"之极致。这样的人,不论遇何种灾殃,皆能泰然自适。"勇者不惧",他自己成了永恒的真理之光,自己的净化与自己的充实,他可不努力,而自然成为他放射永恒的光,往无穷永动辉耀着去。

他最后总结,中国先秦儒道两家对宇宙观以及由此而产生的人生观都不外:

> 把一切的存在,看做动的实在之表现。把一切的事业,由自我的完成出发。而我们这种传统精神,在万有皆神的想念之下,完成自己的净化与自己的充实,以至于伟大而慈爱如神,努力四海同胞与世界国家之实现的我们这种二而一的中国固有的传统精神,是要为我们将来的第二的时代之两片子叶的嫩苗而伸长起来的。

郭沫若后来在《论中德文化书》中对这个论点又作了一番发挥,并再一次地提出:

> 我们要把我国固有的动的文化精神恢复转来,以谋积极的人生之圆满。……我们要唤醒我们固有的文化精神,而吸吮欧西的纯粹科学的甘乳。……我们要在我们这个新的时代里,制造一个普遍的明了的意识,我们要秉着个动的进取的同时是超然物外的坚决精神,直向真理猛进。

以上这种思想观点,当时郭沫若的至友成仿吾是非常赞同的。他曾把郭沫若用日文写的发表在《朝日新闻》上的那篇论文译出,并

在附识中说:

> 在这样混沌的学界,能摆脱无谓信条,本科学的精神,据批评的态度,而独创一线的光明,照彻一个常新的境地的,以我所知,只有沫若数年以来的研究。……前几天,沫若接到了宗白华由德国寄来的一信,中间有关于东西哲学的几句话,我们又不觉谈到了中国文化的真精神,而太息它被一般的人误解,沫若要覆宗君一封长书,我劝他多多写出,在《创造周报》上发表。并约为他把这篇东西译出。我觉得今后思想界的活动,当从吞吐西方学说,进而应用于我们古来的思想,求为更确的观察与更新的解释。

由此可知,郭沫若的这种见解,决非率而想到,随意写出的,乃是经过几年的研索与深思熟虑,并曾与至友如成仿吾等人讨论后所得出的一种看法。所以他在文章中用"我们"这样的复数来说明并非只是他一个人的见解。

郭沫若继承了我国儒道两家接近西方哲学中的"泛神论"的世界观,特别像庄子所说的"天地与我并生,万物与我为一"(《齐物论》),孟子所说的"万物皆备于我矣,反身而诚,乐莫大焉"(《尽心章》)。由此发展到宋代理学家张载《西铭》中所说的"乾称父,坤称母","民吾同胞,物吾与也",以及他在《张子语录》中所说的"为天地立心,为生民立道,为去圣继绝学,为万世开太平"的伟大气魄与精神,再进而他又受到明代王阳明的影响,曾写有《伟大精神生活者王阳明》。他非常赞赏王阳明下边这首诗:

险夷原不滞胸中,何异浮云过太空。
夜静海涛三万里,月明飞锡下天风。

他说这首诗是王阳明"一生的写真,他五十七年间在理想的光中,与险恶的环境奋斗着的生涯。他努力净化自己的精神,扩大自己的精神,努力征服心中'贼',以体现天地万物一体之仁的气魄,是具足地表现在这首诗里面了。他的生涯真好象在夜静月明中,乘风破浪。他是伟大的精神生活者,他是自强不息的奋斗主义者。儒家的精神,真能体现了的,孔子以后,我认为只有他这一人"。下边他谈到由于他读了《王文成公全集》,使他追溯上去,了解了庄子、老子、孔门哲学,直至欧洲大陆唯心诸哲学,因而达到豁然贯通、一以贯之的境地。他说:

> 我素来喜欢庄子,但我只欣赏他的文辞,我间却了他的意义。我也不能了解他的意义,到这时候(按指读王阳明的全集后),我看透他了,我知道"道"是什么,"化"是什么了。我从此更被导引到老子,导引到孔门哲学,导引到印度哲学,导引到近世初期欧洲大陆唯心派诸哲学家,尤其是司皮诺若(Spinoza)。我就这样发现了一个八面玲珑的形而上学的庄严世界。

我觉得有一点他没有谈,就是晚清的康梁师徒对他的影响。因为康梁都是陆王学派,特别是康有为在西方空想社会主义思想影响下,他以《礼运》中"大同"的理想,又杂以公羊三世之说,而构成了他的"大同世界"的蓝图,写出了《大同书》。郭沫若早年曾熟读梁启超的论著,自然他不会不知道康有为的《大同书》。这样来说,在世界观上由儒道两家的近于"泛神论"的宇宙观以及宋代张横渠的民胞物与思想、明代王阳明知行合一思想、晚清康有为的大同思想,自然还杂以西方的康德、尼采、歌德以及"泛神论"者斯宾诺莎等人的思想,因而形成他早期的"泛神论"宇宙观和改造自我、充实自我、破坏旧世界、创造理想的新世界的思想体系。而这种思想,在五四时期由于客观形势的促使,就像火山一样爆发出来。其具体的表现,就是他前期在诗歌上的杰作《女神》。

《女神》中的第二辑,诗人是用磅礴的热情,异想天开的想象,如天马行空不受羁勒的奇辞妙语,以上边所说的思想作为它的中心内容,描绘出一幅幅绚丽多姿,令人目眩神骇的壮丽而又幽美的图景。其中充分体现了诗人"泛神论"思想的,有这几方面的篇什:

一、赞美大自然不息的运动和具有无限的力,同时,又在不断地破坏,不断地创造。即如《立在地球边上放号》:

> 无数的白云正在空中怒涌,

啊啊！好幅壮丽的北冰洋的晴景啊！

无限的太平洋提起它全身的力量来把地球推倒。

啊啊！我眼前来了的滚滚的洪涛哟！

啊啊！不断的破坏，不断的创造，不断的努力哟！

……

二、进行自我净化与自我充实。即如《浴海》：

无限的太平洋鼓奏着男性的音调！

万象森罗，一个圆形舞蹈！

我的血和海浪同潮；

我的心和日火同烧，

我有生以来的尘垢、秕糠

早已被全盘洗掉！

我如今变了个脱了壳的蝉虫，

正在这烈日光中放声叫，

……

前边写自己的血和心和大自然已经融合在一起，而后边的两句同汉人评屈原的话意思相同，即"濯淖污泥之中，蝉蜕于浊秽，以浮游尘埃之外，不获世之滋垢，皭然泥而不滓者也"（《史记·屈原传》）。在这篇的结尾，更说明了净化自己，正是要为改造社会：

弟兄们！快快！

快也来戏弄波涛！

趁着我们的血浪还在潮，

趁着我们的心还在烧，

快把那陈腐了的旧皮囊

全盘洗掉！

新社会的改造，

全赖吾曹！

三、物我融合、混然一体的超尘的情景。如《雪朝》：

雪的波涛！

一个银白的宇宙！
　　我全身心好象要化为光明流去，
　　Open——Secret　哟！

　　楼头的檐溜……
　　那可不是我全身的血液？
　　我全身的血液点滴出律吕的幽音，
　　同那海涛相和、松涛相和、雪涛相和。
又如《心灯》中的两节：
　　有几个小巧的纸鸢在空中飞放，
　　纸鸢们也好象欢喜太阳：
　　一个个恐后争先，争先恐后，
　　不断地努力、飞扬、向上。

　　更有只雄壮的飞鹰在我头上飞航，
　　他在闪闪翅，又在停停桨；
　　他从光明中飞来，又向光明中飞往，
　　我想到我心地里翱翔着的凤凰。
　　这种意境，过去柳宗元所写的游记中，曾写他的心灵与大自然景物相融合的情况，他说："悠悠乎与颢气俱，而莫得其涯，洋洋乎与造物者游，而不知其所穷……心凝形释，与万化冥合。"（《始得西山游记》）王国维《人间词话》中所说的"无我之境"即"心凝形释，与万化冥合"，达到了"不知何者为我，何者为物"的境界。自然，这种思想都渊源于庄周，都有着"泛神论"的色彩。
　　至于《天狗》篇，更是用奇特的想象，借天狗吞月、吞日，进而把全宇宙都吞了，于是这个像天狗的我，就具有全宇宙 Entergy 的总量。后边写"我剥我的皮"、"我食我的肉"、"我吸我的血"，直到"我便是我呀"、"我的我要爆了！"这是用形象的写法，表现出个人进行自我剖析、自我批判、自我革命的精神上发展变化的历程。

四、"民胞物与"、"泛爱万物"的博大胸怀。在《凤凰涅槃》中,一面说明凤凰经过烈火而得到新生,同时,又歌唱出"一的一切,和一切的一"都得到了更生,这就是"万物一体"的"泛神论"观点。在"民胞物与"的思想指导下,就同诗人不只羡慕田地里的农民和炭坑里的工人,并且羡慕那一切的草木、一切的动物,把它们都看作自己的同类,最后还声明:

我要学着你的劳动,永久不停。(《地球我的母亲》)

这就是《易传》中的"天行健,君子以自强不息"思想的具体体现。

像上面所说的《女神》中的"泛神论"思想,自然还是属于资产阶级哲学思想范畴,由此而产生资产阶级民主革命的理想,即"自由"、"平等"和"博爱"。在"五四"时期,中国还处在半封建半殖民地社会,而在革命上还处在资产阶级民主革命阶段,所以《女神》在当时对反帝反封建所起的战斗作用是不应低估的。另外,就诗人本身来说,由于他继承了中国优良的文化传统精神,而参以西方的科学与民主以及近代西方的哲学思想,这就形成了他的前期的思想体系。而这种体系,其中自然含有大量的唯心主义与资产阶级个性主义等等因素,但其中也有不少积极的部分。而这些,却对他后来较快地接受马克思主义起到了促进作用。所以到1924年,随着中国共产党领导的新民主主义革命形势突飞猛进的发展,诗人在研索马克思主义时,译了日人马克思主义者河上肇的《社会组织与社会革命》一书后,于是他以新的思想武器对自己思想中的唯心主义、个人主义的东西进行了批判,接着在北伐战争中参加了阶级斗争的实践,于是逐渐地发展成为一个共产主义者。

现在,我们研究郭沫若的《女神》似应探索他早年世界观中属于"泛神论"思想的渊源,尤其是属于中国传统思想的部分,这样对《女神》可能会有着更进一步的理解。

(原载《中国现代文学研究丛刊》1982年第4期)

毛泽东同志论批判继承

"批判继承",是无产阶级为建立本阶级的文化,对过去文化遗产所应采取的态度与方法。一个民族的文化,总是不断地创造、继承、改革和发展。但在阶级社会里,属于意识形态的文化,不可避免地要打上阶级的烙印。剥削者和被剥削者,压迫者和被压迫者,二者在利害上,往往存在着尖锐的对立。无产阶级革命导师列宁曾经指出,在一个民族中存在着两种文化。他说:"每个民族文化里面,都有那怕是不大发展的民主主义的,和社会主义的文化成分。因为每个民族里面都有劳动的和被剥削的群众,他们的生活条件,必然地要产生民主主义的和社会主义的思想体系。但是在每个民族里面,也都有资产阶级的文化(而且在大部分的民族里面,还有黑帮的和教权派的文化)。——并且不仅是成分而已,而是统治的文化。"正因为如此,所以无产阶级对待文化遗产,必须经过分析鉴别,然后才能决定去取。毛泽东同志对这一问题,曾经有过精辟的论述。首先他指出,对我们的历史遗产应该学习,同时需要用马克思主义的方法,给以批判的总结。他说:"我们这个民族,有数千年的历史,有它的特点,有它的许多珍贵品。对于这些,我们还是小学生。今天的中国,是历史的中国的一个发展。我们是马克思主义的历史主义者,我们不应当割断历史。从孔夫子到孙中山,我们应当给以总结,承继这一份珍贵的遗产。"继承民族的历史遗产,这个大前提是肯定的。但如何继承?毛泽东同志又给我们指出了分析鉴别同去取的方法与标准。他说："中国的长期封建社会中，创造了灿烂的古代文化，清理古代文化的发展过程，剔除其封建性的糟粕，吸取其民主性的精华，是发展民主新文化，提高民族自信心的必要条件。但是决不能无批判地兼收并蓄，必须将古代封建统治阶级的一切腐朽的东西，和古代优秀的人民文化，即多少带有民主性和革命性的东西，区别开来。中国现实的新政治，新经济，是从古代的旧政治，旧经济发展而来的。中国现实的新文化，也是从古代的旧文化发展而来。因此，我们必须尊重自己的历史。但是这种尊重，是给历史以一定的科学的地位，是尊重历史辩证法的发展，而不是颂古非今，而不是赞扬任何封建毒素。对于人民群众和青年学生，主要地不要引导他们向后看，而要引导他们向前看。"这段话非常精辟，非常重要。它告诉我们应注意的三个问题：一、要分清封建性的糟粕和民主性的精华，然后剔除其前者而吸收其后者，决不应无批判地兼收并蓄。二、我们尊重我们民族历史的发展，但这种尊重，是给历史以一定的科学地位，是尊重历史辩证法的发展，而不是颂古非今，赞扬任何封建毒素。三、在教育意义上，对人民群众和青年学生，要引导他们向前看，而不要向后看。这就给我们从事清理文化遗产工作的人，指出了一条非常正确的方向、方法和道路。

具体到文学上，毛泽东同志认为在艺术上，也必须向中外文学遗产进行借鉴。他在《文艺讲话》中说："我们必须继承一切优秀的文学艺术遗产，批判地吸收其中一切有益的东西，作为我们从此时此地的人民生活中的文学艺术原料创造作品时候的借鉴。有这个借鉴，和没有这个借鉴，是不同的。这里有文野之分，粗细之分，高低之分，快慢之分。所以我们决不可拒绝继承和借鉴古人和外国人，那怕是封建阶级和资产阶级的东西。但是继承和借鉴，决不可以变成替代自己的创造，这是决不能替代的。文学艺术中对于古人和外国人的毫无批判的硬搬和模仿，乃是最没有出息的最害人的文学教条主义和艺术教条主义。"至于如何批判继承，不论是从事评论同创作，都必须首先解决一个立场问题。毛泽东同志在《文艺讲话》的《引言》中，就提出这一问题,他说:"我们是站在无产阶级的和人民大众的立场,对于共产党员来说,也就是要站在党的立场,站在党性和党的政策的立场。"所以立场是决定是非、善恶同爱憎的根本问题。同样一种东西,往往由于人们的立场不同,在看法上就截然相反。例如男子的发辫和女人的小脚,辛亥革命后,一般比较进步的人们,都认为这是我们民族落后的象征,应该彻底地予以消除。但是清室的遗老们,对自己的辫子则要坚决的保留,把它作为自己对清王朝忠贞不贰的标志。

毛泽东同志不仅对文化遗产在批判继承的理论上,对马克思列宁主义有着继承与发展,并且在实践上给我们树立了光辉的典范。

先就文学创作而论,毛泽东同志的词,在风格上曾受到苏(东坡)、辛(稼轩)豪放派的影响,但在思想感情上,却抒发了无产阶级革命家崇高的共产主义理想,与推翻旧世界、创造新世界的革命乐观主义的精神。这就远非苏、辛所能比拟的了。

其次,在对古代哲人的言论中,毛泽东同志往往就其中符合事物发展规律的部分,给以引用,从而达到"古为今用"的目的。本来历史上的所有剥削阶级的意识形态的创造者或继承者,就他们的思想体系来说,是为他们所属的阶级服务的。因而不免是反动的。但由于每个阶级在发展中,都有其上升的阶段,而作为这一阶级这一时期的意识形态的代表人物,他们敢于正视现实,并善于总结前人的及其个人的多方面的经验,而这些经验,其中不少是符合客观实际与事物发展规律的,因而就值得作为我们的借鉴。即令是已经灭亡,或行将灭亡的阶级意识形态的代表人物,他们的言论也同样值得作为我们的反面教员,而加以参考。

毛泽东同志在他的论著中,经常引用先秦各派思想家们的语录。如对于学习,他曾引用过孔子的"学而不厌"、"诲人不倦"的话。对于以强凌弱的帝国主义,他曾引用孟子的"得道多助"、"失道寡助"的话。至于对我国古典诗词、古典小说中的诗句和故事,毛泽东同志经常引用,借以抒发个人的思想情绪。由此可见,只要我们的立场正确,是从无产阶级革命利益出发的,那么古代哲人的语汇也好,历史故事也好,小说人物也好,都可以供我们引用驱使,来为人民革命事业服务。

在文艺的内容与形式上,毛泽东同志曾提出国际主义的内容与民族形式二者相结合的原则。而他的诗词创作,给我们树立了实践这一原则的典范。他运用了我国古典文学中的旧形式,表现了伟大的共产主义者崇高的理想与磅礴的革命激情,反映了人民革命斗争的壮烈史实。在三十年代同四十年代,在中国文坛上,曾对"旧瓶装新酒"问题进行过讨论,通过实践证明,旧的形式是完全可以装进新的内容的。但这种形式在装进新的内容时,不可能是原封不动,而是经过一定的改造和提高的。经过改造与提高的旧形式,实际上已经成为适应新内容的新形式了。否则的话,就会造成形式与内容的矛盾,就不可能成为形式与内容高度统一的作品。

最足以说明这一问题的,是毛泽东同志的《卜算子·咏梅》。他完全沿袭了南宋大诗人陆游所用的体裁与歌咏的对象,而在思想感情上却截然不同。放翁的咏梅,是在他主张北伐,遭到投降派的反对打击,失败后写的。因而表现出凄凉愁苦、无可奈何和孤芳自赏的思想情绪。而毛泽东同志的《咏梅》,则是反其义而用之,写梅在悬崖百丈冰的隆冬季节,开出了俏丽的花朵。它不愿同其它开在春天的百花争芳斗艳,而是把春的消息,报告给人间。待到阳春三月,姹紫嫣红,开得满山遍野的时候,它却在万花丛中,欣慰地笑了。这同陆游比起来,相去何其悬远!前者写一个独善其身,不愿同流合污的特立独行的高士形象;而后者写出了一个共产主义者伟大而崇高的英雄品格。

由此可见,对文化遗产的批判继承,是完全符合人类历史的辩证发展的规律的。但是一个最根本的问题,就是要看从事这种工作的,是否是一个无产阶级革命者。鲁迅曾经说过:"我以为根本问题,是在作者可是一个革命人。倘是的,则无论写的是什么事件,用的是什么材料,即都是革命文学。从喷泉里出来的都是水,从血管里出来的都是血。"这是在谈创作。我认为批判继承,同样的更要看从事者是否是革命人。倘是的,则不论是中国的还是外国的文学遗产,也不论是从事评论还是创作,都会恰当地来为革命事业服务。毛泽东同志就给我们树立了光辉的典范。

在当前全国范围内,从事清除精神污染这一具有深远的历史意义的工作的时候,我认为重温一下毛泽东同志关于批判继承的理论同实践,是非常必要的。近几年来,在印行古典作品,介绍外国的文学理论同作品,是有着一定的成绩的。但由于忽视了用马克思主义、毛泽东思想的立场、观点,给以分析鉴别,因而不免玉石与瓦砾同陈,鲜花与毒草并茂,对群众同青年读者们,产生不良的影响。尤其是一些刊物的编辑们,对"双百"方针理解的不够全面,把一些不健康的作品,也都不加选择地发表了出来。特别是出版单位,为了利润,大量地刊印一些二三流的作品,来适应一些群众的庸俗、低级趣味,因而造成了精神上的极大污染。

在纪念毛泽东同志九十周年诞辰之际,我们重温他的有关对中外文学遗产的批判理论,对近几年发表的文艺理论同作品,进行一次全面的检查,总结经验教训,开展批评与自我批评,从而使我国在意识形态领域里,出现一个新局面!

(原载 1983 年 12 月 15 日《河南日报》)

漫谈《李自成》

《李自成》这部小说是我国文学史上空前的汪洋浩瀚的巨著。当你初读的时候,觉得量这么大,何时才能读完。但一开始读,即觉得非读下去不可,它有令你不忍释手的艺术魔力。读完后,真是思绪潮涌,感慨万千,想写点东西,但又不知从何处下笔。想来想去,只有谈三个问题,漫谈而已,说不上什么研究。所谓三个问题,即一、关于李自成的历史评价,二、《李自成》与《三国演义》,三、慧梅的悲剧。

一、关于李自成的历史评价

中国在封建时代,对历史上敢于造反的英雄人物,有这样一句话:"胜者王侯,败者贼。"我们从历史上看,刘邦、朱元璋这两位起义英雄成功啦,于是一位在汉代,一位在明代,都被称为"高皇帝"。但是失败了的义军首领,上而如汉代的赤眉、黄巾,下而至于李自成、洪秀全等,从正统派的史学观点看来,他们不是"民贼"就是"流寇"。这充分地反映了封建史学家们的阶级偏见。

即以李自成而论,很清楚,他在明末代表了广大受腐朽、黑暗政治残酷压迫与剥削,到了"老弱转于沟壑,壮者散而至于四方"的活不下去的人民群众,像陈胜、吴广那样,揭竿而起,为吊民伐罪之举。就是代表统治阶级利益的史学家所修的《明史》中,也不能不承认他对广大人民所实行的种种仁义的措施。并说他"不好酒色,脱粟粗粝,与其下共甘苦"。对于人民,则说他接受李岩的意见,认为"取天下以人心为本",于是散所掠财物,赈饥民,因而受到人民的拥戴,一时有"迎闯王,不纳粮"的童谣传诵民间。正由于如此,他才能纵横中原和山陕,最后攻陷京师。至于最后所以失败,乃因为将悍兵骄,政策失误,特别是后来的内部分裂,互相猜忌,又遇到入关后的满洲强敌,终于崩溃瓦解,以致于亡。但《明史》卷三百○九,对李自成则以"流贼"目之,并说什么:

盗贼之祸,历代恒有,至明末李自成、张献忠极矣。史册所载,未有若是之酷者也。

过去孟轲说过:"尽信书,则不如无书,吾于《武成》取二三策而已矣。"又说:"仁人无敌于天下,以至仁伐至不仁,而何其血之流杵也。"这种极端夸张的描写不过是有意耸人视听,对义军极尽诬蔑罢了。至于《明史》对李自成破城后进行屠戮的记述,也有许多夸张诬蔑的不实之辞。

至于在对李自成的评价上,比较有着正确看法的,始于晚清革命派的章太炎。晚清的维新派,虽然接受了西方的民主思想,为挽救国运,提倡变法维新,但他们的立场,完全是统治者的立场。所以对历代农民起义运动无不以"流寇"目之。即如对于太平天国,他们盛称曾左,认为是"中兴名臣",就可以看到他们把太平军视为死敌了。这种立场,直至胡适还是如此。而革命派之所以具有人民立场,即在于他们为推翻清王朝的统治,因而把太平军看作是自己的先驱。而他们的排满运动,正是要完成洪杨的未竟之业。由于对洪杨有这样的看法,因而对李自成的起义运动,也必然要加以肯定,这是符合历史发展逻辑的。章太炎在《驳康有为论革命书》中曾论及李自成在起义运动中,认识逐步提高,政策逐步改进道:

人心之智慧,自竞争而后发生。今日之民智,不必恃他事以开之,而但恃革命以开之。且勿举华、拿二圣,而举明末之李自成。李自成者,迫于饥寒,揭竿而起,固无革命观念,尚非今日广西会党之俦也。然自声势稍增,而革命之念起。革命之念起,而剿兵救民,赈民济困之事兴。岂李自成生而存是志哉?竞争既久,知此事之不可己也。虽然在李自成之世,则赈饥济困为不可已;在今之世,则合众共和为不可已。是故以赈饥济困团结人心者,事成之后,或为枭雄;以合众共和结人心者,事成之后,必为民主。民主之兴,实由时势迫之,而亦由竞争以生此智慧者也。

由于革命派的立场具有一定的人民立场,所以对李自成有着比较公允的看法。到了马克思主义者,用无产阶级立场观察历史,这样对中国历史上的农民起义运动所起的积极作用,认识就更为不同了。

毛泽东同志在《中国革命和中国共产党》中,论述到中国历史上几千年的封建社会,由于农民阶级不堪地主阶级残酷的剥削与压迫,因而迫使农民多次举行起义,以反抗地主阶级的统治时,他举出从秦朝的陈胜、吴广、项羽、刘邦起,直到清代的太平天国,而在明代就举出了李自成。而这些起义运动,都是农民的反抗运动,都是农民的革命战争。而这种多次的农民阶级斗争与革命战争,才是历史发展的真正动力。这是对中国历史的发展作了非常正确的解释与阐发。

姚雪垠同志这部《李自成》巨著,对于李自成的起义运动与明末整个中国的内外形势进行了马克思主义的分析与认识。但他不是用写历史的方法,乃是用艺术笔墨,形象地反映出明末李自成起义运动中的历史全貌,给我们展现了当时各派政治势力、各样历史人物、从宫廷到农村、从中原到辽东的各个方面的历史画卷,使广大的读者对我们民族三百年前社会上的阶级斗争与民族斗争以及当时社会生活、时代面貌,有着较为正确的深刻的理解,从历史发展的规律中,得到启发与教益。这样的成就,确实是巨大的,是开国以来有数的杰出的力作。

二、《李自成》与中国史传文学

我国的史传文学的著作,应该上溯到《国语》与《左传》。司马迁

《报任少卿书》中说:"左丘失明厥有《国语》。"可是后来《国语》之外,又有《左氏春秋》,一般简称为《左传》。对于《左传》与《国语》二书的关系以及左氏是否解《春秋》经的问题,过去经学上今古文两派是有争论的,我们现在不谈这些。就以《左传》来说,确切是一部最富于文学色彩的史学名著。因为作者在传述史事时,往往给以形象的描述,对春秋时各国的政治、外交、文化、教育以及民情、风俗都有所叙述,因而引起读者浓厚的兴趣。韩愈曾以"浮夸"来评《左传》,也就是说明它具有浓厚的粉饰、夸张的色彩。汉代的司马迁继承了左氏这种写作传统,所以他的《史记》不仅是一部具有创造性的史学著作,而且也是一部脍炙人口的文学杰作。他在散文史上的崇高地位,实堪与诗坛上的屈原相媲美。

　　《史记》在写作上,给后来的影响极大,首先是后来的史传文学。唐宋以来的古文作家不论是八家还是明清的归、方、刘、姚,他们在给前人树碑立传时,在方法上多半本诸《史记》。桐城派的祖师方姚等所制定的"义法",也可以说是对《史记》写作方法的总结。其次是唐宋传奇小说,韩愈、柳宗元是提倡古文,宗法史公的,他们都曾写过传奇一类的作品(韩有《毛颖传》,而柳有《河间妇传》)。由唐宋传奇直到清代蒲松龄的《聊斋志异》、晚清王韬的《淞隐漫录》,都是承《史记》的流风而又有着进一步的发展。

　　另外,中国的史传文学除上述外,还有一个流派是来源于民间的通俗文学。这就是鲁迅《中国小说史略》中所说的"讲史",它是宋元以来说话人所用的话本。这类作品现在可考的有日本内阁文库所藏的《全相评话五种》,即《武王伐纣书》、《乐毅图齐七国春秋后集》、《秦并六国》、《吕后斩韩信前汉书续集》、《三国志》等。鲁迅说:"观其简率之处,颇足疑为说话人所用之话本,由此推演,大加波澜,即可以愉悦听者。"(《中国小说史略》第十四篇《元明传来之讲史》)后来到了元末明初的罗贯中,可以说他是一位杰出的史传文学作家,他写了许多部历史小说,今存的有:《隋唐志传》、《残唐五代史演义》、《三遂平妖传》等。其本史实,间杂虚构,而流传最广的则为《三国演义》。

《三国演义》所据历史年代,起于汉灵帝中平元年(184),终于晋武帝太康元年(280),首尾共97年。书中事实,鲁迅说它:"皆排比陈寿《三国志》及裴松之注,间亦仍采平话,又加推演而作之;论断颇采陈裴及习凿齿、孙盛语,且更盛引史官及后人诗。然据旧史即难于抒写,杂虚辞复易滋溷淆,故明谢肇淛(《五杂俎》卷十五)即以为'太实则近腐',清章学诚《丙辰札记》又病其'七实三虚惑乱观者'也。"(《中国小说史略·元明传来之讲史上》)

罗贯中以后,写历史小说的也不乏其人,即如晚清的吴沃尧和现代的蔡东藩,尤其是蔡,写了许多部演义一类的作品。这些作品,虽然也有一定的市场,但仅是演述历史故事,从思想到艺术,水平都不高,所以很难与《三国演义》比肩。至于以历史上英雄人物为主,反映一个时代的历史面貌,不仅在艺术上堪与《三国演义》媲美,而在思想性上,远远过之的则为《李自成》。

下边试将这两部巨著略作比较,来看它们的同异。

先就作品的思想来看,《三国演义》充满了封建的糟粕,最突出的是宣扬儒家的正统思想,对曹、孙、刘三家则盛推刘备,而丑化曹操。原因即在刘是汉家的宗室,而曹操志在代汉,所以视之为"奸贼"。其次,由于提倡儒家的"王道"思想,而反对"霸道",所以把刘备作为到处行仁政而受人民爱戴的仁君的典范。至于曹操,则竭力写他奸谲凶残,因而遭到舆论的唾骂。三是鼓吹忠义,书中有意塑造了关羽这个英雄人物,写他如何忠于刘备。由于这部小说的影响,清代的统治者就到处为关羽立庙,其受到尊崇,简直不亚于孔子。至其最反动的,则是痛斥黄巾为流寇,而颂扬当时镇压黄巾的一些豪强。所以,就这部书来说,纯粹是站在地主阶级的立场,为巩固封建政权服务的作品。

至于《李自成》,则和《三国演义》的立场恰恰相反。作者用辩证唯物主义和历史唯物主义的历史观,来观察分析明末的义军领袖李自成,为了解除被压迫人民的痛苦,所以反抗当时的封建统治,坚决推翻当时已经腐朽透顶的明王朝的统治,因而到处受到人民的拥护。在战斗的日子里,虽然遭受到挫折,但坚韧不拔,继续努力,以图恢复,终于又转败为胜转弱为强,最后终于攻陷了明王朝的京都,使朱家天下陷于崩溃。

李自成的最后失败,是由于政策与战略上的失误所造成的。他的起义是正义的,是符合人民愿望的,是应该给予肯定的。由于本书作者站在人民立场来写义军官军的斗争,这样就和站在统治阶级立场的作者在看法上大不相同了。即如三次的围开封,就充分地反映出义军是如何的关心人民群众了。

至于在艺术上,两书各有长短。首先,《三国演义》应该说是集体创作,它是经过许多人之手而成的。就其写作过程来说,最初是《三国志平话》,继而是罗贯中的《三国志演义》,后来又经过毛信和毛宗岗父子的删削和修改。因此在思想上越来越正统化,越来越符合封建地主阶级的需要。而在艺术上经过一再的创作、修改与润色,这样越来越有所提高。由于在艺术上的成就,因而比之其他历史演义的著作,能够深受广大读者的喜爱。作品中对历史发展的顺序,给以恰当地安排,真可谓有条不紊,秩然有序。而对三国时几次战争如袁曹的官渡之战、孙、刘、曹的赤壁之战以及吴蜀的彝陵之战,都写得非常精彩,其胜败之迹,完全符合历史发展的规律。特别是赤壁之战,写曹操的志得意满,终于失败。写孙权最初在和战上的举棋不定,由于周瑜的坚决,与诸葛亮的游说,才坚定了他的抗曹决心。由于孙刘的联合,这样才取得了最后的胜利。

另外,作者善于通过历史史料以及人物言行来突出人物的个性特点。即在写赤壁之战中,从周瑜主张抗击曹兵以及采用反间计与苦肉计,使曹操上当,写出了周瑜是聪敏过人的。但又写他对诸葛亮的妒忌,几次要谋杀诸葛亮,说明他的气量狭小,终于早死。《三国演义》在刻画人物上是极其成功的,这在过去所有演义小说中,是无可与比的。不过有时为了突出人物的特点,未免过分夸张,这就是鲁迅所说的"欲显刘备之长厚,而似伪。状诸葛之多智,而近妖"(《中国小说史略》十四篇),这不能不说是一个严重缺点。

《李自成》在写战争上手法也是异常娴熟的,即如第三卷中写攻叶县、攻开封,以及消灭陕督付宗龙,追击袁时中,不论李自成和他部下的将领,在作战上都是有计划、有步骤地进行周密地部署与战斗准备,所以能够屡战屡捷。但是在二次攻开封这一次战役上,却未能成功,原因即在于朝廷宗室周王鉴于洛阳的失守与福王的被杀,所以不惜金银财宝来犒劳将士。同时,朝廷地方官与武将也能团结一致,为朝廷效死,因而竟然未攻陷。

在人物刻画上,如义军首领、官军将领以及地方上的封疆大臣和一般官吏,一般都能写出他们的个性特点。李自成既不同于张献忠,也不同于罗汝才。作者当然把李自成作为命世之主来加以刻画,他的英明干练、关心人民疾苦、要拯斯民于水火的精神,大似《三国演义》中的刘玄德。写到张献忠那种粗犷慓悍与罗汝才的胸有城府、含而不露就大不相同了。

《李自成》刻画人物另一突出特点是,对人物前后变化,在思想发展上的分析与描绘,写得非常细微与深入。即如写洪承畴在被俘后,最初决定要殉节,但随着情况的变化,由绝食而复食,最后竟然接受伪命,这是多么大的转变啊。另外像慧梅的出嫁,从不同意,从不喜欢袁时中,到后来与袁相亲相爱。随后袁率军叛逃,当闯王派兵消灭袁军的时候,慧梅处在极端矛盾之中,最后终于为了效忠闯王,走向大义灭亲,末了自己也走上自杀之路。

书中写这两人的思想的前后变化,都是随着客观环境的变化而变化,丝毫显不出一点突兀或不合生活逻辑之处,这正是坚持了"存在决定意识"这一唯物主义的观点,所以才能有这样的成功。在这方面,是过去的史传文学所不及的。所以《李自成》在传述人物上不但继承了中国古典文学的优良传统,而且也借鉴了西方的文学名著。

不过在结构与谋篇上,《三国演义》是比较谨严的。同时,篇幅较短,剪裁比较精炼,用七十多万字,传述一个世纪的史事(184～280)。而《李自成》则用几百万字写明末十几年间的事,在繁简上就大不相同了。不过,作品的优劣决不能以字数多寡来评定。《三国演义》自有其精练的优点,而《李自成》也有其繁富的长处。不过《李自成》在写闯王二次攻开封的战役中,对双方争夺地洞的描述,我觉得稍失于繁。对开封久被围困,城中饥民的残象,也有点令人不能卒读。我这样的感受,不识其他读者以为如何?

三、慧梅的悲剧

慧梅这个在闯王营中精通武艺,又会带兵,极有头脑的女将,是作者虚构出的一个典型人物。慧梅从小是高夫人把她养大的,她和高夫人的关系就是亲如母女。同时,作为闯王的养子张鼐,年龄同她差不多,也是闯王培养的部下一名小将。他们自幼在一起长大,彼此性情相投,因而就互相爱恋。高夫人知道他们之间的关系,早有意让他们结为一对美满的夫妇。想不到一个新的义军头头袁时中投靠在闯王的旗下,而袁时中年仅二十五六岁,有两个妾,还没有正式夫人。这时闯王的军师牛金星同谋士宋献策,建议把慧梅嫁给袁时中,好借以笼络羁縻,使他效忠闯王。而闯王当时就同意这样的措施,答应了袁时中这项婚事。

这一决定,在封建社会原是极通常的事,但却造成了慧梅一生不幸的悲剧。她同她的意中人张鼐的结合,成为泡影。最初她是向高夫人表示坚决不嫁,高夫人曾同情她,但由于闯王已经作出决定,就像通常所说的"木已成舟",已经不能挽回了。

封建时代的统治思想就是代表封建统治阶级利益的纲常名教,而妇女的地位是低下的。所谓"三从"是妇女必须遵循的道德规范。拿当时的话说就是"天经地义",是丝毫不能违反的,因此闯王答应的婚事,只有照办。所以尽管慧梅心中如何痛苦,但经过亲近人以纲常伦理来劝说,最后她不得不顺从了。慧梅到了小袁营后,最初她对袁时中是看不上的,是不满意的。但由于环境的变化,使她在思想上也跟着产生了变化。特别后来袁时中率部下叛变闯王逃跑之后,她所

带的几百名小闯营,随时都有被小袁营消灭的危险。因而使她在思想感情上,不能不有更大的变化。正如书中所说的:

> 慧梅出嫁以来,几个月之内,成熟了很多,出嫁以前。她只晓得自己练武,在健妇营中练兵,对军国大事,一概不去操心,更不习惯同别人斗心眼儿。出嫁以后,她开始懂得活在世上,需要事事同别人斗心眼儿。尤其是袁时中叛变之后,她更是日夜操心。为着自己,也为着陪嫁来的四百多男女将士能够活下去,她学会了用几付面孔对人,包括自己的丈夫。她还学会了把一些要紧话藏在心里,不说出口,即使对慧剑和吕二婶这样的亲信,也不肯道出自己的真正心事。(第五十八章一五六四页)

袁时中叛变后,慧梅处在一个极其困难的境地,她在思想上是深受封建的纲常名教的影响的。她痛恨袁时中的叛变闯王,但她又是袁时中的妻子,特别到后来她又怀了孕。按中国的老说法,所谓"嫁鸡随鸡飞,嫁狗随狗走"。她为了自己,为了她的小闯营的安全,不得不跟着袁时中走。

不过当小袁营没有同闯王正面冲突时,还可以迁就敷衍下去,但到了后来,双方正面的冲突到来了,这时就需要她明确地表态了。

从政治上和封建道德上,她不能背叛闯王。同时,她也深知以小袁营抗击闯王大军,简直是以卵投石,自取灭亡。所以她不惜三番五次苦口婆心地劝说袁时中,向闯王请罪,重新回到闯王旗下。但每次都遭到袁时中的拒绝。到了双方马上要交战,要摊牌的时候,她采用了两面的手法,一方面对袁时中表示站在他的立场上,为他的利害作周密的计划,并说:她生为袁家人,死为袁家鬼,来申明她是绝对忠于袁氏的。在这种情况下,袁时中相信了她,当她率队出去迎敌时,把守寨的大权交给了她。另一方面,她凭借了这个权力,保存了小袁营的几百名战士,并设计控制了寨内的形势,把小袁营中大部分留在寨内的头目,软禁了起来。使袁时中败阵归来,进不了寨。使闯军不战,而袭取了袁营的老窝。这一切,都表现了对闯王的赤胆忠心。

但另一方面她与袁时中毕竟是有着夫妻关系的。至于双方一旦交兵,袁营非溃灭不可,而袁时中也决不能幸存。这时她将如何对待?她考虑到她要成为年轻的寡妇,而她肚中的儿子,将来长大,会把她做为杀父的仇人。所以对吕二婶讲:

如今两方把我夹在中间,一方面是闯王和夫人,我不能背叛他们。另一方是我的丈夫,常言道"丈夫是一重天",哪有妻子背叛丈夫之理。不过数日,闯王必派兵来到,那时我不是死于乱军之中,便是我万般无奈,只好自尽。(第五十九章一五至八三)

所以慧梅的悲剧,她的不幸结局,正是这种不可解决的矛盾所造成的。

三百年前,在封建的纲常名教思想束缚下,任是怎样的英雄人物,也很难冲破这种网罗。从今天看来,慧梅大可以不死,她把她的小闯营用计保存了下来,同时在她策划下,不战而打到了袁时中的老窝,使小袁营全军覆没,她为闯王立了大功,是有脸来见闯王同高夫人的,不但她会得到他们的谅解,而且还会得到嘉奖。至肚里边的孩子,生出后,可以姓袁,也可以姓李。因为她是闯王的义女,她的儿子是满可以姓母性的。但这是今天的情况,三百年前和今天完全是另一个社会。一个寡妇再嫁,是要受到社会的鄙视和谴责的,是会丧失了人的地位的。一个孩子没有爸爸,特别像袁时中的孩子,是会受到歧视,是没任何前途的。另外,中国古代有"杀父之仇,不共戴天"的话。孩子长大,如果知道他父亲的死与他母亲有关,那将会怎样呢?所以在那样的现实情况下,也只有一死了之。所以慧梅的结局,是封建社会在封建道德的束缚下必然要出现的悲剧。

此外书中对慧梅在处理这一极难解决的矛盾时,从封建伦理道德出发,从人之常情出发,解决得还是比较合理的。从政治上,从道德上,她是闯王夫妇养育大的,而把她嫁给袁时中,基本上是为了政治目的,在这些地方,她是非常清楚的。不论从那方面来说,她不能不忠于闯王。而如何效忠闯王,她是很清楚的,过去袁时中背着她把队伍拉了出去,背叛了闯王,这个不能怪她,而在最后双方交锋的时候,她是苦心焦思,经过了激烈的矛盾斗争才作出最后的决定。至于对于袁时中,她拒绝了他逃进寨内,同时,不肯用箭来射杀他,而劝他逃走,这样处理,还是极合人情的。当她听到袁时中已被闯兵杀死,这时她坚决走上了自杀之路。虽然她最后采取这样消极的做法,但她有分析,有决断,从伦常道德以及政治倾向与军事策略,都不愧为当时的一个巾帼英雄!

以上的分析和看法,是否恰当,愿质之本书的作者与读者。

      1985 年 7 月 10 日下午挥汗如雨。
      (原载《河南大学学报》1985 年第 5 期)

五四新文化运动与晚明文化革新

五四新文化运动是我国近现代史上一次彻底地打倒封建主义的革命运动。毛泽东同志在他的《新民主主义论》中,总结这次运动的成就为:"反对旧道德提倡新道德、反对旧文学提倡新文学,为文化革命的两大旗帜,立下了伟大的功劳。"由于它的彻底反封反帝取得了伟大胜利,因而为我国近现代史开辟了一个新的历史时代:由旧民主主义革命,转向新民主主义革命。

笔者多年来从事中国近现代文学的研究,对五四文化革新曾探讨其所以发生的历史根源,发现它的出现与三百年前晚明时期的文化革新有极其近似之处。很清楚,它和晚明这一运动有着一脉相承的关系,但由于时代环境、历史条件的巨大变化,所以,在声势与影响上远远非晚明的这一运动所能比。本文拟根据历史文献对它们二者的渊源关系略作探索,如有谬误之处,请读者指正。

一

在明中叶,出现了王阳明学派,其主张心学,认为宇宙事物的评判必须通过个人的思考,不应该随声附和,人云亦云。阳明曾说:"夫学贵得之于心,求之于心而非也,虽其言之出于孔子,不敢以为是也。"从这段话可以看出:(一)尊重自我的思考,凡事都应有自己的判断,决不应盲目地随人脚后跟转。(二)打破偶像,就是大家所公认的圣人孔子,如果他的言论经过我的思考认为是错误的,也不应予以肯定。

这种思想,到后来就被他后学中的左派李贽,作了进一步的发展。李贽是晚明的一位杰出的敢于反传统儒教的大思想家。他接受过道、佛思想,曾经在寺院中当过和尚,平生著作有《焚书》、《续焚书》、《藏书》、《续藏书》等。他一生最憎恨的是挂着儒家招牌的程朱派伪道学家,说他们"口谈仁义,而行同狗彘"。当时的耿定向——他的朋友耿定理的弟兄就是这种伪道学的代表。他在《答耿司寇》中,揭露他的虚伪道:"以此而观,所讲者,未必公之所行。所行者又公之所不讲。其与言顾行,行顾言何异乎?"(《焚书》卷一)他由于对耿定向的揭露抨击,遭到耿的徒党的诬蔑陷害,最后被捕而自杀于狱中。

李贽的思想,具有现代意识的,是他的追求个人的自由与提倡社会上人与人之间的平等。对于当时轻视妇女、认为其不能学道,他在《答以女人学道为见短书》中说:"故谓人有男女则可,谓见有男女岂可乎?谓见有长短则可,谓男子之见尽长,女子之见尽短,又岂可乎?设使女人其身,而男子其见,乐闻正论,而知俗语之不足听,乐学出世而知浮世之不足恋,则恐当世男子视之,皆当羞愧流汗,不敢出声矣!"(《焚书》卷二)

在对孔子的看法上,李贽在与耿定向论辩中,虽然也时时提出孔子的言论与主张,但他为的是"以子之矛,攻子之盾"。耿自命为孔子之徒,但他的言行多半与孔子言行相悖,所以李贽才用孔子来打击耿氏。至于他对孔子,认为圣人与凡人都是一样的人,圣人不必高于一般的人。他说:"人但率性而为,勿以过高论圣人之所为可也。尧舜与途人一,圣人与凡人一。"(《李氏文录》卷一《明灯道古录》卷上)在《答耿中丞》中说:"自我言之,圣人所能者,夫妇不肖可以与能。忽下视世间之夫妇为也……夫妇所不能者,则虽圣人亦必不能,勿高视一切圣人为也。"(同上,卷下)另外,李贽在反对封建传统观念上,敢于将攻击矛头直指孔子。他说:"夫天生一人,自有一人之用,不待取给于孔子而后足也。若必待取足于孔子,则千古以前无孔子,终不得为人乎?故为愿学孔子之说者,乃孟子之所止于孟子,仆方痛憾其非夫,而公谓我愿之欤?"(《焚书·答耿中丞》)至于对世之儒者所推崇的经典,所谓《六经》、《语》、《孟》等也竭力加以贬抑,他说:"夫《六经》、《语》、《孟》,非其史官过为褒崇之词,则其臣子极为赞美之语。又不然,则其迂阔门徒,懵懂弟子,记忆师说,有头无尾,得后遗前,随其所见,笔之于书。后学不察,便谓出之圣人之口也。决定目之为经矣。孰知其大半非圣人之言乎?纵出自圣人,要亦有为而发,不过因病发药,随时处方,以救此一群懵懂弟子,迂阔门徒云耳。药医假药,方难定执,是岂可以遽以为万世之至论乎?"(《焚书》卷三《童心说》)这一段话,把几千年来儒者所推崇而不敢加以议论的《六经》、《语》、《孟》视为神圣不可侵犯的尊严彻底推翻了。这在当时说来,真是极其大胆而能开拓人之心胸、解放人之思想的精辟之论。

李贽在文学上提出了"童心"的论点。所谓"童心",他说"夫童心者,真心也……夫童心者,绝假纯真,最初一念之本心也。若失却童心,便失却真人……人而非真,便不复有初矣"(《童心说》)。用"童心"做标准,他否定了那些读古人之书而障蔽了童心的人,认为他们成了假人,说他们"岂非以假人言假言,而事假事,文假文乎?盖其人既假,则无所不假矣!"对前人创作,他批判了当时前后七子标榜的"文必秦汉,诗必盛唐"的谬论。他说:"天下之至文,未有不出于童心焉者也。苟童心常存,则道理不行,闻见不立,无时不文,无人不文,无一样创制体格文字而非文者。诗何必古选,文何必先秦?"下边他对一般正统派文人所鄙视的小说、戏曲则大加推赞,说:"降而为六朝,变而为近体,又变而为传奇,变而为院本,为杂剧,为《西厢曲》,为《水浒传》,为今之举子业,皆古今至文,不可得而时势先后论也。"(同上)由此可知,李贽对文学,提倡说真心话,反对说假话;主张创新,而反对因袭。这样就为以后以袁中郎为首的公安派文学革新运动,在理论上开了先河。

袁中郎,名宏道,湖北公安人。他大哥宗道、三弟中道在当时文坛都较知名,因而称为"公安三袁"。他们都曾向李贽问过学,特别是中郎,受李贽影响尤深。他死后,他三弟中道给他作的《行状》中论述他的学术思想同李贽的关系道:"先生既见龙湖,始知一向掇拾陈言,株守俗见,死于古人语下,一段精光不得披露。"可知向李贽问学之后,思想上来一个极大变化,他说:"至是,浩浩然如鸿毛之遇顺风,巨鱼之纵大壑,能为心师,不师于心,能转古人,不为古转。发为语言,一一从胸襟流出,盖天盖地,如象截急流,雷开蛰户,浸浸乎其未有涯也。"没有思想上的解放,就不能有文学上的革新。袁中郎在思想上既深受李贽的影响,那么他的文艺观同样受李贽"童心"之论的影响,而进一步有所发展。

明代文学,从弘、正到嘉、隆,曾经出现过两次复古运动。前者的代表作者为何(景明)李(梦阳),后者为王(世贞)李(攀龙)。他们都提出"文必秦汉,诗必盛唐"的创作口号。结果是因袭摹拟,陈陈相因。有些作家虽早提出了对这种文风的抨击,但远未能转变当时的风气,到中郎则大张旗鼓地予以抨击。同时,附和中郎的还有一些人,如江进之、雷何思、曾退如等,于是文坛风气丕变。后来,钱谦益纂辑《列朝诗集》,论到晚明文坛中郎转移风气的功绩道:"万历中年,王李之学盛行,黄茅白苇,弥望皆是。文长、义仍崭然有异,沉痼滋蔓,未克芟薙。中郎以通明之资,学禅于李龙湖,读书论诗,横说竖说,心眼明而胆力放,于是乃倡言击排,大放厥辞。以为唐自有诗,不必选体也。初、盛、中、晚皆有诗,不必初盛也……唐人之诗,无论工不工,第取读之,其色鲜妍,如旦晚脱笔砚者。今人之诗虽工,拾人饤饾,才离笔砚,已成陈言死句矣。唐人千岁而新,今人脱手而旧,岂非流自性灵,与出自剽拟者所从来异乎……中郎之论出,王李之云雾一扫,天下之文人才士始知疏瀹心灵,搜剔慧性,以荡涤模拟涂泽之病,其功伟矣。"(丁集中)中郎的文学思想,实本李贽的"童心说",而进一步有所发展。李贽主张"绝假纯真,最初一念之本心"。中郎则提出"抒写性灵",所谓"性灵",实际上是从李贽的"最初一念之本心"发展来的。

中郎认为文学是表现时代的,时代既变,那么文学也必然跟着有所变化。他说:"世道既变,文亦因之。今之不必模古者也,亦势也……何也?人世物态,有时而更,乡语方言,有时而易,事今日之事,则亦文今日之文而已矣。"(《与江进之》)同时反对当时复古派所提倡的"格调说"。他说:"弃目前之景,摭腐滥之辞,有才者屈于法而不敢自申其才。无之者,拾一二浮泛之语,帮凑成诗。智者牵于习,而愚者乐其易,一唱亿和,优人驵子,皆谈雅道,呀!诗至此,抑可羞哉!"(《雪涛阁诗集序》)中郎在《叙小修诗集》中力主创新,反对当时粉饰蹈袭的风气,他说:"大都独抒性灵,不拘格套,非从自己胸臆流出,不肯下笔……其间有佳处,亦有疵处。佳处自不必言,即疵处,亦多本色独造语,然予则极喜其疵处;而所谓佳者,尚不能不以粉饰蹈袭为恨,以为未能尽脱近代文人气习故也。"

中郎对宋元以来的词曲小说也同李贽一样,加以称许。他在《觞政》中把柳永、辛弃疾的词,董解元、王实甫、马东篱、高则诚的戏曲,《水浒传》、《金瓶梅》一类的小说列为逸典,以与《六经》为内典,《史记》、《汉书》为外典相配。可知他的文学见解是怎样的解放而接近现代的观点了。

先进的观点必然要代替腐朽的谬见,这是中外文学发展的规律。"中郎之论出,而王李云雾为之一扫",说明了文坛风气的巨大变化。

李贽的批判程朱派的假道学、评论孔子的是非为不足据,可说是当时思想界的一次革命。而袁中郎的大力抨击风靡一时的复古主义而代之以清新俊逸的文风,可说是文坛上一场革命。二者汇合起来,形成了晚明的文化革新。

这种具有叛逆精神的文化倾向,对反动的封建政权是极为不利的。所以到了清王朝建立以后,一方面大力提倡程朱派理学,同时任命信奉程朱理学的官僚为中央政府的大员,如汤斌之流,显示封建文化的倾向。另一方面,对晚明李贽与公安派作家的文集,则下令予以禁止,必欲扼杀这种进步的时代思潮而后快。但是,真理是扼杀不了的。李贽等的著作曾被禁止,而仍然为人们所传诵。清初顾炎武的

《日知录》卷十八《艺文类李贽》条中,根据礼科给事中张问达对李贽的疏劾以及对李贽制行品质的造谣诬蔑的谰言,对李贽大加抨击,最后论到李贽著作由政府下令禁止焚毁的情况道:"得旨李贽敢倡乱道,惑世诬民,便令厂卫五城,严拿治罪。其书籍已刻未刻,令所在官司,尽搜烧毁,不许存留,如有徒党曲庇私藏,该科道及各有司,访奏治罪。"《日知录》中又说:"已而贽逮至,惧罪不食死。"下边顾炎武评论道:"按自古以来,小人之无忌惮,而敢于叛圣人者,莫甚于李贽。然虽奉旨严,而其书之行于人间自若也!"说明统治者的禁止是挡不住时代洪流的。

这种文化革新思想,给清中叶的一些反程朱派道学的朴学家们以深远的影响,他们从哲学理论上将其发展了一步。作为皖派大师的戴震,在他的杰作《孟子字义疏证》一书中,痛抵理学的荒谬,控诉了它对一些被压迫者的迫害。他说:"理欲之分,人人能言之,故今之治人者,视古圣贤体民之情,遂民之欲,多出于鄙细隐曲,不措之意,不足为怪。及其责以理也,不惜举旷世之高节,著于义而罪之。尊者以理责卑,长者以理责幼,贵者以理责贱,虽失,谓之顺。卑者、贱者、幼者以理争之,虽得谓之逆。于是下之人不能以天下之同情,天下之同欲,达之于上。上以理责其下,而在下之罪,人人不胜指数。人死于法,犹有怜之者,死于理,其谁怜之?"这段话阐明了几个问题:(一)指出社会上存在着严格的封建等级制。居于统治地位的对被统治的,无论在措施上如何残酷压迫,都是对的。反之,被统治者要想据理力争,即令合理,也是错的。(二)形成这种不合理的现实的,追根求源,都是程朱派理学所造成的。(三)明确指出,程朱理学是给社会上的统治者压迫被统治的弱者制造的"压迫有理"的理论根据。这种站在社会的被压迫的底层,对为虎作伥的程朱派理学的指控,真是鞭辟近里,大快人心!这种进步的平等思想与博爱精神同晚明的文化革新是有着一脉相承的关系的。这种思想为后来维新派康梁及革命派章炳麟、刘师培等所继承,而体现在他们所倡导的政治运动上。

在文学上,从晚明开始,出现了一种主张解放个性、提倡平等自由与解放妇女的作家。即如与袁中朗同时的汤显祖,他也深受左派王学的影响而主张发展个性,写出了深闺少女杜丽娘对爱情的追求与对美满婚姻的渴望,这就是震动了当时妇女界读者的名作《牡丹亭》。

到清初,在文坛上就出现了批判以八股取士的科举制度,赞扬自食其力、不求闻达的知识分子。他们揭露了礼教吃人的惨剧,如吴敬梓的《儒林外史》。他们反对剥削人民的贪官污吏,提倡男女婚姻自主,歌颂为情而死、为情而生的青年男女,如蒲松龄的《聊斋志异》。而乾隆时期,又出现了曹雪芹的《红楼梦》,更是体现了晚明文化革新的解放精神。书中塑造了具有反对传统礼教、富于叛逆精神的主人公贾宝玉和林黛玉以及一些为追求婚姻幸福而不惜牺牲一切的贾府中的部分奴隶们。全书充满了追求平等自由与个性解放的呼声,是中国小说史上一部最辉煌最伟大的杰作。

二

从1840年以后,中国由原来的闭关锁国而变为门户开放。随着西方帝国主义政治、经济、军事势力的侵入,中国社会也由封建社会沦为半封建、半殖民地社会。中国人民原来仅受封建压迫,这时又增加了帝国主义这个敌人。被压迫人民奋起反抗与斗争,经历了太平天国革命运动及义和团反帝运动,通过维新变法与辛亥革命,靠政治改革与武装起义,在斗争、失败、再斗争、再失败的情况下,终于推翻了清王朝。但人民群众并未因此而取得彻底解放,于是到1919年又爆发了五四文化革命运动。

五四文化革命运动发生的历史根源,我们在前面已经追溯到晚明的文化革新运动,其次是西方文化的输入,即先进人士从西方介绍过来的科学与民主思想。

鸦片战争后,在中国思想界出现了一些关心国家民族前途与被压迫人民的痛苦,而倡言向西方学习与进行政治变革的经世派的思想家。这派以龚自珍、魏源等为代表。龚自珍是当时对中国形势变化最敏感而且有个人改革政治的独到之见的诗人、预言家、思想家。他由于个人出身和一生坎坷的遭遇,洞悉行将崩溃的封建制度的积弊和腐朽,洞悉在位的官僚士大夫的畏葸庸懦,只知保持个人禄位与长养子孙的自私与无能的堕落风气。他洞察人民在不堪忍受的剥削压迫下酝酿反抗与斗争运动的预兆。他发为危言深论,有时不欲明言,而姑猖狂诡谲以言之。他在散文《明良论》、《乙丙之际箸议》等以及用象征手法而意义非常隐晦的散文诗《尊隐》中,警告当时的统治者必须改革,否则,人民将起来推翻你的统治,并且预言如果这样的状况继续下去,大乱就会到来。后来果然不出他的所料,在他去世后的次年,太平天国的起义运动就爆发了。

魏源当时看到西方帝国主义的强大与中国的贫弱,于是他从事对西方各国情况的研究,写出了《海国图志》一书,提出"师夷长技以制夷"的向西方学习的主张。但是当时的一些进步的士大夫们,只看到西方物质文明,也就是声、光、化、电一类优于我国,还不了解西方的精神文明也远远超过了中国,所以他们又主张"主以中学,辅以西学"。魏源之后,不论是冯桂芬、郑观应都是如此,直到康梁师徒才提出变法维新、改革政治制度的主张,但立即遭到洋务派代表人物张之洞的攻击,他的《劝学篇》即是针对康梁的改革政治而发的。张氏文中的主张,即"中学为体,西学为用"论,而这种理论后来就成为清室遗老们所尊奉的信条。

康梁等变法维新派认为,要从事政治革新,必须在政治思想上来个解放,于是以公羊学中的三世之说作为他们变法的理论根据。同时,对西方民主主义思想和为革命而献身的英雄人物以及一些伟大哲人的学说进行了介绍和表扬。梁启超的《卢梭学案》以及《罗兰夫人传》等,对当时思想界曾产生了极大的解放作用。

在介绍西方的学术思想方面,当时贡献最大、影响最深的是严复。他是被清政府派赴英国学海军的,但回国后却被投闲置散,于是,致力于翻译西方的学术著作。他先后译了八种之多,而影响最大的,则为英人赫胥黎的《天演论》,用达尔文进化论的理论说明优胜劣败、自然淘汰之理,给中国人不啻是一个当头棒喝。同时,严复在发表的讨论中大力阐明科学与民主为救国的根本。他的论著可以说影响了一代知识分子。此外就是对中国传统思想足以阻挠政治改革的陈腐论点的批判与抨击。维新派除把孔子作为他们的教主外,对汉以后的儒家思想无不给以排击。梁超启、谭嗣同与夏曾佑等在1895年左右,曾经发动过一个"排荀运动"。谭嗣同在《仁学》中痛诋在荀学影响下两千年来的学术与政治,他说:"故常以为二千年之政,秦政也,皆大盗也。二千年之学,荀学也,皆乡愿也。惟大盗利用乡愿。唯乡愿工媚大盗。"真是骂得痛快淋漓。但是他们的最大问题是为了维护皇帝的权威,不但不敢触及孔子,并且还标榜孔子。维新派温和的改良主义,其失败是必然的。当1898年(戊戌)康梁的改良运动失败后,孙中山领导的革命运动就风起云涌,蓬勃发展起来。最后终于推翻了统治中国二百多年的清王朝,结束了两千多年来的封建专制制度。

在思想革新上,革命派的章炳麟、刘师培等为推翻清王朝,是不能不对维护封建统治的儒家思想进行抨击,以促进革命,在思想上扫清道路。章炳麟的《诸子学略说》根据先秦道、墨两家对孔子言行的揭露与丑化,进行了绍介与阐发。刘师培的《攘书》与《民约精义》都对孔子之道有所诋訾。这一些革命观点可以说上承晚明文化革新之流,而下开五四反孔运动的先河。

在文学上,维新派为了替变法运动作舆论准备,以梁启超、黄遵宪为首,曾经提倡"诗界革命"、"小说界革命"以及对散文的解放运动。他们鄙薄桐城,亦不祖述选体,而是大胆地打破前人的清规戒律,大量运用新名词,并杂以俚语、韵语与外国语法,一时称为"新文体"。

革命派中的周氏兄弟当时留学日本,也计划开展一次新的文艺运动,曾写出一些论文,并翻译东欧文学,准备在自己小的刊物《新生》上发表,但刊物由于资金问题流产了。这些论著与翻译,前者后来发表于《河南》,后者个人出资印行了两本《域外小说集》。由于当时革命派正集中力量从事武装暴动工作,大家忽视了文学的作用,所以这次文学革新运动未能实现。但他们的计划与努力却为五四文化革命作了充分的准备。他们兄弟,特别是鲁迅,成为五四时期文化革命的主将和旗手(毛泽东语)是决非偶然的。

三

如上所述,中国近代文化在西学未输入前,主要有进步的与保守的两种体系,二者经常存在着矛盾与斗争。即如正统派的文人学者对李贽的口诛笔伐即是一例。但到了西学输入以后,中西文化又来了一次大的撞击,特别是西方的民主与科学思想,受到当时封建顽固派的抵制与排斥。即令比较开明的人士,也仍然只赞同其物质文明,而对其精神文明中的精华,仍不免视为异端,张之洞的"中体西用论"是很好的说明。但晚清的一些进步的思想家,他们一面继承中国文化中固有的代表人民大众意识的进步思潮,同时也吸收了西方文化中科学与民主的精神,从而形成了五四精神。而这种五四精神的产生,也决非偶然的,乃是有其历史的与现实的客观原因,同时,也有当时一批先驱者,也就是五四时期文化革命的倡导者的主观因素。二者结合,于是才爆发了这一时代的伟大的思想革命运动。现试略作分析,阐明如下:

(一)从历史上看,五四文化革命运动,其目的不外反对旧道德,提倡新道德;反对旧文学,提倡新文学。就前者而言,乃是"打倒孔家店",反对统治中国几千年的以孔教为主的封建传统思想,而这种精神追溯渊源,实源于晚明李贽的排击程朱与批判孔子,提出不能以孔子之是非论是非。

(二)在文学上,晚明公安派的反复古主义,主张写出个人的真情实感,打破当时复古派给文学创作设置的种种清规戒律,因而提出"信腕直寄"与"独抒性灵"的口号,并且肯定、赞扬了宋元以来代表市民文学的小说、戏曲。因而在十七、十八世纪,中国文坛上出现了辉煌灿烂,即置之世界文学之林而毫无愧色的杰作,这都为五四文学革命的理论与创作奠定了基础。特别到了晚清,西方文学创作与理论的介绍,更予五四时期作家以极深的启发与借鉴。伟大的小说作家鲁迅曾说,他在五四时期的创作,乃系阅读十来部西方小说受到启发的结果。至于晚清维新派,以梁启超为首所提出的三大革命,从内容到形式,虽不够彻底,但却开了五四文学革命的先路。

（三）历史的发展是有其辩证的规律的。这就是由渐变到突变,由量变到质变。思想上,由晚明的李贽反程朱,到晚清中叶戴震的反程朱以及以后章炳麟、刘师培的批孔,最后到五四的"打倒孔家店",真可谓大河奔腾,不达于海而不止。到了五四前夕,从文化革命来说,真可谓万事俱备,只欠东风。所谓"东风",乃是由胡适开端,陈独秀树起革命大旗,而鲁迅、周作人、刘半农、钱玄同等响应与呐喊。于是文化革命运动如燎原烈火,如洪涛巨浪,终于推垮了中国几千年来君临一切的孔孟之道与宣传圣道的封建文学,为中国历史开辟一个崭新的历史时代。

作为五四文化革命运动的发难与倡导者的陈独秀,其创办《新青年》,驳斥康有为的尊孔谬论以及发动批孔运动,并非一时偶然之举,也是有他的思想发展过程的。陈独秀早期也曾深受康梁师徒提倡维新变法思想的影响。戊戌变法失败后,又接受孙中山、章太炎革命派的推翻清廷专制制度的影响。民国建立不久,出现帝制与复辟丑剧,这就不能不使他对国家民族的发展前途产生深深的忧虑与思考。他从过去参加的历次政治改革的实践中,探索其中的成功与失败的经验教训,从而得出想建立并巩固一个民主主义的政治制度,必须使广大民众有民主主义思想。但中国几千年来儒家"三纲五常"一类的封建道德,已深入人心,禁锢了人们的思想。因而新的政治制度即令建立,也不可能巩固下去。要想转变这种现状,必须对人民来一次打倒封建礼教的思想启蒙运动才行。陈独秀创办《新青年》,在这个刊物上首先发表了批孔的论文,当时响应的有鲁迅、钱玄同等。而鲁迅的

《狂人日记》直斥儒家一向提倡的仁义道德为"吃人",从而打倒"吃人的孔教"成为当时"打倒孔家店"的最有力的口号。在文学上,胡适的《文学改良刍议》开其端,陈独秀的《文学革命论》举起了革命的大旗,从这篇具有纲领指导意义的论文中,就可充分看出在理论上它与晚明公安派文学革新的先后继承关系。首先是打倒对象,公安派反对明代前后七子的复古主义,而陈独秀的革命论中所提出的要打倒的十八妖魔,除提倡古文的归(有光)、方(苞)、刘(大櫆)、姚(鼐)外,就是明代的前后七子。其次是他提出应该作为新文学创作的学习典范,除西方文学外,就是公安派所推许的宋元以来的小说、戏曲。陈文中讲:"元明剧本,明清小说,乃近代文学之粲然可观者,惜为妖魔所厄,未及出胎竟而流产,以至今日中国文学委琐陈腐,远不能与欧洲比肩。"至于在文学观上,公安派主张作品要"抒写性灵",要写出作者真思想,真感情,而反对复古主义者的因袭模拟,造成千人一面的假古董、赝法帖。而陈文对明代前后七子以及后来的桐城古文也斥之为"阿谀虚伪"、"铺张扬厉",形成了应用文学的丑陋。至二者的差异,陈文不但继承了中国文学中的优良传统,同时又吸取了西方的先进思想(科学民主)与进步的文学观,这是五四文学与晚明所不同的。

总之,时代要前进,文化要发展,代表人民利益的进步的时代思潮在前进的道路上,由于反动统治者的阻挠与扼杀,自然不会一帆风顺,但随着生产力的发展与社会阶级力量与关系之间的变化,终于新的要代替旧的,新生的力量要战胜腐朽的势力。晚明的文化革新是一种代表新兴阶级的新文化。时隔三百年,到了五四前夕,由于与西方先进文化的融合,加上历史发展中的阶级因素与时代因素,终于爆发了伟大的文化革命,为中国人民革命开拓出一个新的时代。

1988 年 6 月 30 日
(原载 1989 年第 2 期《河南大学学报》)

胡适与"整理国故"及其存在的问题

一

胡适是我国"五四"文学革命运动的发难者与推动者。他于1917年在《新青年》上发表了《文学改良刍议》后,陈独秀赞同他的主张,进一步提出了《文学革命论》。以后,又有钱玄同、刘半农等人的响应,于是爆发了划时代的文学革命运动。

到了1921年,在文坛上出现了提倡"整理国故"的口号。当时周作人曾发表《古文学》一文,认为研治本国的古文学,可以涵养作家的创作能力。郑振铎发表《新文学之建设与国故之新研究》,认为文学革命运动一方面要建设新文学观,创造新的文学作品,但另一方面并不是把旧文学全部给以否定,而是要重新估价与发现中国文学的价值,把金石从瓦砾堆里找出来,把传统的灰尘从光润的镜子上拂拭下去。

胡适这时在北京大学创刊的《国学季刊》上发表了《发刊宣言》,在这篇文章中,比较详细地说明了对"整理国学"应持的观念、态度与方法。首先,他提出了"整理国故"要有历史的观念。他说:

> 现在要扩充国学的领域,包括上下三四千年的过去的文化,打破过去一切门户之见,合乎历史的眼光,来进行整理。清人段玉裁曾说:"校经之法,必以贾还贾,以孔还孔,以陆还陆,以郑还

郑。如得其底本,而后别其理义之是非……不先正注疏释文之底本,则多诬古人;不断其说之是非,则多误今人。"(《经韵楼集·与同志书论校书之难》)这是专为经学说法。在文学方面,也有同样的需要。庙堂的文学,固可以研究,但草野的文学,也应该研究。在历史的眼光里,今日小女儿唱的歌谣和诗《三百篇》有同等的位置。吴敬梓、曹霑和关汉卿、马东篱和杜甫、韩愈有同样的位置。

故在文学方面,也应该将《三百篇》,还给西周东周之间的无名诗人;把古乐府,还给汉魏六朝之间的无名诗人;把唐诗,还给唐;把词,还给五代、两宋;把小说,还给明清。每一个时代,还给每一个时代特长的文学,然后评判他们文学上的价值。不认明某一时代的特殊文学,则多诬古人,而多误今人。

在整理的方法上,《发刊宣言》中提出三点:

(一)扩大研究的范围。

我们大家认清国学是国故学,而国学包括过去一切的文化历史,历史是多方面的。单记朝代兴亡,固不是历史。单有一宗一派,也不能算历史。过去的种种,上自思想、学术之大,下至一个字、一首山歌之细,都是历史,都属于国学研究的范围。

(二)注意系统的整理。可分三部分:

1. 索引式的整理。如《史姓韵编》、《经籍篡诂》。

2. 结账式的整理。经部,如《十三经注疏》。子部,如《墨子间诂》、《荀子集解》、《庄子集释》等。

3. 专史式的整理。如中国文化史、民族史、语言、文字史、文艺史、风俗史等。

(三)博采参考比较的资料。

当时对"整理国故"提出研究的态度与方法的还有顾颉刚,他曾发表《我们对于国学应持的态度》,郑振铎发表《新文学之建设与国故之新研究》。所以一时"整理国故"成为文坛上讨论的重要议题。赞成的固然不少,而反对的也大有人在,例如吴稚晖,他在《箴详八股化的理解》中说：

> 现在鼓吹成一个干燥无味的物质文明，人家用机关枪打来，我也用机关枪对打。把中国站着了，再整理什么国故毫不嫌迟。

而成仿吾反对得尤其激烈，他在《国学运动的我见》中说：

> 国学，我们当然不能说没研究价值，然而现在便高谈研究，……未免为时过早……近代的精神，是就事物去考究，不闻就死文字去考究。我愿从事这种运动的人，能够反省。我尤愿他们不再勾引青年学子，去狂舐这数千年的枯骨，好让他们暂且把根基打好。

胡适当时并不赞成青年们也跟着他们去"整理"所谓"国学"，他在《治学的方法与材料》中说：

> 现在一般青年人跟着我们向故纸堆里乱钻，这是可悲可叹的现状。我们希望他们及早回头，多学一点自然科学的知识与技术，那条路是活路，这条故纸堆的路是死路。三百年的第一流的聪明才智，消磨在故纸堆里，还没有什么好成绩，我们应该换条路走。等你们在科学实验室里有了好成绩，然后拿出你们的余力，回来整理我们的国故，那时候，一拳打倒顾亭林，两脚踢翻钱竹汀，有何难哉！

当时还有人认为整理国故对白话文的创作产生了极坏的影响，这就是浩徐在《现代评论》一〇六期中发表的《主客答问》中说：

> 倒是成长期中的白话文，倒是受了国故的影响，弄出来了现在这种文言为体、白话为用的非驴非马的白话文。无怪乎章行严说"白话文看不下去"。

但胡适对这种非难不但不驳斥，恰恰默认这是对的，并声明他之整理国学乃是为了捉妖与打鬼。他说：

> 我披肝沥胆的奉告人们，我十分相信烂纸堆里有无数无数的老鬼能吃人，能迷人，胜过柏斯德（parstour）发现的种种病菌。我自己自信虽不能杀菌，却能够提妖打鬼……用精密的方法，考出古文化的真相，用明白晓畅的文字报告出来，叫有眼的都可以

看见,有脑筋的都可以明白,这是化黑暗为光明,化腐朽为神奇,化玄妙为平常,化神圣为凡庸。这才是重新估定一切价值。他的功用,可以解放人心,可以保卫人们不受鬼怪的迷惑。(《整理国故与打鬼》)

至于他对白话文的发展是不是有着坏的影响呢?胡适认为:

> 今日半文半白的白话文,有三种来源:第一,是做惯古文的人,改做白话,往往不能脱胎换骨,弄成了半古半新的文体,梁任公先生的白话属这一类。我的白话文,有时也不能免。这种现状,缠小了的脚,骨头断了,不容易改成大足,只好塞棉花,总算提倡大脚的一番苦心,这是大家应该原谅的。第二,有意夹点古文调子,添点风趣,加点滑稽意味,吴稚晖先生的文章(有时因为前一种原因)有时是有意开玩笑的。鲁迅先生的文章,有时是有意学日本人做汉文的文体,大概是打趣《顺天时报》派的。如他的《小说史》的自序。钱玄同先生是这两方都有一点的。他极赏识吴稚晖的文章,又极赏识鲁迅弟兄,所以他的文章,也往往走上这条路。第三,是时髦的不长进的少年,他们本没有自觉的主张,又没有文学的感觉,随笔乱写,既可省做文章功力,又可以借吴先生的幌子,这种懒鬼,本来不会走上文学的路去,由他们自生自灭吧。这三种来源,都和整理国故无关。(同上)

对于这个问题,当时侍桁的分析与阐发,还是比较能够抓着问题产生的实质的。他在《文学革命者胡适再批判》中说:

> 在提倡文学革命运动不久以后,便起来了国故整理的运动。大部分的启蒙思想者都把全部精力转到这方面来……而那运动的本身,便成了时代的逆流。
>
> 不过这逆流是有它的历史的意义或社会的根据的。广义的文学革命时期,否定的精神支配了一切。对先前留下的遗产,只有拼命的破坏,使中华民族在学术上,在思想上,完全失掉了发展的根据。于是使人们在五四时代和五四以前时代之间,看见了一个绝大的断层,把这两个时代完全隔开……新时代的创造

者,只能有两种弥补的方法:第一,只有忍心地舍弃了祖国,藉助于外国的势力,努力于外国的新思潮,新生活,新精神,而造成一个全新的国度。但是他们介绍的能力薄弱,可是他们若用新获得的科学方法,来批评过去的一切,倒是有着非常的把握。那么第二条呢,便只有把新的建设工作放下,如果不是全部的,至少也分一部分力量,转回头设法弥补那显然把两个时代隔开的漏洞,使双方不成为敌对的形式,使造成一个统一发展的局面……这不但使那守旧者,减削了他们敌对的气焰,而使那为新时代斗争者,不再一时中有感到失掉的伤痛。

以上是从一般的历史的见地来看国故整理这一运动的意义。若从文学发展上来看的话,它更是重要的,不可避免的了。文学革命所走的方向,使国故运动成为必然的了。

文学革命的起点是语言的改革。白话文学的树立是要紧的工作,是要举出实例以证明白话确是文学的语言。理论的辩证不能完全打破守旧者的心理,非要从过去的文学中寻找坚强的根据不可。在中国过去不是没有白话文学,从《三百篇》到汉魏的乐府,直到元杂剧,宋元以来的平话小说,不都是用当时的人民口头语言写出来的吗?胡适在提倡整理国故运动中,他所从事的工作,首先是给宋元以来的章回小说作考证,其次是写出了《国语文学史》同《白话文学史》,再其次是对唐末两宋的词编选出选本《词选》。

下边就从这几个方面来看他对整理中国古文学方面所取得的成绩。

胡适在中国章回小说方面写了许多篇文章,计有有关《水浒传》、《三国演义》、《西游记》、《镜花缘》、《醒世姻缘》、《红楼梦》、《三侠五义》、《儿女英雄传》、《官场现形记》、《海上花列传》等的考证。

这些考证文章,在内容上根据小说的特点,写法也有所不同。有考证作品产生的时间与过程,如《水浒传考证》,从对水浒故事最早的传说记载《大宋宣和遗事》,经后来出现元代杂剧中许多水浒故事演成的旧戏,直到后来写成的《水浒传》,进行了考证。同时,对金圣叹对《水浒》的删除与评语,进行了批评。此外如《儿女英雄传考证》,除对作者身世的考证外,并对作品内容、思想进行批评。而在这些考证文章中,最足作为代表的是《红楼梦考证》。

这篇文章的特点是,从书的内容批判了过去一些"索引"派学者的臆说,而从对作者曹雪芹的家世、生平、生活遭遇入手,进行考证。终于得出了作品内容乃是作者用作品抒写个人平生经历始于繁华,终于零落的可悲结局。而这样的论证,终于成为学术界的定论。鲁迅在《中国小说史略》第二十四篇《清之人情小说》中论及《红楼梦》,关于后人对之种种的臆说,道:

迨胡适作考证,乃较然彰明,知曹雪芹实生于荣华,终于零落,半生经历,绝似石头,著书西郊,未就而殁。晚出全书,乃高鹗续成者矣。(原10卷本卷9,第198页)

胡适在研治中国文学史上是善于用参考比较,融会贯通以及"大胆假设,小心求证"的方法的。他在他的《白话文学史》中运用这些方法对中国文学的发展得出了许多前人所不曾得出的创见。而这种创见,正是他对中国文学从文体演变,作家的创作、观察分析综合总结出一些近于规律的结论。如他在《白话文学史》的《自序》中说:

此外,这部书里有许多见解是我个人的见地。虽然是辛苦得来的居多,却也难保没有错误。例如我说一切新文学的来源都在民间(页一九)。又如说建安文学的主要事业,在于制作乐府歌辞(页五八以下),又如说故事诗起来的时代(页七五以下)。又如说佛教文学发生影响之晚(页二〇一以下),与"唱乐""梵呗"的方法的重要(页二〇四~二一五)。又如说白话诗的四种来源(页二一七~二二九)。又如王梵志与寒山的考证(页二二九~二五一)。李杜的优劣论(页二九〇~二九三)。天宝大乱后文学的特别色彩说(页三〇九~三一二)。卢仝、张籍的特别注重(页三七九~四一〇)……这些见解,我很盼望读者特别注意,并且很诚恳地盼望他们批评指教。(第15页)

这些独到之见,在胡适来说,都是根据当时的历史的背景与文学本身发展的具体情况得出的。即使有些不一定被人视为定论,但作为"一家之言",也是值得参考的。至于他提出"一切新文学的来源都在民间",这确实是他总结了中国文学体裁发展变化而得出的一项颠扑不破的规律。他在该书第三章《汉朝民歌》一开头就说:

> 一切新文学的来源都在民间。民间的小儿女、村夫农妇、痴男怨女、歌童舞妓、弹唱的、说书的都是文学上的新形式,新风格的创造者。这是文学史的通例。古今中外都逃不出这条通例。

接着,下边就历举从先秦的《三百篇》直到明清的小说道:

> 《国风》来自民间,《楚辞》里的《九歌》来自民间,汉魏六朝的乐府歌辞也来自民间,以后的词是起于歌妓舞女的,元曲也是起于歌妓舞女的。弹词起于街上的唱鼓词的,小说起于街上说书讲史的。——中国三千年的文学史上,哪一样新文学不是从民间来的?(第19页)

胡适是反对马克思主义的,但他对中国历代产生的新文体来源于人民群众的看法,确实与马克思主义认为历史是人民创造的这一基本原理是相吻合的。

胡适根据他对中国文学中每一种文体发展由产生到全盛,最后趋于衰败,也有他的独特看法。他在《词选序》中认为,唐末两宋的词,可分为三个时期:第一、歌者之词,第二、诗人之词,第三、词匠之词。他说:

> 第一时期,自晚唐到元初(850~1250),为词的自然演变时期。
>
> 第二时期,自元到明清之际(1250~1650),为曲子时期。
>
> 第三时期,自清初到今日(1620~1900),为模仿填词的时期。

第一个时期是词的"本身"的历史,第二个时期是词的替身的历史,第三个时期是词的"鬼"的历史。

接着,他总论词的兴衰道:

> 词起源于民间,流传于倡女歌伶之口,后来才渐渐被文人学

士采用。体裁渐渐加多,内容渐渐变丰富。但这样一来,词的文学就渐渐和平民离远了。到宋末的词,连文人都看不懂了,词的生气全没有了。词到了宋末早已死了。但民间的倡女歌伶,仍旧继续变化他们的歌曲。他们新翻的花样,就是曲子。他们先有小令,次有"变调",次有"套数"。套数一变,就成了"杂剧","杂剧"又变为明代的剧曲。这时候,文人学士又来了:他们也做"曲子",也做"剧本",体裁又变复杂了,内容又变丰富了,然而他们带来了的古典,搬来的书袋,传染来的酸腐气味,又使这一类新文学渐渐和平民离远,渐渐失去生气,渐渐死下去了。

这个总结,就概括了中国各种新的文体历经全盛到衰微的过程,而这个公式是根据中国各种文体史发展的现实概括出来的,所以是颠扑不破的。

另外,胡适还用参考比较的方法,把汉魏时期流传于民间的短篇乐府和长篇的叙事诗《古诗为焦仲卿妻作》,从体裁与词句上相比较,而解决了长期以来古人所不曾解决的疑难问题。该叙事诗一开头两句:

孔雀东南飞,五里一徘徊。

下边接着是叙事诗的正文,即"十三能织素,十四学裁衣"。开端的两句同后边的故事有什么关系?为什么诗的开头忽然出现这两句,过去都是凭臆想而随便地马虎过去。我从中学读书时,语文老师就讲这篇诗,对开端的两句的意思,都没讲清楚。

胡适在《白话文学史》的第六章《故事诗的起来》中,由探讨这篇较长的故事诗产生的年代,进而把它与魏时的曹丕拟民歌《临高台》相比较,从而阐明了它们之间的关系,而解决了多年来不解之谜。文中批评了魏晋宋齐文学批评家,从曹丕、刘勰到钟嵘等,因受时代文风的影响,对朴质自然的长篇叙事诗的价值不理解是不足怪的。所以不见录于萧统的《文选》,也不见称于刘勰的《文心雕龙》,直到徐陵的《玉台新咏》,才把它选了进去。书中论到这篇诗产生的时间,他说:

> 这一章印成之后,我又检得曹丕的"鹄欲南游,雌不能随,……五里一顾,十里徘徊"一章,果然是删改民间歌辞的。本辞也载在《玉台新咏》里。其辞云:"飞来双白鹄,乃从西北来,十十将五五,罗列行不齐。忽然卒疲病,不能飞相随,五里一反顾,六里一徘徊。吾欲衔汝去,口噤不能开。吾欲负汝去,羽毛日摧颓。乐哉新相知,忧来生别离,峙巇顾群侣,泪落纵横垂。今日乐相乐,延年万岁期。"此诗又收在《乐府诗集》里(略)。这是汉朝乐府的瑟调歌,曹丕采取此歌的大意,改为长短句,作为新乐府《临高台》的一部分,而本辞仍旧流传在民间,"双白鹄"已讹成"孔雀"了,但"东南飞"仍旧保存"西北来"的原意……民间歌辞靠口唱相传,字句的讹错,是免不了的。但"母题"依旧保留不变……这个"母题"恰合于仲卿夫妇的故事,故编《孔雀东南飞》的民间诗人,遂用这一只歌作引子。最初的引子必不止这十个字……这段开篇,因为是当日人人知道的曲子,遂被缩短,只剩开头两句了……一千多年以来,这十个字遂成不可解的疑案。然而这十个字的保存,究竟给我们留下了一点时代的暗示,使我们知道焦仲卿妻故事诗的创作大概在《双白鹄》的古歌还流传在民间,但已讹成"孔雀东南飞"的时候,其时代自然在建安之后,但去焦仲卿故事发生之时必不很远。(第106页)

用这种参考比较的方法,不仅解决了《孔雀东南飞》开端十个字的意义的疑难问题,并且也考证出这篇故事诗产生的大概时代。

这不但从民间乐府的比较上,考证出《孔雀东南飞》这篇长篇故事诗产生的大致时代,同时还为它开始的为千古疑案的十个字,得出了明确的解释,这是值得我们学习的。

胡适另外对中国文学发展的看法,是他非常重视时代的变化对文艺思潮及文人创作在内容与风格上的巨大的影响、作用。这自然是受了中国传统的文学观的影响,如《诗大序》中所说的"治世之音"、"乱世之音"、"亡国之音"等等的看法。

胡适在论到唐代诗歌的发展时批判了过去学者单纯从诗歌形式

上分为"初、盛、中、晚"的笼统说法。他从政治、经济上把唐代文学分为两大时期:天宝大乱前和天宝大乱后,他说:

> 这次大乱(指安禄山的反叛)来得突兀,惊醒了一些人的太平迷梦。有些人仍旧过他们的狂醉高歌的生活;有些人还抢着阿谀献媚,做他们的《灵武受命颂》、《凤翔出师颂》。但有些人却觉悟了,变严肃了,变认真了,变深沉了。这里面固然有个人性情上的不同,不能一概说是时势的影响,但我们看天宝以后文学的新趋势,不能不承认时势的变迁,同文学潮流有很密切的关系。

他举杜甫的《忆昔》一诗说明"开元"盛世与"天宝"大乱后的巨大变化而使得"时代换了,文学也变了。八世纪下半的文学,与八世纪上半,截然不同了"(《白话文学史》第十四章)。

其最大的不同,前半的作品,一般是从事应试与应制的作品,再不然,用新体乐府供教坊乐妓们去歌唱,或者写一些想像中边境从军者的苦况以及虚幻的游仙的奇异境界。而一变为回到现实的人生社会,写个人不幸的遭遇、广大人民的痛苦、现实中多种的痛苦生活以及现实中多种的不合理的黑暗现象。

这种新的创作思想与创作倾向,从大诗人杜甫开其端,与他同时的元结、顾况及稍后的元稹、白居易、张籍、韩愈、柳宗元、刘禹锡等形成一股现实主义文学的洪涛,成为当时文坛上的主流。胡适这个看法,是符合当时文学发展的实际的。此外,他又特别赏识杜甫在创作上去反映当时时代的乱离生活,他举李白与杜甫两人作比较,不免有点抑李而扬杜,他说:

> 然而李白究竟是一个山林隐士,他是个出世之士……所以我们读他的诗,总觉得他好像在天空中遨游自得,与我们不发生交涉……乐府歌辞,本来从民间,本来是歌唱民间生活的,到了李白手里,竟飞上天去了。虽然"咳唾落九天,随风生珠玉",然而我们凡夫俗子,终不免自惭形秽,终觉得他歌唱的,不是我们的歌唱。他在云雾里嘲笑那瘦诗人杜甫;然而我们终觉得杜甫

能了解我们，我们也能了解杜甫，杜甫是我们的诗人，而李白则终于是"天上谪仙人"而已。(《白话文学史》《第十二章《八世纪的乐府新词》)

这个评语，确实代表了不少读者的一致看法。下边准备谈一下胡适在整理国故方面所存在的问题。

首先，是立场问题。胡适出身于晚清封建官僚家庭，他父亲胡傅曾做过台湾的知州，他长大后，又到美国留学，所以他的立场纯然是地主资产阶级的立场，同广大劳动人民是格格不入的。他这种立场，非常鲜明地表现在他写的《五十年来的中国之文学》一文中。他评论洪(秀全)杨(秀清)所领导的农民起义运动时道：

太平天国之乱是明末流寇之乱以后最惨的大劫，应该产生一点悲哀的或慷慨的好文学。当时贵州有一个大诗人郑珍，在贵州受了局部的影响，已替他晚年的诗(《巢经巢诗后集》)增加无数悲哀的诗料。

同时胡适则深怪湖南当时的一位大诗人王闿运，说他"生在那样的一个时代，但竟寻不出一些可以纪念这个惨痛时代的诗"。可知他对王集中没有发现暴露太平军残暴的诗篇而深感不满。但实际的情况如何呢？太平军系农民反清的起义军，是要推翻清王朝的黑暗统治的，所到之处打击的是官僚地主阶级，对人民则予以卫护，所以深受人民的拥护。从当时郑珍的诗中，就分明可以看出人民群众对起义军与官军两者态度的不同。郑诗中写当时实际的情况道：

八月探丸起，大呼据桐梓。扬旗楼山关，饮马板桥水。幺蠹何足道，一鼓尽禽耳。武臣更爱钱，文臣亦怕死。魔兵皆市人，草木直儿戏。见贼向石口，投戈已本纪。遂令长驱来，其势固弱葸。五日始传郡，实行七十里。稍拒亦解散，闭城待其至。此时方编甲，倚堞时一视。城外笑抚掌，城中颤摇腿！

我们再看诗人又是如何写人民群众对太平军的拥护情况：

徐徐雷台上，突兀布重垒，游情日景从。纷如肉附蚁，遣徒劝四邻，谓我不汝伤，助我一石米，免汝三年粮。愚民顾身首，何惜竭尽藏。担负日縻至,露积高于冈。

诗中还揭露了当时政府对人民所采取的残酷与剥削的措施:

  官军在西岸,坐甲还相望。相望厌相碍,上策焚民房,阛阓四五里,荡为灰烬场。非无总戎者,遥遥营忠庄。调兵一万人,日费十千镪,犹各募私练,已饱复已防。练官约进兵,练进兵已亡。乡团请助兵,十请十不遑。制府至即死,固无责短长。抚军驻扎佐,拒贼四日强。藩使临延水,一宿返贵阳。官大尽胆小,恃谁安此方!(《巢经巢诗后集》卷一)

胡适希望当时诗人的诗多暴露一些太平军对人民的残暴行为,但恰恰相反,诗人在集子中的确给我们留下了大量的像白居易新乐府那样,反映人民受政府官吏们的剥削与压迫的痛苦情况,如《汲汲吟》、《僧尼哀》、《抽厘哀》、《南乡哀》、《经死哀》等。郑珍对人民所遭遇的痛苦悲惨生活,是非常同情的。在这种残酷的阶级斗争的现实中,他对太平军的革命运动如何能站在政府的一边,来昧着良心歪曲现实呢?

近代的史学家,除了维新派,因为他们为了卫护清王朝的统治,对太平军时有攻击。而革命派如章炳麟,他们把所倡导的排满革命运动看作是太平天国革命运动的继续,而称洪秀全为"洪王"。胡适由于站在封建官僚地主的立场上,所以非常敌视太平军!

其次,在文艺思想上,胡适只理解"自然主义"而不理解现实主义。同时对文学作品中人物的塑造,对作家作品中的人物以及民间传说中人物的塑造凡具有典型性的,都认为是群众的附会增添与夸张而形成。这样否定了典型人物,也就否定了典型的现实意义与社会意义。胡适在对《三侠五义》中的狸猫换太子的故事演变作了一番考证之后,评论道:

  这个故事,不过是传说生长史的一个有趣的实例。此事虽小,可以喻大。包公身上堆着许多有主名或无主名的奇案,正如黄帝、周公身上堆着许多大发明大制作一样,……尧舜、桀纣的传说,也是如此的。古人说得好:爱人若将加诸膝,恶人若将坠诸渊。人情大抵如此。

胡适自称是有"历史癖"同"考据癖"的,对于历史的研究,特别对于传说中古史的研究不妨用这种追根溯源的考据方法。但对文学作品中的典型作品也是一概目之为仅仅出于人民群众或作者个人的一时爱憎那就贬低或抹煞了典型人物的社会意义与教育意义了。如《三国演义》中,写孔明之智、关张之勇、曹操之奸,当然书中所写的这些人物的言行性格及表现与历史上的真实人物不尽相同,但小说中的人物是典型,是群众或作者塑造出的,因而就具有深刻的社会意识与教育意义。

另外,胡适是提倡"自然主义"而不赞同理想主义的。他在评述他所译的法人莫泊桑的《二渔夫·后记》中道:

此篇骤观之,似与理想派爱国主义小说无异,然细察之,其特异之点自见:

第一,莫泊桑写巴黎围城中事,不写一二轰轰烈烈的爱国志士而是写两个对国事不关心的懒汉,此二人当国家危在旦夕时,独恋恋钓鱼之乐,此乃寻常百姓之自然状态,而非理想的小说家所肯默认者也。

第二,此二渔人当辙勒宁炮声震天之时,方以钓鱼自娱,且纵谈国政,讥弹其政府,此可见莫泊桑固无意写一狭义爱国者也。狭义的爱国者,乃时势与学说矫揉造作而成,非自然的现象也。

第三,此二渔人,当其临死时"心里一软,眼泪盛满眶子,摆摆手浑身索索地抖个不着",此又无辜小百姓的自然心理。若写其临死不变色、"引颈受刑"、"笑傲自若"、"骂贼不绝口"则不自然矣!(《新青年》三卷第一页)

胡适对莫泊桑所写小说二渔夫临死时表现,对这种自然主义的写法予以肯定。而摒斥持有理想主义具有英雄气概的写法,认为是"时势与学说矫揉造作而成",非自然的现象,这就彻底否定了现实中的英雄人物,更不用说文字作品中所塑造的英雄人物了。这种观点,充分表现出地主资产阶级极端自私和自利的个人主义的阶级偏见。他是不会理解那些革命者的崇高理想,与伟大的牺牲自己,而解放他人的精神的。

至于在历史观点上,胡适更是一个唯心主义的英雄史观论者。即以五四新文化运动而论,陈独秀毕竟还读过一些马克思主义的书,认为运动的产生是由于"产业发达人口集中的原因"。但胡适竟然说:

> 白话文学的局面,若没有胡适、陈独秀一般人,至少也得迟出现二三十年,这是我们可以自信的。

这就有点"贪天之功以为己力"了。

总之,胡适在五四后大力提倡"整理国故",并提出了整理的目的和方法,一时蔚然成风,对中国文化的发展,产生了巨大的推动作用。至于胡适本人,在从事对哲学、文学、历史的研究上也是成绩斐然。由于他的资产阶级的阶级偏见,反对马克思主义,用形而上学,反对辩证唯物主义与历史唯物主义。这样就极大地限制了他的研究的深度与广度。甚至还不免出现一些极其谬误的结论,这是我们阅读参考胡适生平著作时所必须注意而认真予以辨析的。

1990年10月18日于不舍斋

(原载1991年《卧龙论坛》第1期)

历史的无情选择

——漫议文化的借鉴与继承

"五四"前的中国近代社会,由于列强的肆意侵略和封建专制的腐败,迫使一批具有爱国热肠的先进人物向西方寻求救国的真理。一时间,西学如潮水涌来,传统文化受到了严峻的挑战。从"师夷长技以制夷"到维新变法,建立民国,凡是西方资产阶级国家所走过的道路,所实行过的方案,在中国都进行了探索和尝试,然而,包括仅打碎一块龙牌的辛亥革命在内,也都失败了。随着第一次世界大战的爆发,西方资产阶级文明进一步暴露了它真实的面目。曾经留学英伦、激烈地抨击过儒学为代表的传统文化并把西学系统地译介到中国的启蒙思想家严复,也在对西方文明的幻灭中,走上了复古主义的道路。他在给熊纯如书中说:

不佞垂老,亲见支那七年之民国与欧罗巴亘古未有之血战,觉彼族三百年之进化,只做到利己杀人、寡廉鲜耻八个字。回观孔孟之道,真量同天地,泽被寰宇。

而当时西方的思想界更是笼罩着一层"世纪末"的悲哀。梁启超谈到当时游历欧洲的情况时说,对于西方文明的悲观论调,"着实听得洋洋盈耳"。美国的名记者赛蒙氏向他叹息说:"唉!可怜,西洋文明已经破产了!"并告诉他:"我回去就关起大门老等,等你们把中国文明输进来救拔我们。"(《饮冰室合集·欧游心影录》)那时,西方

(德)学者斯宾格勒在《欧洲的衰落》一书中也指出,中国完全有权力按自己的方式界定自己的文化,勿须借用欧洲的价值系统(乐黛云《世界文化总体对话中的中国形象——序史景迁〈北大讲演录〉》)。

这就是"五四"以前,西方资产阶级文化及其在中国的命运。

"五四"时期,产生于西方的另一种文化思想体系——马克思主义在俄国十月革命的炮声中传到了中国。马克思主义使中国一部分先进的知识分子从对西方资产阶级文明的绝望中看到了世纪的曙光,他们开始运用这一新的思想作为观察中国社会、探求未来出路的工具。以陈独秀、李大钊为代表的早期马克思主义者就是以这种新思想给"五四"新文化运动增添了强大的生命力。而后,从陈独秀、瞿秋白、李立三、王明到毛泽东,经历了近三十年血与火的磨难,以付出重大牺牲为代价,才克服了那种形式主义、教条主义对待马克思主义的态度,马克思主义才真正变成具有中国民族特色,为中国人民所乐意接受的革命理论。这近三十年的历史,虽然是荆天棘地,崎岖坎坷,但它终于超越了近代史那种一再失败和屈辱的深渊,中华民族终于迎来了东方的黎明。至于马克思主义之外的诸多理论学说,尽管也曾风靡过一时,但在历史巨浪的淘洗下,早已无影无踪。历史的选择,就是这样的冷酷无情。

马克思主义之所以中国化,能指导中国革命和中国新文化建设取得辉煌的成就,是与毛泽东在理论和实践上的伟大贡献分不开的。他以历史唯物主义和辩证唯物主义的观点正确地解决了对待传统文化和外来文化的继承借鉴问题。他指出,"中国应该大量吸收外国的进步文化,作为自己文化食粮的原料",但必须是像消化食物一样"排泄其糟粕,吸收其精华"。他反对"全盘西化"的主张,是因为"形式主义地吸收外国的东西,在中国过去是吃过大亏的"。他要我们应用外来文化一定要与中国的实际、中国民族的特点相结合,要经过一定的民族形式(《新民主主义论》一五《民族的科学的大众的文化》)。至于对待传统文化,他反对民族虚无主义的论调,他说:"中国现实的新政治新经济是从古代的旧政治旧经济发展而来的,中国现实的新文化也是从古代的旧文化发展而来的,因此,我们必须尊重自己的历史,决不能割断历史。"所以,他提出要清理文化遗产,而方针则应该是:"剔除其封建性的糟粕,吸收其民主性的精华。"(同上)这种认识,来自毛泽东主席对历史和现实的深切理解和对革命实践,包括新文化运动实践的正确总结。这种经过血与火检验过的理论,在今天,并未失去它真理的光芒。

马克思主义在中国民族化的过程,大大促进了以马克思主义为旗帜的中国新文化运动的蓬勃发展,使之成为中国革命的有力的一翼。而鲁迅则是这一运动的主将,他以辉煌的战绩为中华民族新文化运动开辟了广阔的前途。在新文化的建设上,鲁迅从来都不是极端主义者。他早在1908年发表的《文化偏至论》中,就提出对西方文化应"权衡校量,去其偏颇,得其神机,施之国中",使中国的新文化在世界文化的总体系中"既不后于世界之思潮",又"弗失固有之血脉"。到了"五四"时代,鲁迅曾愤怒地喊出:"所谓中国的文明者,其实不过是安排给阔人享用的人肉的筵宴。"(《坟·灯下漫笔》)但这并非是对中国传统文化的一概否定,从文中所引《左传》"天有十日,人有十等"的话中,可以看出鲁迅所指斥的显然是维护封建宗法统治,以儒学为代表的封建文化,这正是我们应当予以批判的封建性的糟粕。鲁迅的开始小说创作,一方面仰仗"先前看过的百来篇外国作品",从中汲取"叫喊和反抗"的战斗精神以及独特的艺术形式,另一方面仍然是立足于中国病态社会的不幸的人们之中,并且为了行文的简炼,便采取中国旧戏的没有背景、新年花纸的只有几个人物的表现手法(《南腔北调集·我怎么做起小说来》)。因此,鲁迅的小说充满着地方色彩和洋溢着民族情调,以其不同于旧式古典小说的风貌,为中国现代小说树起了第一座丰碑。恰如鲁迅说的,"现在的文学也一样,有地方色彩的,倒容易成为世界的,即为别国所注意"(《鲁迅书信集·致陈烟桥》)。所以,他的以《阿Q正传》为代表的小说能够走向世界,为世界文坛所嘱目。鲁迅成为马克思主义者之后则更明确提出,对于中外文化遗产"或使用,或存放,或毁灭"的"拿来主义"

(《且介亭杂文·拿来主义》),主张"采用外国良规,加以发挥","择取中国的遗产,融合新机"(《且介亭杂文·〈木刻纪程〉小引》)来创造中国的新文化。对此,他满怀信心地说:"将来的光明,必将证明我们不但是文艺上的遗产的保存者,而且也是开拓者和建设者。"(《集外集拾遗·〈引玉集〉后记》)

鲁迅之外,在中国现代文学史上如郭沫若、茅盾、巴金、曹禺、老舍等人,都是学贯中西的文学巨匠,这大概是今天某些重弹民族虚无主义和全盘西化论调者所难以企及的。由于他们的创作都在不同程度上汲取了外国文学艺术的健康基因,从而在现代文学的园地上怒放出绚烂夺目的花朵,但它们的生命之根仍然深植于民族文化的土壤之中。曾任教于伦敦大学、被看作欧洲文化化身的作家老舍对西方文学艺术有过精深的研究,但是"这种博览世界的智慧泉流汇为一个湖荡,而生长的还是中国的藕花"。他说过:"任何一部佳作都是他自己民族生活的集萃。"(骆文《阳坡上的大树——和老舍先生相处的日子》,见1988年3月《新文学史料》)他的杰作《骆驼祥子》就是这番话的力证。而这就是中国现代文学艺术朝着中华民族新文化方向发展的历史,它并没有像民族虚无主义和全盘西化论者所期望的那样,成为西方文化的变种或附庸。

回观中国现代文学的发展,历史同样是不断地在中外文化的撞击、融合、创新的过程中进行着公正的严格的选择。中国现代文学既没有沿袭传统的模式,也未滚入全盘西化的泥淖,而鲁迅的方向,则正是这一选择的结果。

然而,当我们今天的社会发生大的转折时,昔日的沉滓借着历史巨流的缓急不定,又重新泛起。民族虚无主义和全盘西化论即是其中之一。持此论者,对于自己民族的历史文化,不分良莠,一概否定;对于西方资产阶级文明,无论优劣,一概奉为至宝。于是"谩骂中国的历史,指责中国的现实,丑化整个中华民族"(美国纽约《中报·意识形态领域的惨痛教训》,转引自王忍之《关于反对资产阶级自由化》)竟成了文化领域中的时髦货。似乎是又一次"中国人失掉自信力了"(鲁迅《且介亭杂文·中国人失掉自信力了吗》),言"中国不是要解放,而是要解体"者有之,言"引进一位总理"者有之,甚至提出"中国的出路是去做三百年殖民地",如此等等。这样,一百多年来,中国人民为争取民族解放的流血斗争,便被轻轻地一笔抹杀了。

在这种民族虚无主义和全盘西化论的喧嚣声中,西方现代派的文艺思潮也汹涌而入。文艺界的一些人,不是从中吸取有益于建设社会主义新文化的积极因素,而是毫无鉴别地顶礼膜拜,尊为楷模。西方现代派的文艺是两次世界大战的产物。帝国主义瓜分世界的残酷战争,使西方许多人怀着对资产阶级精神文明的沉重失落感,而陷入到悲戚绝望之中。他们想改变现实,但又在迷惘中看不到理想的曙光。这种"世纪末"的苦闷和灵魂上的空虚反映到现代派的创作中,则表现为晦涩、怪诞和色情的三大特征。虽说从现代派的某一些作品中,也能感受到西方社会那种灰暗幽冷、令人窒息的生活气味,但是,如果抛开中国社会的政治、经济、文化的特点,而以现代派的文艺观和作为其哲学基础的理论体系,试图在中国培育出新的文艺品种,恐怕那只能是畸形的产儿,是绝不会有生命力的。然而,在全盘西化论的鼓噪下,一些"邯郸学步"之作便产生了。现代派文艺的种种手法也确使人眼花缭乱,人的本能、潜意识、非理性的奥秘、喷涌的情欲和浓郁的颓废伤感情绪的描写,尤使人困惑不解。现代派的哲学基础,如非理性主义、怀疑主义、唯意志论、存在主义、弗洛伊德主义等等,仿佛成了新发现的真理。特别在青年学生中,一会儿萨特热,一会儿弗洛伊德热的热潮不断,而马克思主义却遭到冷落和嘲笑。

在这一社会风潮中,某些诗人、小说家、评论家,先是进行所谓的"启蒙",继之是推波助澜。他们在创作实践中,丢弃生动丰富的现实生活,躲进狭隘枯寂的内心世界。但他们的宣言和声明却闹得沸反盈天,什么"纯艺术"啦,什么"诗人与人民无关"啦,什么"为读者而写作,就是大倒退"呀,不一而足。持此论者,恰如德国诗人海涅的一首诗中说的"我梦见:我做了天主,高坐在天国之上"(《还乡记·

71》),并以尼采"超人"的眼光去俯视芸芸众生。他们的创作似乎很高雅,竟连教授、学者也难以索解。读着他们用舶来的词汇、术语和一些不合语法的句式凑成的佶屈聱牙之作,便使人想起苏轼批评扬雄的话:"好为艰深之辞,以文浅易之说。"(《答谢民师》)鲁迅对这类文章大概也很反感,他说:"文章本来有两种:一种是看得懂的,一种是看不懂的。假如你看不懂就自恨浅薄,那就是上当了。"(《集外集拾遗·今春的两种感想》)毛泽东批评党八股的话"装腔作势,借以吓人",借来奉赠给今天的这类文章,也并不为过分。写这类文章的文学流派,在中国20世纪二三十年代的文坛上也露过头角。但正如鲁迅说的那样:"新潮之进中国,往往只有几个名词,喧嚷一年半载,终于火灭烟消。如什么罗曼主义、自然主义、表现主义、未来主义……仿佛都已过去,其实又何尝出现。"(《译文序跋集·〈现代新兴文学的诸问题〉小引》)但今天的这股潮流比20世纪二三十年代要凶猛得多,可是,由于它对人民的蔑视,自然也遭到人民的冷落和唾弃。人民是创造历史的主人,历史的无情选择,正反映了广大人民的意志和愿望。其实,现代派在它的发源地又何尝得到广大群众的青睐?美国的艺术史家就为此而感叹说:"在五花八门的现代流派面前,观众和艺术家的距离如此之远,对立情绪如此之大,在艺术史上从未有过。"(转引自理迪《〈现代化与现代派〉一文质疑》见1982年第11期《文艺报》)

现代派的文艺思潮泛滥于中国文坛的同时,也波及到了其他的艺术领域。国画家李可染先生去世前,曾批评前几年的一些画说:"既不要传统,又不要生活,等于零……"(张凭《陨而不落 东方既白——记李可染老师对我最后的一次教诲》见1989年12月24日《光明日报》)李可染先生虽云国画家是传统画大师齐白石的高足,但他并非"国粹派",他还潜心求教于融合西方画法的革新派大师徐悲鸿等人。他善于创造性地继承前人,建立自我,从而成为中国画坛上连接传统与现代、承先启后的一代宗师。他自信"中国艺术在世界上是水平最高的,但很多东西仍未被西方认识到"(同上)。他不像全盘西化论者那样盲目地崇拜西方,当国外和香港为他出版画册,要冠上"中国印象派"标题时,他坚决反对,反对用西方标准去衡量一切(同上)。其实,西方印象派的产生,反而是"中国及日本画入欧洲,被人采用"的结果(鲁迅《致魏猛克》见1977年2月19日《光明日报》)。这真可以说是对民族虚无主义和全盘西化论者的一个绝妙讽刺。

现代派的未来主义者也是讲民族虚无主义的。苏联诗人马雅可夫斯基,早期就是一个未来主义者。他曾经发表宣言,要"把普希金、陀斯妥耶夫斯基、托尔斯泰等等从现代这艘轮船上抛下海去"。对于这种狂热而愚昧的做法,可以用韩愈的诗句为之画像:"李杜文章在,光焰万丈长。不知群儿愚,那用故谤伤!蚍蜉撼大树,可笑不自量。"(《调张籍》)普希金、陀斯妥耶夫斯基、托尔斯泰们并未被扔下海去,他们的文学巨著依然在世界文学的天幕上,像金星辉耀着异彩,而那时未来派诗人们的大作,却早已被淹没在历史的汪洋大海中去了。写到这里,想起我们的一位追步现代派的诗人说在他之前中国就没有诗人的话来,于是便在文章结尾时,顺便借用杜甫的一首绝句转赠给他和他的同调:

  王杨卢骆当时体,轻薄为文哂未休,尔曹身与名俱灭,不废江河万古流。(《戏为六绝句》之二)

(与任亮直合写,由任亮直执笔)
(原载《中原文史》1990年第6期)

我国近现代学者对祖国传统文化在认识与态度上的发展

一

自1840年鸦片战争以后,西方列强把他们的资本主义文化随着大量的商品,同时打进了中国的大门。国内的人士对此大致可分为两种人:一种比较有远见的先进人士,认为西方文化,特别是科学技术优于我国,要图富强,必须向西方学习;另一部分人,比较保守,囿于过去传统的"华夷"之见,认为夷人的东西不能学。至于洋务派,则认为西方文化之优于我们的,只是科技,在伦常道德方面,中国远远超过西方。如较早提出向西方学习的魏源,他著了一部《海国图志》,在这部书的序中说:"是书何以作?曰:为以夷攻夷而作,为以夷款夷而作,为师夷长技以制夷而作。"这就是为学得西方列强的长技,然后用以来制服列强。魏源所讲的,还只是从一般道理上说明向西方学习的必要,并未触及到具体的科学技术。至于对中学与西学的态度,当时冯桂芬在他的《采西学议》中说:"夫学问者,经济所从出也。太史公论治曰'法后王'。为其近己而俗变相类,议卑而易行也。愚以为在今日,又宜曰'鉴诸国'。诸国同时并域,独能自治富强,岂非相类而易行之尤大彰明较著者。如以中国之纲常名教为原本,辅以诸国富强之术,不更善之善者哉!"(《校邠庐抗议》下卷)

后来，郑观应在《盛世危言增订新编》卷一中论到西学时，首先批判当时反对向西方学习的顽固派为不识时务，他说："今之争为清流，自居正人者，动以不谈洋务为高见。有讲求西学者，则斥之曰：'名教罪人'、'士林败类'。噫！今日缅甸、越南，其高人亦已少哉？其贤者蹈海而沉湘，不贤者腼颜而苟活耳。沟渎之谅，于天时人事何裨乎？且今之洋务，犹时务也。欲救时弊，自当对症以发药。譬诸君父有危疾，为忠臣孝子者，将百计求医而学医乎？抑痛诋医之不可恃，不求不学誓以身殉，而坐视其死亡乎？然则西学之当讲，亦可不烦言而解矣。"接着又论到国家危殆的形势，向西方学习已成为建功之举，他说："中外通商，已数十载，事机迭出，肆应乏才，不于今日急求忠智之士，使之练达西国、制造文字、朝章、政令、风化，将何以维大局，制强邻乎？"至于怎样才能学好西学，他说："故善学者，必先明本末，更明大本末，而后可言西学。分而言之，如格致、制造等学，基本也，语言文学，其末也。合而言之，则中学其本也，西学其末也。主以中学，辅以西学，知其缓急，审其变通，操纵刚柔，洞达政体，教学之效，其在兹乎！"

在早期，不论是冯桂芬还是郑观应，他们不约而同地提出，学习西学为当务之急。但是西学与中学相比较，则又主张以中学为主，西学为辅。所谓中学则是指的传统旧儒家的道德名教。西学，则为格致、制造以及朝章政令等。在当时的朝野士大夫中，除部分顽固派外，所谓比较开明的洋务派，可以说是无不赞同这样的主张。但是随着当时列强对中国侵略势头的加剧，情况有所变化。近邻日本帝国主义为夺取东北与朝鲜半岛，1894年发动了甲午战争，当时中国洋务派头子李鸿章所苦心经营的北洋海军，竟然不堪一击，一战而全军覆没。清政府遂与日本订立了丧权辱国的《马关条约》，不但赔了巨款，而且把台湾也割给了日本。这次战争的失败，遂惊醒了国内许多先进人士。当时严复在天津《直报》上发表了许多篇振聋发聩的时论文章，如《原强》、《救亡决论》、《论世变之亟》、《辟韩》等，同时还译了英人赫胥黎的《天演论》，指出人类社会也同生物界一样，像英人达尔文"进化论"中总结出的天演规律,即"优胜劣败,适者生存",给国人敲了响亮的警钟:国人如不赶快觉醒,急起直追,从事救亡图存,则亡国灭种之祸终不可免。

与此同时,康有为、梁启超师生提出了维新变法的政治主张。康有为曾于1895年联合全国进京会试的举子,共同上书给光绪皇帝,反对签订《马关条约》,一时称为"公车上书"。以后他又屡次给皇帝上书,请求变法。到1898年6月,光绪皇帝毅然下了明定国是之诏,决定在政治上采取一系列措施,实行变法。由于变法维新很显然是针对实力派后党顽固坚持固有的政治体制而发的,于是顽固派就采用了武力,进行镇压。康有为、梁启超等逃亡海外,其余主要分子如谭嗣同、康广仁、杨锐等惨遭杀害,当时号为"六君子"。戊戌变法的失败充分证明,自上而下的改良是绝对行不通的。于是以孙中山为首的民主革命派所倡导的推翻清王朝的革命运动就蓬勃地发展起来。

当维新变法的时候,康有为、梁启超由于接受了西方的民治主义,主张君主立宪政体,倡议开国会,由人民选举议员并制定宪法。这样就遭到当时封建官僚们的反对。于是洋务派的头子张之洞就发表了《劝学篇》一书,针对维新派的主张,提出了"中学为体,西学为用"的口号。《劝学篇》一书的发表,在当时的确代表了官方的学术观点。对康梁的变法维新论以及严复对西方民主主义与科学精神的介绍,特别是他曾经震动一时的《辟韩》论,大有斥异端、辟邪说的气慨。篇中在《宗经》中提出以儒家思想为正宗的理论,他说:"盖圣人之道,大而能博,因材因时,言非一端,而要归于中正。故九流之精,皆圣学之所有也。九流之病,皆圣学之所黜也。"他既然以儒家思想为正宗,当然仍以"三纲五常"为正确的道德规范,而认为"人禽之辨"、"华夷之防"皆赖于此。所以他对当时提倡的"民权"、"平等"之说大加驳斥(《正权》)。但他对学习西洋的科技不但不反对,并且对反对者同样加以抨击。他说:"今之排斥变法者,大率三等:一为泥古之迂儒……一为苟安之俗吏……又一为苛求之谈士。夫近年仿行西法而无效者,亦诚有之。然其故有四:一、人顾其私……此人之病,非法之病也。一、爱惜经费……此时之病,非法之病也。一、朝无定论……此浮言之病,非法之病也。一、有器无人……此先后失序之病,非法之病也。"(《变法》)他对变法的主张可分为可变与不可变两种,他说:"不可变者,伦纪也,非法制也。圣道也,非器械也。心木也,非工艺也。"(同上)

当时在政治思想上,存在着激烈的论争。主中学者,认为用西学不过出于形势之不得已;而主西学者,则认为中学无不是陈腐迂阔之论。张之洞对此提出了调和的主张,他说:"然则如之何?曰:中学为内学,西学为外学。中学治身心,西学应世事。不必尽索之于经文,而必无悖于经义。如其心圣人之心,行圣人之行,以孝悌忠信为德,以尊主庇民为政,虽朝运汽机夕驰铁路,无害为圣人之徒也。如其昏惰无志,空言无用,孤陋不通,傲很不改,坐使国家颠隮,圣教灭绝,则虽弟佗其冠,神禪其辞,手注疏而口性理,天下万世,皆将怨之詈之,曰此尧舜孔孟之罪人而已矣!"(《会通》)以上理论,后人就称之为"中学为体,西学为用"论。

这种主张可以说代表了当时卫护清王朝政权的封建官僚们的观点。他们反对康梁等提出的民权国会之说,认为尧舜孔孟以来的伦常道德是不能变的,对于西学只限于科技,也提到政治,但一涉及到"民权"问题即坚决反对。这种中体西用的二元论观点,在当时就受到维新派人士严复与梁启超等的批判与抨击。相反地清廷则以皇帝的诏谕颁发全国,认为"持论平正通达,于学术人心大有裨益,应广为刊布实力劝导,以重政教而杜厄言"。

二

辛亥革命(1911年)推翻了清王朝,建立了中华民国。由于这次革命的不彻底,并没推翻强大的封建势力,同时,帝国主义仍在华为所欲为,所以不久反动势力就又卷土重来。首先是大军阀、大政客袁世凯从事帝制活动,建立了洪宪王朝。虽然很快就失败了,也说明广大人民政治素质的低下。袁氏垮台后,接着于1917年又出现了康有为与张勋合演的一出拥戴溥仪复辟的丑剧。政治上的如此风云变幻,使国内有识之士深感到皇权思想的存在乃是帝制丑剧一再重演的根源。为实行民主政治,必须从思想革命上下功夫才行,于是陈独秀于1915年在上海创办了《青年杂志》。

陈独秀在刊物上,首先发表了《吾人最后之觉悟》一文。陈独秀在辛亥革命后,深感到新的政治体制与旧的伦理道德间的尖锐矛盾,所以他在政治的觉悟以后,提出了伦理的觉悟。他说:"吾人果欲于政治上采取共和立宪制,复欲于伦理上采取纲常阶级制,以收新旧调和之效,自家冲撞,此绝对不可能之事。"最后,他坚定的指出:"自西洋文明输入吾国,最初促吾人之觉醒者,为学术相形见绌,举国所知矣。年来政象所证明,已有不克抱残守缺之势。继今以往,国人所怀疑莫决者,当为伦理问题。此而不能觉悟,则前此所觉悟者,非彻底之觉悟,盖犹在恍惚迷离之境,吾敢断言曰,伦理之觉悟,为吾人最后觉悟之最后觉悟。"陈独秀根据辛亥革命后中国政治上之动荡与翻云覆雨的情况,深深认识到当时的新政体与旧的伦理思想间的尖锐矛盾。如果不改革纲常伦理,不从思想上予国人以彻底解放,则所谓共和立宪政体,实不过为空挂招牌,而终难于彻底实现。因此他才果断地说:"伦理之觉悟,为吾人最后觉悟之最后觉悟。"

恰巧正在这时,康有为上书总统、总理请求尊孔教为国教,并将它列入民国宪法之中。于是陈独秀趁此时机于1916年,10月至12月连续发表了驳斥康有为的尊孔谬论的文章,如《驳康有为致总统总理书》、《宪法与孔教》、《孔子之道与现在生活》等一系列的辞严义正的论文,从此在国内思想界,开展了反孔教运动。当时响应陈独秀的,如易白沙发表了《孔子评议》,吴虞发表了《读荀子书后》、《儒家主张阶级之害》、《礼论》、《消极革命之老庄》,等等。孔教实为数千年来中国封建统治阶级用以统治广大人民的思想,是历代帝王所尊奉的正统思想。唐代韩愈对于经书的崇奉,曾有"一经圣人手,议论安敢道"的话。在封建王朝统治时代,孔子被推崇为"大成至圣先师",谁敢对他说个"不"字。不要说功名会马上被革斥,有时性命也会难保。但这时封建王朝垮台了,卫护孔子的政权消灭了,毕竟是具有一定民主空气的新时代,所以对孔子大家才敢于放言无惮,横加评论。而在这时,实际酝酿已久的反对传统孔教的思想革命已经爆发了。

伴随着思想革命,又爆发了文学革命。在1916年,胡适在《新青年》上发表了《文学改良刍议》,接着陈独秀进一步发表了《文学革命论》。"思想革命"与"文学革命"二者实是相辅相成、一而二、二而一的事。陈氏在其《文学革命论》中就指出:"今欲革新政治,势不得不革新盘踞于运用此政治者精神界之文学,使吾人不张目以观世界社会文学革新之趋势,及时代之精神,日夜埋头故纸堆中,所目注心营者,不越帝王权贵,鬼怪神仙,与夫个人穷通利达。以此而求革新文学,革新政治,是缚手足而搏孟贲也。"五四前夕所爆发的思想革命与文学革命,后人一并称之为"文化革命"。在这次革命进行中,也曾遭逢到顽固派的反对,并企图加以扼杀。陈独秀当时曾发表《〈新青年〉罪名之答辩》一文加以反击,他说:

本志同人,本来无罪,只因拥护"德谟克拉西"(民主)和"赛因斯"(科学)两位先生,才犯这几条滔天大罪。要拥护那德先生,不得不反对孔教、礼法、贞节、旧伦理、旧政治。要拥护那赛先生,便不得不反对那旧艺术、旧宗教。要拥护德先生,又拥护赛先生,便不得不反对国粹和旧文学。大家平心细想,本志除拥护德赛两先生之外,还有别项罪案没有?

所以总结五四文化革命的精神,便是"民主"与"科学"。

五四文化革命运动,就其主流同实质而言,还是属于资产阶级性质的民主主义。五四文化革命是中国近现代史上一个划时代的运动。由于其彻底地反对封建主义同帝国主义,所以为中国民主主义革命开辟了新纪元。晚清封建官僚们所倡导的什么"中体西用论"已彻底被投进了历史的垃圾箱中。同时,由于大量地介绍西方的学术思想,于是马克思列宁主义,克鲁泡特金、巴枯宁等人的无政府主义,还有部分少年中国学会成员所提倡的国家主义,等等,都纷纷呈现于中国思想界。就当时而论,真可说是百家争鸣的时代。以上是政治思想领域,至于在学术界,又出现了人生观之论战,实际上是玄学与科学的论战。

胡适在五四时期,曾一度主张"全盘西化论"。但后来文化界就有人提出对中国古文学的重新估价与如何整理的问题。当时郑振铎有《新文学之建设与国故之新研究》,周作人有《古文学》,等等,他们都看到创造新文学不能割断历史,把古文学全部抛掉,应该对古文学加以研究,予以新的估价。郑文中说:"旧的文学观念不打翻,则他们对新的文学必持反对的态度。但我们要打翻这种旧的文学观念,一方面固然要把什么是文学、什么是诗以及其他等等的文学原理介绍进来。一方面却更要指出旧的文学的真面目与弊病之所在,把他们所崇信的传统的信条都一个个的打翻了。"接着他又说:"我以为我们所倡新文学运动,并不是要推翻固有的一切文艺作品。这种运动的意义,一方面建设我们的新文学观,创作新的作品;一方面却要重新估定或发现文学的价值,把金石从许多瓦砾堆里搜寻出来,把传统的灰尘,从光润的镜子上拂拭下去。"

周作人文章中指出我们应从古文学中涵养创作能力与文学的趣味。他说:"研究本国的古文学,不是国民的义务,乃是国民的权利。艺术上的造诣,本来要有天才作基础,但技工的涵养,也很重要。前人的经验和积贮,是他必要的材料……这前人的经验和积贮,当然并不限于本国,只是在研究的便宜上,外国的文学,因为语言资料的关系,直接的研究较为困难,所以利用了自己国语的知识,进而研究古代文学,涵养创作力,或鉴赏文学的趣味,这正是国民所享受的一种权利了。"接着他又说:"古文学的研究与现代文艺的形式上,也有很大利益。虽然现在诗人著作都用语体文,异于所谓的古文了。但终是同一来源。其表现之优劣,根本上总是一致。所以就古文学里查考古人的经验,在创作的体裁上,可以得到不少的帮助。"(同上)周氏是五四文学革命运动中的主要人物。在新文学的创作上,发表了不少建设性的意见,如《人的文学》、《平民文学》等。他对中外文学,都具有较深的素养,所以他对古文学的看法在当时是有着较大的影响的。

另外是胡适,他后来明确地提出了重新估价中国的旧文化与整理国故的主张。他在《新思潮的意义》中用四句话概括他的看法,即:"研究问题,输入学理,整理国故,再造文明。"

这十六个字可以看出他对中国新文化建设的具体的设想与企图。也就是采用西方资产阶级的立场、观点、方法,来对中国古文化即"国故"进行分析研究、重新评价,分别取舍,重建中国的文明。当时他不仅抱有这样的意图,并且发表了一系列的论文,用以引导学术界,走他所指出的方向与道路。其中具有代表性的是《清代学者治学的方法》一文。他认为清代的考据学家所用的治学方法,是符合西方学者的归纳与演绎的方法的,因而能得出近于科学的结论。他总结他们的方法为"大胆的假设"与"小心的求证"十个字。

当时对"整理国故"运动持反对意见的,有吴稚晖同成仿吾。吴稚晖在《箴洋八股的理学》中说:"现在鼓吹成一个干燥无味的物质文明。人家用机关枪打来,我也用机关枪对打。把中国站着了,再整理什么国故,毫不嫌迟。"成仿吾在《国学运动的我见》中,诋訾这种主张乃是"诱引青年去狂舐这数千年的枯骨"。而郭沫若的看法,则与成吴大不相同,他在《整理国故的评价》中道:

> 人生的行路,本身多样,不必强天下人于一途。一人要研究国学,必使天下人都研究国学。一人要造机关枪,必使天下的人去造机关枪。这无论是办不到的事情,即使办到了,也是无用。凡事只能各行所是,不必强人于同……国学的研究者,也正当是这样。只要研究者,先有真实的内在要求,那他的研究至少在他自己便是至善。我们不能因有不真挚的研究者,遂因而否认国学研究的全部……吴稚晖的态度,最难使人心服,仿吾亦失之偏颇。

这个看法,的确是比较正确的,可以平息那种不必要的争论。

胡适后来也曾发表文章,不赞成一些青年都钻进故纸堆,从事这种研究。他说:"现在一般少年人,跟着我们向故纸堆里乱钻,这是最可悲叹的现状。我们希望他们及早回头,多学一点自然科学的知识与技术,那条路是活路。这条故纸堆的路,是死路。三百年的第一流的聪明才智,消磨在故纸堆里,还没有什么好成绩。我们应该换条路走了。等你们在科学试验室里有了好成绩,然后拿出你们的余力,回来整理我们的国故,那时候一拳打倒顾亭林,两拳打倒钱竹汀,有何难哉?"(《治学的方法与材料》)

关于整理国故的论争,从此也算是告了一个段落。

五四后,所谓整理国故在对待中国固有的传统文化的认识与态度上,同清末截然的不同。所谓"中体西用论"把西方文化分为科技政教和学术思想,对西方只能取其科技与一般政教,至于平等自由的民权学说,一概要给以排斥。实际上,中国儒家的纲常伦理,仍为当时的统治思想。虽然有部分先进的思想家如严复、章太炎等提出异议,但往往被视为异端邪说而予以抨击。五四后情况已大不相同了。主要原因,即在五四时期进行了反孔教运动。这不啻是中国思想史伦理史上一场大革命。"打倒孔家店"把几千年来君临一切的孔子偶像给推翻了,封建等级制与封建专制主义,从人们的思想深处给铲除了。所以五四后的"整理国故"运动,实际上是用科学的方法,对中国固有的传统文化以客观的分析、研究与评价。不过在立场、观点、方法上还不免属于资产阶级的,但较之清末,应该说大大地前进一步了。

五四后对"整理国故"可以胡适作为代表,他首先对中国古典小说,如《红楼梦》、《儒林外史》,甚至《醒世姻缘》,都曾经进行过考证的工作。除此之外,他还提出专史式的整理,曾写出过《中国哲学史大纲》(上卷),后来又在北京大学讲授过《中古思想史》(讲稿)。在文学方面,他发表了《国语文学史》、《白话文学史》、《五十年来之中国文学》等。

胡适在整理国学方面所走的方向道路给当时的学术界以极大的影响。他曾几次任北京大学教授、国学门研究所导师、北京大学研究院文研所所长,所以当时一些青年学者,凡从事文学史、哲学史研究的,很少不受其影响。不过,当时马克思主义的立场观点、方法虽已介绍到中国,而真正运用这种新的科学方法,从事中国文史方面研究的,还是极少数。而这类学者甚至还受到反动政府政治上的迫害。

马克思主义的新方法系统地运用到文学上是在1928年。当时从日本留学归国、从事文学的年轻人成立了"太阳社"与后期"创造社"。他们一方面从事对俄罗斯无产阶级文艺理论的介绍,同时也开始了反映无产阶级生活和思想意识的文学创作,于是为中国学术界开辟了一个新的历史时代。

三

1928年,在中国文坛上曾爆发了一场文艺论战。当时太阳社、创造社的作家们,一面提倡新兴的无产阶级文学理论,一面运用新的立场观点对当时在文坛上比较有声望的作家进行批判,特别是对鲁迅进行围攻。自然被攻击的作者,尤其是鲁迅,不能不予以反击,一时文坛上形成了斗争激烈、战云弥漫之势。后来李何林曾将当时论争的文章汇辑为一部《中国文艺论战》。

这次"革命文学"的论争与五四"文学革命"的论争有着极相似之处,但实际则大不相同。所谓"相似",即其范围涉及到整个文坛,而在历史上影响也非常深远。但就其实质而论,五四"文学革命"乃是资产阶级与小资产阶级文人同封建阶级文人的斗争,而这次则是革命知识分子阵营内部的论争。经过一段论争之后,双方休战,而且在阵营上有着新的组合。到了1930年,文坛上出现了中国左翼作家联盟这一马克思主义的文学团体,而鲁迅还成为这个团体领导中的成员,并在成立大会上作了极其重要的发言(《对于左翼作家联盟的意见》)。鲁迅到20世纪30年代,曾经在一部杂文集《三闲集》的序

言中,谈到关于1928年的论争对他的文艺思想发展所产生的促进作用道:

> 我有一事要感谢创造社的,是他们"挤"我看了几种科学的文艺论,明白了先前文学史家们说了一大堆,还是纠缠不清的疑问。并且因此译了一本蒲力汗诺夫的《艺术论》,以救正我——还因我而及于别人——的只信进化论的偏颇。

到了20世纪30年代鲁迅已成为一个成熟的伟大的马克思主义者。在蒋介石政权对人民革命力量进行两种"围剿"的情况下,他同敌人进行了殊死战斗,直到他生命的最后一息。并在遗嘱中声明:"对敌人我一个也不宽恕!"

至于在对中国传统文化的研究方面,最早把马克思主义的科学方法运用到史学研究的当首推郭沫若,他的名著《中国古代社会研究》一书,是开路的先锋。以后如嵇文甫的《左派王学》、《晚明思想史论》,同时,范文澜的《中国近代史》与《中国通史》,以及杜国庠、赵纪彬、侯外庐等合写的《中国思想通史》,等等,都是具有较大影响的名著。从此,马克思主义的科学方法代替了五四时期胡适、顾颉刚等所宣扬的资产阶级科学方法,中国学术研究遂走上一条新的光明而正确的道路,并且为创造中国无产阶级文化开辟了一个崭新的历史时代。

四

综上所述,中国近代学者与知识分子对中国固有的传统文化的认识与所持的态度,大致可分为四个时期:

(一)在清末认为中西文化有主次之分,有内外之别。当时在张之洞《劝学篇》中所提出的"中体西用论"应该说代表了大部分知识分子的看法。

(二)五四后经过文化革命运动,胡适提出的"整理国故",在认识与态度上,比之过去可以说大大地前进了一步。这就是采用西方科学的方法并接受了西方民主主义的思想,来对中国固有的文化采取分析、研究、重新估价的态度。这就和过去的"中学为体"大相径庭了。

(三)1928年后,在文坛上关于"革命文学"的论争之后,不少学者运用马克思主义的新方法来从事对中国国故的研究。但最初,只限于少数学者,而这部分学者往往被戴上"左"的帽子,甚至还受到迫害。但不久,在学术界又爆发了对中国社会性质的论战。马克思主义者与托派分子进行了理论上的较量,最后以托派的失败而告终。

(四)1949年开国以后,马克思主义成为大家所共同信奉的理论核心。四项基本原则即是在这一理论指导下而产生的。于是在治学上大多采取马克思主义的立场观点同方法,而在中国学术领域里,遂开辟了一个崭新的历史时代。

就以上四个时期来看,中国近现代文化史发展的轨迹就是西方资产阶级的科学方法代替了封建主义的旧观点,而代表无产阶级意识形态的马克思主义又代替了资产阶级的实用主义等方法。马克思主义对传统文化采取"批判继承"的方法与态度。对此,毛泽东同志在《新民主主义论》中讲得最为详尽而具体。他认为对中国固有文化,从孔夫子到孙中山,都应予以研究。对固有文化,既不像清末国粹主义者那样全盘继承,也不像民族虚无主义者那样采取全盘否定,而是主张分别出里边所包含的民主性的精华与封建性的糟粕,要继承发扬其精华,扬弃其糟粕,从而达到"古为今用"的目的。所以马克思主义的"批判继承"学说是对中国古代文化所持的最科学的态度与方法。坚持沿着这一方向道路前进,在不久的将来,我国必将呈现出一个光辉灿烂、超迈过去的新的文化时代。

(原载1991年3月《河南大学学报》)

龚自珍与魏源

——纪念龚自珍诞生 200 周年

自 1840 年鸦片战争以后,中国开始沦为半封建半殖民地社会,而清王朝也逐渐成为国际帝国主义在中国的代理人。中国广大人民群众在帝国主义、封建主义的双重剥削与压迫下,日不聊生。但有压迫也就有反抗,这是历史的发展规律。一向英勇果敢的中国人民是不会甘心受敌人的压榨和奴役的。不久,在西南就发生了洪、杨太平军的反清起义运动。其来势之凶猛与范围之广大,大有使根深蒂固的清王朝摇摇欲坠之势。从此,人民抗击敌人的起义运动一浪高过一浪。1911 年的辛亥革命推翻了 240 余年的清王朝,结束了 2000 余年的封建专制制度,但中国社会的性质并无彻底改变。1919 年爆发了五四运动,开始了中国革命的新历程。直到 1949 年,中国人民在中国共产党领导下,打垮了蒋家王朝,才建立了人民当家作主的新中国。

从鸦片战争到五四运动这 80 年间,一般人都称之为"近代史"。在这段非常的历史时期,中国政治思想史上出现了不少的杰出人物。较早为人们所称道的就是龚(自珍)魏(源)。晚清学者李兆洛《与邓生守之书》中说:

> 默深(魏源)初夏过此,得畅谈。又得谈《定庵文集》。两君皆绝世奇才,求之于古,亦不易得。恨不能相朝夕也……(《养一

斋文集》卷十八)。

当时龚、魏二人齐名。但从两人思想见解上看,魏源最为人所称道的,是他在《海国图志》中较早地提出"师夷长技以制夷"的利用西方的科技来对付敌人的主张。魏源成为以后洋务派的先驱,至于在政治思想上的改革,那他就远不如龚自珍了。下边试就两人论文,略作比较。

谈到改革,两人所处的时代,都在晚清道、咸年间。清王朝在政治经济上已经由盛而衰。特别后来经过洪、杨的起义,真是千疮百孔,勉强可以维持朝野的秩序。定庵生长在三世为宦的家庭,长期住在京师,所以他对当时政治上的情况最为熟悉。《定庵文集》中的那几篇《明良论》不仅揭发了当时官僚阶层的腐败和堕落,并且抨击其思想境界的卑鄙和无耻。定庵文中把唐宋时期的士大夫的生活思想情况与当时的士大夫进行了比较,他认为当时朝廷上一般官吏生活贫苦的情况简直不能与古代相比。在《明良论二》中,他写当时官吏的思想、生活情况道:

> 窃窥今政要之官,知车马服饰,言词捷给而已,外此非所知也。清暇之官,知作书法,赓诗而已,外此非所问也。堂陛之言,探喜怒以为之节,蒙色笑,获燕闲之赏,则扬扬然以喜,出夸其门生、妻子。小不霁,则头抢地而出,别求夫可以受眷之法。彼其心,岂真敬畏哉,问以大臣应如是乎?则其可耻之言曰:"我辈只能如是而已矣。"至其居心又可得而言,务车马捷给者,不甚读书,曰:"我早晚直公所,已贤矣,已劳矣。"作书、赋诗者,稍读书,莫知大义,以为苟安其位一日,则一日荣。疾病归田里,又以科名长其子孙,志愿毕矣。且愿其子孙世世以退缩为老成,国事我家何知焉!

定庵写到这里,不禁想到国家的前途,他非常感慨地道:

> 嗟乎哉!如是而封疆,万万之一有缓急,则纷纷鸠燕逝而已,伏栋下求俱压焉者鲜矣!

这里他根据当时的士大夫们的情况,认为他们的道德、品质同才能都不可能担当国家的艰巨任务。一旦国家出现大问题,这群官僚都会像鸠燕一样纷纷地逃掉,真正伏栋下,求俱压的就很难找了。

另外,定庵又从几千年来历史的发展规律得出这样的结论,即"无八百年不夷之天下。天下有万亿年不夷之道。然而十年而夷,五十年而夷,则以拘一祖之法,惮千夫之议,听其自堕,以俟踵兴者之改图尔。一祖之法无不敝,千夫之议无不靡,与其赠来者以劲改革,孰若自改革?"(《乙丙之际箸议第七》)定庵所说的"天下有万亿年不夷之道",这个"道"应该是历史发展的客观规律。历史虽在变,而这客观规律不会变。定庵竭力主张变法,所以他说:"与其赠来者以劲改革,孰若自改革。"

但魏源的看法同定庵就大不相同了,他说:"君子不轻为变法之议,而惟去法外之弊,弊去而法仍复其初矣。"(《默觚下·治篇四》)

这是主张要保持原来之法。所谓改革,不过是革去原来法外之弊而已。如果弊去,那么法就恢复了它的本来作用了。可知二人对于变革,龚自珍是积极的,而魏源则是消极的。两人态度之所以有如此之差别,分析起来,是两人的思想根源的不同。

定庵思想渊源于老庄的自然主义。在他的文集中,最能体现他这种思想的是他的《病梅馆记》。这是一篇不过300来字的小文,写江南有几个有名的产梅的地方,那些职业的鬻梅者,听从当时一般文人画士的意见,把好端端的梅,用人工给以束缚、改造。其结果,这些梅都遭到摧残,失去了原来的自然之美。定庵把这些梅买了300盆,"皆病者,无一完者"。他为此"泣之三日,乃誓疗之,纵之,顺之。毁其盆,悉埋于地。解其棕缚。以五年为期,必复之,全之"。作者又说:"予本非文人画士,甘受诟厉。辟病梅之馆以贮之。"作者最后说出自己的愿望道:"呜乎!安得使予多暇日,又多闲田,以广贮江宁、杭州、苏州之病梅,穷余生之光阴以疗梅也哉!"这篇文章虽短,但意义却很深远。从思想和艺术上看,显然受有《庄子·马蹄篇》的启发,但比起《马蹄篇》,不仅毫无逊色,而且过之。这是一篇要打破一切成文的或不成文的清规戒律,来一个彻底解放一切不合理的束缚的宣言书。

龚自珍观察事物,往往能从事物本质出发,抓住事物的要领。即如他在《述思古子议》中,写他对于论文的看法,文中从语言文字本身的作用上,指出一个人如果没有话要说,而要强之使说,结果是语无伦次,如醉如呓之言。这样,自己写的东西连自己也不知讲些什么,而这正是当时在科举制度下,一般试生应试时所写的"八股文"。当时天下当父兄的,为了自己子弟们的功名利禄,没有不是让他们走这条路的。别人非难他们,他们都异口同声地说这是"功令","功令实观天下之言"。定庵在文中马上驳斥道,"童子但宜讽经,安知说经?""曰'功令兼观天下怀人、赋物、陶写性灵之华言'"。文中又驳道:"夫童子未有感慨,何必强之为若言?然则天下之子弟,心术坏而义理锢者,天下之父兄为之。父兄咎功令,宜变功令!"至于如何来变,定庵提出用汉代讽书射策的办法以及采用当时的具体录取标准。这样办法如果能实施,就可以做到"功令不缛,有司不眩,心术不欺,言语不伪"的地步。定庵后边又提到说经的问题,他说:"至于说经,则老年教学之先生为之,成人有德者为之,髦卟姑毋庸;私家著述,藏名山者为之,大廷姑毋庸。诗赋则私家之言,又不急之言也。及夫唱叹蔓衍之文章,大廷试士毋庸。"以上是龚自珍对朝廷试士立法的具体建议,即废八股,停说经,而代之以汉代射策之法。这样才能选拔出有用的人才。龚自珍对当时例行的考试制度是反对的,认为那只能坏人心术,无助于真正人才的选拔,一般的父兄只知咎功令,定庵则直接了当地提出应"变功令"。

魏源的思想与龚自珍不同,他的思想根源还是那一套传统的儒家观点。他在《国朝古文类钞序》中认为,《六经》为"古今文字之辰极"。一般诗赋作者,"不知约《六经》之旨成文,而文始不贯于道"。南朝肖、徐的诗文选本"不知祖《诗》、《书》文献之谊,瓜区豆剖,上不足考治,下不足辨学,而总集始不秉乎经"。这种观点,还是桐城派宗法唐宋八大家的老一套,和龚自珍"文章不甚宗韩、欧",完全是背道而驰的。所以在政治改革上,当然和龚自珍的要求打破一切清规戒律的束缚,来一个一空依傍,彻底解放的精神是大相径庭的。无怪乎魏源"不轻言变法",而主张"惟去法外之弊。弊去,而法又复其初矣"的遵纪守法思想,这和龚自珍的变法之议纯粹是两条道路。

由于龚、魏二人思想根源有儒道两家的差异,这样对现实政治的改革,就出现了积极与消极的两种态度。所以晚清在咸、同时期,言改革者,多推崇龚氏,而在思想界几乎很少不受龚氏的影响的。梁启超在所著《清代学术概论》二十二中说:

> 段玉裁外孙龚自珍,既受训诂学于段,而好今文,说经宗庄刘。自珍性跌宕,不检细行,颇似法之卢梭,喜为要眇之思。其文辞傲诡连犿,当时之人弗善也。而自珍益以此自熹,往往引公羊义讥切时政,抵排专制。晚岁亦耽佛学,好谈名理。综自珍所学,病在不深入,所有思想,仅引其绪而止。又为瑰丽之辞所掩,意不豁达。虽然,晚清思想之解放,自珍确与有功焉。光绪间所谓新学家者,大率人人皆经过崇拜龚氏之一时期。初读定庵文集,若受电然,稍进,乃厌其浅薄。然今文学派之开拓,实自龚氏。

说到这里,不能不令人想到中国现代伟大的思想家、文学家鲁迅先生,他的诗文都深受定庵的影响。特别是他的杂文对中国社会的分析与揭发,尤其在20世纪30年代,对当时现代评论派、新月派自称为"正人君子"们的丑恶的言行的刻画,令我们不由的想起定庵的《明良论》中对当时官僚阶层的刻画,可谓前后如出一辙。沈尹默在《追怀鲁迅先生六绝句》中说"少时喜学定庵诗,我亦离居玩此奇。血荐轩辕荃不察,鸡鸣风雨已多时",这是一个有力的说明。沈尹默的评论,是他个人当时亲身感受的自述,应该说是最真实不过的。

(原载1992年《河南大学学报》第5期)

章太炎与五四新文化运动

　　我们治学术史的,对新旧两个时代的思想,应特别注意其递嬗之迹。一种改革,其端往往发于前人,不知者,以为系辟空而来,实际探索其原委,都能找出其来龙去脉。即如章太炎,近人往往把他看成一个守旧的学者,原因是由于不阅读他的著作,即令看,也不注意他的思想体系和前后的发展,于是便任意加以批评。殊不知,世人所称道的现代划时代的新文化运动与运动中所争论的最突出的问题,如孔教问题、文学革命问题等,在晚清太炎已于论学时提及。五四时代关于批孔,陈独秀、吴虞等人说来说去,并未能超出太炎所讲的范围。后来胡适称赞吴虞是"只手打倒孔家店的老英雄"(《吴虞文录序》),说明胡适当时并未阅读太炎关于这方面的论著。此外,又如关于鬼神的有无问题、文学革命问题,五四时期的革新者也大半是承太炎的余绪。过去曾经参加五四新文化运动诸公,如钱玄同、沈兼士、朱希祖以及鲁迅、周作人等都是章门弟子,章氏既为一守旧的学者,而其弟子竟成为文化革新的急先锋,这岂不是件怪事! 后来详读太炎在晚清时期一些论著,始知前边所提到的诸先生,他们的学术,不但继承了其业师之遗训,并能加以发扬光大,与一般墨守者不可同日而语矣。

　　现仅将太炎在学术上革新之论与五四新文化运动的倡导者的观点略作比较,以说明他们之间的渊源关系。

一、关于批孔问题

（一）对孔子的评论。太炎早年发表的《诸子学略说》中，其言论极大胆，而态度又极坚决。把孔子降而与诸子并列，已不大尊圣。进而又视孔子为一热衷利禄之徒。他说：

> 儒家之病，在以富贵利禄为心。盖孔子当春秋之季，世卿秉政，贤路壅塞。故其作《春秋》也，以非世卿见志。其教弟子也，惟欲成就吏才，可使从政。而世卿既难猝去，故但欲假借事权，便其行事。是故终身志望，不敢妄希帝王，惟以王佐自拟。观荀卿《儒效篇》谓："大儒者，天子三公也；小儒者，诸侯大夫士也；众人者，工农商贾也。"是则大儒之用，无过三公，其志亦云卑矣。

揭示孔子所谓"中庸"，实无异于"乡愿"。

> 其（孔子）自为说曰："无可，无不可。"又曰："可与立，未可与权。"又曰："君子之中庸也，君子而时中。"孟子曰："孔子，圣之时者也。"荀子曰："君子，时绌则绌，时伸则伸也。"然则，孔子之教，惟在趋时。其行义，从事而变。故曰："言不必信，行不必果。"
>
> 其诈伪既如此，及其对微生亩也，则又以疾固自文。此犹叔孙通对鲁两生曰："若真鄙儒不知时变也。"所谓"中庸"，实无异于"乡愿"。彼以"乡愿"为贼而讥之，夫一乡皆称"愿"人，此犹没身里巷，不求仕宦者也。若夫逢衣浅带，矫言伪行，以迷惑天下之主，则一国皆称愿人，所谓"中庸"者，是"国愿"也，有甚于"乡愿"者也。

揭示孔子受学于老子，后竟背之。

> 孔学本出于老，以儒、道之形式有异。不欲崇奉以为本师。……而惧老子发其覆也，于是说老子曰："乌鹊孺，鱼傅沫，细要者化，有弟而兄啼。"（见《庄子·天运篇》）意谓已述《六经》，皆出于老子。吾书先成，子名将夺，无可如何也。老子胆怯，不得

不曲从其请。逢蒙杀羿之事,又其素所怵惕也。胸有不平,欲一举发,而孔氏之徒遍布东夏,吾言朝出,首领可以夕断。于是西出函谷,知秦地之无儒,而孔氏之徒,无如我何,则始著《道德经》以发其覆。藉令其书早出,则老子必不免于杀身,如少正卯在鲁,与孔子并,孔子之门,三盈,三虚(见《论衡·讲瑞篇》)。犹以争名致戮。而况老子之凌驾其上者乎!呜呼!观其师徒之际,忌刻如此,则其心术可知,其流毒之中人,亦可知矣。

最后,太炎总论儒家说:

> 用儒家之道德,故艰苦卓厉者绝无。而冒没奔竞者皆是。俗谚有云"书中自有千钟粟"。此儒家必至之弊,贯于徵辟、科举、学校之世,而无乎不遍者也。用儒家之理想,故宗旨多在可否之间,论议止于函胡之地。彼耶稣,天方教,崇奉一尊,其害在堵塞人之思想。而儒术之害则在淆乱人之思想,此程、朱、陆、王诸家所以有权而无实也。

接着太炎又拿墨子与孔老相比道:

> 虽然墨子之学,诚有不逮孔老者,其道德则非孔、老所敢窥视也。

这是太炎早年之作,里面所引事实,可能不甚确凿。对孔子之批评,也有可商榷之处。故晚年所刊全集删去此篇。不过在封建专制时代,是竭力维护孔圣人的尊严的,非有冲破网罗的革命精神,是不敢发出此种离经叛道的议论的。太炎以后对孔子的见解虽略有变化,但大体仍是尊道而抑儒,对孔子制行则以权谲目之,与当时之以素王尊孔者,则迥乎不侔矣。

(二)论孔学之不适于今日。太炎《与人论朴学报书》云:

> 自周孔以逮今兹,载祀数千,政俗迭变,凡诸法式,岂可施于挽近?故说经者,所以存古,非以是适今也。先人手泽,贻之子孙,虽污垢伫劣者,犹见宝贵。若曰尽善,则非也。《礼经》十七篇守之贵族,不下庶人。皇汉逮今,政在专制,当代不行之礼,于今无用之仪,而欲肆之郡国,渐及乡遂。何异导人欲变今日之

语，反之三代之古音乎！《毛诗》、《春秋》、《论语》、荀卿之录，经纪人伦，平章百姓，训辞深厚，宜为典常。然人事百端，变易未艾。或非，或题，积久渐明，岂可定一尊于先圣。《春秋》三统三世之说，无虑陈其概略。天倪定分，固不周知。岂有百世之前，发凡起例，以待后人尊其格令者！故知通经致用，特汉儒所以干禄，过崇前圣，推为万能，则适为桎梏矣。

这是极弘通的见解。

（三）评欲建孔教者之是非。太炎在《驳建立孔教议》中说：

中国未有宗教，"老子称以道莅天下，其鬼不神；孔子亦不语神怪，未能事鬼"，"今人猥见耶稣、路德之法，渐入域中，乃欲建树孔教以相抗衡。是犹无疮痏，无故灼以成瘢，乃徒师其鄙劣，而未有以相君也"。

学校诸生，所尊礼，犹匠师之奉鲁班，缝人之奉轩辕，胥吏之奉萧何。各尊其师，思慕反本。本不以神祇灵鬼事之⋯⋯今以世人拜谒孔子，谓孔子为教主，是则轩辕、鲁班、萧何，亦居然各为教主矣！若以服用世殊，今制异古，故三君不能擅宗教者。此则民国肇建，制异春秋，土俗习行，用非士礼。今且废齐斩之服，除内乱之诛。虽孔子且得名为今之教主乎？

孔子之在周末与夷惠等夷耳。孟、荀之徒曷尝不竭情称颂，然皆以为百世之英，人伦之杰，与尧舜文武伯仲，未尝侪之圜丘清庙之伦也。及燕齐怪迁之士兴于东海，说经者多以巫道相糅，故《洪范》旧志之一篇耳，犹相与抵掌树颊，广为抽绎。伏生开其源，仲舒衍其流。是时适用少君、文成、五利之徒，而仲舒亦以推验火灾，救旱止雨，与之校胜，以经典为巫师豫记之流，而更曲傅《春秋》，云为汉氏制法，以媚人主而棼政纪⋯⋯夫仲舒之托于孔子，犹宫崇、张道陵之托于老聃。今之倡孔教者，又规摹仲舒而为之矣。彼岂不曰东鲁之圣，世有常尊，今而废之，则人理绝而纲纪斁邪！此但知孔子当尊，顾不悟其所尊之故。今不指陈，则无以餍人望。盖孔子所以为中国斗构者，在制历史，布文籍，振学术,平阶级而已……总是四者,孔子于中国为保民开化之宗,不为教主。

以德化则非孔子所专,以宗教则为孔子所弃。今忘其所以当尊,而以不当尊者奉之,适足以玷阙里之堂,污泰山之迹耳。

总观以上之论,则太炎视孔子不过为一史学家与教育家。他的主张,在现在已多不适时,至其行谊,亦多有可议者,而世人无识,妄欲建立孔教,以孔子为教主,实为荒唐悖谬之论。

以上太炎对世人欲建立孔教之议,已做了严正的驳斥。下边拟将新文化运动时期,一般批孔者的言论,略举一二,以与太炎之论相较。

吴虞是当时胡适誉为"只手打倒孔家店的老英雄"(《吴虞文录序》),是深受太炎影响的学者。他在五四批孔的论文中,一则曰:

知政治、儒教、当革改者,章太炎诸人也。(《读荀子书后》《新青年》三卷一号)

再则曰:

明李卓吾以卑侮孔、孟,专崇释氏,为张问达所劾,遂死狱中。所著《焚书》,两次被毁,言论出版皆失自由。则儒教徒之心理,与犷悍可以想见。谬种流传,至今日某氏搜取章太炎《诸子学略说》,烬于一炬,而野蛮荒谬之能事极矣!(《儒家主张阶级制度之害》,见《新青年》三卷四号)

这都是最好证据。吴氏之论亦多本于太炎。如论孔子之学本于老子、尊道而抑儒、孔子之官僚主义与其对新思想之遏遇等,与太炎的主张相吻合。

陈独秀反孔教之言,亦至多,其主要论点:孔子之道,不适于现代;礼教思想根本与共和国体不相容;不可以孔教为国教。

此又与太炎之论如出一辙也。

我们试将吴(虞)陈(独秀)二人批孔之论与太炎相比较,就可以看出,他们都是有所本的。所以近代以反孔教而论,太炎真可谓功之魁,而祸之首了。不过到了后来,一般人都尊吴、陈为思想界之革命家。而一般顽固的遗老们,又骂吴、陈为无父无君的禽兽。而对章太炎反孔之论反而不甚注意,这不能不说是一件怪事。总之,论功的话,吴、陈似不应独居;论罪的话,太炎也应分一点谤才对。

二、鬼神有无问题

太炎著有《无神论》一文,其大旨为:

(一)驳基督教以为耶和华创造世界,故为世界之主之说为非是。

如上所说,则能摘其宗教之过,而尚不能以神为绝无。尝试论之,曰:若万物必有作者,则作者亦更有作者。推而极之,至于无穷。然则神造万物,亦必被造于佗,佗又被造于佗。此因明所谓犯无穷过者。以此断之,则无神可知已。

(二)评吠檀多教之不彻底。

故由吠檀多教之说,若变为抽象语,而曰真如无明,则种种皆可通。若执此具体语,而曰高等梵天劣等梵天,则种种皆不可通。此非有神教之自为障碍邪!

(三)赞成斯比诺莎泛神论之说,但犹谓其以神名之非是。

近世斯比诺莎所立泛神之说,以为万物皆有本质,本质即神。其发现于外者,一为思想,一为面积。凡有思想者,无不具有面积。凡有面积者,无不具有思想。是故世界流转,非神之使为流转,实神之自体流转。离于世界,更无它神。若离于神,亦无世界。此世界中一事一物,虽有生灭,而本体则不生灭。万物相支喻,如帝网互相牵掣,动不自由。乃至三千大世界,一粒飞沙,头数悉皆前定。故世必无真自由者。观其为说,以为万物皆空,似不如吠檀多教之离执着,若其不立一神,而以神为寓于万物,发蒙叫旦,如鸡鸣后,瞻倾东方,渐有精色矣……虽然神之称号,遮非神而言,既曰"泛神",则神名亦不必立。此又待于刊落者也。

(四)评赫欠图门之说,谓其介于一神、泛神二论之间。太炎总有神之说,谓其无根据如此。

而精如康德,犹曰神之有无,超越认识范围之外。故不得执神为有,亦不得拨神为无。可谓千虑一失矣。

今观婴儿堕地,眙视火光,目不少瞬。是无不知有物质者也。少有识知,偶有蹉跌,头足发痛,便自捶打。若曰:此头此足,令我感痛,故以此报之耳。是不执色身为我,而亦知有内我也。若神,则非儿童所知。其知之者,多由父兄妄教。否则,思虑既道,妄生分别耳。然则人之念神,与念木魅山精何异。若曰:超越认识范围之外,则木魅山精亦超越认识范围之外,宁不可直拨为无耶?

太炎不信有神,鬼与神为同类,自亦在否定之列。新文化运动时,所标之口号,一曰赛因斯(科学之译音),二曰德谟克拉西(民主主义之译音),因为崇科学,自然崇实证。于是对虚妄无稽之神鬼论,自在驳斥之列。《新青年》中,首先揭露的有陈独秀的《有鬼论质疑》,文中仅仅提出一些质疑、有商讨之意。继之有易白沙发表的《诸子无鬼论》,引征古代哲人之论,并申述其见解。

当时对鬼神的辩论,未成为中心问题。故未见有极精彩的论著。他们所论的,不管是主张"有"或"无",均不及太炎之论之能抓住问题的核心而予以根本的解决也。

三、文学革命问题

关于文学革命,似乎与章氏无关,实际则不然。当时的新文学,不论其形式与内容,在最初都受到太炎的启示。首先是钱玄同,一般人都晓得,当时胡(适)陈(独秀)发难,提出文学革命问题,而最早响应的,不能不推钱氏。根据他的自述,他之主张白话是受其师章太炎的影响。他说:

章先生于1900年著了一本《新方言》,他说:"考中国各地方言,多与古语相合,那么古代的话,就是现代的话。那么现代所谓古文,倒并不真古。不如把古语代替所谓古文,反能古今一体,言文一致。"这在现在看来,自然觉得他的话不能通行。然而我得到了这"古今一体,言文一致"之说,使我绝对不敢轻视现在的白话。从此便种下了后来提倡白话之根。民国元年(1912)一月,章先生在浙江省教育会欢迎会上演说,他曾说"教育部对于小学校删除读经固然很对,但'外国语'与'修身'也应删去。历史宜注重,将来语言统一以后,小学教科书不妨用白话来编"。我对白话文的主张,实在植根于那个时候,大部分是受章先生的影响。(《文化与教育》二十七期熊梦飞所记《钱玄同先生关于语文问题的谈话》)

其次,太炎对中国历代文章,最推崇的是魏晋名理之文。他说:

> 魏晋之文,大体皆埤于汉,惟持论仿佛晚周,气体虽异,要其守己有度,伐人有序,和理在中,孚尹旁达,可以为百世师矣。

> 效唐宋之持论者,利其齿牙;效汉之持论者,多其记诵,斯已给矣;效魏晋之持论者,上不徒守文,下不可御人以口,必先豫之以学。(《国故论衡·论式》)

因为太炎对汉文、唐宋文不大满意,而桐城又为唐宋之后继,选派又为汉文之后劲,故钱先生于五四文学革命运动中才有"桐城谬种,选学妖孽"之论也。

在创作上,受太炎影响最深的,恐怕要数鲁迅了。周作人《关于鲁迅之二》中说:

> 戊申年(1908)从太炎先生讲学,每星期日至小石川"民报社"听讲《说文解字》。丙丁之际,我们翻译小说还多用林氏的笔调。这时候,就有点不满意,即严氏(按指严复)的文章,也嫌他有八股气了。这就是受了太炎的影响。太炎评又陵谓"文近于制举"。以后写文,多喜用本字古义。《域外小说集》中,大都如此。斯蒂普虐克(Stepaniak)的《一文钱》曾登在《民报》上,请太炎先生看过,改过好些地方。至民九重印,因恐印刷为难,始将这些古字改为通用的今字。这虽是一件小事,但影响并不细

小。如写"鸟"字下边必只两点。见"槩"字,必觉得讨厌。此所谓文字的一种洁癖,与复古全无关系。

以上说的是翻译,后来《新青年》中的《狂人日记》用小说痛骂礼教,实与当时反孔教的论调相呼应。直至以后,他在杂感集中,始终以攻击封建思想与传统思想为目的。这都不能说不是太炎的主张有以启之。

统观前论,则太炎与新文化运动之关系已昭然若揭。至于他之所以有这样弘通之见,可以说完全由于老庄之"变"的思想,加上朴学家的实事求是与无征不信的精神而产生的。这里面没有西方学术的因素,几乎完全是东方的。"五四"提倡新文化运动诸大师,大半是欧美留学生,他们饱受西方资本主义的熏陶,高呼介绍赛(科学)德(民主主义)到中国来。于是后来遂蔚成风气,逐渐形成了新的一代的学风。与太炎思想的渊源似不完全相同。太炎对于东方文化,有着坚强的自信(可考其《原学》一文),故言论不免含有保守的意味。于是嗜古之士,不免借太炎以为口实,其实太炎何尝是如此呢?

(原载1993年《中州学刊》第2期)

其他

东西洋文学中之恋爱观

因与友人闲谈,不觉涉及中国过去的男女恋爱,其方式与西洋绝然不同的上面。西洋男女之表示爱情,固然在行为上可以很显明的看到,然而在口头上,每每是"爱"不离口的,所以我们从西洋的文学书中,关于男女恋爱的描写,可以看到许多很动人听闻的话头,无论是男同女,都可以尽情的把他们的内心的不可遏抑的爱,宣示给对方(莎翁的《罗密欧与朱丽叶》一剧中,罗密欧初次与朱丽叶相会的一段,就是很好的例证)。同时还可以拥抱接吻,表示出爱的态度来(同上一剧之第五场,又是一个很好的例证)。但是中国的文学书中就不然了,即从元稹的《蝶恋花》词中的"不为旁人羞不起,为郎憔悴却羞郎"之句看来,已足以代表中国男女之恋爱方式了。过去的中国男女恋爱,非常的困难,在社会上是绝不允许的,所以他们有机会彼此互相爱恋的时候,他们不敢公然的表示出来,光能害相思病,而一句相恋的话都不敢说,他们内心的爱的烈火简直找不到正当的发露的机会。所以只能就很细微、很迂远的地方流露出来,结果这就使文学作家格外的为难。我们看《红楼梦》中贾宝玉捱打的一回就是很好的例子,宝玉被他父亲打的死去活来,当然他的恋人黛玉的心中是很难堪啦,因之就哭肿了两只眼睛同桃一般。后来宝玉见了深会此中底蕴,为表白他了解她的爱的心情起见,特地送给她几个手帕,这些地方都是作者的烘云托月的写法。再如宝钗于宝玉的受气,自然也非常的难受,说道:"早听人一句话,也不至有今日。别说老太太、太太心疼,就是我们看看,心里也……"刚说了半句,又忙咽着,自悔说的话太急了,不觉红了脸低下头来。像这一样的例子,多得很呢。这是当恋爱的时期是如此,即令结婚以后,一样的还不能在大庭广众之间有所表示,甚而在许多人之中,他俩反不能交换一语(黄遵宪《新嫁娘》诗中"几分羞涩更矜持,心善防人人不知,乍见郎来佯掩避,背人却向绣帷窥"最足以表现此种情景)。就是在深闺中所表示的两人之爱,也不全是拥抱同接吻,而也是很奇特的。如李后主词中之"烂嚼红绒,笑向檀郎唾"同李易安词中的"眼波才动被人猜"等等都是有着深味的,可是自从文学革命以来,就大大的不然了。在白话文的小说中、戏曲中、诗歌中能找到许多许多与西洋文人所写的无大差异的举止同词句。男女的胆子的确放大了,以前的慕爱之河,只能在深邃的地下潜流,而现在呢?可以在大地上奔驰了。"我爱啊!""你是我的生命啊!""我是为你而生存啊!""心肝儿肉啊!"等等肉麻的字眼,真是有点美不胜收。这是什么原因呢?很简单的说吧,就是由于社会的局面改变了,思想解放了,男女大防打破了,恋爱又成了至高无上时髦而光荣的事,已不像以前所谓"穿穴隙相窥,踰墙相从,则父母国人皆贱之"的那样丢脸了。同时呢?社交公开,什么"男女授受不亲"已成为腐臭的屁话了。您想吧!社会已经变到这个样子:从不出闺门的千金小姐,而一跃为交际场中的明星;从裹着三寸金莲小脚,而一跃穿着长统丝袜同高跟鞋。那么以反映社会为重要职务的文学,它的内容能不也随之而邅变吗?自从东西洋的交通大开后,西方人赖东方人之启示,而益发认清了自然界的优美(参看厨川白村《东西洋之自然诗观》)。同时呢,东方得到西方人的思想与精神,而把男女的恋爱公开化了,而其结果,则使东西洋的文学上都生出了可惊的邅变。

一九三〇,十一,十五。
(原载《师大国学丛刊》第1卷第2期)

听觉文艺描写方法之研究

宇宙间的事事物物，要是大致地说起来，恐怕不外乎形、声、色这三类吧。有的是有声而无形、色的，如风；有的是形、声兼有而无色的，如水；有的是三者俱备的，如动物，再如人们所造的各种乐器。

文艺家处在这茫茫大宇宙的圈子里，同宇宙相形之下，真是"沧海之一滴"、"九牛之一毛"。假如他们要想把宇宙间的事事物物，都描摹得惟妙惟肖，真可以说是"夸父追日"，煞费苦心，所以他们只有各尽所能，去描摹宇宙间的一部分罢了。至于这三种东西——形、声、色，普通人对它们的分别，既很抽象，也很简略。譬如声，仅有粗、细、高、低之不同；形，仅有方、圆、棱、扁之相异；色，仅有红、黄、蓝、黑……之差别。所以这只能拿来形容那些很简略的事物。至于变化复杂一点的，这些形容词就有些不敷应用了。因此文学家就不得不借比喻的手段，以此物喻彼物，以彼物比此物，使他们所经验的对象，用文字作媒介，传达给读者。不过这种传达的方法已经是不大容易了。本文即是对一段文学家描摹听觉文艺方法的讨论。换言之，就是要探讨他们如何用文字传达声音的手段。

谈到声音，可以说真是复杂到极点了。声音的发生，完全是由于振动的原因。假如宇宙间的一切都是静止的话，我们相信宇宙会像死一般的寂寞。但是宇宙间的事物毕竟是运动的，因此宇宙间的声音就借此产生了。

关于声音的发生,是像刚才所说的,由于动的原因,至于声音的分类呢,在庄子的《齐物论》里,他把声音按着发生的不同分为三类,即一、"天籁",二、"地籁",三、"人籁"。"天籁"是宇宙间自然的声音,"地籁"是各种窍穴被风所吹而鸣者,"人籁"即人们所造的各种器乐。这三种造成声音的原因,可以说是繁复玄妙到万分了。法国的文学家佛罗贝尔说道:"天地间没有一粒沙,一个树叶,一个鼻子,是与别的相同的。"这是对于形体方面观察的结果。至于声音呢,我也可以说:"没有一种哭声,或笑声,是同别的相同的。"但是一般人去描写声音,每每说到秋风,就会拿出"萧瑟"来形容;说到妇女的啼泣,就会拿出"嘤嘤"来形容。其实,秋风的声音,妇女的啼泣,能都相同吗?恐怕差别非常的大吧!然而,一般人的感觉是迟钝的,因此,一般文学家想得到世人的欣赏或赞许,就不能不因袭这些习惯的字眼。而这些只会因袭而不能创造的作者,我们更不敢苟且的去恭维。须知文学贵乎创造,而于描摹声音,尤当注意,因为艺术的作品,目的在激起读者情感,然而最容易动人的,莫过于声音了。当我们读着《西厢记》的《琴心》和白乐天的《琵琶行》时,就会不觉地为之神往。因此研究文学的,对于这一点自然得特别留意一下。现在新文学已经在发荣滋长的时代,普通的作品都不免幼稚,如果我们要想使作品内容充实,外表秀丽,一方面固然在于我们要切实地去观察人间的事物,而另一方面即不能不翻阅旧来的作家的作品,看看他们描写听觉文艺的手腕同方法如何。当然,我们不是要模仿,而是拿来作为我们的参考。近年来每读小说与戏曲,觉得过去的森林般的作家里,对于听觉文艺的描写,从外表上看固然各有各的特色,但就方法上说可以归纳为以下几类:一、象征的方法;二、比拟的方法;三、具体的方法;四、直述的方法。现就这几种方法分述于下。

一、象征的方法

这是一种说明听者的感觉的方法。就是作者不说某一种声音如

何好或坏,凄凉或欢愉,他仅仅把这些听者听了某一种声音后所起的反应的情形说出来,结果便把音调的如何,象征出来了。例如:

　　王小玉便启朱唇,发皓齿,唱了几句书儿。声音初不甚响亮,觉得耳畔有说不出的妙音,五脏六腑像熨斗熨过,无一处不伏贴,三万六千个细毛孔像吃了人参果,无一处不畅快。(《老残游记·白妞说书》)

　　客有吹洞箫者,依歌而和之……舞幽壑之潜蛟,泣孤舟之嫠妇。(苏东坡《赤壁赋》)

　　子在齐闻《韶》,三月不知肉味。(《论语·述而》)

　　胡笳互动,牧马悲鸣,吟啸成群,边声四起。晨坐听之,不觉泪下。(李陵《答苏武书》)

这类例子很多,例如,说音乐好,便曰"余音绕梁,三日不绝",还有什么"凤凰来翔"啦,"百兽率舞"啦,总之,这种方法可以说是一种象征。作者只是把听者所得的反应告诉给读者。至于读者呢?仅能晓得这种声音是悲是乐,是忧是欢。但究竟怎样的悲乐忧欢?悲乐忧欢到什么程度?作者则毫无提及。例如,孔子云"不知肉味",老残云"像吃人参果"。然而,我们的读者没听到过《韶》,从没感到不知肉味;也没吃过人参果,更不晓得白妞的唱腔是如何的美妙。至于我们读者所获得的,不过是一个抽象的渺茫的"好"字而已。

二、比拟的方法

这种方法较为困难,作者非有丰富的经验不可。世间的声音有的单调,有的复杂。描写单调的容易,描写复杂的自然就困难。所以一般大作家常用单调的声音,去比拟复杂的一部分,而从这单调的声音中,去领略出这种复杂的声音的变化。例如:

　　轻拢慢捻抹复挑,初为《霓裳》后《六幺》。大弦嘈嘈如急雨,小弦切切如私语。嘈嘈切切错杂弹,大珠小珠落玉盘。间关莺语花底滑,幽咽泉流冰下难。冰泉冷涩弦凝绝,凝绝不通声暂歇。别有忧愁暗恨生,此时无声胜有声。银瓶乍破水浆迸,铁骑突出刀枪鸣。曲终收拨当心画,四弦一声如裂帛。东船西舫悄无言,惟见江心秋月白。(白居易《琵琶行》)

〔天净沙〕莫不是步摇得宝髻玲珑?莫不是裙拖得环佩叮咚?莫不是铁马儿檐前骤风?莫不是金钩双控,吉丁珰,敲响帘珑?

〔调笑令〕莫不是梵王宫夜撞钟?莫不是疏竹潇潇曲槛中?莫不是牙尺剪刀声相送?莫不是漏声长滴响壶铜?潜身再听,在墙角东,原来是近西厢谁理丝桐。

〔秃厮儿〕其声壮,似铁骑刀枪冗冗。其声幽,似流水落花溶溶。其声高,似风清月朗鹤唳空。其声低,似听儿女语,小窗中,喁喁。(《西厢记·琴心》)

初淅沥以潇飒,忽奔腾而澎湃,如山涛夜惊,风雨骤至。其触于物也,鈚鈚铮铮,金铁皆鸣;又如赴敌之兵,衔枚疾走,不闻号令,但闻人马之行声。(欧阳修《秋声赋》)

抱向人前诉遗事,其时月黑花茫茫。初拨鹍弦秋雨滴,刀剑相摩毂相击。惊沙拂面鼓沉沉,砉然一声飞霹雳。南山石裂黄河倾,马蹄迸散车独行。铁凤铜盘柱摧塌,四条弦上烟尘生。忽焉摧藏若枯木,寂寞空城乌啄肉。辘轳夜半转呕哑,呜咽无声贵人哭。碎珮丛铃断续风,冰泉冻壑泻淙淙。明珠瑟瑟抛残尽,却在轻拢慢撚中。(吴梅村《琵琶行》)

我不想举这样多的例子,不过我不愿割爱。他们这些作书的手腕,已臻绝顶了,很能使我们感受到当时的情景。同时呢,我们的耳鼓中也隐隐约约地好像听到了这种声音似的。所以这种方法最难,而同时也是最有价值的。

三、具体的方法

作者把声音的强弱高低,当作一种具体的东西去描写。这种方法就是具体的。例如：

> 渐渐越唱越高，忽然拔了个尖儿，像一根钢丝抛入天际。不禁暗暗叫绝。那知他于那高的地方，尚能回环转折，几转之后，又高一层。接连着有三四叠，节节高起，恍如由傲徕峰西面攀登泰山的景象，初见傲徕峰削壁千仞，以为上与天齐。及至翻到傲徕峰顶，才见扇子崖，更在傲徕峰上；及至扇子崖，又见南天门更在扇子崖上；愈翻愈险，愈险愈奇。那王小玉唱到极高的三四叠后，陡然一落，又极力骋其千回百折的精神，如一条飞蛇，在黄山三十六峰半腰里，盘旋穿插；倾刻间周游数遍。从此以后，愈唱愈低，愈低愈细，那声音渐渐听不见了。（《老残游记·白妞说书》）

从来的作家，用白描的手法很少，因为很不易于为力。他这种描写，能令读者想像出声音的变化来，可以说较之那象征的手法，已经更上一层楼了。

四、直述的方法

所谓直述的方法，就是把声音如实地写在纸上。例如：

帘外雨潺潺。（李煜《浪淘沙》）

风飒飒兮木萧萧。（《楚辞·山鬼》）

宜围棋，子声丁丁然；宜投壶，矢声铮铮然。（王禹偁《黄冈竹楼记》）

呀呀的飞过蓼花汀，孤雁儿不离了凤凰城。画檐间铁马响丁丁，宝殿中玉槅冷清清。（马致远《汉宫秋》第四折）

这一类的例子，可以说触目皆是，不必多举了。这种方法固然容易，但作为描写声音之基础，也是不可忽视的。西洋之描写声音，有时很妙。如英文中之雨声为 patter，悲欢的声音为 Alas，惊奇的声音为 cho。可以说，令读者不用思索就知道当时的情景了。我们中国近时国音通行，日后有许多声音为汉字所没有的，用国音直接描写，这是最方便不过的啊!

  总以上四种,可以说已经把一般作家对于听觉文艺描写的方法约略地范围着了。我想普通的人去形容声音,总不外乎这四种,不过有的用一种,有的同时用两种或三种,再不然四种同时并用。反正方法是死的,只看作者怎样的随时活用了。现在我谨将这篇东西献给一般的青年文艺作家,当作你们的一个参考,同时还希望你们给我一个纠正!

十九年五月十四号于师大

(原载中华民国十九年六月廿六日——廿七日北平《新晨报副刊》)

碎　话

以前的《晨星》上(我们的《晨星》曾在开封出版至十二期,故本篇的作者于这里提及以前的《晨星》。现在在北平出版的《晨星》,其形式和内容都与前不同,故此次并未提及往事。治策附言)曾载有我几篇《碎话》。碎则碎矣,而话诚话得不漂亮。现在《晨星》又复活了,我呢?仍然是晨星社的社员,自己在凑热闹的责任上是卸不掉的。可惜自己太贫窳了,翻箱倒箧,简直找不出一篇所谓"鸿篇巨著"来,只不过有一些不伦不类、四不像的杂文而已。目下为简便计,仍总名之曰"碎话"。

一、谈谈风格

一提到风格二字,恐怕就是对于文学不大明了的人也都知道,这是每个作家所必须具备的条件吧!因为假若没有它的话,那就根本不配称作作家,宽宏一点去说,也不过是一枚文匠而已。这些文匠们的东西,或许可以骗人一时,但时过境迁,它是禁不起岁月的淘汰的,终究还是销声匿迹,不为世人所知。所以现在我们试读往古所遗留下来的作品,可以说每位作家都有他们自己的特有的风格,决没有两个人是绝对的神同形似,宛然如一的。但风格究竟是什么一回事呢?我觉得只有就作品的内容同外形(或者是作品的意义同组织)两方来解说,或许还会明白了它一个大概。

（一）内容。一篇作品必有它的内容。所谓内容,我们可以说是整个儿作者的表现。作者的个性喽,人生观喽,宇宙观喽以及他的环境影响于他而起的反应喽,可以说一一的都在文字中流露出来了。一个人的思想同环境固是变迁的,然而不能骤变;同样的,作者的作风固然也是要变迁的,然而也不能骤变。它虽说不是固定的,然而就在它的不固定中,也可以寻出它的演变的痕迹来的。每一个作家都有他先天所获得的个性,同时呢也有他后天所占有的环境,因此也就造成了他自己的思想,所以在他的作品中所表现的情感,无论喜怒哀乐,总是他自己的。同时,他所描写的对象也是他用他的眼所看到的。一个作家一生的作品所具有的风格固然不能尽同,然而在不能尽同之中,比较一下,毕竟是同多而异少的。在他自己每一篇作品中所表现出的,总不外乎他自己特有的情感、思想和经验。假若你读过某人的三五篇作品,它的内容是这样的表现着一桩事实,一种思想,一样情感,那么你再看他的其余的作品,即令不署名为某人作的,然而因为你觉得里边所表现的这三种东西同前者是相同,那么你就可以立刻断定这是某人的作品了。即不然,也是特意模仿某人的人作的。现在我们可以举一个目前的例子,如张资平。是好写三角恋爱的一位作家,你倘若读过他的《不平衡的偶力》,那么你再读他的《雪的除夕》,即令这部书上不署着他的大名,那你一定也可以猜得出来的。所以这是从内容方面考察作者作风的方法。

（二）外形。一篇作品是由字而成词,由词而成句,由句而成段,由段而成篇,这样的积起来的。一个作家他个人都有他自己特殊选字择词的习惯的,一个作家因为他的性格与人不同,所表现的情感,所描写的事实又与人不同,所以他自己就有他自己爱用的字和词。同时呢?他自己的词的组织,句的组织,段的组织,扩张而至于篇的组织,却是有他自己的习惯的。李白不能同于杜甫,柳宗元不能同于韩昌黎。所以因为这种原因,我们可以从每一个作家的作品中,看出他们每个人自己的遣字命词、组句织篇的规律同方法来。可是我们从这规律同方法上,就可以晓得某位作家他自己所独具的特有的风格。我们再举个例子,如于赓虞的诗,他的用字,据别人说是可以归纳成若干类的,所以不满意的读者,就斥之谓"千篇一律",但我以为不然,惟其因为他用字有许多相同,所以才足以表现出他的作品的特有的风格啊!

我常说,一个鉴赏者要想晓得某一个作家的作风,即应从这两方面去研究就可以了。最后,我还要附带的说几句话,就是一个初写文章的人,第一步当首先注意的就是要造成自己作品的风格。倘若没有风格,那我敢说你还没有资格去入作家之林呢!但是怎样才能造成自己的风格呢?我认为,内容方面应当有自己的见地,用自己的眼睛去观察一切,用自己的理智去批评一切,表现自己的情感,描写自己的经验,不要拾人牙慧,当一个文学界中的扒手。至于外形方面,要说自己的话,自己平常爱怎样说话,在文章上也不妨怎样说,不要摸拟别人,不要矫揉造作,那么慢慢的就可以露出自己的本来面目了。倘若你的作品中所表现的是你自己的本来面目,那么所谓"人心之不同各如其面",而作品之不同也各如其面。到这时,你已经有你自己的风格了。

我自己是何等的浅薄啊!然而竟敢大胆的来谈作品的风格,真是有点太不自量了。然而已经谈了,有啥办法呢?我只有恭候着别人骂我"胡说"了!

十八,十二,三十号于北平

二、小品文的源流

有时简直无聊,心中焦躁得同热锅上蚂蚁一般,什么也看不进去,而睡觉也难以入梦,结果非得乱走一阵不可。从图书馆走到寝室,从寝室走到自习室,再从自习室走到操场,从操场再回到图书馆,这样的无聊的度着时日,真是苦死了!前天这种无聊的旧病又犯了,我狠狠心呆坐在自习室里,拿起一册《永日集》读一下,自己心中想着看看能不能安心念下去。哈哈!这竟是一剂治疗无聊病的良药,越念越有兴趣,越有兴趣越往后边念,不觉之间念了多半本子,而无聊的心绪竟然会烟消云散了。后来读到《杂拌儿序》同《燕知草跋》二文,陡然间又引起我的习癖——考究文章源流的习癖来,在这两篇文章中,都有说明现在中国小品散文的来源的话,在《杂拌儿序》中有云:

我以前在重刊本《梦忆序》上曾经说过:"现代的散文,在新文学中受外国的影响最少,这与其说是文学革命的,还不如说是文艺复兴的产物。"

又云:

唐宋文人也作过些性灵流露的散文,只是大都自认为文章游戏,到了要做正经文章时,便又照着规距去做古文;明清时代也是如此,但是明代的文艺美术比较的有活气,文学上颇有革新的气象。公安派的人能够无视古文的正统,以抒情的态度作一切的文章,虽然后代批评家贬斥它为浅率空疏,实际却是真实的个性的表现,其价值在竟陵派之上。

在《燕知草跋》中他又这样的说道:

明朝的名士的文艺诚然是多有隐遁的色彩,但根本却是反抗的……大多数的真正文人的反礼教的态度,也很显然。这个统系,我相信到了李笠翁、袁子才还没有全绝,虽然他们已都变成了清客了。中国新散文的源流,我看是公安派与英国的小品文两者所合成。

我读了以后,我心中就有了去读公安派的文章的希望。但可惜关于明人的小品文,我只读过俞平伯先生标点的《陶庵梦忆》。至于袁氏兄弟的集子,我不但没读过,而且连他们集子的名字都不知道。于是我心中想着还是去翻翻《明史·文苑传》,大概可以晓得当时的文坛上的大概情形的。后来到国文研究室,把《明史》从灰尘中拉了出来,拣得两本《文苑传》,就又匆匆的跑回自习室去读去了。

在《明史·文苑传》中,有袁氏弟兄的传。在他们的传中,把公安

派的情形说得有一个大概,虽然不十分详细,可是我就从这大概中看出它的线索来了。现在不妨把明史中的记载抄在后边:

> 先是王、李之学盛行,袁氏兄弟独心非之。宗道在馆中,与同馆黄辉力排其说。于唐,好白乐天;于宋,好苏轼,名其斋曰白苏斋。至宏道益矫以清新轻俊。学者多舍王李而从之,目为公安体。然戏谑嘲笑,间杂俚语,空疏者便之。

我们就从这短短的记载中,可以知道公安派的来源同他们的主旨。他们的文章是清新轻俊,而且是戏谑嘲笑,间杂俚语,这种态度与古文家的态度真是相隔天壤。古文家是以文载道的,而他们则是以文发舒性灵的。古文家作文时则必拿出恭谨庄重的态度,拉长了面孔去述说圣贤的大道,而他们则是戏谑嘲笑,问杂俚语,完全是自然的态度。所以结果古文家的文章都是带着道学气,今人不可响迩。而他们的文章呢?则使读者寻味不尽。话又扯得远了,我们再谈谈它的来源吧。在《明史》中,不是这样的说吗?"于唐,好白乐天;于宋,好苏轼",那么他们的文章自然是源于白、苏啦(也可以说是宗法白、苏)。我们现在试看白、苏的文章是一种什么样子。

白乐天的诗是非常浅近易解的,在他与元九书中说道:

> 自长安抵江西三四千里,凡乡校、佛寺、逆旅、行舟之中,往往有题仆诗者,士庶、僧徒、孀妇、处女之口,每每有咏仆诗者。

在元微之给乐天做的《白氏长庆集序》中有云:

> 然而二十年间,禁省、观寺、邮候墙壁之上,无不书;王公妾妇、牛童马走之口,无不道。至于缮写模勒,炫卖于市井,或持之以交酒茗者,处处皆是。

从这儿可见,白乐天的诗是多么的通俗易解了。至于说他的散文呢,分量比他的诗差得多,至于风格方面同时自然是一样的。如《给元微之书》及《庐山草堂记》,均极清新可喜。也无怪乎袁氏宗之,而造成一种公安体了。至于苏东坡呀?他不仅擅于诗词,至于散文,尤妙。他虽说挂着儒家的招牌,旁人把他列在唐宋八家之中,但是他骨子里却是佛、道二家的思想。我们看他的朋友都是些什么人,而且他的《赤壁赋》写得那么样的清新俊逸,不是完全受着佛家的思想的陶冶的结果吗？至于他的小品文——手简,尤为出名,在《魏叔子的书简序语》上云"近也竞称苏、黄",可见他的手简是写得多么的好了。他的手简的源流自然是宗法六朝时之短札啦,如王羲之《无名氏之帖》,均风雅可喜。现在不妨举《无名氏之帖》与东坡的手简比较一下。

天气殊未佳,汝定成行否？寒食近,且住为佳耳。(《无名氏帖》)

岁云暮矣,风雨凄然,纸窗竹屋,灯火青荧,时于此间,得少佳趣。(《东坡与毛国云》)

黄州真在井底,杳不闻乡国信息,不审比日起居如何？郎娘各安否？此中凡百粗遣,江上弄水挑菜,便过一日……或圣恩许归田里,得款段一仆,与子、众丈、扬宗文之流,往来瑞草桥,夜还何村,与君对坐庄门,吃瓜子炒豆,不知复有此日否？(《与王元直帖》)

这是多么隽妙的小品文啊！所以我敢说东坡的短札,确是来自六朝的。但是六朝短札来自何处呢？那我只有说是产生于六朝,因为在东晋的时候老庄之学大兴,在思想方面弄成了清谈的风气,这种清谈的风气影响于文学方面的,就是造成了反礼教的诗文。在诗文的风格方面,造成了清隽闲淡的一体。所以诗的方面,自陶渊明开其端,而后成了田园山水的一派；在文的方面,书简开其端,而后来如柳宗元之山水记与宋苏、黄之短札及明代之公安派,降而至于清之李笠翁、袁子才,近代之曼殊大师,都是这一派。所以最后谈到此地,我们得了一个结论,即

(一)小品文之祖是书简。

(二)小品文与佛、道二家思想有密切的关系。不是名士,不是看穿一切,蔑弃礼教,或恬淡的忘怀一切者,绝难作出清新隽咏的小品文。岂明老人在《燕知草跋》中说道：

大多数的真正文人,反礼教的态度也很显然。

这确是一句至论。因为无管是清之李笠翁、袁枚,无管是明之公安派,他们都是沿着六朝那种反礼教的风气的余流走的。我们假如说古文是属于儒家思想的,那么我中国以前小品文就不能不说是属于佛、道二家思想的。佛是令人恬淡寡欲,看破一切,而道则令人蔑弃礼教、反抗礼教。这两派思想的汇合,就成为小品文的构成的原素。惜我搜集材料尚少,不能多谈了。至于现在的小品,可以说一则为公安派与英国小品文之混血儿,一则为公安派与日本小品文之混血儿,质之岂明老人,不知彼以为然乎否也!

十九年四月十一号

(附)读《魏叔子文集》书后一则

《魏叔子文集》为其手自编定。故于每体之首,弁一小引,论本体之旨要,如手简引云:

> 简与书一也,吾闻古者史官,大事书之策,小事载之简牍,是亦有繁简大小之别焉。后世尺牍短篇还成一家之学,放喻理事,别是非,其取舍与书同。山水花鸟,饮酒期约,馈问之细,寥寥数言,情致是录,此其异于书也。然简亦有长言者,要之率意应手,取足写其胸中所欲,非必开阖起伏,斐然成一篇之格调也。汉、晋以来,代有殊指,近世竟称苏、黄,夫亦何所尚法哉。

按:手简之写法与小品文无大差异,其所写之事无非"山水花鸟,饮酒期约,馈问之细"事。其所写之方法,即"率意应手,取足写其胸中所欲,非必开阖起伏,斐然成一篇之格调也"。上周郭绍虞先生讲文学史,至魏、晋时期谓此时清谈之风大倡,而其好的影响即造成一种清俊之小品文。彼引无名氏帖以为例证,按此种帖即后世书简之祖。郭先生以之列为小品文,则手简自然也在小品文之列。所以中国之小品文,有两种形式,即一为书简,一为笔记。故言中国小品文者,不能不就此中探讨之也。

(原载民国十九年四月《晨星月刊》北平第一期)

谚语之研究

在近几年来研究民俗学的运动中,我觉得最足以引为憾事的,就是一般人太轻视谚语了。我们都晓得能反映民间生活的东西有三种:一、歌谣;二、谚语;三、歇后语。歇后语也称"透字",例如:"小秃跟着月亮走,谁也不沾谁的光。"这是表示一种极粗俗的滑稽与谐谑。有时在平民嘴中,借此颇可以增加谈话时的兴趣,至于对生活的表现上,远不及歌谣同谚语了。所以目下不妨把它撇开,专就谚语与歌谣,来论他一下。鄙人的意见,歌谣与谚语在研究民俗学者的眼中,应常视为价值相等才对。自然,要拿文学的眼光来看,谚语是远不及歌谣之美妙婉转啦,不过就表现平民的生活上说,几乎谚语之势力远过于歌谣,而无不及的。我们拿它们来同其他的学术来比,我可以说歌谣是文学的,而谚语乃是哲学的;歌谣是一般平民对于自己的生活加以感情化后所表现出来的,至于谚语,则是用理智的眼光对物质生活与精神生活加了许多次详细的考察了以后,归纳起来,下了一个结论。说到他们的用途,歌谣乃是对于日常生活的调节与慰藉,在田垅里,在荒山上,他们工作疲乏了,唱了几支山歌,就好像身上轻快了许多似的。而正在工作的时候,嘴里哼着,也会忘掉繁重的劳苦的。至于谚语呢,乃是日常生活的规则与准绳,当替某人家排难解纷的时候,它是常被引用的。所以过去的士大夫阶级,《三百篇》、汉魏六朝诗……是他们日常生活的歌咏的典籍;《论语》、《孟子》……是他们日常生活的标尺,在一般平民呢,歌谣就是他们的《三百篇》……而谚语就是他们的《论语》……我们现在既然不能说《三百篇》在给于士大夫阶级的影响是远过于《论语》的,那么现在我们就不能说歌谣的价值是远过于谚语的。我说这些话,并不是劝大家不要去抬高歌谣的价值,不要去热心的研究它,乃是劝大家于注意歌谣之暇,不妨再对于谚语略为光顾一下。而尤其是有志于研究民俗学者,对于谚语更不应忽视。我几年前曾在故乡①搜集了一些谚语,同时在读古书时又抄下了一点,所以才决意作了这篇文章。因为恐怕日久会把它们失掉的。倘若阅者能够因这篇文章而引起了注意谚语的兴趣,那么就算是不负我这番抛砖引玉的苦心了。

一、谚语的涵义。谚语二字,现在说起来常常并为一谈,已经成为一个不可分解的名词了。但是我们要去翻阅古书,就大大的不是这么一回事了。"谚"是"谚","语"是"语",既不沾亲,又不带故,连一丝一毫的关系都没有的。既然是没有关系,那么它们的涵义自然是不能够完全相同啦。

"谚",《说文》,传言也。(许注)"谚"、"传"叠韵。传言者,古语也。古字从十口,识前言。凡经传所称之"谚",无非前代故训。而宋人作注,乃以"俗语"、"俗论"当之,误矣。玄应引此下有谓传世常言也,盖庚俨默注。

我们看许氏注,谓"传言也",这倒很对。因为世俗中的"谚"是很普遍的,至于段注,谓大凡经十人之口就可以谓之谚,至经传所见之谚都是"前代故训"。这句话就不尽然。段氏的意思是,"谚"都是出于学者之口,并非世俗之言,所以他才说,宋人作注误矣。我们要知道经传所引之谚,固然有意义深奥,似非学者不辨,但也有很浅近的,怎么晓得这不是当时世人的传言,经著作家引用后,而加以润色与修饰了吧?

---

① 故乡:河南南召。

所以我认为"谚"是世俗所说之常言,而且有的是"故训",所谓"故训"也者,即含有劝戒的意味,亦即普通所谓格言。

"语",《说文》,论也。(许注)此即毛郑说也。语者,御也。如毛说,一人辩论是非谓之语。如郑说,与人相答问,辩难谓之语。

这种解释同《论语》的"说"字意义相合,而非我们现在所说的"语"的解释。在经传子史中,常常见到在"语"字上边加一"鄙"、"俚"、"俗"等形容词,这很可以证明"语"是世人的话而含有真理的。

至于"谚"与"语"什么时候才结了婚的,那还待考证。目下先就它们的涵义,给它们下一个共通的定义。"谚语"是一般人相传述的话。其中含有劝戒、教训等等的意味。有的也可以说是世俗所公认的有价值的格言。

二、谚语的起源。现在以我个人的臆测,觉得它的产生是有着两个来源的:

(一)经典故训。是一些典籍中的话,因为引用者多,于是渐渐的把它普遍化了。不只是限于智识阶级,即乡里间愚妇愚夫也都晓得。结果后来的引用者也多不知道它的出处,甚而把原意都变讹了。例如:

少小不努力,老大徒伤悲(从古乐府"少壮不努力"来的)。
贻笑大方(从《庄子·秋水篇》来的)。

其余如:"当断不断,反受其乱"是从《史记》中来的,"唇亡齿寒"是从《左传》中来的。总之,谚语与格言的分别,有时其间不能容发。不过格言是文人学士们笔之于书的东西,而谚语则是属于一般民众的,因此假若格言十足的普遍化后,就也可以说它是谚语。

(二)合于情理的话。它是完全出之于明达者的嘴里的。因为听者觉得很对,很合于情理,于是以后遇着相同的事发生时,也就引征这些话。从此一传十,十传百,渐渐的为一般人所晓得了。而最初究竟是谁说出的,也不知道了。这同歌谣之产生差不多,是同样的情形,这类的例子很多,如:

女长十八,不是填房便亲家。

穷嫌富不爱。

三、谚语的势力。要说到谚语的势力,真不能不令我们惊讶。它是民族精神的反映,平民思想的表现,刻之于人人脑海中的道德教条,无形中等于约束人的法律。一般人之相信它的程度远过于相信孔老夫子的嘉言懿行。这是什么原因呢?第一是由于切合于人民的日常生活。第二是明白通俗,容易明了。第三是大半都是叶韵的,便于记忆。所以古圣先贤们的话有时往往已经被人忘记到脑后了,而很老很古的谚语,依然为一般人所称道者。我们既然明白了这种情形,那么要想研究民俗学,想矫正一般人的错谬思想,非从研究谚俗下手不可的。

四、过去谚语的一斑。在我们中国,过去的谚语之散见于经传百家之书的真是举目皆是,以后《史记》同《汉书》中所载的更是车载斗量,不可胜计。但是"谚"同"语"照例是分开的,在前边已经说过了。例如:

谚曰:"蕞尔国,而三世执其政柄,其用物宏矣,其取精也多矣,其族大矣,所冯厚矣。"(《左传·子产》)

语云:"天汉其称甚美。"(《汉书·萧何传》)

从这里可以看到"谚"同"语"不是连为一词的。同时,在经传子史里也可以看到,而且文辞都很古奥,也就是前边我所说的,有的已经著作家之手,把它文雅化了,也好像古时的民歌,经文学家们的笔墨的渲染,实质虽存,而表皮已蝉蜕殆尽了。

现在把我从古书中见到的写在后面,随时加以按语。不过有的冠着"楚人"、"周人"等等形容词时,已经不是遍于各处,而只限于一隅了。例如:

周谚有之曰:"山有木,工则度之,宾有礼,主则择之。"见《左传》。

这大概是仅仅流行于周地的谚语。

楚人谚曰:"得黄金百,不如得季布诺。"(《汉书·季布传》)

因为季布是楚人,所以楚地才有这种传说。这也可以说谚语是因人而起的。同时,这种谚语以寥寥十字,把季布之为人慷慨豪侠的气概已经刻画暗示殆尽了。

诸儒为之语曰:"无说诗,匡鼎来,匡语诗,人解颐。"(《汉书·匡衡传》)

这也可以见到匡衡是多么的精于诗,而且善于说诗了。滑稽的匡衡,已尽在不言中了。

邹鲁谚曰:"遗子黄金满籯,不如一经。"(《汉书·韦贤传》)

我们读过《三字经》的都知道"人遗子,金满籯。我教子,惟一经"的话,须知这是来自《汉书》这句谚语。从这句谚语,更可考见汉时对于儒家的尊重多么的厉害了。谚语在历史上也是有着相当的贡献的。

其他多半近于告戒之类,今少举一二。

野俗有之曰:"众人重利,廉士重名,贤人尚志,圣人贵精。"(《庄子·刻意篇》)

谚曰:"力田不如逢年,善仕不如遇合。"(《史记·佞幸列传》)

这同《汉书·樊郦灌傅靳传》篇中的语曰"虽有兹基,不如逢时"是一个道理。

中国人向来的毛病就是注重私人的关系,用人并不以其人之能力为标准,而全看他是不是与自己有特殊的关系。所以到现在还有这样的谚语:"一朝天子一朝臣。"还有所谓"朝里有人好做官"。这不知是一些不会拉拢同联络的落魄者的愤恨的话呀?抑是得势者自矜的话?我们试睁眼看看从有历史一直到现在政治上的情形,一套一套的不都是玩着这种把戏吗?国民党的主张,有考试院,就是对着这病症所下的药,我们只看将来了,我很希望能够早早的让这些话自行消灭了。

语曰:"相马失之瘦,相士失之贫。"(《史记》)

语曰:"前事之不忘,后事之师也。"(《史记》)

里谚曰:"千人所指,无病而死。"(《汉书·王嘉传》)

这都是一些经验之谈。我们不可因为它是谚语而忽视了它。

古语:"非宅是卜,惟怜是卜。"(《左传·晏子》语)

流俗曰:"夫能诎于一人之下,信于万人之上者,汤武是也。"(《汉书·萧何传》)

谚曰:"千金之子,不死于市。"(《史记·货殖列传》)

谚曰:"谁为为之,孰令听之?"(《史记·报任少卿书》)

士不遇知己,而抱恨终天,无怪乎其发出这种慨叹啊!

语曰:"野禽殚,走犬烹,敌国破,谋臣亡。"(《国语》)

语曰:"救寒莫如重裘,止谤莫如自修。"(《袁了凡纲鉴汉帝纪》)

够了,够了,这大概使阅者已经讨了厌吧。好在本篇的目的是注重现在的谚语,所以要举这些古谚的意思,不过使大家晓得谚语发生的很早,同时还可以同现在的作一个比较罢了。

五、故乡谚语的点滴。我在故乡所搜集的谚语不下六百余条,在这些谚语中间,可以说几乎把中国数千年来遗传的民族性和旧礼教统治下的旧思想淋漓尽致的表现无余了。因为篇幅所限,只得分类择要来谈它一谈。

在这些纷乱如麻的谚语中,我可以归纳为三项:(一)个人;(二)家庭;(三)社会。因为无论什么学说理论,都不外乎这三方面。至于世俗的谚语更是断片碎块,有的是事实的写真,有的是讥嘲的口吻,有的则是痛恨的詈骂,然而总也不离乎这三方面,所以现在按序缕数。

(一)个人。一个人在社会上生活着,当男子的必定要处在儿子、兄弟、父亲、丈夫、朋友的地位。当女子的必定要处在女儿、姐妹、妻和母亲的地位(在旧社会中女子是没有朋友的)。所以在这些环境之中,有的善于应付的,还麻麻胡胡可以安然的混下去,否则处处就会发生问题。所以这些谚语,都是聪明人所用过的处世的手法、所服过的百试百效的万应散,因此才永久流存于平民之口,像不著竹帛的典型,而能永存不朽。现在闲话少说,且归正传。个人又可分为两方面。男子同女子,因为男女处的地位不同,当然不能一概而论。目今先就男子说。当儿子应该怎样呢?谚语中已告诉我们了。

　　万恶淫为首,百行孝当先。
　　千里去烧香,不胜在家敬爷娘。
　　天下无不是的父母。

　　我们都晓得孝是儒家的最重要的主张,可是《孝经》中所说的"孝者天之经也,地之义也,民之行也"这些话,一些没念过"子曰"的人们,何曾听到过一个字?然而社会上流传的这些很有威力的公理——谚语,和人人所乐道的二十四孝故事,谁还敢不去绝对的孝顺父母,绝对的服从父母呢?至于兄弟之间呢?

　　兄弟如手足。
　　兄弟打哥,茅栏铁锁,哥打兄弟,兴下规矩。
　　兄宽弟忍。
　　除父有长兄。

　　例来兄弟之间的地位是平等的,如"兄宽弟忍"、"兄爱父敬"这都是相对的。不过究竟兄长的权威要大一点,他负着督责教训的任务,所以家庭之中父亲以外,长兄最尊了。谚语中有"老嫂比母",而喻着"长兄比父"的意思。皇帝晏驾后,嫡嗣继位,父亲死后,长子背簏,都足以表现中国长次的阶级。

　　丈夫:

　　教妇初来。
　　丑人家中宝,好人惹烦恼。
　　穿破才是衣,到老才是妻。

　　这三条有三个不同的意思:第一是新妇初来,当丈夫的要加以威严,令她不敢轻忽和放肆,以后才能处处服从。第二不过是安慰一个不得意的丈夫罢了。第三是最不平等而且表现出穷人家的习俗来。乡里人常常说,有钱人不怕死媳妇,因为每每前门刚刚抬出棺材,后边说媒的就会推门而入,"去个穿红的来个挂绿的",这是富人们常常拿以自傲的话。至于穷人呢？死一个媳妇常常三年五年不能再娶，因为娶媳妇得用钱的缘故，反而丈夫死了，其妻不久就再嫁的，所以世上才有"到老才是妻"的谚语。

父亲：

  教子婴孩。

  棒打出孝子，娇养忤逆儿。

  养儿防老，积谷防饥。

  养不教，父之过。

当父亲的责任是教养，但是另一方面即含有不少的功利主义。至于说女儿是赔钱货，更是商人气十足。说一句刻薄话，世间大半是互为利用的，即在中国以往的父子间也有所不免。

朋友：

  酒逢知己千杯少，话不投机半句多。

  酒肉朋友。

  士为知己者用。

这都没多大意思，现在讲讲女子方面的吧。在家当女儿时：

  在家从父（三从之一）。

出嫁一般人都认为"服从"、"温柔"为女子的第一天职。

  嫁鸡随鸡，嫁狗随狗。

  狗仗人势，虎仗山，妻子仗着男子汉。

  饿死事小，失节事大。

  烈女不事二夫。

  出嫁从夫。

唉！我们真不能不替乡里一般被旧道德旧习惯所蹂躏践踏下的女子呼吁，所以在旧社会中的女子，就是男子的负数，因着男子的地位而转移。但是我们须追究女子所以在社会上不能独立的最大原因，就是没财产承继权的缘故。我敢说，一日女子没有相当的财产，即一日不能与男子立于同等的地位，反而一日能自谋生活，即一日能得到平等的待遇。一般的女同胞，请你们充分准备你们的武器，培养你们的实力吧。

至于谈到再嫁问题,一般人对之所起的鄙视心,不要说旧社会没有打破,即现在一般青年们何曾消灭净尽。唉!提起"贞操",数千年儒家统制下的社会不知有多少少妇的怨魂,当天阴雨湿的时候,啾啾于荒郊荒茔之间。一些伟大的而堂皇的碑坊,更不知压死了多少无辜的女子,痛哉。

女子有了儿女,也不过当一个良母扶养一番,同时丈夫死后还得从子,女子在家庭竟简直成了一个附属品了。唉!"吃人的礼教!"

在这里要谈一下关于男女一生比较大的问题,即婚姻。我从谚语中可以看到社会上对于婚姻的见解,即"不图庄,不图地,只图寻个好女婿"。

这是多么高明啊!世俗人常常这样的称述。但嘴里虽是这样的说,而实际并不这样的行,也同那些嘴里喊着礼义廉耻,而自己做出男盗女娼的事一样的情形。我们试问,一般择婿是以什么为标准,不要说乡里那些见大洋就勾去三魂似的钱迷了,就是现在所称道的摩登女子,还不是以"打啦"的多寡为选择"黑漆板橙"的定则吗?哈哈!金钱!哈哈!婚姻。

有好汉没好妻,赖汉娶个花滴滴。

上帝以万物为刍狗,这不是故意愚弄人的吗?这些话真是一般怨男恨女从内心发出的似哭非哭的凄厉之音啊。我们要晓得这都是父母之命,媒妁之言的恩赐。

说媒三家好,过后两家亲,一家不对骂媒人。

这是媒人们诉苦的话,我觉得旧社会中的媒人,岂但挨一半句骂而已哉。天下最虚伪的人,莫过于媒人。他能掉三寸不烂之舌,说得天花乱坠。孙二娘似的母夜叉,经他们一说,就会变成一个如花似玉的王嫱、西施;猪八戒似的笨驴,经他们一称赞,也就会成了一个聪明颖悟的宋玉、子建。有时当父母的真会相信他们,终于上了个大当,把自己儿女一生的命运葬送于愁悽悲苦之海里。我们去寻根究底,固然父母也不太贤明了,而媒人总不得辞其咎。有人说:"说成三个媒,死后即可没罪。"我以为倘若有地狱,媒人至少也应打入拔舌地狱,使他永远不再去信口雌黄,哄骗世人。然而也不尽其罪啊!

　　男大须婚,妇大须嫁,不婚不嫁,惹出笑话。

　　这是暗合生理学的话。男女过了春情发动期后,即须完婚,不然一定为性欲所驱策,而不顾名誉,做出风流的行为来。

　　(二)家庭。中国的旧社会大半是大家庭的组织,世人当以"五世同堂"、"九世同居"的话相称誉,相勖勉,所以一般人很痛恶分家的。请看谚语中对于家庭怎样说法。

　　盆柴火焰高。

　　百忍堂中有太和。

　　家有千口,主事一人。

　　一家不知一家,和尚不知道家。

　　在第一条里,可以看到不可以分家的理由。第二条是须要忍。至第四条已是牢骚话,把旧社会大家庭的弊病都宣露出来了。至于家庭有联带关系的,如财产、亲戚、遗传等,今附带说明于后。

　　财产。现在的世界是金钱的世界,从谚语中可以看到,世人对于金钱威力的认识与崇拜。

　　忘八有钱龟二哥,兔子有钱豁大哥。

　　一富遮百丑。

　　人敬有钱哩,狗咬提篮哩。

　　还说什么礼义廉耻,不都是惟金钱是视吗?第一条可以说骂尽天下谄媚富人的小人们,目下的世界这类人真是滔滔者天下皆是也。

　　钱能通神。

　　衙门门朝南开,有理没钱难进来。

　　钱在头里,人在后头。

　　足见钱的威力了,更可以想到中国的官署是若何的黑暗了。金钱的势力既然很大,而且一个家庭在社会上的地位又全看他贫富的程度而定其高低。因此努力经营,或者用非法的手段,固然可以致富,而一般人只有彼此互相勉力于勤俭了。

细水长流。
　　有钱常想没钱日,安乐常想患病时。
　　论吃还是家常饭,论穿还是粗布衣。
　　爷有娘有,不如怀揣自有。
这是劝人去俭省的。
　　人勤有饭吃。
　　勤能补拙。
　　早起三光,晚起三慌。
这是劝人要勤勉的。说到此地,要连带的说到遗产。中国人向来是打算给儿孙多量的财产的。一方面自己可以血食,一方面儿孙也可以享福。因此或者是刻苦吝啬,或者是剥削他人,所以社会上就起了反对的声浪。
　　儿孙自有儿孙福,莫为儿孙作马牛!
　　肯苦之家,必出浪荡之子。
虽然有道理,但世人何尝觉悟一点呢!
亲戚:
　　亲戚不穷不算穷,亲戚不富不算富。
　　亲戚远来香,邻居高打墙。
遗传:
　　龙生龙,凤生凤,老鼠生的会打洞。
　　亲戚莫交财,交财两不来。
　　亲戚只盼亲戚兴。
这都是很合于遗传的说法的。
　　(三)社会。一个人既不能跳出社会的圈子,那么就不得不去应付,钩心斗角,千方百计,戴假面具哪(呢),玩手段哪(呢),反正无非去适应恶劣的环境罢了。至于谚语的说法,可以分做两方面:一是社会的写真,一是应付的方法。
社会的写真:
　　世情看冷暖,人面逐高低。

势力大欺人,钱大欺人,力大欺人。

人都是锦上添花,有谁肯雪里送炭?

富人一席酒,穷汉半年粮。

口蜜腹剑,笑里藏刀。

墙倒众人推。

社会上既是如此的不平,不是你欺便是我诈。那么应付的方法,自然是多方面的,即行事,言语,隐忍,劝戒。

行事:

能得罪十个君子,不得罪一个小人。

求人不如求己,善管不如善推。

这固然有点滑头,但有时也不得不如此。

长短是个棍,大小是个人。

没行下清风,莫望细雨。

维持个人一条路,得罪个人一堵墙。

自己没有愧心事,半夜不怕鬼敲门。

光棍不吃眼前亏。

不经一事,不长一智。

言语。我们有了一个嘴,不但要吃饭,而且还要发表意思,谁知这一来就生出许多麻烦了,从来因为这张嘴受害的真不知有多少。《金人铭》上说"三缄其口",就是叫慎重的。

病从口入,祸从口出。

话到嘴边留半句。

见啥人,说啥话。

逢人但说三分话,未可全抛一片心。

在过去的经典中对于说话的劝戒,真是三令五申。如《诗经》上说:"白圭之玷尚可磨也,斯言之玷不可为也。"论语中的"邦有道,危言危行。邦无道,危行言逊"、"君子欲讷於言",这都是叫少说话的,可见话真不敢胡说,否则轻了挨嘴巴,重了会有意外之灾。

隐忍。使我们最不平的事情,就是被压迫者没有反抗的能力,而只能愁闷抑郁,因此以前的道家就提倡退让主义。如:"强梁者不得其死,好胜者必遇其敌。"都是安慰这些怯懦无力反抗的人们的。

  宰相肚里磨舟船。

  强中自有强中手,恶人自有恶人磨。

  善,善不了三辈;恶,恶不了三辈。

劝戒。有许多人已经做了不道德的事情,而且有许多失望了,打总倒行逆施起来,因此有这些劝戒的谚语。

  苦海无边,回头是岸。

  放下屠刀,立地成佛。

  铁梁磨绣针,功到自然成。

  皇天不负苦功人。

  公修的公得,婆修的婆得,不修的不得。

愤激。社会上常常是作恶的一生幸福,而行善的反而穷困得难以自活,所以就发出怨天尤人的话来。

  积福行善病恹恹,杀人放火傲间间。

  鬼怕恶人。

  好人不长寿,祸害一千年。

  枯霜单打独根草。

命定。一切的疑惑不能解决时,只好付之命运了。

  万般都是命,半点不由人。

  命多大只多大。

  命大撞的天鼓响。

这也是受了道家的命定主义的影响。

我已把我的故乡谚语谈了个大概了,目下不妨作一个总结,即从谚语中去观察我国旧社会中的宗法思想和封建思想同神鬼的迷信。

宗法思想:

  家有万贯,主事一人。

  山高遮不着太阳,儿大不灭爷娘。

  天为一大天,地为一小天,夫为妇之天。

大水冲了龙王庙,一家不认一家人。

和尚不亲帽儿亲。

在旧社会里,族中的族长,家中的家长,可以说最有权威了。他有生杀予夺之权,所以大家庭中的父亲同哥哥,小家庭中的丈夫,都是宗法社会中的中坚。想打倒宗法思想,惟一的办法,只有提倡男女平等,打破大家庭,因为它们都是宗法思想的孕育地。

封建思想:

亲不亲,故乡人;美不美,故乡水。

入乡随乡。

兔子不吃窝边草。

强龙不压地头蛇。

这种思想是基于狭隘的地域观念,如省会中的同乡会、会馆,都是这种思想之形之于外者,而做事情尤其显著。这种思想是由于中国人因循爱故,而崇拜已往的心太盛了,所以想根本削除是非用大力不可的。

鬼神的迷信:

善有善报,恶有恶报,若是不报,时辰未到。

人有好心,神有感应。

平时不烧香,临时抱佛脚。

我们贵国一般平民太迷信鬼神了,不说其他,即就每年的香资而论,已是很可惊的一笔消耗了,所以目前的急务就是要破除迷信。

我作这篇文章的目的,一则是要引起一般人研究谚语的兴味,而使他们晓得谚语是从一般民众心坎里发出来的真挚诚实的话,我们了解他们的苦痛,明白他们的谬误;除了其他调查的方法外,谚语总可以占一个重要的位置。所以我们去研究,倘若有着相当的效果的话,一方面可以使我们很熟悉一般平民的病症,再一方面可以作为研究社会学者参考的资料。二则我有点想借题发挥,出一出胸中对于旧社会不满的愤气。的确,现在的中国在道德方面已经沦入于青黄不接的当儿,旧道德的一部分是打破了,而大半还是在遵循惟谨,所以最近的将来,仍然需要的是思想的革新。语无伦次的讲了一大片,希望高明的读者给以纠正。

        民国十七,三,二十五,脱稿于开封。
        二十,五,二十八,改于师大二院。
（原载民国二十年北师大研究所《礼俗》第六、七期合刊）

同适斋读书劄记之一

一、晚明文人的生活

晚明文人的生活,我们可以两字包括之,就是"放浪"。这时,因为在思想上好像有恢复到魏、晋时的趋势,所以文人们的生活也就与魏、晋时人有点相仿。他们生活的特点有下列的几种:

(一)信佛、道。如李卓吾、袁氏兄弟、虞氏兄弟等。

(二)迷恋自然,好游览山水。我们读晚明文人们的传记,很少有闭户读书的,差不多都是足迹遍天下。如丘长孺、袁氏兄弟等,而其中尤以徐宏祖为最。他所著的《徐霞客游记》真是中国文人过去的游记作品中的杰著。

(三)纵酒。晚明人於此颇甚,袁中郎不能饮而作《觞政》,其余可想而知。

(四)行为怪诞,蔑弃伦理。如张凤翼及其友人等均属此类。

(五)狎姬娶妾。侯方域、钱谦益之流都系此类。同时一部《秦淮广记》可作证明。

(六)结文社。晚明文社极为发达,有金陵社、白社、复社等。其主旨,大半为研究学术,酬唱诗歌,或者是互相标榜。

从上边的情形看来,晚明一般士大夫阶级都是过着这样的颓废自适的生活,也无怪乎满人一入关,朝廷就束手无策,一朝而亡天下了。

二十,五,十三。

二、庾开府之满怀悲愤

子山本为梁臣,及梁亡后羁留北方,周主强之使仕,故心中郁悒。晚年作《哀江南赋》以自抒悲怨。其《咏怀诗》二十七首则如焚如割之心肠,更溢于言表,如:

  燕客思辽水,秦人望陇头。
  倡家遭强聘,质子值仍留。
  自怜才智尽,空伤年鬓秋。

又如:

  雪泣悲去鲁,悽然忆相韩。
  惟彼穷途恨,知余行路难。

又如:

  胡笳落泪曲,羌笛断肠歌。
  纤腰减束素,别泪损横波。
  恨心终不歇,红颜无复多。
  枯木期填海,青山望断河。

又如:

  故人形影灭,音书两俱绝。
  遥看塞北云,悬想天山雪。
  游子河梁上,应将苏武别。

这些句子真令不堪卒读,家国身世之悲,织成伤感于绝之调,虽云《拟咏怀》,然而实可以与阮嗣宗之作并美于前啊!

三、雪林女士之对于文人"罗曼司"之考证

在几年前偶于书肆,购到雪林女士所著之《李义山恋爱事迹考》一书,读后深佩作者心思之精细,考证之详审,千余年来为一般读者所引为疑窦之李氏《锦瑟诗》竟赖此书之力而涣然冰释矣。吾等姑无论其牵强与否,但此等工作,确为目前令研究文学史者所不可忽也。

两周前竟又从武汉大学《文哲季》报中见到雪林女士之一篇巨作,即《清代男女两大词人恋史之研究》,余从此而深觉此位女士之对于文人"罗曼司"之感有特殊兴趣也。中国过去文人之有恋史,而且为一般人所疑惑而尚待判定者,如曹子建之于甄后、元微之之于莺莺、欧阳修之于其甥女、李易安之于张汝舟、朱淑真之于无名氏……均有考证之价值。余深望雪林女士能本此精神,赓续前业,而完成一中国文人恋爱史一书,以飨读者。倘此书能出,吾敢信其不难使"洛阳为之纸贵"也。

二十一,一,八。

四、"杯"与"白"

往日读工部《重九登高》诗,读至"万里悲秋常作客,百年多病独登台,艰难苦恨繁霜鬓,潦倒新停浊酒杯"之句,觉"杯"与"客"太不叶韵。今年来西山读韦庄《浣花集》中《章江作》一诗,里边也有这类句子,即

之子棹从天外去,故人书自日边来。杨花慢惹霏霏雨,竹叶闲倾满满杯。欲问维扬旧风月,一江红树乱猿哀。

也是拿"杯"与"哀"来叶韵(按杜诗中即开头风急天高猿啸哀)。按"杯""逋隈"切,国音为(bei)"白""步额"切,国音"ㄅㄛ"

（bo）而此处之"杯"分明念"ㄅㄛ"方能叶韵。又按"白"系古时之酒樽，《汉书》中有"饮满举白"的话，普通饮一大杯，谓"浮一大白"可知"杯"与"白"通。亦许"杯"字古音为"ㄅㄛ"亦未可知，当质诸高明。

二十，七，十七，于香山南营子。

五、蔷薇、百荷与桃花、芙蓉

近读英国文学作品，发现出他们那些作家们形容女子的双颊时，好以蔷薇（Rose）、百荷（Liiy）来比拟，而过去中国的作家们，则多半用桃花。如唐人诗

去年今日此门中，人面桃花相映红。

而又有用芙蓉者，则以白乐天为最，白氏《长庆集》中如《长恨歌》里边的

芙蓉如面柳如眉，对此如何不泪垂。

《简简吟》里边的

芙蓉花腮柳叶眼。

《上阳人》中之

脸似芙蓉胸似玉。

都是很好的例子。不过还有拿梨花来形容的，如《西厢记》中之

淡白梨花面，轻盈杨柳腰。

《长恨歌》中的

梨花一枝春带雨

都系此类。现在要以我个人的见地说，我以为芙蓉最好了，因为蔷薇与桃花，都未免太姣艳了，惟有芙蓉是红中有白，白里透红，最合于健康的美的颜色；百荷、梨花都太白而红色全无。所以拿这几种花的颜色来比拟女子，蔷薇同桃花可以来象征多血质的女子的脸皮，百荷同梨花可以来象征贫血的，或者是因相思而憔悴了的女子的颜色，惟有

芙蓉乃是最适中不过,俗语所谓"有红似白"者是也。

一九三一,六,一一三〇

六、纳兰性德所爱好之词家

读纳兰氏《与友人论朱彝尊词综》一书而知其所爱好之词人为:

北宋之　周清真　苏子瞻　晏同叔　张子野　柳耆卿
　　　　秦少游　贺方回
南宋之　姜尧章　辛幼安　史邦卿　高宾王　程钜夫
　　　　陆务观　吴君持　王圣与　张叔夏

其最佩服者,则为李后主。他在他所著的《渌水亭杂识中》说道:

花间之词,如古玉器,贵重而不适用;宋词适用而少贵重,李后主兼有其美,更饶烟水迷离之致。

呜呼! 此王静安氏之所以推尊李后主之所本,抑其所以称道纳兰氏之原因欤?

按:纳兰氏自经王静庵氏在他的《人间词话》中为之表彰后,一时文学界对纳兰氏大为注意,至研究纳兰氏之作品,亦层见叠出。如徐缵武君之《介绍纳兰性德》(见河南《民报》副刊《寸土》之二十七,八,九等期),素痴君之《纳兰成德评传》(见《大公报》文副七七,八),张任政君之《纳兰性德年谱》(见北大《国学季刊》),雪林女士之《清代两大词人恋史的研究》(见《武大文哲季报》一卷三号),均为欲知纳兰氏者所必不可不读之作。

二十一,二,六。

七、近代文人取名多得自《楚辞》

中国人之命名以四书、五经为本已成为普通之习惯。至于取自

《楚辞》,则以近人为多。就余所知之文人如:

　　杜衡(小说作家)("杂杜衡与芳芷"《离骚》)

　　余上沅(戏剧专家)("乘舲船余上沅兮"《九章·涉江》)

二君,可以说姓同名均用《楚辞》中语。其余如:

　　王独清(诗人)("举世皆浊我独清"《渔夫辞》)

　　朱自清(小品文作家)("宁廉洁正直以自清乎"《卜居》)

　　彭芳草(小说作家)("何昔日之芳草兮"《离骚》)

三君,则又仅仅是名子了。在前年我曾作了一篇《访谈署名》,在当时的新晨报副刊上发表(十一月二十三日)。内容所说的大致是对于一般文人发表作品时,关于署名所下的苦心。阅者有兴致时,不妨参照一下。

二十,八,二五。

(原载《师大国学丛刊》1933年3月10日第1卷第3期)

同适斋读书劄记之二

魏氏二祖集

A. 武 帝 集

一、孟德之思想

孟德的中心思想,整个儿是法家的,虽有时也提到"孝",但不过以之作为手段与口实罢了。列孔融罪状令"以为父母与人无亲,譬如瓶器寄盛其中。又言,若遭饥馑,而父不肖,宁赡活余人。融违天反道,败伦乱理,虽肆市朝,犹恨其晚"。

其求贤令云:

> 孟公绰为赵、魏老则优,不可以为滕、薛大夫。若必廉士而后可用,则齐桓其何以霸世?今天下得无有被褐怀玉,而钓於渭滨者乎?又得无盗嫂受金,而未遇无知者乎?二三子其佐我明扬仄陋,唯才是举,吾得而用之。

又举士令云:

> 夫有行之士,未必能进取,进取之士,未必能有行也。陈平岂笃行,苏秦岂守信邪?而陈平定汉业,苏秦济弱燕。由此言之,士有偏短,庸可废乎?有司明思此义,则士无遗滞,官无废业矣。

又求逸才令云：

今天下得无有至德之人，放在民间，及果勇不顾，临敌力战？若文俗之吏，高才异质，或堪为将守，负污辱之名，见笑之行，或不仁不孝，而有治国用兵之术。其各举所知，勿有所遗。

这不是同前边所举的罪孔融状恰相矛盾吗？其实在这些从政者的口中，并无所谓真是非。孟德为不可一世的英雄，他的骨子里的精神，纯受着法家思想的支配，而所谓儒家，不过是当作幌子而已。

因为孟德之提倡，于是一般为政者都走入法家的圈子里。同时，一二卓越的思想家，一面鄙视这一班从政者之卑污龌龊，同时又以儒家思想此时纯变为野心家的工具，而加以轻蔑与唾弃，于是相率而走入老庄的园地里。

二、孟德之为人

孟德，过去人都谥之为"奸雄"，的确这没冤枉了他。从他文章里，处处都可以看到他的诡诈的心术来。

与孙权书云：

赤壁之役，值有疾病。孤烧船自退，横使周瑜虚获此名。

明明自己打败了仗，还不肯认输。又与太尉杨文先书谓：

复即宥贷，将延足下尊门大累，便令刑之。念卿父息之情，同此悼楚！亦未必非幸也。今赠足下锦裘二领……

他把杨修杀后，给修父亲去信，反说杀修是为修家庭设想，末又赠与衣物各种，不真令人难堪吗？呜呼！此正是奸雄之所以为奸雄也。

三、魏晋小品文倡始于孟德

法家之文，主简练峻刻。孟德之令，多属此类。同时，他的短札也能作到此种地步。为兖州牧上书云：

山阳郡有美梨，谨献甘梨三箱。

又报荀彧：

自志才（戏志才，颍川人）亡后，莫可与计事者。汝、颍固多奇士，谁可以继之？

这已开后来王逸少等短札之先河。惜孟德风致有逊过江人物耳。虽然,吾谓小品文为法家思想与道家思想之结晶也可。诚以法家简练,成小品文之体式;道家恬淡飘逸,成小品文之内容。惟儒家思想,迂腐板滞,不能为此耳。

试看中国文学史,凡小品文炽盛之时,即儒家思想衰歇之时。六朝、唐末、明末、近代即其明证。盖以小品文为"言志"之作,而儒家所要乃者"载道"之文,宜乎其格格不相入也。

四、孟德的诗歌

孟德的诗歌,苍凉悲壮。然尚为由四言而至五言的过渡时期。故孟德所作之时,如《庆关山》、《短歌行》、《善哉行》、《碣石篇》等,均为四言。气出唱精,列乃为三言、四言、五言之混合体。惟有《蒿里行》、《苦寒行》、《秋胡行》、《却出东西门行》系模拟乐府之作,故为纯粹之五言,此治文学史者所不可轻忽的。

B. 文　帝　集

一、子桓之赋为极有风趣的散文诗

从汉到魏,赋体显然的有着极大的变化。

(一)形式。汉赋汪洋浩瀚,几尽为万言巨作。但到了魏,变而为简洁隽逸的小品了。要说汉赋是森无涯际的海洋,那么魏赋就不能不说是澄澈琤琮的小溪。它们是有着这样的差异。

(二)内容。汉赋多属纵横家言,侈陈形势,原本山川,极命草木,很少言情之篇。但到了魏代,几全为抒情之作。辞句亦多系独造,而不以工丽古奥为能事。所以汉赋虽气象闳阔,然每失之粗犷,且生涩冷僻,令人不能卒读。而魏赋则透澈玲珑,情感洋溢,言有尽而意无穷,所以赋至曹魏诚可谓一大进步。唐末以来之文赋实肇端于此。

子桓之赋,风致飘逸,缠绵悽怆,多属极短之作,几无异于诗歌。今择其有风趣者录之于后。

感　物　赋　有序

丧乱以来,天下城郭丘墟。惟从太仆君宅尚在。南征荆州,还过乡里,舍焉。乃种诸蔗於中庭,涉夏历秋,先盛后衰。悟兴废之无常,慨然永叹,乃作斯赋。

伊阳春之散节,悟乾坤之交灵。瞻玄云之蓊郁,仰沉阴之杳冥。降甘雨之丰霈,垂长溜之泠泠,掘中堂而为圃,植诸蔗於前庭。涉炎夏而既盛,迄凛秋而将衰。岂在斯之独然。信人物其有之。

感离赋有序

建安十六年,上西征,余居守。老母诸弟皆从。不胜思慕,乃作赋曰:

秋风动兮天气凉,居常不快兮中心伤。出北园兮彷徨,望众墓兮成行。柯条惨兮无色,绿草变兮萎黄。脱微霜兮零落,随风雨兮飞扬。日薄暮兮无惊,思不衰兮愈多。招延伫兮良久,忽踟蹰兮忘家。

二、小品文 书简

子桓的书简,也很有意味,给吴质书三通,大抵是追意过去,感人世之变迁,所以读起来大有不尽酸楚之慨。因选者颇多,故不录,今录其他短札数通于后。

与钟繇九日送菊书

岁往月来,忽逢九月九日。九为阳数,而日月并应,俗嘉其名,以为宜於长久,故以享宴高会。是月律中无射,言萃木庶草,无有射地而生,惟芳菊纷然独荣,非夫含乾坤之纯和,体芬芳之淑气,孰能如此?故屈平悲冉冉之将老,思餐秋菊之落英。辅体延年,莫斯之贵。仅奉一束,以助彭祖之术。

与朝臣论秔稻书

江表惟长沙名有好米,何得比新城秔稻邪?上风炊之,五里闻香。

书札之妙,惟在随手拈来,从这上面最能看出作家之性格。子桓之作,即可以表现其人之多感,与一般之应酬文字,当个叮同日而语。

三、诗歌

关于子桓的诗,钟嵘《诗品》中云:

> 其原出於李陵,颇有仲宣之体则,所计百许篇,率皆鄙质如偶语。惟西北有浮云十余首,殊美赡可玩,始见其工夫。不然,何以铨衡群彦,对扬厥弟者耶?

记室所谓原于李陵,完全系揣测之词。压根儿不足信。不要说文选中所载之苏武诗三首不足信,即令此三首真为陵作,亦决非子桓诗歌之所本。以我所见,子桓之作乃原于《国风》与《楚辞》。其诗中之用三百篇句子,显然可见者,如:

《善哉行》其二:"有美一人,婉如清扬。"见《郑风·野有蔓草》章。

《黎阳作》其二:"殷殷其雷"、"濛濛其雨"、"遵彼洹湄"、"言刈其楚",纯系三百篇句调。

《至广陵于马上作》:"谁云江水广,一苇可以航。"系仿三百篇《河广》章:"谁谓河广?一苇航之"之句。

子桓的诗,最佳妙者是五言同七言。五言如杂诗《芙蓉池作》,七言如《燕歌行》等的确如记室所言:"殊美赡可玩。"至此两种诗体之渊源,我以为五言系受乐府之影响,而六、七言则为楚调,当来自《楚辞》,如六言之《寡妇》一篇:

> 霜露纷兮交下。木叶落兮凄凄。候雁叫兮云中。归燕翩兮徘徊。妾心感兮惆怅,白日急兮西颓。守长夜兮思君,魂一夕兮九乖。怅延伫兮仰视,星月随兮天迴。徒引领兮人房,窃自怜兮孤栖。愿从君兮终没,愁何可兮久怀。

这里边有许多句子,不很像《楚辞》中的

> 嫋嫋兮秋风,洞庭波兮木叶下。《九歌》;雁廱廱其辞归兮……鹍鸡啁哳而悲鸣。(《九辩》)

这一类的句子吗?总之,我们来探讨文学流变的,应明了彼此的关系,决不可盲从古人,又不应师心自用。能够客观的去分析比较,自可循流溯源,而得其旨归也。

四、思想

子桓的思想在消极的方面也颇受道家、法家之影响,而在积极方面,则深切的排斥神仙之术。《典论》论方术中云:

> 刘向惑於鸿宝之说,君游眩於子政之言。古今愚谬,岂惟一人哉?(《论郤俭等事》)

诗中折杨柳一篇,亦为辨析神仙为荒诞而作。其辞云:

> 西山一何高?高高殊无极。上有两仙僮,不饮亦不食。与我一九药,光耀有五色。服药四五日,身轻生羽翼。轻举乘浮云,倏忽行万亿。流览观四海,茫茫非所识。彭祖称七百,悠悠安可原?老聃适西戎,于今竟不还。王乔假虚辞,赤松垂空言。达人识真伪,愚夫好妄传。追念往古事,愦愦千万端。百家多迂怪,圣道我所观。

按:此诗实开后来郭璞等游仙诗之先河,而《燕歌行》亦为中国七言诗之最早者。

五、文学论

现在谈中国文学批评史的,大概都忘不了曹子桓吧。我国文学批评盛于齐梁,而开齐梁此风之端者,实为子桓(《诗大序》固亦系谈文学理论之作,但未涉及个人之作)。他首先提出了创作必需天才的问题、作品的价值问题同作家之评诠问题。假若我们从魏溯观两汉同先秦,我们很会惊讶先秦同两汉的文学观是如何的幼稚。所谓文学的范围是包括了一切学术文物,同时,对真的文艺作品,不是视为扬阐圣道的工具,就是视为雕虫篆刻,没多大价值的东西。可是到了曹魏呢,真是"雄鸡一鸣天下晓"。自子桓以后,而文学才真正的为人所注意。什么《文赋》、《翰林论》、《文章流别论》等都继续的产生出来了。这时,作家不但不被人轻视,而且极其推重了。现在就他提出的三点来看看他的见解如何。

(一)创作与天才之关系。过去人谈及此问题的几乎没有。至子桓才注意及此。他说:

> 常人贵远贱近,向声背实。又患闇於自见,谓己为贤,夫文

本同而未异,盖奏议宜雅,书论宜理,铭诔尚实,诗赋欲丽。此四科不同,故能之者偏也。唯通才能备其体。文以气为主,气之清浊有体,不可力强而致。譬诸音乐,曲度虽均,节奏同检,至於引气不齐,巧拙有素,虽在父兄,不能以移子弟。

这所谓"气",实在有点近于所谓"天分",也即与"天才"意义相当。惟其因为创作根于天才,所以虽在父兄不能以移子弟。以此,子桓评铨当时的作者也就常常拿"气"作标准。

(二)作品之价值。《与王朗书》云:

> 人生有七尺之形,死为一棺之土。唯立德扬名,可以不朽。其次莫如著篇籍。疾疫数起,士人凋落,余独何人,能全其寿。

又《典论·论文》中云:

> 盖文章经国之大业,不朽之盛事,年寿有时而尽,荣辱止乎其身。二者必至之常期,未若文章之无穷。是以古之作者,寄身於翰墨,见意於篇籍,不假良史之辞,不托飞驰之势,而声名自传於后。

这种见地,的确是很高明的。而文学价值之高,自此遂成定论。

(三)对同时作者之诠评。从《典论·论文》及《与吴质书》中可以看到他对同时作者都有批评:

作者	典论论文	与吴质书
王粲	长于辞赋。《登楼》、《槐赋》、《征思》、《初征》。	仲宣独自善于辞赋,惜其体弱,不足起其文。至所善,古人无以远过。
徐幹	时有齐气,然粲之匹也。《玄猿》、《漏卮》、《圆扇》、《橘赋》虽张、蔡不过也。他然于文未能称是。	怀文抱质,恬淡寡欲,有箕山之志,可谓彬彬君子矣。着《中论》二十余篇,成一家之言,辞义典雅,足传于后,此子为不朽矣。
陈琳 阮瑀	章表书记,今之隽也。	孔璋章表殊健,微为繁富。元瑜书记翩翩,致足乐也。
应玚	和而不壮	德琏常斐然有述作意,其才学足以著书,美志不遂,良可痛惜。

续表

作者	典论论文	与吴质书
刘桢	壮而不密	公幹有逸气,但未遒耳。至其五言诗,妙绝当时。
孔融	体气高妙,有过人者。然不能持论,理不胜辞,以至于杂以嘲戏。及其所善,扬、班俦也。	

我们看他的评骘,可以说都很得当。七子之中,诗赋推仲宣、公幹,章表推孔璋、元瑜,就到今日仍为不易之论。故自子桓后而评骘文士之风遂炽。钟记室之《诗品》、刘彦和之《文心》,于焉以出。

六、生活

孟德性爱诗书。子桓的《典论·自序》记其语云:

> 上雅好诗书、文籍,虽在军旅,手不释卷。每每定省,从容常言:"人少好学,则思专,长则善忘。长大而能勤学者,唯吾与袁伯业耳"。

子桓受他父亲的影响,所以身虽贵为帝王,而性耽篇籍,雅爱著述。同时,对一时文士,均能笼络提携,同他们过着游筵赋诗的生活。《与吴质书》云:

> 每念昔日南皮之游,诚不可忘。既妙思六经,逍遥百氏。弹棊间设,终以六博。高谈娱心,哀筝顺耳。驰骛北场,旅食南馆。浮甘瓜於清泉,沈朱梨於寒水。白日既匿,继以朗月。同乘并载,以游后园,舆论徐动,宾从无声,清风夜起,悲笳微吟。乐往哀来,凄然伤怀,余顾而言:"斯乐难常。"足下之徒,咸以为然。今果分别,各在一方。元瑜长逝,化为异物。每一念至,何时可言。方今蕤宾纪时,景风扇物。天意和暖,众果俱繁。时驾而游,北遵河曲,从者鸣笳以启路,文学托乘於后车。节同时异,物是人非,我劳如何?

"抚今追昔,不胜感慨系之矣",又《与吴质书》云:

> 昔年疾疫,亲故多罹其灾。徐、陈、应、刘,一时俱逝。痛可

言邪！昔日游处，行则连舆，止则接席。何曾须臾相失。每至觞酌流行，丝竹并奏，酒酣耳热，仰而赋诗。当此时，忽然不自知乐也。

这种情形，我们应当注意的，就是决不同陈后主与江总那班君臣所过的生活一样。建安七子中固不乏"帮闲"与"帮忙"之徒，不过君主是拿着尊敬的眼光来看他们，与汉武对东方朔、枚皋等之玩弄、与陈后主对江总等之狎昵当不可同日而语。

总之我们回顾中国文学史，以一帝王而爱好文学，能亲自创作，并提倡者，当首推子桓。少后之李重光或可比肩，其余均不足数也。

二十二，十，二十二日脱稿
二十四，四，八日改定付刊

（原载《洛师学报》创刊号 1935 年 4 月 13 日）

论文学中思想与形式之关系

　　一、小引
　　二、文体的剖析：A.赋　B.古文　C.小品文　D.白话文
　　三、作家的比较：A.孔子与庄周　B.陶潜与谢灵运　C.杜甫与李白　D.李攀龙与袁宏道　E.林纾与胡适
　　四、结论

一、小　　引

　　近年来因个人治文学史，有时又涉及学术思想史，于不意中觉出思想为文学形式转变之最有力的主动者。很想把鄙见所及，写出以商讨于海内对此道之有兴趣者，但总以事牵，未能执笔。去秋，因应此间文学研究会讲演之请，于倥偬之际，曾草出其一部。今春（一九三五）同学中又有以此相问者，因于课余，将去年（一九三四）未竟之稿，补足之，删正之，遂成此篇。误谬之处，知所不免，尚望海内明达，予以纠正。
　　关于思想与文学的关系，似乎早已被许多人讨论过。大概有的认为文学与思想无关，有的认为文学为宣传思想的工具。因此就分出所谓"言志"与"载道"两派来。不过就我个人看起来，拿文学来宣传思想，自是不该，但也不能说文学与思想无关。它常常不自觉的在

受着思想的渲染、浸润与推移。思想不仅表现于文学的内容中,像六朝的游仙诗,与唐宋载道的古文之类。而且就在形式方面,也时时显出它(思想)的支配的威力来。前人论文学内容与思想的关系者,已不一而足,不需我再来费辞,目下就是来谈谈前人尚未注意的问题,即思想与形式的问题。

对此问题我不愿作抽象的解说,一以证据为依归。"事实胜于雄辩",现在就让我从中国文学史上来举出关于这一类的实例吧。这大概可分为两类:文体的剖析、作家的比较。

二、文体的剖析

关于这一类,可以提出赋、古文、小品文、白话文,来作一番研索。

A. 赋

此体之最盛时代是汉。现在就拿汉赋来看一看。汉赋的特点是什么呢?

(一)辞采,是华丽的。司马长卿的《子虚赋》里边,写楚王夫人的衣饰道:

> 於是郑女曼姬,被阿緆,揄纻缟;杂纤罗,垂雾縠;襞积褰绉,纡徐委曲,郁桡溪谷。衯衯裶裶,扬袘戌削,蜚襳垂髾。扶舆猗靡,翕呷萃蔡;下靡兰蕙,上拂羽盖;错翡翠之威蕤,缪绕玉绥。眇眇忽忽,若神仙之髣髴。

写一个贵妇人的衣饰,可以说极尽靡丽之能事了。

(二)形容,是铺张的。司马长卿的《上林赋》里边,写上林苑中池馆之富丽道:

> 於是乎离宫别馆,弥山跨谷;高廊四注,重坐曲阁;华榱璧珰,辇道儷属;步櫩周流,长途中宿。夷嵕筑堂,累台增成,岩突洞房。頫杳眇而无见,仰攀橑而扪天;奔星更於闺闼,宛虹拖於楯轩。青龙蚴蟉於东厢,象舆婉僤於西清……醴泉涌於清室,通

川过於中庭。

这样的夸张,已开了杜牧写《阿房宫赋》的先河。

(三)章法,是纵横恣肆的。如相如之《子虚》备陈楚之云梦是如何的雄伟奇丽。而在《上林赋》中又将天子之苑囿中的山水草木鸟兽逐一铺陈。其余如孟坚之《两都》、平子之《两京》也都是这样的结构。

汉赋的特点既如上述,究竟为何它会具有这样的形式呢?那么惟一的解释,只有来看一看汉人的思想了。

(一)齐学的炽盛。汉代虽表面为儒家独尊时代,而实际乃是方士最盛的时期。方士这一派,是源于战国末年邹衍等所倡的齐学。据《史记·孟荀列传》:

> 邹衍……乃深观阴阳消息,而作怪迁之变,《终始》、《大圣》之篇十余万言。其语闳大不经,必先验小物,推而大之,至於无限。先序今以上至黄帝,学者所共术,大并世盛衰。因载其机祥度制,推而远之,至天地未生,窈冥不可考而原也。先列中国名山大川,通谷禽兽,水土所殖,物类所珍,因而推之及海外人之所不能睹。称引天地剖判以来,五德转移,治各有宜,而符应若兹。以为儒者所谓中国者,於天下乃八十一分居其一分耳。中国名曰赤县神州。赤县神州内自有九州,禹之序九州是也,不得为州数。中国外如赤县神州者九,乃所谓九州也。

惜乎邹衍之书,至今已不传。汉代赋的作者,无疑地都深受他的影响。首先,《史记》中所说,彼曾"先列中国名山大川,通谷禽兽,水土所殖,物类所珍"等,像这同汉赋中所写的不很相似吗?其次,因彼有此荒诞之言,到后来就产生出所谓求仙采药之事。在文学上则开拓了作者的胸怀,能把宇宙之大,品类之繁,列于目前,而为之刻画描摹尽工丽之能事。至于内容受其影响者,则为司马长卿之《大人赋》,所谓四海之外,六合之内,悉能运诸掌上也。

(二)纵横家之余波。汉代之辞赋,作者多系游说之士。实际赋之产生,即源于纵横家。刘师培云:

> 两汉以前,未有别集之目。《汉志》所载诗赋,首列屈原,而唐勒、宋玉次之。其学皆源於古诗。虽体与《三百篇》渐异,然屈原数人,皆长于辞令,有行人应对之才。西汉诗赋,其见於《汉志》者,如陆贾、严助之流,并以辩论见称,受命出使。是诗赋虽别为一格,不与纵横同科,而夷考作者之生平,大抵曾任行人之职。(《论文杂记》第四八页)

刘氏所见至当。如邹阳、枚乘、严忌一流作家,都有苏张之风。因此他们的作品,就偏于侈陈形势,把过去耸动君主之言语,而易为耸动读者之文辞,无怪乎其纵横恣肆,不可一世了。

(三)阿谀取宠的心理。汉代的天子如武帝,诸侯如吴王濞、淮南王安、梁孝王武,都豢养文人。不过诸侯们对文士犹视如清客,至武帝之对文人,则全系玩弄态度。《汉书》严助、吾丘寿王……诸人传中云:

> 朱买臣、吾丘寿王、司马相如、主父偃、徐乐、严安、东方朔、枚皋……其尤亲幸者东方朔、枚皋、严助、吾丘寿王、司马相如。相如称疾避事。朔、皋不根持论,上颇俳优畜之。

又司马迁《报任安书》云:

> 文史星历,近乎卜祝之间,固主上所戏弄,倡优所畜,而流俗之所轻也。

当时的帝王对文士们持的是这样的态度,而一般文士也就甘居下贱,以迎媚主上为目的而作他们的作品——赋。这样他们所描写的对象,自然是宫殿苑囿,珍禽奇兽,而文字也就不能不富丽堂皇,极力粉饰。因为这种关系,所以汉赋是没生命的东西。过去只不过为一般少数的"帮闲文人"所击节称叹,实际去读它们的人很少。自此以后,恐怕像司马相如、枚乘之流,只不过成为文学史上的人名而已,他们的作品,将不免永远的被后人所遗弃的。

B. 古　　文

此体实倡于唐代中叶的韩、柳。以后绵延递嬗,作家于宋明,则

有欧、曾、王、三苏、归、唐、王等流派。于清则桐城、阳湖、湘乡三派。他们文章的特点,大致可以分作三方面来说:

(一)气势豪放。韩退之《祭鳄鱼文》中道:

> 昔先王既有天下,列山泽,网绳擉刃,以除虫蛇恶物为民害者,驱而出之四海之外。及后王德薄,不能远有,则江汉之间,尚皆弃之以与蛮夷楚越,况潮、岭海之间,去京师万里哉。鳄鱼之涵淹卵育於此,以固其所。今天子嗣唐位,神圣慈武。四海之外,六合之内,皆抚而有之。况禹迹所掩,扬州之近地,刺史、县令之所治,出贡赋以贡天地宗庙百神之祀之壤者哉!鳄鱼其不可与刺史杂处此土也。刺史受天子命,守此土,治此民,而鳄鱼悍然不安溪潭,据处食民畜、熊、豕、鹿、麞,以肥其身,以种其子孙,与刺史抗拒,争为长雄。刺史虽驽弱,亦安肯为鳄鱼低首下心,伈伈睍睍,为民吏羞,以偷活於此耶!

又如苏子瞻的《潮州韩文公庙碑》云:

> 匹夫而为百世师,一言而定天下法,此皆有以参天地之化,关盛衰之运。其生也有自来,其逝也有所为。故申、吕自岳降,傅说为列星,古今所传,不可诬也。孟子曰:"我善养吾浩然之气。"是气也,寓於寻常之中,而塞乎天地之间。卒然遇之,则王、公失其贵,晋、楚失其富,良、平失其智,贲、育失其勇,仪、秦失其辩。是孰使之然哉?其必有不依形而立,不恃力而行,不待生而存,不随死而亡者矣。故在天为星辰,在地为河岳,幽则为鬼神,而明则复为人。此理之常,无足怪者。自东汉以来,道丧文弊,异端并起。历唐贞观、开元之盛,辅以房、杜、姚、宋而不能救,独《韩文公》起布衣,谈笑而麾之,天下靡然从公,复归於正,盖三百年於此矣。文起八代之衰,而道济天下之溺,忠犯人主之怒,而勇夺三军之帅。此岂非参天地,关盛衰,浩然而独存者乎!

这真同排山倒海的水头一样,任是谁也堵塞不住。这是古文的特点,惟有古文家,才能作出这样的文字。

(二)辞采典雅。古文家们所推崇的是马司迁。司马迁谓"文不雅驯,缙绅之士难言之",所以古文家虽然是骈俪一派的反动,但他们在辞采方面只不过舍去了华丽的,而仍旧保存着典雅的。所谓俚俗之言,他们是不屑以之入文的。近代桐城派的作者,林琴南《与蔡子民书》云:

若尽废古书,行用土语为文字,则都下引车卖浆之徒,所操之语,按之皆有文法,不类闽广为无文法之啁啾。据此则凡京津之稗贩,均可用为教授矣。

这在另一方面,就是主张文字必须典雅不可。至于古文中文字典雅者,不一而足。如退之之墓志、子厚之游记,下至归、方、姚、曾等,均达到典雅的至境。以篇幅过长,无庸再来征引了。

(三)恪尊义法。古文从唐一直到清,因为从事于此的人太多了,于是就产生了不少新的花样,而"义法"也是其中之一。桐城方望溪云:

《春秋》之制义法,自太史公发之。而后之深於文者,亦具焉。"义"即《易》之所谓"言有物也"。"法"即《易》之所谓"言有序也"。"义"以为经,而"法"纬之,然后为成体之文。(《又书货殖传后》)

所以自方氏以后,继承之者,为其乡之后进刘大櫆与姚范。而鼎鼎大名之姚姬传,据他说(《古文辞类纂序》),他"少闻古文法於伯父薑坞先生及同乡刘耕南",又云:"余来扬州,少年或从问古文法。"这是以古文义法传授多数生徒之始。而曾涤生在他的《圣哲画像记》中又说:"国藩之粗解文字,自姚先生启之也。"所以义法之授受,直至清末而不衰。不过末流也就流弊丛生。刘申叔所谓:"以空疏者为之,则枯木朽荄,索然寡味,仅得其转折波澜而已。"(《论近代文学之变迁》,见《国粹学报》)

古文在形式上的特点既如上述,他所以如此的原因,不外有两端:

(一)受孟子养气说之影响。韩愈《答李翊书》中云:

气,水也。言,浮物也。水大,而物之浮者大小毕浮。气与言犹是也。气盛,则言之短长,与声之高下者皆宜。

又苏辙《上书韩太尉书》中说道:

  文者,气之所形。然文不可以学而能,气可以养而致。孟子曰:"我善养吾浩然之气。"今观其文章,宽厚宏博,充乎天地之间,称其气之小大。太史公行天下,周览四海名山大川,与燕赵间豪杰交游,故其文疏荡,颇有奇气。此二子者,岂尝执笔学为如此之文哉?其气充乎其中,而溢乎其貌,动乎其言,而见乎其文,而不自知也。

又归熙甫云:

  读书如读项羽垓下之败,必潸然出涕,乃为得之。为文须要养气。(《史记圈识凡例》)

所以能如孟轲一样的"养吾浩然之气",则自然在作品中,能表现出像退之《祭鳄鱼文》同苏东坡《韩文公庙碑》那样有着沛然若决江河,莫之能御的气势。

(二)载道。孔子因春秋之时,"臣弑其君者有之,子弑其父者有之"(《孟子·滕文公下》),因之著《春秋》。此书刊行后,而乱臣贼子惧。孟子又记孔子的话道:"其事则齐桓、晋文,其文则史。孔子曰:'其义则丘窃取之矣。'"(《孟子·离娄下》)因此汉人解经,公羊一派,遂倡因文见道之说。从《春秋》中窥测孔子之"微言大义"。唐代韩愈以继承道统自任,故亦拟因文以见道。故为文法六经,法史迁,审慎从事,丝毫不苟。但《春秋》的文字,虽简单,而意义却繁复。同时,解经者又谓,《春秋》中"一字之褒,荣於华衮。一字之贬,严若斧钺"。可知孔子著此书时之如何的惨淡经营,煞费苦心了。后世古文家来模仿他,自然也非如此的遵循规矩,不易为功。故义法之产生,乃是必然的结果。

(三)克己复礼。儒家的中心思想,乃"克己复礼"。《论语》中有一段:

  颜渊问"仁",子曰:"克己复礼为仁。一日克己复礼,天下归仁焉。"颜渊曰:"请问其目。"子曰:"非礼勿视,非礼勿听,非

礼勿言,非礼勿动。"(《论语·颜渊》)

所以儒家的思想,走到极端,势非至于咬文嚼字,走路时行不由径,迈着方步不可。韩之反齐、梁乃是"以复古为解放",而不晓得到后来虽解放了齐、梁文人所给予文学上的种种束缚,可是自己又重新添上一套新的锁枷。清末古文之光剩了一副转折起承的躯壳,当非反齐、梁的退之当初所能预料得到的。

C. 小　品　文

这种体裁,起源很早,不过到了明代才臻于全盛。中叶以后,作者辈出,他们的作品俨然是别具面目,另有风致,与骈文、古文实大异其趣。他们的特点是

(一)打破格律信腕直寄。袁宏道《序梅子马王程稿》中道:

> 诗道之秽,未有如今日者。其高者为格套所缚,如杀翮之鸟,欲飞不得;而其卑者,剽窃影响,若老妪之傅粉;其能独抒己见,信心而言,寄口於腕者,余所见盖无几也。

又《叙曾太史集》中云:

> 余文信腕直寄而已。以余诗文视退如,百未当一,而退如过引,若以为同调者,此其气味必有合也。昔人谓茶与墨有三反,而德实同,余与退如所同者真而已。其为诗异甘苦,其直写性情则一;其为文异雅朴,其不为浮词滥语则一。此余与退如之气类也。

从这儿可以看出这一派小品作家与骈文作家、古文作家的不同的地方来。

(二)采用当时流行语词。袁宗道在他的《论文》中说道:

> 口舌,代心者也。文章,又代口舌者也。展转隔碍,虽写得畅类,已恐不如口舌矣。况能如心之所存乎?故孔子论文曰:"辞达而已。"达不达,文不文之辨也。唐、虞、三代之文,无不达者。今人读古书,不即通晓,辄谓古文奇奥,今人下笔不宜平易。夫时有古今,语言亦有古今。今人所诧谓奇字奥句者,安知非古

之街谈巷语耶？

所以在袁中郎的文章中,很多当时的俚语方言。如《与王伯谷》书中云：

> 眼前事如牛毛,然今日牛毛,明日龟毛矣。

又《与朱司理》云：

> 盖同只见得净不妨秽,魔不碍佛。若合则活将个袁中郎抛入东洋大海,大家浑沦作一团去。（万历二十五年丁酉作）

为什么这些小品文作家会有这样的勇气、这样的见解？完全是因为思想的关系。明代中叶的思想,首先是儒表佛里的王学盛极一时。其次是道家思想亦颇有正始时的样子,呈复兴之势。像公安三袁,与其说是儒家的后嗣,无宁说是佛道的肖子。从这道佛思想作为出发点,就有下列两种必然的结果：

1. 反礼教。既然在行为上是反礼教的,像正始时期的文人一样,当然他们去写文章,是决不会遵循什么规矩的,因此他们就一方面反对格律,一方面写出极其自由的文章来。

2. 不贵古而贱今。儒家思想叫人追念往古,而道家思想则叫人认为一切的变化是自然的,叫你不要有贵古卑今之见。所以他们不迷恋过去,对当时的平民文学也能认识出它们的优点来。同时他们写文章时,自然也要去引用些时行的俚语方言。

由上面的原因,于是就造成了中国文学史上一种最清新、最活泼、最富于生命的散文。

D. 五四以来之白话文

自从民国四年胡适之先生在美国写了他那篇《文学改良刍议》后,继之而起的就是陈独秀发表了一篇《文学革命论》。到民国七年,胡氏又发表一篇《建设的文学革命论》,从此就引起了一场轩然大波。然终于白话文学占了胜利。关于白话文的特点,当然为一般人所熟知的。

（一）打破过去因袭的格律（即胡适之先生之"八不主义"中之

"不重对偶"、"文须废骈,诗须废律")。

(二)采用通行之语言为文(即"八不主义"中之"不避俗语俗字")。

(三)不用套语烂调。

从五四运动以后,到现在已十几年了。白话文学已渐渐发荣滋长,到了快成熟的时期。这种由骈文古文,一变而为语体。在外表上似乎是一种形式的改变,而实际所以造成这种局面者,是思想从中作着主动的缘故。说到这一点,我们试看当时主张文学革命与反对文学革命的,他们的思想如何:

(一)主张文学革命的,他们的思想大致是:

1.受了欧美个人主义的熏陶,故主张一切要表现自我,发展个人的个性,而反抗外界一切无理的规律的束缚。

2.受民主主义之影响,而反对有阶级观念的儒家思想。他们在政治上要求全民政治,同时在文化上也一样的希望每个国民都有了解与推进的能力。文言在过去是少数特权阶级的专利品,现在欲使文化普及到一切民众,非把文言改为白话不可。这一点在《新青年》杂志中,一些反孔教的文字里,最明白可以看到。

(二)反对白话文的一派,多半是思想陈腐,不脱封建臭味的遗老们。即不然,也是孔、孟、程、朱的忠实信徒。他们还梦想着恢复往日像尧、舜那样的盛世,自然看着这些人的论调,觉得是非圣无法啦。林琴南的《致蔡子民一书》,最足代表此种思想。

总以上的各点,我们可以得一结论,即文学的形式的演变,又决不是为演变而演变。它的演变是因为在背后有一个主动力在支配着它,使它不能不变,这个主动力是什么? 就是思想。

三、作家的比较

(一)孔子与庄周　(二)陶潜与谢灵运　(三)李白与杜甫
(四)李攀龙与袁宏道　(五)林琴南与胡适之

（一）孔子与庄周

　　关于儒家思想之对于文学形式上的影响，在前边已经大致的说了一点了。现在就专拿孔子来与庄周作一个对比。

　　孔子，向来的人都认为他是儒家思想的创始者。他的思想，是保守的，是要把快要崩溃的封建制度，用他的学说来挽救的。他慨于当时人之"君不君，臣不臣，父不父，子不子"，所以他要修《春秋》，因文字上的褒贬，来警劝世人。他对于政治的见解，是把社会上分成若干的阶级，每一阶级的人都能循规蹈矩，各安本分，天下就可以平治。至于个人的修养，是要能"克己复礼"。换言之，就是要你能遵循着一个一定的道路走去，不要丝毫的逾越才好。孔子的思想，既是如此，那么他立言的态度，是怎样呢？《论语》中《子路篇》中的一段话，最足看出他的主张：

　　　　子路曰："卫君待子而为政，子将奚先？"子曰："必也正名乎！"子路曰："有是哉，子之迂也！奚其正？"子曰："野哉！由也。君子於其所不知，盖阙如也。名不正，则言不顺。言不顺，则事不成。事不成，则礼乐不兴。礼乐不兴，则刑罚不中。刑罚不中，则民无所措手足。故君子名之，必可言也。言之，必可行也。君子於其言，无所苟而已矣。"

　　孔子就本着"正名"的主张，用这种君子于其言无所苟而已的态度，来纂修《春秋》了。《史记·孔子世家》中说道：

　　　　孔子在位听讼，文辞有可与人共者，弗独有也。至於为《春秋》，笔则笔，削则削，子夏之徒不能赞一辞。弟子受《春秋》，孔子曰："后世知丘者以《春秋》，而罪丘者，亦以《春秋》。"

　　从这里，可以看出他写作的审慎与其对于这部著作的自负了。到了后来，《公羊》、《谷梁》二传来逐字解释，而前者又有所谓"三科九旨"之说，以阐明其"微言大义"。其造句遣辞之谨严不苟，可以知之矣。至于庄周就大大的不然了，他的见解恰恰与孔子相反。第一，他认为世间的一切名相都是暂时的假定，根本不能相信它们。他在《秋水篇》中写道：

> 以道观之，物无贵贱；以物观之，自贵而相贱；以俗观之，贵贱不在己。以差观之，因其所大而大之，则万物莫不大；因其所小而小之，则万物莫不小；知天地之为稊米也，知毫末之为丘山也，则差数睹矣。以功观之，因其所有而有之，则万物莫不有；因其所无而无之，则万物莫不无。知东西之可以相反而不可以相无，则功分定矣。以趣观之，因其所然而然之，则万物莫不然；因其所非而非之，则万物莫不非；知尧、桀之自然而相非，则趣操睹矣。

这是庄周对所谓"贵贱"、"大小"、"有无"等名相的否认。其次他又认为世间没有所谓真是非，在他的《齐物论》中有这样的一段话：

> 既使我与若辩矣，若胜我，我不若胜，若果是也，我是非也邪？我胜若，若不吾胜，我果是也，而果非也邪？其或是也，其或非也邪？其俱是也，其俱非也邪？我与若不能相知也。则人固受其黮闇。吾谁使正之？使同乎若者正之？既与若同矣，恶能正之！使同乎我者正之，既同乎我矣，恶能正之！使异乎我与若者正之？既异乎我与若矣，恶能正之！使同乎我与若者正之？既同乎我与若矣，恶能正之！然我与若与人，俱不能相知也，而待彼也邪？

所以庄周既已否定了人间一切的假设，那么他立言的态度自然与孔子就大异其趣了。孔子是一字不苟，在纂修他的《春秋》，要打算从那里表现出他个人的主张同对世人的批评来。而庄周呢，则以诙谐的态度，嘲讽的口吻，在劝世人要把眼睛睁大，心胸放开，不必再拘拘于一方，而把自己束缚起来。《天下篇》中说的最好：

> 芴漠无形，变化无常，死与？生与？天地并与？神明往与？芒乎何之？忽乎何适？万物毕罗，莫足以归。古之道术有在於是者，庄周闻其风而悦之。以谬悠之说，荒唐之言，无端崖之辞。时恣纵而不傥，不以觭见之也。以天下为沈浊，不可与庄语。以卮言为曼衍，以重言为真，以寓言为广。独与天地精神往来，而

不敖倪於万物。不谴是非,以与世俗处。其书虽瑰玮,而连犿无伤也。其辞虽参差,而諔诡可观。彼其充实不可以已,上与造物者游,而下与外死生无终始者为友。其於本也,宏大而辟,深闳而肆。其於宗也,可谓稠适而上遂矣。虽然其应於化而解於物也,其理不竭,其来不蜕。

把篇中批评庄子的全段都抄来了,从这里边最足看出形式与思想的关系来。庄子既认为人间无所谓真是非,真大小,真贵贱……所以他自然不去学孔子那样斤斤于一字一句的酌量。他可以在讲道理之际,而忽然来一个诙谐故事,叫你不能不捧腹。而你在笑了以后,又会感到他所说的话是又锋利、又尖刻的正中敌人的要害。他的文章没什么组织,没什么章法,高兴说到哪里,就是哪里。一篇《消遥游》,可以从鲲鱼说到列子的御风而行,再说到尧让天下于许由的故事,而末了又说到他与惠子谈话的内容。至于《秋水》,从河伯与海若的问答,而拉到公孙龙与魏牟的问答,末了又以濠梁观鱼作为结束。所以他的文字在外表上是很松懈的,是很随便的。但每篇都有着他的一个中心思想在。反正说来说去,与他的本题总归是有关系的。不过他不屑于去作字句篇章的较量与斟酌罢了。

我们现试就孔子与庄子作一比较,就可以晓得思想与形式是有着如何不可分离的关系了。以孔子的见解,决写不出像庄周那样汪洋恣肆、茫无涯际的《南华》。而庄周呢,也同样是写不出像孔子那样简练谨严的《春秋》。因为孔子是入世的,是承认一切规矩准绳的存在的,那么他的文字,自然不能不带着极浓厚的人为的意味。结果就是有组织,有规律。而庄子呢,是出世的,是否认一切人为的规律,而只承认一个大自然的演化。所以他的生活,是不受什么束缚的,而他去写作时,自然也是兴之所之,高兴怎么样写就怎么样写,高兴怎么样说就怎么说。因此他的作品我只可以拿两个字去批评他,就是"自然",无斧斤痕迹,毫不带造作的意味。

孔子是儒家的代表,庄周是道家的代表,而他们的作品是有着如此大的差异。到了以后,无形的受道家思想影响的文人的文章与受儒家思想影响的文人的文章,在风格上是绝异的。这固然是由于有意无意在模仿他们,而最大的原因,则还是思想在从中支配着这些作者呢。

(二)陶潜与谢灵运

拿陶渊明与谢康乐来作一个比较,这也是一桩很有趣味的事吧?历来谈文学史的,对陶渊明生于晋之末季,当时文学正在走向骈俪化的潮流中,同谢康乐截然不同,而一点不受环境的推移,写出那样朴质自然的文字来,是都认为是奇事的。其实,我们要明了了他们的思想,这又有何足怪呢?

陶渊明的思想,可以说是儒家思想、道家思想混合后的结晶。他在"箪瓢屡罄,绤絺冬陈"的贫穷的压迫下,还能"含欢谷汲,行歌负薪"(《自祭文》),"悦亲戚之情话,乐琴书以消忧"(《归去来兮辞》)。这一点,不很像孔子的"曲肱而枕之,乐亦在其中矣"(《论语·述而》)与颜回的"箪食瓢饮,在陋巷,人不堪其忧,回也不改其乐"(《论语·雍也》)的精神吗?但他的不以五斗米折腰与"富贵非吾愿"而身慕肥遁的情况,不又大似庄周的辞楚国的相位,而甘心"曳尾途中"的气概吗?不过在这两家中,毕竟受道家的思想影响较为深些。他有他的生活的趣味,他的生活的趣味是:

春秋代谢,有务中园。载耘载耔,迺育迺繁。欣以素牍,和以七弦。冬曝其日,夏濯其泉。勤靡余劳,心中常闲。(《自祭文》)

他有他的人生观,他的人生观是:

聊乘化以归尽,乐夫天命复奚疑?(《归去来兮辞》)

换言之,就是顺自然之大化,而走向最终的归宿去。他的创作,同他的饮酒是一样的,只不过是生活中一种调剂,一种趣味。他的"匪贵前誉,孰重后歌?"(《自祭文》)可以晓得他对他的创作并不像司马迁对自己之《史记》那样看重而要"藏之名山,传之其人"(《报任安书》)。他的《饮酒诗二十首序》最足说明他创作的动机与他对自己创作的态度。

> 余闲居寡欢,兼比夜已长,偶有名酒,无夕不饮。顾影独尽,忽焉复醉。既醉之后,辄题数句自娱,纸墨遂多。辞无诠次,聊命故人书之,以为欢笑尔。

可知他写诗,只是"自娱"。不知不觉多了起来,让朋友整理一下,也不过是藉以为谈助而已。所以他无须来做作,来矫饰。我们从别人集中,可以看到作者对文学的见解,但陶集中绝不可得。这就可以晓得他对文学只是趣味主义。他欣赏别人的奇文,而自己也可以即兴的写一点。"临清流而赋诗"最足以看出他创作的动机来。陶诗之所以为陶诗,恐怕其主要的原因就在此吧。

其次,再说到谢康乐。谢康乐的诗文,正是从太康到元嘉这个时期的一种趋向骈俪化的文学潮流中的代表。不过说到康乐,就不能不先说一说骈俪文学与佛教思想的关系。在胡适之先生的《白话文学史》中,他认为佛教中的骈体文都是和尚受了文士们的影响,他说:

> 我们看那译经最盛的时期(三〇〇~五〇〇),中国文学的形式与风格,都不表显一点翻译文学的势力。不但如此,那时代的和尚们作的文学,除了译经以外,都是模仿中国文士的骈偶文体。一部《弘明集》、两部《高僧传》,都是铁证……故我们可以说,佛经的文学不曾影响到六朝的文人,也不会影响到当时的和尚。我们只看见和尚文学的文士化,而不看见文人文学的和尚化。(第十章《佛教的翻译文学》)

关于这一点,颇值得讨论。固然六朝的骈体文是汉代的赋演进而来的,这当无疑义。但为何到了两晋六朝而渐次的盛起来呢?而且从宋到齐梁,大凡为文工于骈俪者,与佛教总有着密切的关系。这就不能不令我们怀疑了。现在我们试看佛经是不是注意辞藻与声调?《高僧传》中云:

> 初沙门慧叡,才识高明,常随什传写。(鸠摩罗什)什每为叡论西方辞体。商略同异。云:"天竺国俗,甚重文制。其宫商体韵,以入弦为善。凡觐国王,必有赞德。见佛之仪,以歌欢为贵。

经中偈颂,皆其式也。但改梵为秦,失其藻蔚,虽得大意,殊隔文体。有似嚼饭与人,非徒失味,乃令呕哕也。"

又《高僧传·支昙籥传》云：

尝梦天神授其声法,觉因裁制新声,梵响清靡,四飞却转,反折还弄……后进传写,莫匪其法。所制六言梵呗,传响於今。

这都足以证明佛典是如何的注意音调与节奏。所以陈寅恪先生在他的《四声三问》中说,佛教输入中国,其教徒转读经典时,将彼邦之读法亦曾输入。中土人士,于是借之而创为四声之说。并作声谱,借转读佛经之声调,应用于中国之美化文。可知中国由赋演进之一种富于辞藻之文体,受佛典之影响,而又注意于音调。遂成为齐梁时期之"绮縠纷披,宫征靡曼"一类的新文体是无可疑的了。

其次,我们再看佛教的中心思想与道家的不同。佛之"寂灭"与道之"虚无",虽不无近似,但佛对人欲,则主遏抑,而道则主任其自然。道家末流虽不免流于浪漫与颓废,如正始间人物,但总不失其自我之真。至佛之流弊与理学末流颇为相似,貌君子而内小人,形成一种残酷无情、虚伪矫饰之徒。故宗道之文人,其作品虽无所拘检,然多自然清丽。而宗佛之文人,时或不免于雕琢粉饰,欺世盗名。明乎此,就可以来论谢康乐了。

谢康乐的个性,《宋书》本传中,言之颇详,一则曰：

性奢豪,车服鲜丽。衣裳器物,多改旧制,世共宗之咸称"谢康乐"也。

再则曰：

性褊激,多愆礼度,朝廷唯以文义处之,不以应实相许。自为才能宜参权要,既不见知,常怀愤愤。

为什么他性豪侈,性褊激呢？这大概与他的身世很有关系。一则他是谢玄之孙,门第最高,很容易养成他的骄傲之心。二则他具有相当的天才,而为世所推崇,益发自负不凡起来。所以他总自以为他有政治上的才能,但终居下位,故心怀愤愤。总之,他是一个富于虚荣心而不能忘情于名利的人。至于他的思想,则受佛家影响为深。

《高僧传·慧叡传》中云：

> 陈郡、谢灵运，笃好佛理，殊俗之音，多所达解。迺咨叡以经中诸字，并众音异旨。於是著《十四音训序》，条列梵汉，昭然可了，使文字有据焉。

谢康乐因为他的个性身世与思想的关系，造成了他虚伪与矫饰的行为。顾宁人《日知录》中云：

> 古来以文辞欺人者，莫若谢灵运，次则王维。灵运身为元勋之后，袭封国公，宋氏革命，不能与徐广、陶潜为林泉之侣。既为宋臣，又与庐陵王义真款密，至元嘉之际，累迁侍中。自以名流，应参时政，文帝惟以文义接之，以致觖望。又上书劝伐河北，至屡婴罪劾，兴兵拒捕。乃作诗曰："韩亡子房奋，秦帝鲁连耻。本自江海人，忠义动君子。"及其临刑，又作诗曰："龚胜无餘生，李业有终尽。"若谓欲效忠於晋者，何先后之矛盾乎？史臣书之以"逆"，不为苛矣。（《日知录》卷十九《文辞欺人》）

这一段话，把谢康乐骂得真太厉害了。实际谢康乐之不能善终，的确吃了他爱虚荣的亏了。他的个人修养与陶渊明简直不能同日而语。因为他的行为是如此的虚伪，那么他的作品自然是迎合时尚，而注意于字句之雕琢、音调之调叶。后人谓其诗乃刻画山水，一点也不错。

总之，文学乃作者整个精神之表现，有陶渊明之思想与人格，始能作出陶渊明之诗与文。谢康乐之诗，虽亦传诵千古，但较之陶渊明，则大有清水芙蓉与盆中采花之别。

（三）杜甫与李白

生既同时而且有着深厚的友谊，但因两人思想之不同而作品之形式则迥然相异的，则为杜子美与李太白。

杜子美的思想，历来人都众口一辞的认为他是儒家的后嗣。现在我们就看他平生的志愿是什么，他在《奉赠韦左丞丈二十二韵》中说：

自谓颇挺出,立登要路津。致君尧舜上,再使风俗淳。

又《自京赴奉先县咏怀五百》字中说:

　　杜陵有布衣,老大意转拙。许身一何愚,窃比稷与契。居然成濩落,白首甘契阔。盖棺事则已,此志常觊豁。穷年忧黎元,欢息肠内热。取笑同学翁,浩歌弥激烈。非无江海志,潇洒送日月。生逢尧舜君,不忍便永诀。当今廊庙具,构厦岂云缺?葵藿倾太阳,物性固莫夺。

所以杜子美少年是颇自负的,很想建树一点功业。这种精神与孔子的"三日无君则皇皇如也"正差不多少。同时,他自己也就一再称自己为"腐儒"(《江汉草堂》)。他的作品所写的对象,不外是"天子"、"黎元"、"妻子"、"朋友"。他是热肠的人,一方面感于天下骚乱,一般人都不能安生过活,弄得父母、兄弟、妻子离散。再一方面,又觉得自己之坎坷潦倒,一筹莫展,不要说生民不能被其泽,就是自己之妻儿也跟着自己常常挨饿。

　　老妻寄异县,十口隔风雪。谁能久不顾?庶往共饥渴。入门闻号咷,幼子饿已卒。吾宁舍一哀,里巷亦呜咽。所愧为人父,无食致夭折。(《自京赴奉先县咏怀五百字》)

这是多么沉痛的话啊!因为这种关系,他的作品大部分都是苍凉悲壮的。

因为杜子美是对人世如此的认真的一个人,加以他的祖父杜审言也是位大诗人,所以他对诗看得非常的重要。也可以说他把创作当成他一生的事业。他在《赠蜀僧闾丘师兄》中云:

　　吾祖诗冠古,同年蒙主恩。

所以他训诫他的儿子道:

　　诗是吾家事,人传世上情。熟精《文选》理,休觅彩衣轻。(《宗武生日》)

子美对诗如此的重视,那么他创作时,自然是一点不苟的。他的《江上值水如海势聊短述》云:

　　为人性僻耽佳句,语不惊人死不休。

又《偶题》中云：
　　文章千古事，得失寸心知。
又《解闷》五首中云：
　　陶冶性灵存底物，新诗改罢自长吟。
　　孰知二谢能将事，颇学阴何苦用心。
子美一生不仅将自己的一切感触遭遇，一一宣之于诗，而且对诗还如此的刻意用心，无怪乎他的律诗成为千古之杰作。清人刘融斋云：
　　近体气格高古尤难，此少陵五排五七律所以品居最上。
又云：
　　少陵以前，律诗枝枝节节，气断意促，前后或不相管摄，实由於古体未深耳。少陵深於古体，运古於律，所以开阖变化，施无不宜。
这自然是千年以来的公论。杜子美也曾说过"晚节渐於诗律细"的话。这自然是个人经验之谈。至于李太白，就同杜子美大大的不同了。他是一位浪漫而又颓废的诗人。他不仅轻视利禄，而且轻视功名。他看的很清楚，就是人生在世不过短短的数十寒暑，什么都是假的，只有及时行乐好。因此他要喝酒，要浪游，要玩女人。有时也做一做神仙的梦。他的《拟古八首之七》里边说：
　　生者如过客，死者为归人。天地一逆旅，同悲万古尘。月兔空捣药，扶桑已成薪。白骨寂无言，青松岂知春？前后更叹息，浮荣何足珍？
生命既是无常，浮荣更不足珍，那么只有：
　　且乐生前一杯酒，何须身后千载名？（《行路难》）
　　醉后失天地，兀然就孤枕。不知有吾身，此乐最为甚。（《月下独酌》）
　　木兰之枻沙棠舟，玉箫金管坐两头。
　　美酒樽中置千斛，载妓随波任去留。（《江上吟》）
　　人生在世不称意，明朝散发弄扁舟。（《宣州谢朓楼饯别校书叔云》）

李太白的生活是如此的放浪不羁,那么他对于创作是持如何的态度?在他的诗中,可以看到他主张复古而对齐梁以来的诗歌深致不满。他说:

　　自从建安来,绮丽不足珍。(《古风》十一首)

就这一点,与杜子美就大不相侔了。杜子美是"颇学阴何苦用心",是"转益多师是汝师"。李太白呢,轻轻把齐梁撇过去了。他既不循齐梁的路子,这自然是后汉魏之古风了。加以他的天才又高,常常与之所至,一挥而就。他自己说他是"兴酣落笔摇五岳,诗成笑傲凌沧洲"(《江上吟》)。

要让杜子美说起来,李太白的天才益发令人可惊了。《饮中八仙歌》中云:

　　李白一斗诗百篇,长安市上酒家眠。
　　天子呼来不上船,自称臣是酒中仙。

《寄李十二白二十韵》中云:

　　昔年有狂客,号尔谪仙人。笔落惊风雨,诗成泣鬼神。声名从此大,汨没一朝伸。文采承殊渥,流传必绝伦。

可知杜子美对这位诗人是如何的倾倒了。"惟英雄能识英雄",杜子美才是李太白的真正知己。他并不像曹丕所说的"文人相轻"。他极端推挹李太白。在他的《苏端薛复筵简薛华醉歌》中说:

　　坐中薛华善醉歌,歌辞自作风格老。
　　近来海内为长句,汝与山东李白好。

他因久不得李太白的消息,作《不见》一首说:

　　不见李生久,佯狂真可哀。世人皆欲杀,吾意独怜才。敏捷诗千首,飘零酒一盃。匡山读书处,头白好归来。

他对李太白的挚爱之情,可想而知了。李太白是这样的一位诗人,创作又是凭着一时的灵感,所以他是不屑于去雕琢,去"推敲"的。至于那些格律,他更是受不了它的束缚。所以李太白的诗,长于古风,而拙于近体。

此外李杜对创作态度之不同,从他们彼此的赠答中也可以看出来一二。杜子美《春日忆李白》诗有"何时一樽酒,重与细论文"之句。而李太白对杜子美,则有"借问何来太瘦生,都为从前作诗苦"的话(按:此不一定为李太白之作,然须知此种拟托,并无全无意义)。为什么李杜对创作的态度如此的不同呢?刘融斋说的好:

> 太白早为纵横,晚学黄老,故诗意每托之以自娱。少陵一生却只在儒家界内。

这虽是对他们两人诗的内容说的,但我们也可以以之说明他们在形式上所以不同的缘故来。

(四)李攀龙与袁宏道

有明一代值得我们注意的,是李攀龙与袁宏道。他们恰好作一个很有趣的对照。李攀龙是倡言复古之一员,主张"文必秦汉,诗必盛唐"。所谓盛唐,实际是专注意于工部。他是以名节自负,谢病告归,隐居于鲍山、华不注之间,以天下诗坛之宗主自命。但我们试看他的作品,大抵模拟剽窃,很少能独出机杼。往往一篇作品,故为大言壮语。但视其内容,则空空如也。这可以说是诗坛上之赝法帖、假古董。其所以如此,不外在当时的思想正是朱学盛行的时候,虚伪的道学家遍处皆是。其波及文坛的,即也造成了许许多多的假文人。自己没真实的情感,而盗窃古人之躯壳,因之产生大批的无生命的作品。即以李攀龙而论,他似乎是一个狂者,而又系一个钓名沽誉之徒。其隐居既不同于陶渊明之恬淡,又不同于太白之颓放,无非是矫饰虚伪。相传他第一次与王世贞相见,他在酒后踞而谓王世贞说:"天地为偶,而无孤美者,人亦然。孔氏之世,不有左丘乎?"王世贞瞪目直视不答。他于是马上就改变了口吻说:"吾失言!应言有老聃。"这真是一桩令人发笑的故事。所以他的作品,不能自出胸臆,且故意造出种桎梏,以不炫世而难人。格调说之提倡与沈约等所倡的"八病说"差不多。不但后人不能遵奉,就他们自己的作品,也很少能合于他们自定的准绳。一讲李攀龙,不禁又令我想到桐城派的古文家。由儒家思想所形成的诗与文,最初可以杜甫、韩愈作为代表。由杜甫之注重创作,长于近体,结果至明而有前后七子之复古,生出种种奇妙的论调,使诗坛变成死气沉沉的一片荒野。其次,从韩愈之提倡古文,一变而为北宋诸子,因学识与天才之关系,大半还能驾乎韩昌黎而上之。到清末,古文也成了一个空架子,只要能恪遵义法,即成为杰作。于是古文的寿命也就到了末日。这与儒宗思想到明清而成为迈云步的道学先生不很相同吗?

在明之末季,大倡反复古运动的是公安袁宏道。他的文学见解(详拙作之《公安派文学主张》,见《师大国学丛刊》一卷三期),大致不外"发抒性灵",而认各时代有各时代的文,不一定要模仿前人。故他极端攻击格律之非、模拟之非。他的作品大都清新飘逸,有太白东坡之风。他的小品更是千古有数之作,大抵寥寥数语,即趣味盎然,令人味之不尽(可参阅拙作《中郎的诗、中郎的文》见《师大国学丛刊》三期《月刊》二期)。近来谈袁中郎者,大有人在,不必再为唠叨。不过中郎文之所以能写到这种地步,并非偶然的,的确,是基于他的思想。大概他的思想乃是由儒、佛、道三种思想混合而成的一种个人主义。他的生活以趣味为主,喜欢大自然,而反抗人为的规律的束缚。所以他在吴县作了几天官就把自己弄出一身病来。后来遨游各地,又隐居于故乡者凡七年之久。他对道佛两家都有著作,《广庄》可以看出他对道的心得,《西方合论》、《德山暑谭》,可以看到他对佛的心得。总之,有了中郎的思想,才会产生出中郎的无拘无束、纯任自然的作品来,这是毋庸置疑的。

(五)林琴南与胡适

文言白话之争,是十几年前的事了。论多就其表面而加一批判,不知其骨子里实由思想之歧异。守旧者以为,废除文言则无异于弁髦圣教。而革新者则认为,欲使中国文化赶上世界上之先进诸国,则非由文体之革改不易为功。故文言白话之争,实即新旧思想之争也。此次论战中之新旧两派代表人物,则为林琴南与胡适之先生。

林琴南的思想,是很明显的承着桐城派的余绪。过去之方望溪所标榜的"学行程朱,文章韩欧"差不多成为后日古文家学行的鹄的。林琴南既为古文派后起之秀,当亦逃不出此种见解。故其一生中,一方面写古文来追韩昌黎之后尘,一方面来卫道,做程朱之肖子。现在先看他的思想如何,其《致蔡元培书》云:

> 晚清之末造,慨世者恒曰:去科举,停资格,废八股,斩豚尾,复天足,逐满人,扑专制,整军备,则中国必强。今凡百皆遂矣,强又安在?於是更进一解,必覆孔孟,划伦常以为快。呜呼!因童子之羸弱,不求良医,乃追责其二亲之有隐瘵逐之,而童子可以日就肥泽,有是理耶?外国不知孔孟,然崇仁,仗义,矢信,尚智,守礼,五常之道未尝悖也。

又云:

> 乃近来尤有所谓新道德者,斥父母为自感性欲,於己无恩。此语一见之随园(实际此语已出自魏、晋人之口,而东汉王仲任〔充〕亦有正似之说)文中,仆方以为不伦,斥袁枚为狂谬,不图竟有用为讲学者。人头畜鸣辩不屑辩,置之可也。彼又云,武曌为圣王,卓文君为名媛,此亦拾李卓吾之余唾。卓吾有禽兽行,故发是言。李穆堂又拾其余唾,尊严嵩为忠臣。今试问二李之名,学生能举之否?同为埃灭,何苦增此口舌?可悲也。

这两段话已足够证明他是一个儒家的忠实信徒了。他既有这种思想,自然认为人是有着阶级之分的,所谓天子、卿大夫、士、庶人。过去的高文典册是中国的国粹,一点不能废弃,而且须用之以修、齐、治、平,故必须为士大夫阶级所尊守。至于白话、一般人的口语,为普及教育计,不妨用之,以流行于下层民众中。所以他在《论古文白话之消长》中说:

> 忆庚子客杭州,林万里、汪叔明创为白话日报,余为作白话道情,颇风行一时。已而予匆匆入都,此报遂停,沪亦间有为白话相诘难者,从未闻尽弃古文而行以白话者。

可知,他并不绝对反对白话,他之所以反对白话乃是怕古学湮替与圣道沦丧的缘故。他在《与蔡子民书》中云:

且天下唯有真学术,真道德,始足独树一帜,使人景从。若尽废古书,行用土语为文字,则都下引车卖浆之徒所操之语,按之皆有文法,不类闽广人为无文法之啁啾。据此,则京、津之稗贩,均可用为教授矣。

又《论古文白话之消长》中云:

盖昌黎与书赠序两门,真所谓神枢鬼藏,不可方物,孰能知之?吾读昌黎《与胡生书》及《齐暞下第序》、《送浮屠文》、《畅师》及《廖道士序》,将近万遍,犹不释手,其中似有魔鬼弄我。正如今日包世杰君讥我为孔子之鬼引入死地者。确哉!确哉!盖古文之不能为普通文字,宜尊之为夏鼎商彝方称耳。其说则又不然,至道不得至文,亦万不传。

所以有这种思想,必须有这样的形式来配合起来才可以。这真是一点也不错。至于胡适之先生呢,他是首先揭起文学革命的旗帜的前锋。但为什么他会有这种卓见这种主张呢?这就不能不说是由于他的思想的革新的缘故。严复、辜鸿铭都是西洋的留学生,为何他们还那样的推尊古文?就说严氏不是专攻文学的,而辜氏实为吾国精通英国文学者之先进,你能说他对文学不认识吗?为何他不提倡白话呢?一言以蔽之,思想的关系。胡先生是受欧美民主主义与个人主义影响最深的一位学者,所以他的文学主张,也就从这上面作为出发点。他认为,人类无所谓阶级,过去文学成为贵族与士大夫阶级的专利品,是太不对了。所以应当把它从少数人手中拿过来,交还给大多数人的手中。同时,他又打破了偶像的观念,不像那班卫道者似的,视为出之于圣贤之手的都是天经地义,都是精金美玉,值得宝重的;反之,出之于一般平民之手的东西都是俚俗不堪,应该唾弃的。所以他明了平民文学的价值,晓得一切平民文学的作者都是诗人、小说家的导师。同时,他又深切的明了,语体文才是白话文学有生命的文字,是一种传情写真最方便不过的工具。所以才接二连三的发表了他的《文学改良刍议》与《建设的文学革命论》,而《白话文学史》更以历史的事实来证明他的主张是正确的,是不误的。因此新文学运动,我们不能很简单的把她当作一个革改文体的运动,也就犹之乎韩愈之提倡古文,我们对之不应很简单的当作古文与骈文的冲突看是一样的。因为真正的冲突乃是思想,而文体不过是它们的表面罢了。胡先生的思想是受过科学洗礼的所谓实验主义者,其所以能有这样的成绩并非偶然的。倘若阅者能将新文化运动的全部回想一下,因文学革命而牵涉到的孔教问题、妇女问题、社会问题,就可以恍然于我的见解并不是随便说的,而是有着铁一般的实事在催促我非这样的说不可。

四、结　　论

从前面文体的分析与作家的比较上,我个人得着一个新的发现,就是过去支配中国人思想的是儒、道、佛三家。同时,文学也大体因受这三家的影响而形成为极不相同的面目。大致说起来,儒家之文典雅而时不免于矫饰,可以说是"文"、"质"并重的。佛教之文华丽而易陷于雕琢(由佛家之影响而演成的白话小说之类不在此数),比较偏重于"文"。道家之文质朴而自然,但流弊则易沦于渔散而无统系,有点过于重"质"。不过,就三家比较起来,我们要站在文学观点上来说,还是道家思想最宜于文学的发展。因为儒家尚规律而又喜强人以从我,统一思想的结果,就抹杀了许多天才。佛家重"文",故有时专重形式而流为靡靡之音。道家重"真",重"自由",文学要能在"自由"的环境中,而能出之以"真",自会产生出不朽的杰作。阅者试一阅吾国文学史,即可知此中之消息矣。

总之,思想为治文学史者所最不应忽视的东西。它不但在支配着文学的内容,而且形式的变革也完全操握在它的掌中。讲文学史而丢掉思想,是无法来解释作品形式之变革的所以然的。

二十四年三月二十八日草于行都

(原载 1935 年《师大月刊》第 18 期)

得天下英才而教之,乐在其中

我的教书生涯,到现在已历半个世纪了。20世纪30年代,我在北师大读书的时候,由于经济困难,不得不边上学边教书。从大学毕业到现在,始终是干的这一行。甚至有一个时期在研究院学习,也仍然在中学兼课。50年中我教过的学生真可说成千上万了。他们中,有的成了革命家,有的成了专业学者,但绝大部分都是为教育事业献出了自己毕生精力的大、中、小学教师。现在回顾起来,自己当初的选择还是对头的。看到自己曾经教过的青年们后来的卓越成就,内心感到无限的光荣和自豪。

在旧社会,一般人都认为"万般皆下品,惟有作官高"。可是我却选择了一般人认为最没出息的教师工作。其所以如此,一则由于自己存在着清高思想,不愿与当时的钻营拍马之徒同流合污;更重要的是喜欢青年们那种勇猛向上的精神。孟子说过,"得天下英才而教之,一乐也"。多少年来,我就是乐在其中的。我到河大任教,是在1940年,正是抗日战争时期。当时,该校在嵩县潭头。由于我的家住在南召县乡间,因而每逢寒暑假,都得徒步跋涉300多里蜿蜒崎岖的山路。在这偏远山区的许多学校,都有我在洛师任教时教过的学生,他们有的是教师,有的是校长,见到我所表现出的真挚感情,使我久久不能忘怀。有的话旧一直到深夜,在我就寝之后,还坐在我跟前,依依不肯离去。有的临别时,一程一程地相送,恋恋不舍。师生情谊,何其深厚!

我到河大,算起来已整整40年了。在这漫长的教书生涯中,我不断从我的学生身上汲取新的东西。他们锐敏的观察和思想的解放,使我不敢故步自封,不敢安于现状,要勤勉奋勉,大踏步地赶上去。特别在解放后,自己能够学到一点马列主义毛泽东思想,能够初步运用这个武器来从事学术研究而略有所获,固然是由于党的教育,但和同学们的帮助也是分不开的。

在十年动乱时期,一切是非都搞颠倒了,师生的关系也被破坏了。在"上、管、改"这一极"左"口号影响下,师生完全成了对立面。本来是互相学习、互相帮助、共同前进、共同提高的关系,却变成了专政与被专政的关系,教师成为被改造的对象。在这样情况下,说是要把教育办好,岂不是南辕而北辙!粉碎"四人帮"后,党中央拨乱反正,砸烂了捆绑教师的精神枷锁,解放了教师的思想,恢复了师生间的正常关系。特别是高考制度改革后,学习风气从学校扩大到社会,大家都认识到搞四化建设没有知识不行,而要获得知识就非学习不可。学习就须找老师。这样,教师在社会上的地位,才逐步有所提高。

师范教育是培养师资的有效途径。人才的培养,是应该从中小学开始的。倘若中学教师的文化水平低,专业能力差,那怎能向大学输送有较高文化水平的中学生呢?要想培养出优秀的高初中教师,就必须办好高等师范学校。要办好高等师范学校,自然需要有完善的设备和学有专长的教师。但入学新生的文化水平也是最主要的条件之一,如果新生入学的水平低,即使有好的教师和完善的设备,也难赶上具有同样条件而新生入学水平较高的学校。所以为了能培养出比较理想的中学师资,高等师范学校必须在应试新生中选拔一批具有较高业务水平的人才行。

全国师范教育会议确定,今年各省重点师范大学可以同其他重点大学同时录取新生,这是非常英明正确的措施。教育事业是神圣的事业,作为灵魂工程师的教师是很光荣的。如果我们能培养出一大批甘愿把自己的一生献给祖国教育事业的人,我国的教育事业就会有着光辉灿烂的前景,四化建设也就有了可靠的保证。

(原载1980年7月25日《河南日报》)

怎 样 度 假

一年一度的暑假就要到了,怎样把它过得更有意义,我想每位同志都会有自己的打算的,而这些打算,肯定都是根据自己实际情况而作的,那么自然是切实可行的。不过古人说过"智者千虑,必有一失;愚者千虑,必有一得"。对这个问题我愿谈谈个人的"一得之见",聊供同志们参考。

在专业学习上,我想同志们经过长期的检验,都会利用假期来针对个人的薄弱环节加以充实和提高,以便暑后能够大踏步地前进。因此,在这方面我就不谈了。由于我是从事语文教学的,"三句话不离本行",所以在这方面谈一点个人的意见。

首先,要读几部文学名著。文学是人生的教科书,我们读中外大作家的名著,不仅会了解书中所写的一定时代的社会生活,同时从书中所刻画的人物,也可以认识到怎样做人和做什么样的人。真正伟大的作品,它会擦亮你的眼睛,使你能够洞察社会上形形色色的人物,从他们的外表以及言谈和举止上,认识到他们灵魂的世界。它对提高读者的精神境界和道德品质,有着不可估量的潜移默化作用。鲁迅在《摩罗诗力说》中,曾引英人道覃的话:"美术文章之杰出于世者,观诵而后,似无裨于人间者,往往有之。然吾人乐于观诵,如游巨浸,前临渺沆,浮游波际,游泳既已,神质悉移。而彼之大海,实仅波起涛飞,绝无情愫,未始以一教训一格言相授,顾游者之元气体力,则为之陡增也。"这个比喻是非常恰切的,所以把读文学作品认为是时间的浪费的看法是非常错误的。但是有一点要千万注意,就是要有选择的读,并要学会怎样去读。

所谓有选择的读,就是要读有定评的名著。它是经过几代人或几十代人时间的检验,经过无数读者的品评而一致推崇的作品,所以泛读几十部普普通通的作品,不如精读一部有定评的杰作。至于怎样去读,首先,不要持消遣和单纯了解故事的态度,而要认真地去读。其次,要学会分析人物故事情节中的矛盾,从而探索出作者创作的意图以及作品的中心思想。只有这样,才能从中得到教益。但要学会这些,就须经常读一些大批评家对名家的分析和评论的文章。

此外,还要在写作上用点功夫。不管是学文或学理的,都应该把自己的文章写通,也就是能够运用祖国的语言文字流利畅达地来表达自己的思想同感情。但怎样才能达到这个地步?一是要向前人学习,向一些范文学习。二是多练。语言文字是工具,常言道"熟能生巧"。工具只有经常去用,时候久了,自然会巧。怎样多练,那就要写日记,写读书札记,与亲友多写书信。凡是有练习的机会,就决不要轻易放过。这样,运用次数越多,就越能得心应手。鲁迅早年在《别诸弟》的诗中,有"我有一言应记取,文章得失不由天"。只有刻苦努力,勤学多练,才能把文章写好。

最后是要利用假期来锻炼身体。每天要花一定的时间,做一点体力劳动或运动。青年时期往往不注意,健康是人生幸福的根源,失去健康是人生最大的痛苦。因为疾病缠身就是痛苦,但是要保持健康,除有计划地安排自己的生活和学习外,最重要的就是经常地不间断地保持有一定时间的运动。"流水不腐、户枢不蠹",经常锻炼的人,增强了自己的抵抗力,一般疾病是不容易侵入的。盛夏酷暑,在农村旷野可以实行晨跑,而有江河湖泊的地方更是游泳的最好环境。至于适当地参加点劳动,对健康是有益的。

以上这些话,都不过是"老生常谈"。但"常谈"里边往往包含有真理。所谓真理也者,是放之四海而皆准的道理,是千百万人通过实践而作出的经验总结。因此,我提出这些,希望同志们幸勿河汉斯言!

(原载《河南师大》1980年7月第7期)

兰 亭 纪 行

我们上午去访问了鲁迅先生纪念馆。下午天气很不好,阴云密布,细雨霏霏,本来可以休息了,但大家觉得时间紧迫,不能呆在宾馆里,于是决定冒雨去一访兰亭。

从绍兴城到兰亭有直达汽车。虽然雨天,但游人还是不少,车上仍然相当拥挤。汽车沿着公路驶向郊外,傍山蜿蜒,曲折前进。一望原野,不是青黄的麦苗,就是金黄的菜花,真是一片锦绣!汽车渐渐向群山驰去,不到一个钟头,便到了兰亭站。这是一个村庄的尽头,前边左右都是巍峨的峰峦。我们下车后,沿着小路向右边走去,通过几座小桥,穿过一段林荫小道,便到了历史上盛传的名胜——兰亭。

这个所在,的确是清幽宜人。后面是陂陀起伏的群山,前边横着一条小河。走到河边,岿然屹立的是鹅池亭。亭中的石碑,刻着斗大的"鹅池"二字。通过小桥,越过小河,对面又有御碑亭,据说是清朝乾隆的御碑。我一向对这位皇帝到处写字、立碑,借以附庸风雅,甚不感兴趣,因而也就没去欣赏他的笔迹。再向右走,就到了"曲水邀欢处",也就是相传王羲之等东晋的名公巨卿们在三月三日所谓上巳节在这里修禊事时饮酒赋诗的地方。我想,时隔千余年,由于朝代的变革,浙东也曾多次遭到兵燹,原来的兰亭,恐怕早已不存在了。据《水经注》载:

  浙江又东与兰溪合,湖南有天柱山,湖口有亭,号曰兰亭,亦曰兰上里,太守王羲之、谢安兄弟数往造焉。吴郡太守谢最,封兰亭侯,盖取此亭以为封号也。太守王廙之移亭在水中,晋司空何无忌之临郡也,起亭于山椒,极高尽眺矣。亭宇虽坏,基阶尚存。

郦道元距王羲之不过百余年,而亭子已毁,那么今天这个兰亭,其为后人重建,自不必说,恐怕连亭址也不是原来的了。

人们来绍兴,所以一定要到这里来看看,恐怕大半是因为读了王羲之的《兰亭集序》而羡慕这里幽美的景物的缘故。到了这里后,目睹自然的风貌,觉得羲之所写的确实是写实。所谓"崇山峻岭,茂林修竹,又有清流激湍,映带左右",是一点也不假的。还记得我在小学读书的时候,同学们从《古文观止》中读过这篇文章,于是每当写游记时,一到写天气,就照抄这篇文中的"天朗气清,惠风和畅"两句;一到写景物时,由于我们那里是伏牛山区,于是又照抄"此地有崇山峻岭,茂林修竹"的句子。因为你也抄,我也抄,本来是名句,到后来便变成令人厌烦的烂调套语了。

《兰亭集序》中第一段中的"群贤毕至,少长咸集",过去理解是很泛泛的。现在看了前人的石刻,知道当时参加的人数却为41人,能赋诗的26人,不会的15人。而在这些人当中,有许多是当时的朝野名流,即如谢安、谢万、孙绰,王氏门中有羲之和他的晚辈玄之、凝之、涣之、肃之、徽之等,的确可称为"群贤毕至,少长咸集"了。

按说,会稽当时离京都相当的远,为什么这些人都能到此参加盛会?《晋书·王羲之传》:"会稽有佳山水,名士多居之。谢安未仕时,亦居焉。孙绰、李充、许询、支遁等,皆以文义冠世,并筑东土,与羲之同好。"而同书《谢安传》载:安"寓居会稽,与王羲之及高阳许询、桑门支遁游处,出则渔弋山水,入则言咏属文,无处世意"。由此可见,当时他们搞这次集会决非偶然的。

羲之和谢安当时往来极密,两人似乎都乐于退隐,而不汲汲于名位。但两人思想却并非完全一致。羲之受儒家思想影响较深,而谢安则崇法老庄。但他又不是一个极端消极而无所作为的人。他真正是一个理解道家精髓的大政治家和大军事家。由于他在政治上的妥善措施与军事上的正确布置与周密策划,所以在符坚百万大军压境的时候,而竟能镇之以静,不动声色地大破了敌军,的确是了不起的。

但王羲之对他的了解是很不够的。椐《晋书》本传,他同羲之共登冶城,谢安"悠然遐想,有高世之志"。羲之批评他道:"夏禹勤王,手足胼胝。文王旰食,日不暇给。今四郊多垒,宜思自效,而虚谈废务,浮文妨要,恐非当今所宜。"谢安答道:"秦任商鞅,二世而亡,宣清谈致患耶!"这个对话,就很足以说明他二人思想的分歧了。

其次,在这次兰亭的聚会中,谢安诗中有"醇醪陶丹府,兀若游羲唐。万殊混一理,安复觉彭殇"的句子。反映出他的老庄思想,对当时游宴的看法。但羲之的《兰亭集序》中,就自己对客观事物在思想感情上的反映,反驳了安石的观点。他说:

况修短随化,终期于尽。古人云:死生亦大矣。岂不痛哉!
每览昔人兴感之由,若合一契,未尝不临文嗟悼,不能喻之于怀。
固知一死生为虚诞,齐彭殇为妄作。

由于这种不同,充分说明了王羲之是一个富于感情的艺术家同文学家,而谢安乃是个思想家同政治家。

《兰亭集序》是我国散文史上叙事写景与抒情的名篇。他上承石崇的《金谷诗序》,而下开李白的《春夜宴桃李园序》,后来苏轼的《前后赤壁赋》,应该说也受有他的影响。尽管他们的思想并不一致,但都是在叙事写景中抒发个人的感怀,并且含有深刻的哲理,能发人深思,这和一般的写景文是大不相同的。

王羲之在文坛上骈俪已经盛行的时代,他的文章固然也有偶俪的句子,但基本上还是散体为主,特别是他写的许多简帖,信笔写来,而情景溢于字里行间,的确是极其幽美的小品文。他的矫然独异,如同稍晚于他的诗坛上的陶潜一样,不去追求时尚,因此是非常可贵的。

我们这次游兰亭,时间极为匆迫,对当地景物浏览一过,后因为要赶汽车,所以在四五点钟时就回城了。由于历史上的名胜与文学历史上的名篇所引起的一些问题,引起我回来后研索的兴趣,因而进一步地弄清了一些问题,这也可以说是这次东南之行的另一种收获吧。

(原载洛阳《牡丹》1981年5月号)

谈谈我国古代哲人论养生

谈到养生,我非常赞同我国先秦哲学家荀子的观点。他在《天论》中有这样两句话,"养备而动时,则天不能病","养略而动罕,则天不能使之全"。这两句话,充分体现了他的唯物主义观点。荀子的时代乃是"鬼、神、术、数"思想最流行的时代,一般人都信神,信命,认为一个人的寿夭都是命里注定,因而只有"听天由命"。

荀子反对这种观点。他在《解蔽篇》中批判庄周的哲学思想是"蔽于天而不知人"。当然,庄周并不迷信鬼神,但他却认为"天"的力量是伟大的,而人的力量是渺小的。荀子恰恰和他相反,认为人是可以战胜自然的,而"人定能胜天",他在《天论篇》中就畅发了这种观点。所以,近代有人称赞他这种观点,近于西方培根的"戡天主义"。即以养生而论,就前边所引的那两句话,的确是至理名言。所谓"养备",是指一个人在日常生活中所必需的物质条件,都能够具备,这就包括衣、食、住、行四个方面。所谓"动时",就是说你的一切行动都合乎时宜,也就是做到恰到好处。前者是客观条件,后者是主观条件。倘若主客观二者能够统一起来,那么就没有什么自然力量会使你生病。

我们试想,一个人如果在衣、食、住、行各方面的条件上都很完备,而自己在饮食起居、劳动休息上,都能做到恰到好处,那怎么能生病呢!相反的,"养略而动罕,则天不能使之全",一个人吃不饱,穿不暖,在陋巷经常受到饥寒风雨的侵袭,再加之劳动稀少,那就必然要出毛病。

所以就荀子这两句话中可知,养生首先要具有起码的合乎卫生要求的生活条件,如衣能温、食能饱和具有充分的阳光与空气,而又有能遮蔽风雨的房舍,其次,在个人饮食起居上更力求合乎规律。那么,在正常情况下,健康是不会出现大的问题的。

荀子以后,在魏末正始时期有位著名的文人嵇康,他曾写了篇《养生论》。这篇文章的大旨认为养生是可以长寿的,篇中有几句话讲的很好,即"措身失理,亡之于微。积微成损,积损成衰,从衰得白,从白得老,从老得终,闷若无端,中智以下谓之自然"。这是符合辩证唯物主义的从量变到质变、从渐变到突变的规律的。

所谓"措身失理",也就是人们对生活处理得不合乎理。这里的"理",应该是指生活的规律,拿荀子的话说,就是"养备而动时"的"时"的意思。由于违反了生活的自然规律(如文中所说的"目惑玄黄,耳务淫哇……"),因而就会使健康受到损害。如果继续下去,就必然要由微而成损,接着是一步步地走上衰老、死亡的境地。因此一个人要打算长寿,就必须对生活十分注意,使之合乎自然的规律,不使健康受到损害,也就是要时时刻刻从细微处来注意,从而避免受害于无形。

到了北齐,学者颜之推写了部《颜氏家训》,里边有一篇叫《养生》。他认为遁迹山林,服食长生,决非一般人所能做到的,但是如能够"爱养神明,调护气息,慎节起卧,均适暄寒,禁忌食饮,将饵药物",也可以延年益寿,免于夭折。讲到这里,他对古代讲养生的如单豹、张毅以及嵇康、石崇等提出了批评。他说:"单豹养于内,而丧外;张毅养于外,而丧内,前贤所戒也。嵇康著《养生》之论,而以傲物受刑;石崇冀服饵之徵,而以贪溺取祸,往世之所迷也。"因而提出"夫养生先须虑祸,全身保性,有此生然后养之,勿徒养其无生也"。

这种把养生同避祸混为一谈并提出养生先须虑祸的主张是有其时代原因的。因为从东汉末年到南北朝,由于朝代的多次更替,政治斗争的激烈残酷,很多士大夫由于涉足仕途,卷进政治漩涡,因而遭到杀身的悲惨下场。嵇康的被杀并非全由于"傲物",而是他反对司马氏篡权的缘故。颜之推的批评,不免有点片面。

到了今天,时代同过去完全不同了。目前人们纷纷讲养生之道,其目的并非全然为延年益寿而延年益寿,乃是希图为人民、为四化多做出一点贡献。因为,不论从事什么行业,都须要有学识,有经验。而学识经验,是要时间去积累的。一个人由少而壮、而老,通过长期的学习与实践,积累了极其丰富的学识与经验,因而在事业上就能发挥更大的效能。如果没有健康的体魄或者过早地结束了生命,这对国家民族来说是一种极大的损失。因此,讲求养生之道是为了有助于社会主义建设的加速发展,而不是给社会增加更多的负担。只有这样,延年益寿才是有意义的。否则,"饱食终日,无所用心",既不能工作,又不能劳动,徒然消耗别人创造的物质财富,那么生命还有什么价值之可言呢?所以,一个人生命的存在应该使它能够发出闪亮的火花,显出璀璨的光彩,这样的长寿才是有意义的!

(原载《今昔谈》1982年第2期)

怀念茅盾先生

从广播中,听到茅盾先生于 3 月 27 日晨逝世的消息,心弦不禁为之一震!五四后我国文坛的三巨匠——鲁迅、郭沫若和茅盾是举世公认的。鲁迅先生在那黑暗的 20 世纪 30 年代反文化"围剿"时就去世了。郭沫若、茅盾两先生,继续在党的领导下进行战斗,经历了许多艰难曲折的道路,终于亲眼见到蒋家王朝的覆灭和人民中国的成立。特别是在开国后,他们继续为无产阶级文化的建设、人民文学的发展作出了宏伟的贡献。1978 年郭老逝世后,茅盾先生成为我国文坛上的"鲁灵光"①,大家无不仰之如泰山北斗。不幸现在竟而山颓梁崩,全国人民将为之同声一哭!

远在 20 世纪 20 年代末,我正读书于河南一师,由于爱好文学,所以《小说月报》成为我平时最爱读的刊物之一。还记得,当我初次看到上边连续刊载的中篇小说《幻灭》、《动摇》、《追求》三部曲时,自己为它们所反映的北伐时曾经受到影响的城镇的情况和其中各色人物的种种表现而震惊了,觉得作品的气魄以及对现实生活的深刻描

---

① 鲁灵光:灵光,汉代殿名,为景帝子鲁恭王余所建。汉代中叶以后历经战事,长安等地著名宫殿多被毁坏,只有灵光殿还存在。旧时因称仅存的人物为"鲁殿灵光"或"鲁灵光"。

绘一定出于一个具有深邃的文学修养的大作家的手笔,但署名"茅盾",心中想,这究竟是谁呢?的确,当时我并不知道它就是沈雁冰先生的笔名。因为沈先生在北伐前是《小说月报》的主编,他的作品评论以及对西方文学的介绍文章我是早就很倾服的,因而只认为他是一位了不起的文学批评家,根本没想到他还从事创作。

恰巧在当时,我同在开封的几个文学爱好者组织了一个文艺团体"晨星社",并发行《晨星》半月刊。于是我就写了篇近于读后感的评论文章发表在这个刊物上(题目同刊物期数都已记不得了)。此后,茅盾先生又继续不断地发表了《虹》及短篇小说集《野蔷薇》等。由于我对他的作品的倾服,所以只要看见他的新作,就一定要阅读。20世纪30年代初,我正在北京读书,当时左联已经领导了文坛,他的杰作《子夜》问世了,一时震动中国文坛,博得了鲁迅、瞿秋白等的高度评价。其所以能获得如此的声誉,分析起来,决非偶然的。

首先,从作品内容来说,它运用了马克思主义的观点,正确地分析了中国的经济情况:(一)民族工业在帝国主义经济侵略的压迫下,在世界经济恐慌的影响下,在农村破产的环境下,为要自保,便用更加残酷的手段,加紧对工人阶级剥削。(二)因此引起了工人阶级经济的政治的斗争。(三)当时南北大战,农村经济破产,农民暴动,又加深了民族工业的危机。而这部小说,确实形象地反映了当时中国的现实。

其次,就它对中国思想界的影响来说,在1934年,中国学术界曾对中国社会性质进行过激烈的论战。而这部小说就有力地回答了托派:中国没有走向资本主义发展的道路,中国是在帝国主义压迫下,更加殖民地化了。

再次,是它对左翼文学的影响。左联成立后,国民党反动派纠集了一批反动文人,对左联进行"围剿",高喊"拿货色来!"他们认为左联作家写不出什么杰出的作品。可是《子夜》却以思想性和艺术性的高度统一给了他们以有力的反击。

所以《子夜》不仅在思想战线上给敌人以沉重的打击,而且在文化战线上也壮大了左翼文学的声势,促进了它的长足发展,给中国人民革命和无产阶级文学建立了不朽的功勋。从此也奠定了先生在中国文坛上的崇高地位。但先生并不以此为满足,以后又不断地发表了许多长篇、中篇和短篇,大胆地揭露了国民党反动派的黑暗统治,并赞颂了中国共产党所领导的中国人民革命事业的不断发展,因而遭到敌人不断追捕与迫害。

解放后,由于先生担任了中央的文化领导工作,创作的机会少了,但作为文坛的老前辈,对后起的新秀仍是大力地予以爱护、诱掖和提拔,发表了许多作品评论以及个人创作经验的论著。直到最近,在已经年高多病的情况下,仍不停笔地来写自己的回忆录。在1979年全国第四次文代会上,还给我们与会的全体同志作了极其精采的报告。所以茅盾先生对我国革命文学事业,真正做到了诸葛武侯所说的"鞠躬尽瘁,死而后已"。

鲁迅、郭沫若、茅盾三位先生可以说是五四后中国文学耸翠的群山丛中的三个主峰。他们都是从民主主义革命走向了共产主义,并终于都成为伟大的共产主义战士。他们在创作上,不论是小说、诗歌、戏剧和杂文,都有着超迈前人的伟大成就,给后人树立了光辉的典范。他们崇高的人格、杰出的艺术成就,不仅在我国,就是在国际上,也应该说是屈指可数的、难以企及的。我们应该为中华民族出现这样伟大的无产阶级作家而感到骄傲与自豪。

他们三位都先后离开我们而去世了。但他们的精神,特别是他们的伟大著作所启示于后人的将如日月经天,万古常新;如江河行地,永流不竭。他们留给我们的上千万言的著作是多么丰富的巨大的精神财富啊!关于鲁迅先生的著作,几十年来,已有不少学者进行了研究,但还是远远不够的。至于郭沫若、茅盾两先生著作的研究,应该说还没有真正开始。我觉得对他们二位的遗著,首先应进行整理、校订出版,进一步有计划地系统地进行研究,发扬他们高度的爱国主义、共产主义精神,来教育我国的青少年,培养他们具有高尚的道德情操,同时继承他们的艺术成就,来发展我们民族的文学,从而建设我国社会主义高度的精神文明,这是作为他们后辈的文艺工作者义不容辞的责任。

茅盾先生虽然去世了,但他的遗著将永远为后人所传诵,而他也将永远活在人们的心中。

1981 年 4 月 15 日
(原载《梁园》1981 年第 3 期)

东 南 行 纪

　　我这次参加河南省政协组织的参观团,到东南去旅行,的确有点忙里偷闲。同行者共 32 人,1982 年 4 月 19 日上午 8 时许,在郑州车站聚齐,10 点 15 分乘成都到合肥快车出发。从此开始了为时 3 周的旅途生活。中间经合肥、芜湖到黄山,又到杭州、苏州、无锡、常州,最后到南京。这是最后一站,在那里停了 4 天,5 月 10 日离开,次日凌晨抵汴。

　　在这段时间内,经历了 3 省 6 市,的确是开了眼界,长了见识,同时也有不少的感触。政协同志一再让我写点东西,我不得不挤点时间,把自己的所见、所闻与所感,择要写点。正如古人所说的"雪泥鸿爪",留点纪念。否则,将如过眼云烟,稍纵即逝,一点痕迹也没有了。现在闲言少叙,言归正传。

一

　　这次出来的任务是参观学习,游览自是不言而喻的。游览所到的地方,有名山胜水,也有园林古刹。对于山水,过去有不少文人嗜之成癖。当然,同样的游览山水,而目的却不尽相同。司马迁早年,曾周览名山大川,但他是为写《史记》作准备,而留意各地的山川形势、风土民情、历史人物,特别是时代较近的人物的轶闻轶事。至于北魏的郦道元、明末的徐宏祖,其意图是对祖国的山川自然的调查研究,经常涉历艰险,辛苦备尝,分别写出了不朽的名著《水经注》、《徐霞客游记》。另外像晚明的诗人袁中郎、近代的学者魏源也都酷爱山水,甚至不惜以性命殉之,因而他们都写出了一些咏歌自然的杰出作品。

我在年轻的时候,也曾登过泰山和华山,对自己来说,从游览中,的确开扩了胸襟,深感宇宙的伟大与个人的渺小,从中悟出了不少的人生妙谛。因此登山临水,不论是青年、中年还是老年,对祖国的大好河山,有机会游览,都要去游览,这不仅有裨于个人德性上的修养,而且能受到爱国主义的思想教育。

这次旅行,感到最遗憾的是在黄山。由于大雨滂沱,仅仅乘车到了云谷寺,就折回来了。我们这些年老体弱没有能够上去的,在下午雨雾以后,又乘车去游前山的慈光阁。据说这在过去是极大的寺院,有大石砌成的千僧灶,遗迹尚在,其它建筑,已荡然无存。从此向上攀登约数里,在群山环抱处,有一小亭。登亭远眺,遍山苍翠,松树亭亭如盖,杜鹃花明艳照人。山下泉水淙淙,山峰云雾缭绕,景物清幽奇丽,觉心神无限爽朗。

因为天色不早,头上云雾渐浓,接着又下起濛濛细雨,遂下山,沿途经桃源亭、观瀑楼,均停车,大家都下车登楼远眺。峰峦叠翠,从山上倾泻下的瀑布,如千丈白练,真是奇观。这次游黄山,虽没登上去看奇峰同云海,但是在山麓的游览,多少也可以弥补一点心中的遗憾。

此外,我感到满意的是重游西湖。1980年曾来过一趟,由于时间匆迫,到的地方很少,只不过是岳坟、孤山、西泠同三潭印月,也曾和同学们在湖中划船。这次到的地方较多,如柳浪闻莺、花港观鱼以及龙井、虎跑等地,但没有去的地方仍很多。过去读明人张岱的《西湖梦寻》,同《陶庵梦忆》以及袁中郎的《西湖游记》,他们对西湖是那样的热爱、熟悉,不仅写出她的一年四季景色的变化,就是一日之内早、午、晚也都有所不同。而我们仅仅以两三日的时间,想欣赏她在不同的季节与不同的时刻所呈现出的千姿百态,那是根本不可能的。

至于太湖,乃是初次同它觌面,乘小汽船在烟波浩淼的湖面,破浪前进。它不像西湖的小巧玲珑,而是雄浑壮丽。湖中的名胜,如三山,如鼋头渚,都是走马看花般的跑了一趟。据"说明书"的介绍,在鼋头渚的园内,长春桥畔,时逢春日,樱花盛开,灿烂如锦。可是我们去时,花时已过,绿叶成荫。另外,登上山顶远眺,七十二峰缥缈可见。远山近水,层次分明。但偏偏那天湖上风特别大,远望一片浩渺,根本看不到七十二峰。所以游览也需要选择季节,并且停留一定的时间,像我们仅仅费半日工夫,当然所获是微乎其微了。

至于园林,在苏州、无锡,都是明清以来达官显宦晚年退休颐养之所。如无锡的蠡园,苏州的拙政园、狮子林等。它们比诸北京的颐和园以及三海,自不免有点小巫见大巫,看起来也感到千篇一律,不外是亭台阁榭、假山池沼以及一些佳木异卉。这些园林,在过去都是私人所有,除了主人在这里过着宁静舒适的生活外,只有他们的亲朋故旧可以有机会来此一游。可是在革命后,成为广大人民游览之区,这就不能不说是由于时代的发展,人民成为国家的主人之所赐了。

二

南方的寺院较多,我想最大的原因,是由于南朝梁武帝佞佛的缘故。"上有好者,下必有甚焉者矣",所以各地寺院林立,唐人杜牧诗"南朝四百八十寺,多少楼台烟雨中"可谓明证。不过后来历经丧乱,有些毁于兵火,后人不再修复。尤其在辛亥革命后,各地多把庙产移作办学的经费,这样寺院的荒废就更多了。但比较有名的古刹,如杭州的灵隐寺、苏州的灵岩寺和西园寺至今庙貌岿然,香火仍盛。我两次游西湖,都到灵隐寺,在雄伟的大雄宝殿与巍然屹立金光灿然的佛像前,善男信女、磕头礼拜者,接踵而至。殿中灯火辉煌,香烟缭绕,钟磬和鸣,真是另一个世界。

近来各地由于发展旅游业，对于过去曾经被破坏的名寺古刹，多半重新整修，恢复其原来面貌。据苏州西园寺住持讲，这个寺在清道光、咸丰时曾一度毁于太平军，清末盛宣怀重新修复。"文化大革命"中未遭破坏。现在一年中来寺参观与进香的，约22万人次，至于灵岩寺，还办有佛学院，有学生40人，将来准备让他们作为接班人。

佛教从汉末由西域传入中土，经南北朝，至唐而大盛。韩愈因排佛，而被贬岭南。由于佛教中有些流派的经典，具有深邃的哲理，为当时士大夫所欣赏，因而影响于中国学术思想至深且巨。宋明理学的产生，与佛学就有极密切的关系。所以从研究中国学术思想史来看，对佛学的研究，应该说是不应厚非的。

至于作为宗教，我国宪法中规定，"中华人民共和国公民，有宗教信仰的自由"。因而对于公民到寺院拜佛的，当然不能用法律来禁止。

从马克思主义观点来看，宗教是麻醉人们精神的鸦片。但人们为什么虔信宗教？应该说一部分是愚昧，但绝大部分是由于精神上苦痛，得不到解决，借宗教来获得慰安。前者可以用教育，用辩证唯物主义思想来提高其正确的认识能力。而后者则莫如改造不合理的现实，使之日趋于合理。但这却非短时间所能实现的。同时人们精神上的苦痛，其原因甚多，有很多并非物质生活的提高所能够解决的。因此这种精神上的鸦片——宗教，还会在一个相当长的历史时期里继续存在下去。

虽说如此，但作为以马克思主义指导意识形态的社会主义国家，从学校教育、社会教育等方面，应大力宣传辩证唯物主义，宣传无神论，使人民逐渐树立起科学的世界观，决不能像资本主义国家，听之任之。至于对封建迷信与宗教迷信都应予以批判，这在建立社会主义精神文明上是决不应忽视的大事。

三

这次南行，参观的工厂较多，如合肥的工艺美术厂、手表厂，泾县的宣纸厂,杭州的织锦厂,无锡的泥人厂,南京的无线电厂等。在我来说,由于都是初次参观,所以增长了不少见识。这些厂子有的是从西方学来的技术,如手表、无线电等厂。但有些则是我们祖先的创造发明,随着时代的前进,由手工操作,逐步发展到机器操作,即如织锦厂,其生产出的各种绚丽多彩的锦绣成品,是千百年来多少劳动人民智慧的结晶。尤其是泥人厂,其雕塑出各色各样的人物,有历史上的英雄豪杰,也有倾国名姝,有神话中的仙子,也有小说中的神怪,真是千姿百态,无不维妙维肖,栩栩如生。其中,从抟土到雕塑,到彩绘,经历了许多工序。过去是家庭手工业,现在成为大型的工厂,产品畅销国内外。这样用集体的力量产生的艺术品,的确是令人惊叹的。

由此可见,中华民族不仅勤劳勇敢,而且具有极聪慧的才智,是善于创造发明的。但是近百年来,中国人民在内忧外患中过着战乱迭起、灾荒频仍的生活,因而工农业生产与文化教育都得不到发展。解放后,在党的领导下,在过去的破烂摊子上,重新设计建设新中国的蓝图,开始描绘新中国的画面。但为时不久,情况就产生了变化,到了20世纪60年代,出现了十年动乱,没有建设,只有破坏,没有前进,只有倒退。"四人帮"粉碎后,党中央拨乱反正,十一届三中全会以来,在正确的方针政策指引下,政通人和,百废俱兴,各行各业,无不欣欣向荣。工业在原有的基础上经过调整、改革,才出现稳步发展的新局面,这是非常可喜的事。

关于农业方面,我们参观的不多,计有合肥郊区的东方红公社、西湖公社的双峰大队。由于在农村落实了生产责任制,农民生产积极性有了空前的提高,生产出现了惊人的发展。即以东方红公社来说,每个社员平均收入达到230元,文化教育、医疗卫生都有了极大发展。社员子弟从小学到中学一概免费,社员均享受免费医疗的待遇。

双峰大队由于生产龙井茶,社员收入就更多了。儿童入学免费,老人退休男65元,女60元,这就充分说明社会主义制度的优越,生产如果能继续发展,人民生活就会迅速地提高。

四

在这次游览中,在合肥参观过包公庙,在西湖参观过岳坟。一个是刚正不阿,在传说中能为人民作主的清官。一个是赤胆忠心,抗御异族侵略而为奸臣陷害,赍志以殁的民族英雄。他们的英名是妇孺皆知的。尤其是包公戏,广泛流传,即如《铡美案》,有许多剧种都有这出戏。为什么到今天还会这么盛行?原因即在,今天一方面还不时出现冤、错、假案,另一方面,像陈世美一类的"贵易妻"的人还大有人在的缘故。鲁迅曾说过,《水浒传》到今天之所以还流行,就因为社会上还有水浒气的原故,这话是足以发人深思的。

这次在南京还参观了梅园新村。这是敬爱的周总理在解放战争时期与国民党谈判时的住所,房间狭窄,陈设简陋,想见当时周总理与邓颖超同志在政治形势极端紧张的情况下,过着艰苦朴素的生活,冒着生命危险与敌人进行周旋的情况,令人不能不肃然起敬。

雨花台是革命先烈殉难的所在。我们集体瞻仰了烈士们的纪念碑,并送了花圈,向烈士们默哀致敬。先烈中最为我们所熟知的有恽代英、邓中夏等革命领袖,还有一些无名英雄。他们为中华民族的解放、为子孙万代的幸福不惜献出自己最宝贵的生命。我们今天应如何奋发图强,为四化献出力量,以不负先烈们对于后死者的期望,这是每个参拜者需要认真考虑的。

孙中山先生是我国革命的先行者,我们也集体参拜了他的陵墓。中国革命在他的领导下推翻了清王朝的统治,结束了几千年来封建专制政体。尤其是他坚持继续革命,在苏联十月革命的影响下,提出联俄、联共、扶助农工的三大政策,改组了国民党,并与共产党合作,使中国革命由旧民主主义发展到新民主主义。由于他死得太早,蒋介石叛变革命,使北伐革命最后遭到失败。中国人民灾难日趋严重,最后导致了日寇的入侵。孙中山先生一生献身于革命的精神将永远为后人所铭记,为后人所景仰。

五

　　这次参观,虽然为时极其短暂,但收获是极大的。就我个人而论,不但长了见识,并且受到深刻的教育。我觉得这次如果不是政协的组织,事先作了缜密的计划与安排,那么在行程与生活上,都不可能那样的顺利与舒适。同时,各地的东道主对我们都非常热情,招待异常周到,这就不能不感谢我们所到地区的政府与政协领导及工作同志的关怀与照顾了。

　　至于我们这个团体,共32人,彼此之间有少数是旧相识,或者是老朋友,但大多数则是素昧平生的。在年龄上多数是比较大的,但在旅途中,不论是旧相识,还是新相知,没有不是互相关切,彼此照顾亲如家人,从未发生过什么矛盾龃龉与不愉快的事。这就不能不归功于领导的正确,工作同志的考虑周到与不辞辛劳的周密安排以及全体同志的高度觉悟了。

　　人生能有几次像这次的旅游?特别是这样愉快的旅游?尤其是在年逾"古稀"的老同志来说,更是弥足珍视,值得纪念的。因此拉杂写来,不觉其文字之冗长与语言之啰嗦了。

1982年6月18日

（原载河南省《政协工作通讯》第11期1982年6月22日）

"考古求真"、"致用求适"

我立志从事学术研究是20世纪20年代在开封一师读书的时候。当时一师中自由学习和研究的风气很盛,文坛上出现了许多流派,刊物如雨后春笋。我是喜欢文学的,文学研究会、创造社、语丝社等团体作家们的作品,买到就看。同时,也浏览一些著名学者的学术专著,如梁启超、胡适等。在梁启超的一篇讲演录的启发诱导下,我立志终身献身于学术研究。又因爱看鲁迅的小说和杂文,从而使我了解到现实中革新与复古的对立、革命与反动的区别。

1929年一师毕业后,我考入北师大中文系。当时的北师大学者云集,而给我印象最深的是我们的系主任钱玄同先生。他既是清末学术界大师章太炎的高足,又是五四文化革命的闯将。我对他十分倾慕,系里凡是他开的课,我没有不去听的,从而学到一些治学的态度和方法。

钱先生生平有两句名言,即"考古务求其真,致用务求其适"。考古求真,即对所研究的事物,还其本来面目。如要达到这个目的,就需采用清代学者那种考证的方法,即要重视客观的物证,不能凭个人的主观臆断。如对史学,他主张疑古,不能轻信古人,晚年曾署名"疑古玄同"。至于致用求适,则是说对一切事物要有历史的发展观点。他是进化论的信奉者,向来反对复古、崇古同泥古。如对中国文学,钱先生力主打倒古文学,用白话来代替文言。在文学上,他从中国字形的发展趋势出发,而力主用简体字代替繁体字。他本是太炎的弟子(太炎在经学上是信奉古文反对今文的),却和太炎看法不同。他认为,今文经学家康有为《新学伪经考》中的古文经为刘歆伪造的说法是正确的。这说明他对学术有自己独立的见解,一切从实际出发,不恪遵师说。钱先生这些见解都曾给我以极深的影响。

20世纪30年代中期,我又到北大研究院学习。当时胡适是文学研究所所长,因而也受到他的影响。此后我遵循他们的治学道路,直到新中国成立。

新中国成立后,我认真阅读马恩的经典著作,如《共产党宣言》、《反杜林论》、《社会主义从空想到科学的发展》、《路德维希·费尔巴哈和德国古典哲学的终结》等以及毛泽东同志的雄文四卷,使我初步学会站在无产阶级立场上,用唯物的观点、辩证的方法,去研究中国文学史,而鲁迅在20世纪30年代说的一段话,给我留下极深的印象。鲁迅说:"我有一件事要感谢创造社的,是他们挤我,看了几种科学的文艺论,明白了过去文学史家们说了一大堆还是纠缠不清的问题。"这真是极有价值的经验之谈。

由于我对思维与存在的关系、上层建筑与经济基础的关系以及阶级立场与阶级观点等问题的理解与认识,尤其是在读了毛泽东同志的《实践论》、《矛盾论》、《新民主主义论》、《在延安文艺座谈会上的讲话》等著作之后,许多过去纠缠不清的问题,现在迎刃而解了。再读一读往日所敬佩的有些大师们的著作,也发现了他们的见解有许多不足和错误的地方,而不再像过去那样地敬畏他们了。

在这里需要特别提出的是,我在学术研究的实践中体会到,认真钻研鲁迅后期杂文,使我们更进一步学会站在无产阶级立场上,运用辩证唯物主义与历史唯物主义的观点去理解历史,评价历史人物和历史事件。近几年来我写的《中国古典文学论文集》、《中国近代文学作家论》等,除从马列主义、毛泽东思想学得的立场、观点、方法外,给我以具体示范的,不能不首推鲁迅先生的后期杂文了。因此,我谨奉劝研究中国文学史的同志们,在研究方法上,于学习马列主义、毛泽东思想之余,有功夫时,不妨读一读鲁迅先生的后期杂文!

(原载 1984 年 11 月 21 日《河南日报》)

悼念薛绥之同志

我同薛绥之同志什么时候认识,现在已记不太清,大约是在十一届三中全会后。但我知道薛绥之则较早,并且也曾通过信。薛绥之同志是鲁迅研究的专家,他治学非常勤奋,特别是对鲁迅研究资料的搜罗、整理与出版,对国内外仰慕鲁迅、从事鲁迅教学与研究的同志们来说,帮助是非常巨大的。

在"四人帮"时代,对五四以来的新文学,在作家中,除鲁迅外,其余几乎给以全盘否定。鲁迅是毛泽东同志所颂扬的伟大作家,他们自然不敢有所非议。同时,他们还要借鲁迅这个神主,来打倒他们企图打倒的其余著名的作家。他们打着卫护鲁迅的旗号,实际是在利用鲁迅,歪曲鲁迅。

薛绥之同志这时却做了大量的关于鲁迅研究的资料搜罗工作,那时印刷是很困难的,但他却把那些资料编辑,印行,并征订,就在这时,我才知道薛绥之同志是个有心人。后来,关于鲁迅研究方面,也曾通过信。惜乎由于我几次搬家,许多朋友的信都丢失了。

十一届三中全会后,迎来了知识分子的春天,同时,也迎来了科学的春天。大约在1978年,这里召开了学术讨论会,当时薛绥之同志曾应邀出席。关于鲁迅研究,中文系的师生曾组织座谈会,并邀请薛绥之同志谈他研究鲁迅的看法和经验。

在同薛绥之认识后,他给我的印象是,在性格上,具有北方的特质,爽朗,直率。对问题能抓着要害,阐发很精,确有个人独到见解,而不是人云亦云。在1979年全国第四届文代会后,国内成立了鲁迅学会,以后每次会议,我们几乎都没缺过席。而且每次会,都要在一起聚谈,成为彼此毫不拘束、畅叙一切的同道和知友。

1982年,薛绥之指导的研究生张俊才同志修业期满后来这里进行硕士学位的论文答辩。这里参加答辩委员会的同志看了张俊才同志关于林纾研究的论文后,大家都感到张俊才同志在薛绥之同志的指导下,的确扎扎实实的读了不少书,材料很丰富,说明薛绥之同志治学的态度与方法确是影响了张俊才同志。至于论文对林纾的看法,我们感到评价不免稍高,至于林纾在学术思想与文艺观点上存在的问题,论文也存在着"为贤者讳"的倾向。至于论文的成就以及达到的学术水平,大家一致予以通过。至于论文的不足之处,希望张俊才同志能加以修正。我们的意见,他们二位都一致同意。后来历时不到半年,张俊才同志将修改后的论文又寄来,大家看后都很满意,答辩委员会的同志,一致同意授予硕士学位。张俊才同志后来出版了《林纾研究资料》一书,可以说是他对林纾研究的最主要的一个副产品,这对中国近现代文学研究者来说,都是大有帮助的。

最令我不能忘怀的,是去年9月间,大连鲁迅学会年会的会议。会议是在大连棒槌岛宾馆召开的,宾馆的下边就是大海,每天早晨,与会的同志多半喜欢到海边散步,看海潮同日出。有时路上遇见,就一起到海边的沙滩上拾石子同贝壳。在考究中,漫谈一切。回想起来,那些天的生活,虽为时甚为短暂,但确实是舒适畅快,令人难忘的。

大会结束后,在归来的途中,想不到我们是坐在从大连到烟台的一条船上。当时从大连到青岛的船,每周只有两次,而到烟台,则每天都有。我们打算回开封的三位同志,必须走青岛,才有直达开封的车次。我们因急于离开大连,不得不绕道烟台。

上船后,我们同薛绥之同志竟是一个舱间,于是在一起又谈了不少话。他并且把他在济南的家的详细地址告诉了我们,希望我们将来有机会到济南时一定去找他。次日黎明时分,船到了烟台,他同另外的同伴更急于到车站搭去济南的车,于是同我们就匆匆地分手了!真没想到,这次分手,竟成了永别!

　　薛绥之同志从事鲁迅研究几十年,作出了大量的成绩。他参与主编《鲁迅大辞典》的工作,另外,还有其他未竟的研究计划,这一些我想一定会由他的学生与其他同志来完成的。他对鲁迅研究所作出的成绩,将会永远铭记在国内外鲁迅研究者的心中。薛绥之同志安息吧!

1985 年 5 月 8 日著于河大

河南大学任访秋教授的贺词

(庆祝姚雪垠80寿辰)

我对姚雪垠的80寿辰,觉得值得祝贺者有三点:

首先,我认为这80年是极不凡的年月。解放前,我们河南是土匪遍地、军阀混战的岁月。解放后经历了多次的政治运动,尤其是1957年的反右与10年的文革。所以这些日子,我们都像是驾着一叶扁舟,在汪洋大海、惊涛骇浪中漂荡着一样,随时都有沉没的可能,而遭灭顶之灾。但我们都终于安然地闯过来了。正如古人所说的:"山重水复疑无路,柳暗花明又一村。"

近些年来,一般的知识分子正如《儒林外史》中所引的诗句:"严霜烈日皆经过,次第春风到草庐。"因而整个的文学艺术界又呈现出一派百家争鸣、百花齐放的繁荣景象。姚雪垠同志过去出版的杰作《李自成》,越发赢得了海内外文艺界的重视而为不少理论家研究、阐发,这是我认为值得祝贺的第一点。

其次,就创作而论,姚雪垠从博得中外读者所推重的第一篇小说《差半车麦秸》开始,接着又发表了中长篇多部,而尤以长达数百万字的《李自成》达到了高峰。

姚雪垠以他的不可一世、天才横溢的彩笔给晚明整个一代的朝野史事进行了分析研究,从宫廷到民间从封建贵族以及一般士大夫到闾阎细民,对他们的生活、思想和种种活动无不给以活灵活现、栩栩如生的描绘与刻画。不仅如实地反映了时代的面貌,并且也传达了特定的时代的精神。而在各色各样人物的塑造上,给中国小说人物的走廊里增添了许多值得传诵、为读者不能忘怀的鲜明形象,所以姚雪垠这部伟大的巨著定能经得起时间的考验而成为中国当代文学史上不朽之作。若从文坛上的地位来看,可以毫不夸张地说,姚雪垠不仅可以追步鲁迅、郭老、茅盾诸大师,而且可以与巴金、老舍、曹禺诸名家相颉颃。这是值得向姚雪垠祝贺的第二点。

第三,英国伟大的戏剧作家萧伯纳,据说他一生中的创作有三次高潮。而在姚雪垠,可以说已有了两次,现在他虽说已年届耄耋,但身心康强,精力充沛,我们祝愿他在创作上也同萧伯纳一样,来一个第三次高潮。在完成《李自成》这一伟大创作之后,继续为中国另一次伟大的农民革命运动"太平天国",写出一部巨著来。这对姚雪垠,不仅是可能,而且肯定是会实现的。这是我向姚雪垠祝贺的最后一点。

结尾,我要说的,是我与姚雪垠的年龄相若,并且虚长一岁。由于个人才拙,学无所成,深有愧于老友。但我能以多年友谊的关系,来参与庆贺姚雪垠的华诞,不但感到荣幸,同时也可以自慰了。

1990 年 9 月 21 日

(原载 1990 年 10 月武汉华中师范大学,《姚雪垠文学创作 60 周年学术讨论会集刊》。)

书　　序

《人生珍言录》序言

　　人们认识世界有两个途径,一个是靠个人的实践,通过各种各样的实践,总结经验。符合事物的客观规律的,不仅可以指导自己以后的行动,并且可以作为他人行动的法则。再一个是读书,从他人所总结的经验中,吸取比较正确的东西,也就是符合客观规律的部分,作为自己行动的指针。

　　珍言,就是闪烁着思想光辉、充满着哲理的名言。它包括格言、谚语、警句等。所谓"格言",也就是前人总结实践经验的语言。从涵义上,古人把它解作可作为法式的语言,拿今天的话说,就是可以作为行动准则的语言。《宋史·吴玠传》:"玠善读史,凡往事可师者,录置座右,积久墙壁皆格言也。"由此可知,"格言"一词,来源已经很久了。

　　至于"格言"之所以可贵,即在于它是人们生活经验的总结,而它往往是符合事物的客观规律的,所以能帮助人们正确认识事物。据说孔子适周,问礼于老子。老子告诉他说:"吾闻之,良贾深藏若虚,君子盛德,容貌若愚。去子之骄气与多欲,态色与淫志,是皆无益于子之身。吾所以告子,若是而已。"(《史记·老子韩非列传》)这是老子针对孔子表现出的缺点,而提醒他纠正的所在。老子这段话的内容,同他五千言中所讲的有些理论,如"大智若愚","常无欲,以观其妙","富贵而骄,自遗其咎"等,完全是一致的。而孔子所犯的毛病,正是一般人所常犯的毛病，所以他这些话，不仅对孔子是个针砭，对后来许多人所犯的毛病，也同样是有益的药石。

另外，中外的哲人，他们观察自然及社会，往往能发现它们之间的共同的规律。如"日中必昃，月盈则亏"，而在人们处世上，就得出"谦受益，满招损"这种具有朴素的辩证法观点的格言。至于老子书中的"福兮祸所倚，祸兮福所伏"这种对问题的辩证看法，实际是客观事物发展变化的正确反映，因而是放之四海而皆准的真理。

至于前人遗留给我们的格言，就讲的人来说，有哲人，有文士，有英雄，有豪杰。他们所说的闪烁着真理之光的语言，往往见之于他们的著述或传记。但广大人民群众智慧的结晶，流传于人民口耳中的"谚语"，其中也不乏能道出事物本质的话语，同那些哲人文士等所讲的至理名言比起来，可以说毫无逊色。还有一些语言简练而涵义丰富、深刻动人的警句，也同样具有深刻的哲理和很好的教育意义。另外，历史上某些人物，从今天看来，他们在政治舞台上扮演的是反面脚色，因而受到后人的批判。但他们也往往能说出某一方面符合事物本质的话来。对这些，同样也可以作为我们的借鉴，而不应以人废言。

至于格言的范围，也是非常广泛的。有属于自然现象的，也有属于社会现实的。就一个人来说，就有涉及到立志、学习、修养、生活等方面的，真是名类繁多，古今中外，难以枚举。不过要把各种不同的人，对同一问题的看法汇集起来，加以比较，就会发现有观点一致的，也有互相对立、极端矛盾的。即如在处世方面，耶稣讲："人家打你的左脸，你就把右脸也让给他。"但有人却主张，应该"以眼还眼，以牙还牙"。由此可知，由于时代的差别、阶级的不同，在对某种问题的看法上，必然是会出现分歧的。因此，我们对于前人的格言，同对文化遗产一样，也必须抱批判继承的态度。同时，我们还要彻底批判偶像崇拜及个人迷信的错误思想。对前人的格言，绝对不能盲目信从，要通过自己的思考，看它是否符合实际，是否体现了客观事物的规律，在特定的时间、地点、条件下，这个话讲得是否正确，然后再决定弃取。

只有这样,才能有助于个人的成长与事业的建树。

我国在十年动乱时期,极左思潮像迷雾一样蒙着人们的眼睛,往往把世间的人与妖、是与非、善与恶、美与丑,都搞颠倒了。粉碎"四人帮"后,党中央拨乱反正,解放思想,大力批判极左思潮,廓清往日的迷雾。但由于思想上的流毒一时不易肃清,有些青年,受到不健康的思想的腐蚀,对人生产生了错误认识,进而导致行为上的犯罪。还有不少人不是朝气蓬勃,勇猛奋起,向着人类美好的理想——共产主义未来,阔步前进,相反的是消极颓唐,自甘堕落,所谓"今日有酒今日醉,那管他日剑割头",连个人前途都不去考虑,更不要说国家和民族的命运了。

我校中文系七七级学生夏林、高潮、刘大泉、孟宪明、张国臣五位同学,针对当前部分青年思想上存在的问题,为帮助广大青年理解人生真义,认清前进的方向,选择实现个人美好理想的道路与方法,他们同心协力,翻阅了古今中外哲人们的大量著作,辑录出许多富于教育意义和发人深醒的格言,条分缕析,分门别类,编辑成这部《人生珍言录》。它不仅是治学的津梁,而且是做人的指针。对引导青年走入正途,并且进而成人成才,是大有裨益的。因此,我愿意把它推荐给今天的广大青年读者们。

1981 年序于河南师大

(原载夏林、张国臣等编《人生珍言录》,1982 年地质出版社出版。)

《〈红楼梦〉十讲》序

中国的章回小说渊源于宋,历元明,到清代乾隆时期《红楼梦》出现,而达到了高峰。这部小说以高度的艺术笔墨,反映了当时的时代精神和面貌,从而表现出作者超越流辈的先进思想水平。从晚清开始,西方文学输入中土,因而被誉为世界文豪的伟大作家的代表作品也次第地翻译了过来,如英国狄更斯的《大卫·科波菲尔》,法国嚣俄的《悲惨世界》同巴尔扎克的《高老头》、《欧也妮·哥朗台》,俄国托尔斯泰的《安娜·卡列尼娜》、《复活》、《战争与和平》,等等,但如果拿《红楼梦》和它们相比较,不但毫无逊色,而且在某些地方也许还有超越它们之处。

至于对《红楼梦》的研究,从晚清到现在百余年来,从事者确实是"实繁有徒",而论著也是指不胜屈的。但由于立场的不同,观点方法的各异,因而对这部书的分析认识与评价也极其分歧悬殊,诚可谓:"仁者见仁,智者见智。"但是从历史的发展来看,还是随着时代的前进而前进的。从最早朦胧的探索到比较清楚地理解,其间不知耗去了多少学者的苦心钻研,凝聚了多少才士的心血与智慧,这样才使红学能够有今天的大放异彩。

对于《红楼梦》的研究,也并非一帆风顺的,由于它强烈地抨击封建社会的权势者对劳动人民的残酷剥削同压迫以及对他们所过的荒淫无耻生活淋漓尽致地揭露,因而遭到封建统治阶级及其帮凶与帮闲们的口诛笔伐,至目之为"伤风败俗,害人子弟"的淫书。如果不经过太平天国的起义运动和帝国主义大举入侵后西方新思潮随着他们的商品的输入,以及变法维新和稍后的种族革命浪潮的蓬勃高涨,清政府统治气焰的消沉与削弱,那么对这部小说的探讨是不可能形成为盛极一时的学派的。尽管索隐派在今天看来,其见解是有些捕风捉影,凭着个人的臆测,像猜谜一样去横加比附,令人觉得非常荒唐,但在当时对一般轻视小说,认为不能列于文学之林的时代,而对它进行探索,写出成部之作,并从排满的角度加以阐释,这种创始之功,应该说是不应一笔抹煞的。

到了五四时期,《红楼梦》之所以又为人们所注意,乃是由于文学革命的胜利,西方文艺论的大量介绍,当时倡导白话文学的胡适,为了证明中国的白话文学历史悠久,不但古已有之,而且伟大的作品也多半是白话的。而在小说方面,《儒林外史》、《红楼梦》都堪称一代的杰作。为此,对这些书的作者进行了身世的考证,特别是对曹雪芹的家世在经过一番研讨之后,于是联系到他的作品,认为它是作者写个人身世,近于自传性质的小说。同时,胡适的学生俞平伯,本着胡适的看法又写了《红楼梦辨》。他们批判了晚清以来索隐派的荒唐不经,而提出了自己的自传说,很显然这在当时是一种新的见解,于是赢得了当时文学史研究者的认可。鲁迅在《中国小说史略》第24篇中道:

> 然谓《红楼梦》乃作者自叙,与本书开篇契合者,其说之出实最先。而确定反最后。嘉庆初,袁牧(《随园诗话》二)已云:"康熙中,曹练亭为江宁织造……其子雪芹撰《红楼梦》一书,备记风月繁华之盛。中有所谓大观园者,即余之随园也。"末二语盖夸,余亦有小误(如以楝为练,以孙为子),但已明言雪芹之书,所记者其闻见矣。而世间信者特少。王国维(《静庵文集》)且诘难此类……迨胡适作考证,乃较然彰明,知曹雪芹实生于荣华,终于苓落,半生经历,绝似"石头",著书西郊,未就而没;晚出全书,乃高鹗续成之者矣。

当时自叙传说,似已成为定论。这一派后来被称为"新红学派"。到了开国以后,由于用马克思主义的文艺论来研治中国文学遗产,从创作方法上肯定《红楼梦》为现实主义,而非自然主义。在批判俞平伯、胡适的运动中,对胡适的自叙传说彻底进行了否定,认为《红楼梦》虽系作者反映个人亲身经历的现实生活,但书中主人公贾宝玉,乃作者所塑造的典型人物,而决非作者自己,于是自叙传说,遂不攻而自破矣。

在20世纪50年代批俞批胡的过程中,对《红楼梦》的评论,一时曾经形成高潮。但在1957年后,由于极左的文艺路线的影响,不仅创作与批评一度趋于冷落,即对《红楼梦》的研究,也逐渐有点消沉。到了"文化大革命"中,"四人帮"假提倡研治《红楼梦》之名,进行篡党夺权之实,于是对之大肆歪曲,出现了"阴谋红学"。直到十一届三中全会后,纠正了极左路线,贯彻了双百方针,于是《红楼梦》研究继20世纪50年代中期,而又形成了一个新的高潮。几年来的研究成果,不论深度与广度,都已远远度越了前人。不仅论文专著的问世如雨后春笋,而且研究专刊,也应运而生。正是在这样的情况下,大学中文系也开设了《红楼梦》研究的专题课。治平同志的《〈红楼梦〉十讲》,正是在讲授这样科目时才编写出来的。

《〈红楼梦〉十讲》决不是一般的教学讲稿,我认为是一部别开生面、另辟蹊径的著作。我在读了之后,就深感获益良多。下边谈谈我对这部书的看法:

一、作者比较纯熟地运用了马克思主义的立场、观点同方法,对百年来红学的发展进行了比较翔实的论述。同时,对书中人物、故事、情节以及艺术成就的分析、评论,在看法上也比较全面深刻,而没有所谓迂拘的一偏之见。在《红楼梦的思想》一讲中,首先对书中所描述的贾府中的各种矛盾和出现的种种悲剧作了系统而扼要的论述,最后在大量的事实的基础上才对全书的主题思想进行了概括,因而是实事求是,符合实际,同时也比较准确,比较全面。

此外,对原书除肯定其为伟大的现实主义创作与其进步的思想和积极的意义外,同时也指出其宿命论与循环论的唯心主义的倾向以及其对贾家的衰败所流露出的感伤与惋惜的情调,并指出其阶级的与时代的局限性。

二、本书作者参考了大量的有关研究《红楼梦》的论著和资料,能博采众长,从而融汇贯通,而给以系统化、条理化。这样自然有继承也有发展,我在读后,觉得不管是从整体或局部,在观点与立论上,始终是一贯的,而无前后矛盾、自相攻伐的情况。我认为就这一点来说,就是极难得的。如果个人缺乏独立的看法与见解,是不可能博采众说而不出现矛盾的。

三、对原书高鹗的续作,也作了较深刻的评述。作者指出,对《红楼梦》,必须把前80回与后40回分别开来去看。尽管后者在对人物故事发展的描述上与前者某些伏线相一致,但贾家的结局与书中主要人物的下场则与原书作者的意图基本上是违背的。特别是宝玉后来的应试与黛玉鼓励他学写八股文,令读者对两人的性格大有前后判若两人之感。这种典型人物性格的分裂使作品的光辉思想顿然减色。治平同志指出其所以如此,是由高鹗的生活道路和他的世界观所造成的,这真是一语破的之论。

四、在艺术分析上,《〈红楼梦〉十讲》中就占了两讲。首先是艺术结构,在这一讲里又分三部分,其一总纲,把开始的前五回的主要内容,进行了阐明。正如书中所说的:

> 曹雪芹对《红楼梦》的结构进行构思时,是匠心独运,胸有全局。在创作之始,他对于如何开头,如何结尾,人物主次,事件安排等,均已了若指掌。第一回至第五回明显地带有绾毂全书的纲领作用。它不仅告诉了全书的总布局,并且还暗示了后来情节的发展和结果。

下边依次从第一回到第五回作了分析说明,指出其为什么对全书人物故事的开端、发展及结局起到了纲领性作用。

其次是主线,对这一问题,目前研究者对之是有争论的。有以贾府的盛衰历史为主线的,还有把贾府的衰亡与宝黛二人的婚姻悲剧同为主线的。治平同志不同意这些观点,而赞同把宝黛两人的婚姻悲剧作为全书主线的看法。他认为这一爱情婚姻悲剧,在思想内容上的吞吐量很大,它不仅和封建末世在意识形态领域中新旧两种思想的矛盾斗争联系在一起,而且和封建末世封建阶级在没落衰亡的历程中后继无人这个最严重问题也密切地联系在一起。贾宝玉、林黛玉与封建家长之间的矛盾已远远超出爱情婚姻的斗争,而具有最广泛的社会意义,所以他的结论是:

《红楼梦》宝黛爱情婚姻这条主线,既包括有和封建阶级上层建筑的全面对抗,并包括有封建阶级没落衰亡的严重危机。以此作为作品的主干,就可以充分展开描写,而不受局限了。

对这一问题的看法,我是非常同意的。至于围绕这一主线,在故事情节发展中而出现的三次大的波澜,也可说是三次高潮,以及故事发展的前后照应,在书中都有较详细地论述,在这里就无须再事辞费了。

全书第八讲中,分析了《红楼梦》创造人物的艺术。我们知道,一部小说的成功或失败,主要看作品中塑造的人物是否成功。《红楼梦》之所以成为古典小说中的杰作,就在于曹雪芹善于塑造人物,真是个个具有独特面貌,人人栩栩如生,所以才能脍炙人口,令人百读不厌。治平同志对书中人物性格的刻画作了极其细致而全面的分析与阐述,从人物所处环境和外貌、心理同语言,还有诗词创作等,用细致的刻划,来突出人物性格。此外,还通过细节描写、对比手法等,凡有十项。从这里可以看出,作者曹雪芹对生活如何进行了认真细致的体验与观察,而又如何用形象的笔墨,而匠心独运地给以表现,因而创造出光彩夺目、个个栩栩如生的人物画廊。治平同志在这一讲中的后边说:

上述十个方面,创作人物的艺术手段,有些是过去优秀的古典小说所曾经采用的艺术手法,然而到了伟大作家曹雪芹手里,经过他的创新和发展,则又发挥了更大的艺术效果。

这是非常正确的看法。

过去鲁迅评日人鹤见佑辅写的散文集时说,是"滔滔然如瓶泻水,使人不觉终卷"(《思想、山水、人物题记》)。我对《〈红楼梦〉十讲》也深有此感。它虽是一部述学之作,经常引用例证来阐明自己的观点,但却与枯燥的考证文章大异其趣。它不是干巴巴地一味说理,而是以极平易自然的话语来畅述个人对此书的心得与体会,因而令读者感到津津有味,乐而忘倦,并时时发出"先得我心"和"深有同感"的微笑。

《红楼梦》一书已经风行海内,阅读的人不知凡几。对它应怎样理解,怎样学习与怎样研究,尽管有不少红学家们发表了千百篇有独到见解的论文,但对一般读者来说,影响是不太大的。现在有这部书的问世,无疑对广大读者,特别是青年读者,其指导作用,将是极其巨大的。同时可以预期,它将会受到普遍的欢迎。

治平同志是治小说史的,不独对于《红楼梦》,曾用过较深的功夫,此外对于《水浒传》、《三国演义》、《西游记》等也都用力甚勤,富于创获。我深切地希望他能继此书之后,再写出《水浒传》、《西游记》、《儒林外史》等新的《十讲》来,则其嘉惠读者,特别是青年读者,对文学欣赏、研究水平的提高以及道德品质的修养,其影响将是难以估量的。我愿拭目以待!

1982 年 12 月 29 日于不舍斋

(原载邢治平著《〈红楼梦〉十讲》,1983 年中州书画社出版。)

《历代名人嵩山诗选》序

我国名山胜水之所以为世人所倾慕向往,大抵与歌咏者有关。而歌咏者,两汉以前,多属被放逐的迁客骚人,他们退隐林泉,徜徉湖山,心怀郁抑,形诸歌咏。较早的如屈原,他的《山鬼》、《涉江》应推为我国描写山水景物之祖。

魏晋以还,佛老盛行,永嘉之乱,中原板荡。士大夫多以弋钓草野、隐居田园为明哲保身之计。于是模山范水之作,盛极一时。东南山水之所以为后人所熟知,多由于与当时作者,如谢灵运、吴均等的诗文有关。

同时,当时封建统治者多崇尚佛法,而僧侣所居,大抵为山明水秀之区,因而佛刹遍及各地。南朝四百八十寺,大抵为齐梁以来佞佛者之所建。至于北朝,较之江左,并无逊色。北魏杨衒之《洛阳伽蓝记》可为明证。

此外,当时文人,因从事地学研究,探索祖国水系,而从事实际调查,对山川景物,名胜古迹,凡亲历目击的,均予以叙述刻画,如郦道元的《水经注》即为此类著述的杰作。

唐宋以来,此风未沫。当时作者,由于仕路坎坷,放逐远方,往往借寻幽探胜,以消忧遣愁。如柳子厚之贬居永州,写出了脍炙人口的山水记。而白苏二公,在迁谪中,于为民兴利、改造自然之余,犹不忘采取措施,借为湖山生色。即如杭州之白堤、苏堤,至今尚为游人所乐道。他们歌咏西湖的诗篇为西子容颜益添妩媚,令未亲历其境的读者产生无限遐想。

明中叶以后,文人有不少视山水为性命,袁中郎、陶石篑以及稍后的张宗子、徐霞客等,他们写出了大量的诗歌、散文同游记长篇著作。他们刻画山水,达到了精微传神的地步。流风所被,直至晚清,魏源亦深有此癖,平生足迹,踏遍五岳,流连光景的篇什,充满了他的集子。

像上边的一些作者,歌咏山水名胜的作品,从表面看来,似乎是封建士大夫悠闲之作,既无补于国计民生,更无助于思想教育。实际并不如此,我国的幅员辽阔,高山大川、湖泊沼泽、古迹名胜遍于各地。关于它们的诗文描绘,不仅给读者开拓了眼界,扩大了胸襟,并且无形中进行了审美与爱国主义的教育。从读者的心灵深处,激发起民族自豪感与民族自信心。这种在精神上所起的潜移默化作用是一点也不应低估的。

嵩山为我国五岳之一,峰峦耸翠,涧水澄澈,名胜古迹,指不胜屈。即其大者而言如少林寺,建于北魏太和十九年,为当时印度高僧菩提达摩卓锡传经之所。相传他当年面壁九年的面壁庵尚在,睹物思人,令千百年后的游人想见其虔心修炼的功力。

又如嵩阳书院,为我国四大书院之一,可说是我省当年的最高学府。北宋时洛派理学家明道、伊川兄弟,即曾讲学于此。而院中的汉柏唐碑,尤为无数游客所赞叹。

至于隋唐以来骚人墨客、名宦贤达来此游览时,触景生情,文思泉涌,而写出的篇什,散见于各家文集及志书的,不一而足。河南师范大学张国臣等同志,感于近年来旅游之风大兴,我省地居中原,而中岳实为我省名胜之冠。海外侨胞、各国外宾以及国内游人每年来此登临者,实繁有徒。为了便于游客对中岳名胜的历史发展、景物变化以及神遇目视者的感受有较深刻的理解,因而将我国历代文学名家有关歌咏此地风光的诗作,加以搜集编选并注释,费数年之力,功始告竣。此不仅为中岳名胜之知己,并堪为广大游人的导师。至于广为招徕,发扬国光,其意义尤为深远,因乐而为之序。

1982 年元月 31 日

(原载《历代名人嵩山诗选》,地质出版社 1983 年出版)

《韩诗外传选译》序

《韩诗外传》是西汉时韩婴所撰。韩婴是当时的经学大师,他创立了今文三家诗说中的一个流派。他的诗说主要部分《韩诗内传》已失,而《韩诗外传》却流传至今。

《韩诗外传》的内容,大致如《四库全书总目提要》中所说的:"其书杂引古事古语,证以诗词,与经义不相比附,故曰《外传》,所采多与周秦诸子相出入。班固论三家之诗,称其或取《春秋》采杂说,咸非其本义,殆即指此类欤!"可见《韩诗外传》是用诗词来说明历史故事,并非用历史故事来解释诗篇,所以对《三百篇》的阐发来说,其作用也许是不大的;但另一方面,却保存了许多先秦历史故事,是很有价值的。而其中所载的前人的嘉言懿行,对今天来说也是值得借鉴的。正如本书的注释者在《前言》中所列举的,许多事例仍具有极其深刻的教育意义。如果把书中故事同先秦史传以及诸子书中所载的一些故事来比较,其中有相同的,也有不同的,有大同小异的,也有小同大异的,对研究先秦历史都可以互相参证,而作者使用的语言较为艰深,已非现在一般青年读者所能了解。晨风、永平两同志深明乎此,他们二人通力合作,以两年之力,将《韩诗外传》300余篇中对今天还有一定教育意义的百余篇,为之注释翻译,将对广大青年读者的阅读欣赏有一定的帮助。余欣然而为之序。

1982.5.20

写于河南师范大学

(原载晨风、刘永平《韩诗外传选译》,书目文献出版社1986年出版。)

《王桐乡诗三百首》序

王桐乡是明初琼州一位很有成就的诗人。他生于永乐十八年（1420），卒于弘治十八年（1505）。他曾到过北京，进过太学，但屡试不第，后来只得就任地方上的小官同知，在明代为知府知州的佐贰。他曾游宦于广东、福建、江西等省，但因长期沉于下僚而不得升官，最后终于辞官，回到海南。

王桐乡由于政治地位卑微，他所处的时代正当明代的天顺、成化、弘治年间，而当时的诗坛上，早于他的有李东阳，与他同时的则有以李梦阳、何景明为首的前七子，似乎与他都不曾有过关系。因此，他虽然也志道据德，沉浸于诗歌的创作，在地方上曾被列为"四绝"之一，但是却不为海内文士所熟知。明末清初的大诗人钱谦益纂辑的《列朝诗集》选录明代所有诗人的代表作，为数近两千家，从文人学士乃及僧侣香奁，甚至朝鲜日本作者，都选了进去，但却遗漏了王桐乡。这就充分说明，在他活着的时候，与海内作者没有什么联系，而去世后，他的诗作也没有很好进行刊刻与流传，因此就如过眼云烟，很快地就销声匿迹，湮没无闻了。

广东民族学院韩林元同志，一向注意兄弟民族的文献，当他发现了五百年前海南诗人王桐乡的诗作后，便看出它的独特成就与不朽的价值，费数年的功力搜集，编校，注析，而辑成《王桐乡诗三百首》，让王桐乡的诗作能与今天广大的读者见面，使明初诗坛又多出一位诗人,使祖国诗歌遗产的百花园又现出一朵绚丽的奇葩。这不能不说是韩林元同志对祖国文化有意义的贡献。古人所说的拯遗帙于已坠,发潜德之幽光,韩林元同志所编实足以当之。

王桐乡的这 300 多首诗,我粗略地读了一遍,深感他是一位有思想、有修养、有成就的诗人。下面谈谈我对王桐乡及其诗作的一点粗浅看法。

一、王桐乡是一个尊奉儒家,同时受有庄学影响的诗人。他在《贞庵》一诗中,说明他对孔子的尊崇,而自己也是"希圣希贤"的。

　　君子贞不谅,宣尼有名言。
　　事在可否间,我心若持权。
　　理正义所在,由之自安然。
　　蹇余有余力,愈远志愈坚。
　　匪因穷达异,不以祸福迁。
　　君子云何学,所贵希圣贤。
　　君家近东鲁,或此得真传。

这篇诗是赞扬一位号贞庵的朋友的,引《论语》仲尼"君子贞而不谅"这句话,借以阐明士大夫应本孔子这句话以为立身处世的准则。特别是中间的几句"蹇余有余力,愈远志愈坚。匪因穷达异,不以祸福迁",这对于遵循儒家之道是如何的坚定,不论是穷达祸福都不能改变自己的志行,这真可以说是仲尼最忠实的信徒。但是王桐乡在世界观中同时受有庄学的影响,这也是显而易见的。最突出的是他的《大庚邓德温自挽诗卷》同《瓦窑原开生圹》。前一首中讲:

　　此身未有生,天地本无此。
　　忽此从何来,天地遗滓渣。
　　滓渣一归尽,飞奔尽停已。
　　复得还自然,斯乃造化理。

这种思想,完全源于庄子的《大宗师》及《至乐》等篇。《大宗师》有"彼以生为附赘县疣,以死为决疣溃痈。夫若然者,又恶知死生先后之所在"以及"大块载我以形,劳我以生,使我以老,息我以死。故若我生者,正所以善吾死也"。《至乐》中所说:"察其始而无生,非徒无生也,而本无形。非徒无形也,而本无气。杂乎茫荡之间,变而有气,气变而有形,形变而有生,今又变而至死,是相与为春、夏、秋、冬四时行也。"这就是上边所引诗中"复得还自然,斯乃造化理"之所本。

后边一首,写他自开生圹,并且邀请朋友到那里喝酒,所谓:

千年乔木护佳城,慷慨邀宾载酒行。

一十八年重觅我,化为乌有一先生。

这颇有陶渊明自写《挽歌》的旷达意味。当然,他的修养、境界远远赶不上陶渊明。但他们都同受庄学的影响,这是肯定的。陶渊明早年受儒家影响,是积极入世的,但由于宦途的龌龊与险恶,所以决然退隐,到了晚年,成为一个"任运""随化"的庄学信徒。王桐乡的道路颇有点像陶渊明,是由儒学最后走向庄学,所以在《稼隐》一诗中,既歌颂了陶渊明,同时也表现出他对陶渊明的生活道路及对仕宦与退隐所持态度的向往之情。现录全诗于后:

凤凰异凡鸟,所食惟其珍。

若非青琅玕,长喙不一伸。

君子味道德,足以腴其身。

嗟嗟凤凰食,宁贵五斗尘。

南海有耕叟,山林岸纶巾。

耕稼自食力,枉道宁徇人。

秋风南亩凉,我稼如云黄。

收来满厢庾,自足供徜徉。

击缶歌乌乌,瓮头秋酿香。

隔篱唤邻翁,相对累十觞。

俯仰宇宙间,其乐且无央。

问是何代人,无乃是羲皇。

在文学观上,他更多的是受到儒家的影响,似乎与陶渊明稍有不同。所谓儒家的文学观,即孔子提出的兴、观、群、怨以及汉儒对《诗三百》作用的解释,即"故正得失,动天地,感鬼神,莫近于诗。先王以是经夫妇,成孝敬,厚人伦,美教化,移风俗"(《毛诗序》)。这发展到唐代白居易,就提出了"文章合为时而著,歌诗合为事而作"(《与元九书》)的反映现实、有裨世道人心的创作道路。

但是陶渊明的文学观在主流上,基本上是道家的自然观,他写诗的目的是抒怀,是言志。他自称"常著文章自娱,颇示己志","酬觞赋诗,以乐其志"(《五柳先生传》)。这种自娱,这种"以乐其志",都说明他创作的动机与儒家的"厚人伦,美教化,移风俗"的目的是迥然不同的。至于王桐乡的文学观,与儒家是完全一致的。最清楚的是他对李白的批评,他在《李太白醉图》中说:

天子呼来醉似泥,王孙宠遇世应希。
可怜只献清平调,不说当前国步非。

实际在《清平调》中的第二首的"借问汉宫谁得似?可怜飞燕倚新妆"之句,已暗含讽谕之意。但王桐乡还认为不够,说里边没有说到"当前国步非"。我想,他可能用白居易的《长恨歌》中批判玄宗的诗句,来对照《清平调》而感到内容的结合现实太不够了。

我们了解了王桐乡世界观的主流和他由尊奉儒家思想而派生出的文学观,那么对他的诗作的全部倾向,就完全可以了解了。

首先,他是非常关心国家大事的。他所处的时代,英宗朝正当宦官王振当政的时代,国事日非,英宗在王振挟持之下,亲征也先,结果被掳,后来由其弟祁钰继位,在位8年。英宗又复辟,杀害中重臣于谦,而大赏那班助他复辟的宵小之辈。王桐乡诗中的咏史诗,可以说是借古讽今之作。即如他的《读唐玄宗纪》,虽是批判唐玄宗,实际是在抨击明英宗。诗中的"君子道落漠,小人势峥嵘。巍巍太宗业,飘荡随蓬萍",这不正是指英宗的被俘北去之事吗?至于《读〈宋史〉》中的"堪恨三朝谋国是,是谁惟有杀忠良",我认为这是针对英宗复辟后杀于谦一事而说的。从这里表现出作者主持正义和关心国家治乱的爱国主义精神。

其次是他的关心群众的疾苦。在他写的海南岛产的植物《鸭脚粟》同《天南星》的诗中,对人民在春天青黄不接时,一面受到官府的催租,一面囤中已没了粮食,这时鸭脚粟成为农民救荒疗饥的主食。诗中说:

> 三月方告饥,催租如雷动。
> 小熟三月收,是以供迎送。
> 八月又告饥,百谷青在陇。
> 大熟八月登,持此以不恐。
> 琼民百万家,菜色半贫病。
> 每到饥月来,此草司其命。
> 闾阎饱饼饼,上下足酒酱。
> 岂独济其暂,亦可赡其常。

在咏歌天南星的诗中,写到它也有救荒的作用。此外,如他的《金鸡岭》诗之二:

> 闻道金鸡半夜鸣,九重颁诏欲宽征。
> 年来正苦征科急,安得金鸡叫一声!

王桐乡正因为洞悉并同情人民的疾苦,他为官是比较清廉的,所以他逝世后,海南岛的人民极为怀念,并且立庙来祭祀他。

第三是他的诗作中流露出浓厚的乡土气息。这表现在他对海南岛独特的风物景色的描绘。即如《黄龙观海》:

> 云行西北总茫然,大地无形只有天。
> 回视江湖难说水,自从开辟不知年。
> 幽人乐在游鱼外,渔夫机亡白鸟边。
> 偏趁主翁观习暇,沧洲凉雨日高眠。

又如《苦大风雨》,写出了强台风到海南岛的肆虐情况,而深叹"娲皇首炼补天石,不补漏天将奈何?"

王桐乡诗在艺术上是有其独自特色的。在风格上有些五言诗,如《和林敬宗韵》、《竹溪书院》等,其高古苍劲,近工部;而《吴江雪舟》、《老骥行》,其雄浑豪放,又似太白。至于晚年退归林泉,所写的如《棠溪八景》、《东园八景》、《桐乡八景》,甚萧疏澹远,又颇似陶渊

明。元末明初的大诗人杨维桢,在《赵氏诗录序》中,论到古代的诗歌时说:

> 评诗之品无异人品也。人有面目骨体,有情性神气,诗之丑好高下亦然。风、雅而降为骚,而降为《十九首》,《十九首》而降为陶、杜,为二李,其情行不野,神气不群,故其骨骼不庳,面目不鄙。嘻!此诗之品,在后无尚也。下是为齐、梁,为晚唐、季宋,其面目日鄙,骨骼日庳,其情性神气可知已。嘻!学诗于晚唐、季宋之后,而欲上下陶、杜、二李,以薄乎骚、雅,亦落落乎其难哉!

我觉得王桐乡对当时的大诗人杨廉夫,是会读到他的作品的,同时也会受到他的影响的。而他的诗作如果追溯其渊源,恐怕陶、杜、太白对他的影响,是不应忽视的。

在语言上,王桐乡的作品真是明白如话,不刻意雕琢,不滥用典事,写情状物有时也能达到沁人心脾、豁人耳目的境地。比诸后来李何与王李那般复古主义作家,可说是高明得多了。我想他的诗之所以不为当时人传诵,并见弃于时人,未尝不是由于他的作品从内容到艺术有背于当时诗坛复古风尚之故。即此一端,我觉得在明初诗坛上,应给他以应有的地位。

现在韩林元同志,把王桐乡的诗歌进行整辑印行,我认为这对王桐乡说是他的功臣,就对整理古籍,对明初诗坛这一被湮没不彰的诗人,而使之重新见重于文学遗产研究者,这也是值得重视的一件贡献。在本书问世的时候,我愿就我对这位兄弟民族的诗人的看法,写出以上各点,请海内同道予以指正。

1984年7月8日写于河南大学
(原载韩林元编注《王桐乡诗三百首》,1986年广西人民出版社出版。)

《何景明评传》序

何景明是明代河南信阳的一位著名的文学家、教育家、思想家,在文学史上产生过较大影响。惜乎他英年早逝,潜在能力未能发挥出来,为当世和后世的人们所慨喟惋惜。我过去曾撰文论述过何景明,但自认为比较简单,语言不详。姚学贤、霍朝安、金荣权三位同志在信阳工作多年,工作之余搜集了不少何景明的资料,潜心研究,写成了《何景明评传》一书。这是何景明研究中尚未有人做过的事。

该书在大量资料的基础上,对何氏一生的文学成就、政绩、人品作了较为系统公允的叙述和评价,同时,对何氏研究中的一些争论问题,也发表了独立见解,是目前研究何景明的一部有价值的学术专著。它对今后何氏的研究,将产生积极的影响。本书现在由河南大学出版社出版了,对此,我很高兴,并表示祝贺。姚学贤、霍朝安、金荣权三同志曾一再让我为该书写篇序言,我也很想趁此写几句话,但因近来身体原因,不能执笔,深感抱歉。现将我几年前所写的《何景明简论》一文录于下面,以代序言。(略)

(原载《何景明评传》,1993年河南大学出版社出版)

感　旧　集

《感旧集》序

我于1940年2月由洛阳师范转到河大文学院文史系任教。时当抗日战争前期,河大于前一年从镇平迁到豫西万山丛中的嵩县。当时河大分四个学院:文学院、理学院、农学院、医学院。除医学院在嵩县城,其余三院都在潭头。从嵩县城到潭头,还得走近百里的山路,不能行车,只有骡马可以代步。当时同事间流行着几句打油诗:"抗战已二周,河大迁潭头。助教升讲师,讲师升教授。我愧为人师,只得跟着走……"

我到潭头后,被安排在一个教师的集体宿舍里。潭头是一个小寨子,四面环山,旁临伊河,周围是一个小小的盆地。当时文学院和校部在寨里边,理学院在东边的党村,农学院在西南的大王庙。文学院上课则在寨外的上神庙。由于宿舍离教室较远,当时有所谓"三不上"之说,即刮大风不上,下雨不上,不想上不上。最初深感到生活不习惯,日子久了,也就不感到有什么不舒服了。

宿舍租的是靠近东寨门的一所民宅,住有七八位教师,我去得晚,住在一间厢房中。吃饭最初在校部,和宿舍有一段距离,刮风下雨,深感不便。后来在宿舍成立了一个小伙,大家不再来回跑,觉得方便多了。由于宿舍临近寨门,每当晚饭后,大家三三两两到寨外散步,望着在落日余辉中的山色,也不禁为之心旷神怡。

当时文学院长嵇文甫先生,文史系主任张邃青先生,都是我在第一师范读书时的老师,他们对我都非常的关怀。山中与世隔绝,学校的图书馆也迁去了。就我来说,母亲、妻儿都在南召老家,自然不像其他同事有家务之累,所以除上课外,就是写讲稿同论文。有问题时,还可以找老师请教。从1940年初到1944年麦熟前,整整四年还多几个月,就我来说,等于又读了几年研究院。

1944年夏初,日寇进犯豫西,洛阳沦陷,不久,其中一股出人意外的竟流窜到潭头,全校师生,狼狈逃散,其中个别还遭到日寇的杀害。暑后我在家接到通知,到荆紫关集合。校长王宏先下台,新任校长张仲鲁就职。荆紫关是淅川县西边一个大镇,加上附近的村庄,当校舍问题解决后,在那里又上了几个月课。

1945年春,日寇正在作垂死的挣扎,它又向南阳进犯,河大不得不又向西逃难。师生们先到西安,继而又到宝鸡。这年秋天又在宝鸡附近一个大村庄石羊庙开课,并在那里招了一届学生。就在这年8月15日,日本无条件投降。于是在这年冬天学校又从宝鸡迁回到开封。校长这时又换成了田培林。不久田培林又去南京做部长去了,继任的为姚从吾。在解放战争后期,学校还曾一度迁到苏州,全国解放后,才又迁回开封。

新中国成立后,河南大学几易校名,直到1984年,又恢复了原名。但由于解放初期院系的调整,医、农两院独立了,理学院又曾与新乡师院合并,所以规模已远非过去那样大了。

四十多年来,中国发生了翻天覆地的变化,河南大学在各个方面,自然也随之而除旧布新,从人事的变更与教学的改革,学校的精神面貌焕然一新。毛泽东同志在《解放南京》一诗中有"人间正道是沧桑"之句,我对河南大学,也深有此感。

我从1940年到河南大学,到今天几近半个世纪,文史系后分成中文、历史两系。原来共事多年的老师、朋友和同事,许多已经作古。追怀往日的过从,在学术上,质疑问难,互相研讨;在生活上,彼此关切、患难与共的情况,不能不为之怆然!为了表示对这些师友的怀念,因略过往日和他们交往之谊,故仿清代大诗人王渔洋著作之名,以《感旧集》名篇。

1987年5月30日于河大

(原载《教育时报》1987年10月8日)

嵇文甫先生

嵇明(1895~1963)字文甫,河南汲县人,北京大学毕业。解放前,曾任中学教师、河大教授、文史系主任、文学院长等职。解放后曾任河南大学、郑州大学校长。于1963年逝世。著有《嵇文甫文集》。

文甫先生早年肄业北大时,正值五四运动前夕。北大为中国新文化运动的策源地,因而深受"科学"与"民主"新思潮的影响。当他回到开封任教时,即与其他北大、师大返豫任教的同辈们,在一师、女师、一中、二中等校,传播五四革命精神,因而河南一向因袭、保守、沉闷的学风为之一变。一时在文艺界涌现出从事新诗创作的诗人如早期的徐玉诺、稍后的苏金伞等,都是一师毕业,为文甫先生的高材生。

我是1923年秋,考进一师的。一开课,担任我们班国文老师的就是文甫先生。先生讲课所选教材,全系白话,有的是当时名作家的散文,如胡适的《谈新生活》,有的节选西方作家的代表作,如法国都德的《小物件》。60多年了,先生朗读这篇作品的声音好像还响在我的耳边。《小物件》写儿童若格的不幸遭遇,一经先生讲读,更深深打动了我们年轻的心灵,对不幸的若格产生无限的同情。后来,同班的同学一谈到先生,都爱模仿他在课堂上讲课的声调。遗憾的是先生仅仅给我们上了一学期课。

北伐战争时期,开封学校一律停课了。我回到了家乡南召,约有一年光景。1927年,北伐战争告一段落,开封学校进行大调整,所有中等学校都合并在一起,名为大一中,分文、理、师范等科。但仅仅一年,由于教育界的派系斗争,就又分开了。我又回到原来的一师。这时我已是高三文科。1928年的秋天开学后,我又见到了我所敬佩而阔别已久的文甫先生。据说,在大革命期间,他曾去苏联留学。这时他担任了我们的《中国文学史》课。他选用的课本是刚刚在上海新月书店出版的胡适的《白话文学史》。可惜这次他没够一学期就到北京任教去了。

1929年秋,我考取北师大中文系,一次同我的一师同班徐缵武兄去马神庙附近访问我们的老同学罗绳武君。绳武长于我们,他在一师比我们早三四年。我们进一师时,他已毕业,考进了北师大。想不到在他那里,会又遇到文甫先生。由于时间已晚,绳武还请文甫师和我们俩一块到附近华顺居饭馆,吃了顿晚餐,就作别了。

到了20世纪30年代,文甫先生回河南大学任教。1935年,我在北大研究院读书时,曾与文甫先生通过信,内容系关于治学方法问题。惜这些信都早散失了。

1940年2月,我到河大任教,当时文甫先生任文学院院长,张邃青先生任文史系主任。二位都是我在一师时的老师,对我都非常关怀。由于我搞的专业是"中国文学史"和"中国文学批评史",都与"中国学术思想史"有较密切的关系。而文甫先生在研究"中国思想史"方面,为国内屈指可数的专家,所以向他请教的次数就更多了。

我还记得在潭头时,曾写了《谈梁任公》一文,请先生指正。他看后很同意我的看法。当时西安有个《力行月刊》是先生学生张绍良主编,曾向先生约稿。这时先生就把我这篇文章介绍给他。发表后,绍良曾给我来信,希望我继续写稿,支持他这个刊物。以后我连续在该刊上发表了《诸葛武侯的学术》、《章太炎论》等论文。

在潭头的后几年,我曾给南阳《前锋报》写了一些古代作家评论的文章。后来因任系里"现代文学"课,编写了《中国现代文学史》,曾在前锋报社印了一本上册,后来该社又印了我的一本《子产》。这两本书,当时都曾请先生写了序言。

在学术上,文甫先生在北大时研究的是哲学,专攻宋明理学及先秦诸子多年,于程朱、陆王两派,对陆王造诣尤深。在20世纪30年代,曾著有《左派王学》,对泰州学派在晚明思想界的影响作了较详细的论述。当时先生已是一个马克思主义者,他用新的立场观点和方法,来进行分析评价,所以见解极为深刻,能发前人所未发。在潭头时先生在原有的基础上,进一步拓展,写出了《晚明思想史论》一书,后在商务印书馆出版。

先生生平专力于"中国思想史"与"中国社会史",曾与学生谈及他生平精研的典籍与服膺的先哲,用一副对联来说明,即"寝馈六经三史,瓣香一峰二山"。首联大家都清楚。后一联,"一峰"为孙夏峰,"二山"者为王船山与全谢山。这三位都是明末清初的思想家。先生立身处世,近于夏峰,对己则严格要求,对人则从不苛责,所谓严于律己,宽以待人。对朱、陆两派颇有调和折衷之意。不过在解放思想上,显然受陆王影响更深。

先生在五四时期,深受当时新思潮的熏陶。20世纪20年代又接受马克思主义,用新的观点方法来治学,从国内学者来说,也是开风气之先的。我在大学读书时,即心仪先生行谊,又亲受先生教诲。先生逝世后曾写文纪念,但语焉不详。由于感旧,故备述与先生的关系,以示对先生无限怀念之情!

(原载《教育时报》1988年6月23日第4版)

忆知堂老人

我开始读知堂老人的文章,是在20世纪20年代他主编《语丝》的时候。那时,他的年纪还不算老,而且还没有起"知堂老人"这个号。他发表文章用的笔名是"开明"、"岂明",有时则署周作人。

《语丝》创刊于1924年11月17日,当时我是河南第一师范二年级的学生。学校里同学们自学的风气很盛,对"五四"后的新书刊都如饥似渴地购买、阅读。《语丝》是鲁迅、周作人、钱玄同、刘半农等人创办的同仁刊物,在"五四"新文化运动时期有着广泛的影响。其内容,正如鲁迅在《我和〈语丝〉的始终》中说的那样:

> 任意而谈,无所顾忌,要催促新的产生,对于有害于新的旧物,则竭力加以排击,——但应该产生怎样的"新",却并无明白的表示,而一到觉得危急之际,也还是故意隐约其词。(《鲁迅全集·三闲集》)

在当时一般青年的心目中,觉得它对社会现实的黑暗面以及各种不合理的事物敢于揭发与批判,因而无不喜欢阅读。它的版面只占一张大报纸的二分之一,共四页,定价也极便宜。最初是在西大街一个文化书社出售。因为是周刊,所以每礼拜日上街的时候就去那里买一份。时间久了,我便自己订了一份。当时赞助《语丝》出版的李小峰先生,后来创办了北新书局,印行了鲁迅的杂文集如《热风》、《华盖集》、《华盖集续编》以及周作人的《自己的园地》、《雨天的书》

等。我便和爱读他们兄弟著作的同学联合写信邮购这些书。

《语丝》虽属同仁刊物,但后来却成为鲁迅等人对北洋军阀与其御用官僚和文人战斗的阵地。1925年的女师大事件与段祺瑞在执政府门前屠杀学生的"三·一八"惨案发生以后,为虎作伥的章士钊与卫护章士钊的"现代评论"派成为《语丝》揭发、抨击的对立面。当时在战斗中,鲁迅是主将,所以便成了军阀与官僚们的眼中钉。因而在1926年鲁迅不得不离开北平,避居厦门。

周作人在战斗中虽然也站在鲁迅一边,如为援助女师大被开除的学生,他也在教授们发表的宣言上签了名。但他在文字方面却温和得多,因而他在北平安然无恙。

周作人由于从事小品散文的写作,所以他对中国古代散文的发展曾有较精辟的论述。他认为中国古代散文其主流分两派,一曰"载道",二曰"言志"。实际上前者可以说是以儒家思想为主导的一派,而后者则倾向于老庄派。周作人的散文,则接近"言志"派。正因为如此,他对晚明公安派的散文极感兴趣。当1928年中国文坛上出现革命文学的时候,他认为"文学是不革命的,但却有反抗的倾向"。他在给俞平伯的散文集《燕知草》所作的"跋"中,有一段对公安派以后中国小品散文的发展特点以及俞平伯散文与公安派散文的渊源关系作了较为详细的论述。他说:

> 不过我们要知道,明朝的名士的文艺诚然是多有隐遁的色彩,但根本却是反抗的……大多数的真正的文人的反礼教的态度,也很显然,这个统系我相信到了李笠翁、袁子才还没有全绝,虽然他们已都变成了清客了。中国新散文的源流我看是公安派与英国的小品文两者所合成,而现在中国情形又似乎正是明季的样子,手拿不动竹竿的文人只好避难到艺术世界里去,这原是无足怪的。我常想,文学即是不革命,能革命就不必须要文学及其他艺术或宗教,因为他已有了他的世界了;接着吻的嘴不再要唱歌,这理由正是一致……文学是不革命,然而原来是反抗的:这在明朝小品文是如此,在现代的新散文也是如此。

由于他盛称晚明公安派的小品文，同时又认为中国的新散文是公安派与英国散文二者的合成，于是使我对公安派产生了兴趣。我是从事文学史研究的，当我读了公安派领袖袁中郎的文章后，发现袁中郎真是晚明文坛上一个文学革命家。他大力揭发、抨击明代中叶以后文坛上前、后七子的复古主义与形式主义，而主张破除一切创作上的清规戒律，提倡"抒写性灵"、"信腕直寄"，于是文坛上复古的阴霾为之一扫。这样，我就开始对明代文学的发展和公安派在晚明文坛上的贡献与应占的地位进行了评述，写成了《袁中郎评传》。这时，我已是大学三年级学生，为了进一步研究公安派，有些书籍找不到，便冒昧写信给岂明老人。不久就收到了他的复信，答应借阅给我袁小修的《游居柿录》一书，于是我第一次去八道湾访问他。八道湾在西直门内，位置比较偏僻。大门内有一棵几丈高的白杨树，微风一吹，即哗哗作响。再进去即是知堂老人的"苦雨斋"，这是他的书房，也是他的会客室，他接待我就在"苦雨斋"。我记得书房中的"苦雨斋"三个字是用宣纸写就而裱成的横幅，出于书法家沈尹默先生的手笔。

《游居柿录》是一部线装的明刻本，是非常珍贵的善本书。而知堂老人却毫无顾虑地把它借给一个普通的大学生，我深感先生对于后学的信赖与培育的热情。他对我的态度也非常和蔼平易，使我感觉不到有任何压力而为之局促不安。我回到学校宿舍后，便抓紧时间阅读并摘录部分有关袁中郎的资料。不到一个礼拜我就把书奉还了知堂老人。后来我又写信向他致谢。

1935年秋，我到北平应北大研究院的考试，曾去八道湾看望知堂老人。不久，我离开洛阳师范，就读于北大研究院文研所。由于我研究的题目是《袁中郎研究》，因而遇到问题就向知堂老人请教。有时他用书函解答（这些书信后来在抗战中都已损失）。当时，河南教育厅让研究生交论文，借以发放助学金。知堂老人对我的部分论文作了较详细的评语，并直接寄交给河南教育厅，而后教育厅发给了我两百元奖金。

在文研所又读了一年,我为写论文曾多次去八道湾。论文写成后,寄交导师审阅。审阅人除知堂老人外,还有胡适(文研所所长)与罗常培。罗常培是文字学家,他审阅论文非常仔细。他把对论文的意见,用小楷写在许多长方形的小纸片上,贴在我的文稿的天头上。

论文审阅通过后,还要口试。学校组织了答辩委员会,其中除了周作人、胡适、罗常培三位导师外,还聘请了清华大学陈寅恪、俞平伯两位教授。答辩地址设在北大一院红楼。答辩基本上是围绕着论文有关方面提出的问题,我觉得并不困难,最后以无记名投票全部通过。这一届毕业的研究生,中文方面有我和一位四川的黄天朋,另外有历史方面的几位同学。

我们毕业后,几位同学一起在中山公园来今雨轩,邀请了北大校长蒋梦麟夫妇及各位导师,如胡适、周作人、罗常培、孟森、张奚若等十余人,照了一张相,并宴请了他们。而后,我又单独在一家当时比较高级的西餐馆森隆,宴请了知堂老人、胡适和钱玄同几位先生。由于当时的政治形势和北平工作的不易,我没有打算在大学找工作,不久,我便回到了洛阳,仍旧当我的师范老师。到了次年(1937)卢沟桥事变,抗日战争爆发了。

北平很快就沦陷了,北平的各大学纷纷南迁。后来在昆明成立了西南联大,在汉中城固成立了西北联大。随着教授们的陆续南下,我很关心知堂老人的行止,听说他仍留在北平。后来又传闻胡适曾写诗给他,劝他南下。诗的大意是:

昨夜我忽然做了一个梦,梦见苦茶庵里一老僧。

天南万里独南行!

天南万里,岂不太辛苦!

只因智者识得重与轻!

梦醒,我起来披衣坐,有谁知我此时情!

但知堂老人并未接受劝说。听说北大被日本接收后,他又到美国教会办的燕大任教,珍珠港事件后,日本人又接收了燕大。再后又听说他担任了华北伪组织的教育督办。我听到这个消息,真为他不胜惋惜！

　　知堂老人之所以晚节不终,据我的推断,其原因一是他思想上存在的民族失败主义。他把当时的中国比作晚明,明代的结局是亡于满洲。至于蒋介石政权,已是腐败透顶,而他又看不到也不相信共产党领导的人民抗日力量,所以他认为亡国是不可避免的。这就是他附逆的根本原因。二是他自称他思想中有两个东西,(一)叛徒,(二)隐士。这话倒也符合实际。在"五四"时代,他是一个中国封建传统思想的叛徒。当时他曾提出思想革命的口号,为提倡民主与科学,在新文化运动中作出了杰出的贡献。但到20世纪30年代,面对阶级斗争、民族矛盾日趋激化的时候,他便躲进书斋,逃避现实,变为隐士。从他的散文集的名字从谈虎到谈龙,以至后来谈草、木、虫、鱼,就充分可以说明了,而最后终于堕落为民族的叛徒。三是家室之累。他的负担很重,离开北平,生活困难较多。

　　如何来看待知堂老人的一生？我认为应该本着历史唯物主义的观点对其予以评价。"五四"时代他参与文化革命的功绩是不应抹杀的,而他的散文自成一派,也影响了不少晚辈作者;至于在介绍东欧文学和日本文学方面的贡献,除鲁迅外,很少可以与之相比的,因而在文学史上,应该给他一定的地位。而他后来投敌叛国,则是任何人也难以为其辩解的历史铁案,当然也是他个人一生中最惨痛的一幕悲剧。

1988年9月28日晨

亡友张长弓

张长弓(1905~1954),河南新野人,河南第一师范艺术科毕业生。最初曾任开封私立中学语文教师,由于酷好文学并从事创作,20世纪20年代末不时在太阳社所办刊物《洪水》上发表短文。20世纪30年代初,肄业于燕京大学国学研究所,受业于陈援庵(垣)、郭绍虞两先生,研治中国文学史。因家境困窘,由郭先生介绍到岭南大学附中任教,不久返豫,曾任南阳中学、淮阳师范等校教职。1938年北京沦陷,国立学校纷纷南迁,燕大系美国人所办教会学校,日寇未接收。时绍虞先生致函长弓,言该校因部分教师南下,缺教师,如愿就,即可前来。长弓竟冒险经过沦陷区抵北平燕大任教。但不久,珍珠港事件爆发,日美开战,北平的日军占领者遂将燕大接收。长弓毅然返豫。时河大已迁往潭头(豫西嵩县),校长王广庆和秘书徐某与长弓岳父有旧,因介绍长弓到文史系任教。

长弓系我在一师读书时的同学,他到河大时,我已比他先去一年。因所治专业相同,并且住在一个宿舍中,所以时相过从。抗战胜利后,河大迁回开封,长弓曾为河南《民国日报》副刊编辑《学林》专刊。他不时向我约稿,我曾在该刊上发表过《整理国故运动与朴学》以及《章康二氏的经学》等论文。至于长弓撰写的论文,多属对古诗辨伪的文章,如《诸葛亮梁父吟辨》等等。由于我与南阳《前锋报》社长李静之兄有旧,并经常在该报上写文章,所以他让我致函静之,拟在《前锋报》上登载征集南阳鼓子曲词的启事。很快得到静之的允诺,于是他就收到了大量的寄稿,经过一番整辑,后来印出了《南阳鼓子曲词》一书。接着,他又根据这些资料,进行对曲词渊源流变的考索。当时,华广生的《白雪遗音选》一书还未印行,仅有郑振铎对该书的节选本。因我有此书,长弓为进行比较研究,常令其公子般般向我借阅。后写成《鼓子曲言》约 20 余万字,由正中书局出版。

解放后,新河大建立,当时学校领导要求,文科必须用马列主义的立场、观点、方法写出新的讲义来。中文系当时开设的《中国文学史》、《中国现代文学史》、《文艺学》三门课由李嘉言、长弓和我三人担任,于是三门课的讲义就由我们三人分段编写。后都完成了编写任务,其中《中国文学史讲义》由新华书店印行。这部书提纲的编写,共分三段,先秦两汉由长弓担任,魏晋南北朝隋唐宋由嘉言担任,元明清由我担任。这部由我们三人合写的书,每章都经过我们的商讨与修改,因而保证了质量,是值得纪念的事。

长弓继《鼓子曲言》一书之后,又出版了《河南坠子书》,他倾余力从事民间曲艺的研究,成绩是卓越的。后来,校领导让他到北京华北大学去学习,因检查身体发现肺病,才返校休养,从此卧病,至 1954 年逝世。

长弓治学勤奋,态度谨严,常常带病工作。一次我去看他,他告诉我说,他有时口含体温计写文章,发现写一会儿后,体温计的水银柱就能上升几度,实际那时他已患肋膜炎。后来他从北京回来后,一次医学院单德广教授告我说,长弓的病是血管瘤,不易痊愈,只有带病延年了。后来终于不起。

长弓的学术成就是在对民间曲艺的研究上,其治学方法深受清代朴学家的影响,在近代学者中,受陈援庵、王国维影响较深。对河南曲艺这一不为世人所重视的通俗文化领域,独能搜集资料,研讨其发展流变,写出有较高质量的论著,其成就是不朽的。天不假年,否则其成就当更不可限量,惜哉!

1989 年元月 2 日
(原载《教育时报》1989 年 5 月 11 日第 4 版)

张遂青先生

先生名森祯,字遂青,河南太康人,北京高师毕业。我在河南一师读书时,先生曾任校长。还记得一次因语文老师请假,先生代课,为我们讲《史记》中的《信陵君列传》,给我以极深的印象。先生任一师校长时,曾在1924年举行过一次校庆,搞得非常隆重。事先做了相当长的准备,光同学们就不知画了多少张关于学校20年间各方面成绩的统计表。纪念会那天除举行了隆重的仪式外,有运动会、游艺会、展览会等。一师本为河南中等师范的重点学校,这个纪念会,越发提高了这个学校在全省学校中的地位和声誉。

后来不知什么原因,遂青先生辞去了一师校长的职务,由教我们数学的老师孙廷莹先生接替,而他却到河大文史系任教去了。时隔十多年(1940年)。我到河大任教,先生时任文史系主任,对我在教学、科研等方面可谓关怀备至,表现了极其恳挚的师生情谊。还记得入校后的第二年,由于物价的上涨,部分低工资的教师为要求增薪而罢课。时暑假已届,正是各学校在更换教师的当口,我感到学校前途不佳,于是向城固西北联大我的老师黎劭西先生去函,表示我准备离开河大的打算。黎先生接到信后,很快给我复信,要我暑假后到兰州西北师院任教,因为联大中的师大师生,很快就要迁往兰州。我当时已决定离开河大,但当暑假后我从家到潭头(河大文、理、法、农学院所在地),准备从那里去西北的时候,告诉了遂青先生与当时任文学院长的嵇文甫先生,结果他们都不同意,因而未能成行。

当时,河大的几个派系一直在明争暗斗,唯先生和文甫师主持的文学院超然于斗争之外。据我揣想,两先生都精通中国学术思想史,而尤深契于黄老之术,对人对事采取无为而治的态度,因而文学院各系教师之间、师生之间比较能融洽相处,没有发生尖锐的矛盾。同时,这与两先生在学术上与道德上崇高的威信也不无关系。

1944年暑假前,日寇进攻洛阳,嵩县和潭头相继沦陷,河大师生纷纷逃散。秋天,学校师生员工在豫西南淅川县荆紫关集合。校长王广庆去职,换了张广舆(仲鲁)。不久,在那里又开了课。我当时曾带我的大女儿秋子和长子光到荆紫关,因为我妻马鸿毅患病卧床,在我的老家南召梁沟,还有二女儿蕊和二儿麟须由她照看。寒假我因惦记我妻的病,于是带着儿子光回家,把大女儿留在荆紫关邃青先生家中。

到了1945年春,我一人回到荆紫关,想不到日寇又进攻南阳,河大在荆紫关又呆不下去,于是决定迁往西安。我当时又带着女儿与邃青、文甫两师及其他教师们的眷属,凡不敢循公路西进的,均徒步绕道向陕西进发。当时这里根本没什么交通工具,无论男女老幼,一概徒步爬山越岭。在崎岖狭窄的羊肠小道上,成了一支极长极长的队形,真是一幅令人不忍回顾的流民图。大家在途中走走停停,经过半个多月,才抵龙驹寨,搭上汽车到了西安。

邃青先生一生从事中国史学研究,其对唐代史学家刘知几的《史通》的探索,深有创见。至于对后进的奖掖提携尤其不遗余力。先生不幸于"文革"中逝世,凡曾蒙受先生栽培的后学,无不寄以深切地怀念与伤悼!

1988年12月31日于河大不舍斋
(原载《教育时报》1989年7月6日第4版)

忆 胡 适

早年我在开封第一师范读书时开始接触胡适的著作，觉得他对中国学术，不论是哲学和文学，都有他个人的真知灼见，因而从心底里对他产生了敬意。1929年，我到北平进师大后，不久胡适从国外回来，在北大哲学系开"中古思想史"课，每周一次，在东城马神庙北大二院礼堂讲授，每次上课前，几乎是座无虚席。我每次听课都要从和平门外跑到那里，并且记有极详细的笔记。由于对他的仰慕，当时我曾把我的一个小书斋，命名为"同适斋"，"同"为钱玄同，"适"即胡适。

1935年，我上北大研究院，和胡适才有所接触。当时他是北大文学院院长兼研究院文学研究所所长。并且同周作人担任我的毕业论文答辩的导师。胡适在当时虽是名闻中外的大学者，但对学生却和蔼可亲，对学生所提问题，总是予以详细的解答。我当时论文题目为《袁中郎研究》。我曾写过一篇《袁中郎与李卓吾》，请他批阅。他看后非常嘉许，写了批语，并让他的秘书卢逮曾推荐到天津《益世报》文学副刊上发表。我在研究院毕业时，他担任答辩委员会的主任委员。我的论文同答辩都很顺利地通过了。

胡适的思想受先秦学派中孔学影响最深，表现在对政治非常热衷，西方思想则接受了达尔文的"进化论"，因此在政治上，他是一个改良主义者。他反对马克思主义，就是从"进化论"的观点出发的。他不承认对政治经济等问题会有一个从根本上解决的办法，他主张对问题，应该是一个一个地解决，所以在五四后，他同李大钊进行过"问题与主义"的争论。他是美国杜威"实用主义"的忠实信徒，而

"实用主义"乃是彻头彻尾的资产阶级的哲学理论,同代表无产阶级利益的马克思主义社会革命论自然是水火不相容的。当中国政治上出现了共产党领导的人民民主革命时,他之站到蒋介石一边,自是势所必至、理有固然的事。所以当1936年,中国发生了震动中外的"西安事变"时,他曾在《大公报》上发表过诋譽共产党的时论之文。此后不久,他就被蒋介石任命为驻美专使,后来又被任命为驻美大使。抗战胜利后,又被任命为北大校长。

胡适在政治思想上是典型的民主个人主义者,因此他对蒋介石的独裁统治也不满意。后来在台湾,为他所支持的提倡"民主"的舆论阵地受到压迫时,他也无力予以保护,而深感处境的尴尬。后来他曾发牢骚说:"没有说话的自由,总还有不说话的自由。"他晚年处境的可悲,这话里表现得够清楚了。

解放后,我在思想改造过程中,因解放前与胡适曾有过一段师生关系而受到批判。我在学习了马克思列宁主义之后,用无产阶级的立场、观点、方法来分析胡适的学术思想,才算对其有了更为清楚的认识。20世纪50年代中期,在毛泽东主席发动的全国学术界开展批判胡适的运动中,我先后写了不少篇批判文章,其中一篇论典型问题驳斥胡适对它的抹杀与歪曲,后收入到我的《中国古典文学研究论集》中,而对他的《五十年中国之文学》的批判则收入《中国古典文学论文集》中。那一时期的文章,对胡适纯属批判,几乎没有什么肯定。到了20世纪80年代,我又写了对他的专论《胡适论》,肯定了他在五四文学革命运动中提倡白话文的功绩。而对他在五四后提倡"整理国故"作了比较持平的论断。1987年我的研究生沈卫威同志写了本《胡适传》,我还为这本书写了序,对胡适的思想也进行了分析。总之,对历史人物,一定要从历史唯物主义的观点出发来进行评述,这样在结论上,才能达到公允持平的地步。

1989年10月11日晨

(原载1989年12月18日《教育时报》)

钱玄同印象

1929年暑前,我毕业于开封河南第一师范文科。当时我的堂兄冠五,在商丘任小学教师,他曾为我谋得一小学教师的席位。但被我辞掉了,因为我准备到北平升学深造,不久我就与同班徐绪昌君一同去北平,住在沙滩一个小公寓里准备功课,等到各大学招生日期到后,我就报考了三个学校,即清华、北大、师大。结果我考取了师大,徐君却未考取,后来考入了燕大。

我入学以后,得知我所上的中文系的主任为钱玄同先生。我在一师读书时,即已知先生之名。他在五四文学革命时期,是反对古文学、提倡新文学的先锋战士。后来在史学界,又是与顾颉刚提出"疑古"主张最力的学者。为了"疑古"竟将名字改为"疑古玄同"。因此我对先生的革新精神,是非常佩服的。

入学后的第一学期,他就为我们开了一门必修课"国语沿革",从课程内容上看,实际是国音的发展史。先生不用"史",而用"沿革",我想是颇有谦虚之意的。

先生是清末民初国学大师章炳麟(太炎)先生的高足。章氏在文字学同经学上,继承了清代乾嘉以来皖派学者,从戴震,历段(玉裁)直到二王(念孙、引之)的治学方法与精神,而又有所发展。而先生又继太炎之学,同样又有着新的开拓与变化。

先生对所教课程内容极其熟悉,上课有他个人的讲授特点:(一)

一上讲台即开始讲授课程内容,从不说一句闲话;(二)讲话非常快,如果不专心倾听,那么笔记就记不上;(三)从不念讲稿,而且根本不带讲稿。他只带一本一般学生练习英语的笔记簿,封皮上写着:"讲到哪里了"并在后边画了个大"?"号,里边记着他上次课讲到了什么地方,便于下次接着前边的讲;(四)先生对所引用的典籍,记得非常熟。引征时,背诵原文,脱口而出,充分说明先生功力深,记忆力强。

我读到二年级,先生为中文系一、三、四各年级开了两门选修课,即"说文研究"与"经学史"。我当时都选了。前一门的内容,大体可分为三大部分:(一)许慎《说文解字》在成书前与成书后,中国文字在形义上的产生与发展概况;(二)《说文解字》到了清代,为何受到朴学家们的重视而成为专门的学问,并对各家研治《说文解字》的成果进行了评述;(三)关于《说文解字》部首,对后人有争议的问题进行分析与评论。并时时引用殷墟出土的甲骨文字,加以论证。我曾记有课堂笔记,但记得不免有挂一漏万之嫌。经学史课,内容上也可以分作三个方面:(一)对经学从《五经》到《十三经》,把古籍一部部列为经典的历史情况;(二)从汉以后,直到清代,历代学者对经学研治成绩的概述;(三)对历代学者治经的方法态度与观点的比较与评价。

我从听了钱先生这几门课后,真是眼界大开。钱先生讲学,决不是因袭,或重复前人的观点与说法,而是随时随地都有他个人独特的见解,能够发人深思,能予听者以举一反三的效果。

先生治学,不仅继承了乾嘉时期以戴震为首的皖派学者治学精神,而且在五四后也接受了西方的科学精神。即为对经学中今古文两派观点的分歧,先生最初受业于章太炎,是宗法古文经的。后来又从崔适受业,崔适是宗法今文经的。他不仅读了崔氏的《史记探源》,阐明刘歆所提倡的古文经之不可信,并从崔氏那里读到康有为《新学伪经考》,于是更坚定了古文经为刘歆所伪造的说法。最后,他终于摆脱了今古文两派的门户之见,而以纯客观的态度来评论两派,肯定他认为他们正确的一面,否定其错误一面。先生这种科学的精神给我们以极深的影响。我在大学读书时,曾仿公安派袁宗道在创作上宗法乐天与东坡,命名其斋为"白苏斋"之例,而把我的书斋,命名为"同适斋"。"同"即先生名字的末一个字,而"适"则为"胡适"的末一个字。说明我当时治学的倾向,是如何仰慕他们了。

我在大学读书时期,曾写过一本《柳宗元评传》,当时请先生为该书封面题签。后来该书为一友人拿去,作为他考研究院的论文,因此以后再不曾问世。直到解放后20世纪50年代,我发表在《新建设》上的《论韩柳散文》一文,才将我对柳的看法,复映在这篇文章中。

1936年,我到北大研究院学习,曾到孔德学校访过先生,当时先生已患高血压症。后来在研究院答辩后,我还在东安市场一家西餐馆宴请过他和周作人与黎劭西三位先生。

抗日战争爆发后,北师大与北平大学迁到陕西城固,成立西北联大。但先生因病,未能随学校西迁。到了1949年,听到先生逝世的消息,心中非常伤痛,于是写了篇《纪念先师疑古玄同先生》一文,发表在西安一个朋友主编的《力行》月刊上,后曾收入我的论文集《中国文学史散论》中,1980年我又写了篇《钱玄同论》,发表在安徽出版的《艺谭》杂志上,后收入到我的论文集《中国近代文学作家论》中,作为该书的附录。

(原载《教育时报》1989年11月2日第4版)

忆老友罗梦册

前些天,我的老伴见到河南大学附中的马慰慈老师。他告她说罗梦册于1991年6月12日不幸去世了。马慰慈的姐姐是罗梦册的夫人,他的话是不会错的。我听到这个消息后,心中不禁为之一惊,但也渐渐又平静下去了。

听着窗外的风声雨声,心绪尤觉不佳,而记忆中罗梦册的往事,又一一浮现在眼前。罗梦册多年身居香港,由于历史的、地理的关系,彼此书信很少往来。1952年,他曾被邀回内地参观。其时,他的六哥罗东峰还健在,住在开封,所以他赴京时绕道开封,看望其六哥外,顺便也瞧瞧往日的旧交。我在北道门的一个小饭店请他吃了顿午餐,便匆匆别去。后来听说他到北京不久,即又返回香港去了。那时香港是海外,一般人有海外关系是会引出许多麻烦的,因而此后连一封信也未往还。

罗梦册和我都是南召人。他家住曹店镇,我家在该镇北边15里左右的梁沟村。说起来我们还有点表亲关系,他的本家的一位伯母是我的亲姑母。我们在小学读书时就已经认识,但由于班级不同,所以也很少往来。

1923年秋,我考取了开封河南一师,当时罗梦册已进河南大学读书,由于我们都喜欢文学,彼此往来就频繁起来。我那时才十五六岁,往往逢礼拜日便去河南大学访他。他住在靠东边的学生宿舍楼,一间房子最多住四人,高年级的也有住二或三人的,不像一师学生宿舍住人之多,因而就成了我们晤谈的最佳场所。罗梦册喜欢诗坛上的新月派作家,尤其爱读徐志摩和闻一多的作品,而他自己也醉心于诗歌创作。由于受新月派的影响,他的作品也多是抒发个人的胸怀,在创作方法上接近浪漫主义。我每次到他那里,他都要把自己的新作诵读给我听,让我提意见。给我印象最深的如《诗人的遗嘱》,还有给他哥嫂的篇什。

1927年北伐革命时期,开封学校停办了一年。1928年复课后,开封各中等学校合并为大一中,但不久又分开,我又回到了一师。当时开封有两种报纸,《河南民报》和《河南民国日报》,两报均有副刊。我经常向"民报副刊"投稿。副刊的编辑是陈治策(济安)先生,他是美国留学生,研究戏剧的。他于编辑工作外,还担任开封一高英语课。一天,忽然接到他的请柬,邀我到鼓楼街一家回民饭庄——东兴楼吃饭。到那里后,才知道他邀请的都是给他投过稿的文学爱好者。其中有河大的张源(天仇)、罗梦册,一师除我外,还有徐绪昌(缵武),另外还有在上海大学读书、休学在家的白寿彝。

饭后,陈先生提出要组织一个文学团体,并出版定期刊物,印刷费由他负责,只须大家供给稿子,大家当然都表示赞同。经过商讨,团体定名为"晨星社",刊物半月出一期,定名为《晨星半月刊》。

经过大家的努力,创刊号居然问世了。接着又出了二期、三期。后来,陈先生的老友、著名戏剧家熊佛西在北京艺专做戏剧系主任,来电邀请他去任教。陈先生本来就是搞戏剧的,自然答应前往。白寿彝又去了北京燕大研究所学习,罗梦册也要赴日本留学,于是晨星社不得不星散了。

罗梦册把在河大时写的新诗汇成一集,名曰《花要落去》。其时,我已到北师大读书,他便把诗集寄给我。我请中文系教授徐祖正评阅,并请他作序。徐先生慨然应允,后来写了一篇非常认真的书序,就作者诗中所抒发的情思,从西方创作理论上予以阐发,有着独到的见解,给这部处女作的确增添了不少光彩。我还为该书写了篇《后记》。《花要落去》终于问世了,此后,罗梦册似乎也结束了他的诗歌创作生涯。他大学毕业后,于1931年赴日留学。"九·一八"事变后,他回到祖国,曾任河大附中主任。不久,又考入北师大研究院。研究院在彰义门外,于是我们又不断往还。有时晚上在他的宿舍抵足而谈,直至深夜。罗梦册的研究题目是有关明代文学方面的,导师为高步瀛先生。毕业论文写成后,曾在师大学报上发表。

罗梦册研究院毕业后,赴英国伦敦留学,所学专业改为国际政治研究。这时抗日战争已经爆发,国民党南京政府迁到了重庆。罗梦册学成归国后,就任重庆中央政治学院教授之职。

抗战胜利后,蒋介石准备做总统,便筹备选举国大代表和立法委员。罗梦册从重庆回到开封,参与竞选立法委员的活动。他当时住在刘家胡同马家,马家是睢县的世家。我那时在河南大学任教,因此曾多次与他晤面。20世纪50年代全国解放后,罗梦册到了香港,初任香港大学教授。1952年回国观光返回香港后,因受到香港大学当局的疑忌,不再聘用他,他不得不转到到香港一个私立大学任教。

罗梦册在学术上,有关国际政治研究方面,著有《中国论》,由商务印书馆出版;有关中国古代思想研究方面,著有《孔子己王未王论》,是一部有独特见解的名著。

罗梦册一生在治学上变化可谓多矣,最初从事诗歌创作,继而又致力于中国古代文学史的研究,后来为了从政,又转而对国际政治的研索,回国后曾从事政治方面的活动,晚年又为孔学研究付出了大量精力,虽说都有一定的成绩与收获,但如专力于一方面,其造诣之超卓当不止于此,此吾所以深为罗梦册惋惜者也。

综罗梦册生平,其聪明智慧与学问文章以及道德品质,在同辈中均应属于一流而为他人所不可及。罗梦册中年与晚年,我和他天各一方,由于种种原因,音讯断绝,故彼此情愫难以互通。以上所谈,其肤浅粗略,缺乏深度与广度自不待言,因此希望对罗梦册生平较为熟稔而又有卓见者,其是正之。

1991年7月30日写于河南大学招待所

万　　曼

万曼(1903~1971),字礼黄,天津人。20世纪30年代曾在开封高中任教。我和礼黄认识是在1938年。当时武汉沦陷,我的一位同乡友人赵君任教南阳中学,便邀请礼黄由武汉到南阳中学任教。不久,南阳中学校长换人,赵君即回故乡任南召县师校长,并邀礼黄前往。

1939年,洛师与洛中迁往卢氏县,洛中正需要语文教师,我遂介绍礼黄到洛中任教。大约为时不到一个学期,天水国立一中邀请礼黄任教。因天水系大后方,所以便携眷前往。临行前曾到洛师所在地与我作别。

1951年,新河南大学建立时,礼黄在河南省教育厅任职。因河南大学中文系急需文艺理论教师,便邀请礼黄到河南大学兼课。后来,礼黄辞掉教育厅工作到了河南大学。

礼黄是一个潜心学术研究的人,早年曾从事小说创作,发表于国内的一些文艺刊物,后专力于文学史与文艺理论的研究。平时沉默寡言,但对问题均有个人的独到见解。

文革初期,学校下放到农村,先去灵宝,后又到尉氏。当时礼黄因高血压在校留守,但也曾到过灵宝与尉氏,都因为发病而被送回开封。1971年夏,终因脑溢血去世。

礼黄在20世纪50年代曾出版《现代文学作品选》和《白居易

传》,所著《唐诗叙录》未及出版而逝世,至20世纪80年代才出版问世。

我因在治学方向与观点上和礼黄颇为接近,故往来较多。礼黄逝世,我曾送副挽联,上联已记不清,下联为"郢人逝矣,谁与尽言",深悲知音难遇也。

潭头时期的河大

一

抗日战争时期的河南大学几经迁徙。1939年,又从镇平迁到了嵩县潭头。当时,河大共分四个学院:文学院、理学院、农学院、医学院。医学院设在嵩县县城,其余三个学院设在潭头。这时抗战已进入第三个年头,根据毛泽东同志《论持久战》的论断,由敌人向我进攻,已转入敌我相持阶段。国民党中的亲日派,以汪精卫为首的汉奸卖国集团已经投降日寇,在南京成立了伪政府。至于蒋介石,则与敌伪勾结,发动了反共高潮。河南大学属于国统区内的高校,当时的政治气候也不可能不反映到学校中来。

河大旧址,原在开封。抗战爆发后,辗转迁移,由鸡公山到武汉,又到镇平。镇平位于河南西南部,已是处于后防,为什么又要迁到嵩县?是由于校长王广庆是豫西人。他与豫西军阀张钫关系密切,实际上也就是与豫西地方上的封建势力关系密切。他深知自己是一个不学无术之辈,乘一时之机,靠个人的钻营谋得这一职位。因而便企图依靠地方上的势力来巩固自己的地位,所以要把一所大学迁到一个极其偏僻,位于万山丛中的潭头。这一做法虽然曾遭到部分教授反对,但无如王广庆大权在握,终于还是实现了他的计划。

嵩县距洛阳两百多华里,潭头离嵩县城还有一百多华里,全是崎岖的山路，交通工具只有牲畜。这是一个有百余户居民的小镇，四周有几个村庄。北临伊河上游，四面是高山峻岭。初到这里，都有与世隔绝的世外桃源之感。从1939年到1944年日寇打来之前，全校师生在这里呆了五年之久。

二

我是1940年2月到河大文史系任教的。当时文学院院长嵇文甫先生、文史系主任张邃青先生都是我在开封一师读书时的老师，对我都非常关切。因为在工作与进修上有指导，有依靠，所以内心上是踏实的。不过我初到一个新环境，感觉也是敏锐的。我和许多没有带眷属的教师在一起吃住，对他们的不同品类了解得比较清楚。在工作上，有踏踏实实、埋头苦干的，也有马马虎虎、终日鬼混的；有在学术上确有深刻造诣的，也有像江湖术士专玩两片嘴，来卖膏药的。至于在学术思想和政治倾向上，也存在着若隐若现的革命的与反革命的斗争。

学术思想与政治倾向，二者是密不可分的。民主思想与法西斯统治，二者是水火不相容的。当时在学术思想上是五四后的新思想与封建买办的复古主义的矛盾斗争。而在政治上则是民主主义思想、爱国主义思想与国民党特务统治的斗争。

先就前者来说，当时在学术上最负声望的是嵇文甫先生。他运用马克思主义的观点方法，来研究中国学术思想史。他的课程最受一般进步学生的欢迎。以文甫先生为中心，在师生间很显然地形成了一个进步集团。文学院除文史系师生外，还有经济、教育两系的部分师生经常围绕在文甫先生身边。1940年，文史系成立了文艺研究会。1941年又成立了文艺笔会。主要活动，一是举行演讲会，如文甫先生作过"学术中国化问题"的演讲；二是学术讨论会，如1940年12月22日由文艺研究会发起的"民族形式问题讨论会"。这是响应延安关于民族形式问题讨论而举行的。大家的意见，都认为在新的时代,文学形式也必须是新的,才能担负起时代所赋于的使命。而新形式的特点:(一)大众的;(二)现实的;(三)民族的;(四)战斗的。至于产生新的民族形式的源泉,应以五四以来新文学为中心源泉,然后批判地接受民间文学与世界文学的优点,而创造出一种新的民族形式,而作家要达到此目的,非从现实生活中去考察、去体验不可。尤其是对于民间方言的运用,更需要如此。三是举行鲁迅逝世四周年纪念会。1940年10月19日,由文艺研究会主持,与会者有百余人。会上演唱了由我作词、由陈梓北教授谱曲的纪念歌。演讲的有嵇文甫先生、王气中、叶守济两教授和我。会议引起了反动当局的注意,不久便有传闻,学校有人向当时的教育厅报告,说本学期异党活动颇力,并列举了院长、系主任及教授多人的黑名单。

另外,在理学院,李俊甫先生也是当时被一些进步师生所推重的。他虽是教授兼系主任,但生活朴素,平易近人。我初次见他,便给我留下了非常好的印象。他没有带眷属,常常和大家在一个伙上吃饭,所以与他很快便熟识了。此后,我便成了他那里的常客,他关心时局,见解精辟。我当时心里想,一个研究科学的,而能有那样进步的思想与见解,真是令人钦佩。我那时的确不知道他是位地下共产党员。他曾在自己的住处召集过时事讨论会,时间是1940年12月26日,参加的有文史系和经济系的一些同志。

当时的校长王广庆是一个封建复古主义者。他出身于封建幕僚,反对新学,标榜旧学,而实际上对中国的旧学也是一知半解。他常常闹出一些笑话,如理学院实验室的显微镜,他说是高射炮;对畜牧系的一个学生讲:"你什么不好学,偏要学喂猪喂牛?"一次他对我说:"教学生写作文,不教写文言文,那是误人子弟。"在他的意识中,文史系学生最理想的前途是作秘书,就当时来讲,是要培养一些大大小小的能帮忙或帮闲的文人,所以他强调学生能有一笔好字,能写文言文。他对马克思主义不要说恨之入骨,即使是五四时期的民主思想,他也疾之如仇。在当时文史系的教授中也有他的同调,如提倡写古诗词,贬低提倡文学革命的钱玄同,说他学识肤浅,只配作一个中学教员。已经是20世纪40年代了,文白之争还存在这样一个高等学府中。那时在上神庙文学院教室的壁报上,便有两派学生关于文言与白话优劣的争辩。这种学术思想上的斗争,实际上也是当时政治斗争与阶级斗争的反映。

在蒋介石发动第二次反共高潮之际,河南(实际只剩下了豫西一部分)便有了所谓的伏牛山工作调查团。河大校内,则出现了特务头子军事教官李佩金与王广庆的秘书特务杜新吾。他们在校内密布党羽,对全校师生进行侦察监视与控制。1941年,他们首先逮捕了嵇文甫先生,继之又逮捕了一批进步的教授与学生。即如陈梓北教授在一次演讲中,谈到五四时代的非孝问题,也被视为嫌疑犯而未能幸免。一时学校内人人自危,犹如园林秋日之遭繁霜,顿时变得萧条凄凉,没有丝毫生气了。

反动派对校内进步思想和进步力量除进行特务统治和政治扼杀外,还在意识形态上予以蛊惑、麻醉。最突出的事例是,陶希圣为蒋介石代笔的《中国之命运》发表后,学校反动当局,便强令全校师生学习,对青年灌输封建的买办的以及殖民地的思想。同时,在一些文娱活动中,组织学生演出内容反动、腐朽的剧目,用猥亵的表演,淫秽的唱词引诱青年学生醉生梦死、忘记自己的社会责任。在日寇大军压境,大片国土沦陷,千百万父老兄弟呻吟在敌人铁蹄下的时候,学校反动当局要把青年学生引向何处?在如此歌舞升平的靡靡之音中,真让人大有"商女不知亡国恨,隔江犹唱后庭花"之叹。然而,时隔不久,到了1945年5月,日寇攻占了洛阳后,嵩县、潭头相继沦陷。河大师生在狼狈逃散中,有的被杀,有的被俘。王广庆的校长宝座也随之而垮了台。

三

河大在潭头时期,学校当局的派系斗争也很尖锐。校长王广庆除他任用的亲信外,也拉拢一些无派系的人们作自己的耳目。此外,是以郝象吾为首的留美派和以刘海蓬为首的非留美派。郝象吾在河大任职较久,历任农、理两学院院长,在学术上有一定成就,又担任行政工作,所以形成一种势力。而刘海蓬系德国留学生,是一个见短识浅,欲达目的不择手段的大流氓。他到河大担任教务长后,便处心积虑地要取代王广庆的校长职位。于是,他多方拉拢,培植自己的势力。一开始是在数学系制造矛盾,造成派别对立。1941年春,因法币贬值,物价飞涨,低薪教师遂联名请求校方提高待遇。这一行动,本是极其合理的,但刘海蓬却想乘此机会轰走王广庆,取而代之,从而使问题复杂化了。王广庆便利用刘海蓬、郝象吾之间的矛盾,分化了请求加薪的教师队伍,终于把事情平息了下去。到了暑假,刘派教师几乎全被解聘。这时教务长一职遂由郝象吾担任了起来。这是比较突出的一次斗争。至于以后王广庆、郝象吾两方面在用人方面的矛盾斗争,就无须缕举了。

四

总之,河大的潭头时期,以1941年为界,可以分为两个阶段。前一个阶段,进步的师生经常开展一些积极的活动,与当时的复古主义,反动的政治倾向作斗争。1941年以后,反动当局对学校实行特务统治,镇压进步势力,从而学校日益陷入混沌与黑暗状态之中。较为清醒的师生,由于反动统治的压力,只有埋头学术,不谈政治,不问外事,把自己禁锢在书斋之中。而反动统治者的爪牙们更是肆无忌惮,为所欲为。从而使一些青年学生随波逐流、醉生梦死,唯求混一张毕业文凭而已。他们在学习上马马虎虎,有所谓三不上课之说,即刮风不上课,下雨不上课,不想上课不上课。在学生中还流行有三种风气。一是赌博。据说赌的大小方式分为三种:一般的;坐汽车;坐飞机。二是拜把子。三是吃馆子。与此同时,学生们为了毕业后谋出路,便想方设法地拉关系。一时间,同乡会、同学会纷纷建立。一到毕业,同乡会欢送毕业,同学会欢送毕业,吃馆子、照相,种种仪式都来了。至于节日的文娱活动,则早把深重的国难抛在脑后,歌舞升平于一片靡靡之音中。这正是反动当局所提倡、所欣赏的。然而日寇却打来了,最终是一个鸟兽散。

潭头时期的河大,虽仅有四五年时间,我个人所了解的也极其片面,而又皮毛,但就以上所述,也可以说从一滴水可以看到大海。在蒋管区的河大,虽然与世隔绝,但从其内部种种斗争来看,从其邪气高涨、正气被遏抑来看,仍是蒋管区中国面貌的一个缩影。

1976 年 7 月 14 日

自 传

从家塾到大学研究院

一 童年从父亲读书的回忆

我的家乡梁沟是一个不到20户人家的小山村。它离县城南召（现改为云阳镇）约有35华里，距附近的集镇刘村8里，曹店15里。

梁沟这个名子，听起来似乎住户大半姓梁，其实姓梁的一家也没有了，只有6户姓任的和一些杂姓。我父亲弟兄4人，析居为4家。我大伯过世后，他的3个儿子又分成了3家。

这个村子坐东向西，四周都是陂陀的丘陵，是一个小小的盆地。村前有两条小河。靠村子的那条极小，流不多远，便汇入了西边稍大的河中，这条稍大的河源于北边的山涧。河水清浅，是村中妇女洗衣服和儿童们捕鱼捉蟹、夏天游泳的场所。村中树木茂密，尤其是村南头的楸树林，远远望去，枝叶扶疏，高大葱茏，蔚为壮观。而我家门前的几亩园林，有核桃、梨、皂荚、黄楝等树木杂然其中，是鸟类和虫豸栖息的地方，到了夏季，蝉声聒耳，村里人称它为小菜园，但里边并未种菜，只不过是村子风物的一个点缀而已。这个园子，我父亲弟兄们分家时，分给了我的二伯父。

村西二三十里外，是一脉苍翠的崇山峻岭，像是矗立在天际的屏障。远望村北，最高的山峦是大棉垛，每当上面冒出团团棉絮似的白云,人们都认为是降雨的先兆。每到秋季,傍晚时分,山腰间便呈现一派秾艳的紫色;而霜后火红的柿叶把山村妆扮得更加娇美。如果在冬日雪霁之后,你会看到红妆素裹的山村尤为妩媚妖娆。如此瑰丽的风光,给我幼小的心灵增添了不尽的欢愉,也使我在而后远离故乡的岁月里为之魂绕梦牵。

我父亲名尚贤,号象斋,是晚清的廪生。在取消科举考试以前,曾到省城开封参加过最后一次乡试,未中。他在弟兄们分居后,因家道清寒,不得不到外边教家馆,并让我大哥维炳跟他读书。后来维炳考入了南阳五中,父亲便回来主持家务,并教我和二哥维煜读书。

我6岁时,开始读小学课本,只学国文,不学数学。接着是读《四书》,继之又读《左传》。父亲的教学方法,首先是讲解,让领会大意,这样做易于记忆。其次,根据接受能力,规定课程进度。当能背诵后,便令休息玩耍。再次,决不采用体罚。我在幼年,从未挨过父亲的打。平时,父亲对人也极诚挚、谦和,给我树立了做人的典范。

父亲没有封建家长的威严,对儿子、闺女和儿媳都是同样的和悦、慈爱。记得大姐已经出阁,二姐待字未嫁,大嫂已经娶来,大哥去保定就读于军官学校,在夏天的庭院中,我和二哥在读书,父亲在给二姐、大嫂讲三国故事,她们做着针线活,听着故事,在洋溢着亲情的氛围中,充满了和谐与愉悦。

父亲喜欢读书、买书。他每次前去应试,从府里、省里总要带回许多书籍,家里的藏书除经书外,有《袁了凡纲鉴》、《王凤洲纲鉴》和《老子》、《庄子》等诸子方面的著作,也有不少诸子的选本。文学方面有《三国演义》、《水浒传》、《西游记》、《红楼梦》、《聊斋志异》等古典小说。此外还有数学方面的《数理精蕴》和中医药一类的书籍。我读小学时就开始翻阅《聊斋志异》,父亲不但不予禁止,还常常加以鼓励。因而使我在蒙学时期便产生了对文学的兴趣,这对我后来走上研究文学的道路起到了催化的作用。

二　就读于县城高等小学堂

我10岁时（1919），和二哥被送到县城小学读书。校长吉桂芳（丹林）是我大哥中学时的同窗好友。刚入学，因我们年纪小，所以允许搭老师的伙，每人每月伙食费3串钱（每串1000文）。承包伙食的炊事员老焦师傅做的饭菜都很合口味。

这个学校是原来的鹿鸣书院。大门、二门的建筑，在一个小县城里称得上富丽堂皇了。大门外两旁卧着一对高大的石狮子，门两侧挂着四块牌子，各印有四个碗口大的红圈，其中写着"学校重地，禁止喧哗。倘敢故违，定送究办"。长方形的门匾上写有两行字："南召县立"、"高等小学堂"，下边的一行字较大。二门两边有一对木刻镏金长联，全文已经忘记。进去二门是过厅，左边门牌上写着"校长室"，右边的两块门牌上分别写着"教务课"、"庶务课"。往里走，是长方形的大院子，正前方是大礼堂，平时也作教室。左右两边都是教室。从礼堂右侧往里走，是一个小院落，仅有一个教室。

高等小学堂的学制是3年，我和二哥都被安排在一年级的同一个班里。课程设有国文、算术、历史、地理、还有格致、手工、音乐、体操等。在这3年的学习生活中，给我印象最深的是国文老师名廷桢，字干卿，人称李二先生的。他是清末秀才，年纪约50多岁，身材高大，略有些肥胖，讲课以古文为多。记得他发作文时，总是把学生一一叫到身边，指出文章的不足之处。他在学生的文章中加圈点外，还要在篇后加上评语。他认为写的好的文章，令学生誊抄后贴在教室的墙上，供大家观摩。我觉得他在教学上是最认真负责的了。还有一位叫刘子尚的国文老师，家是杨分岭的，离我家只有十几里路，据说他在北京上过私立民国大学。生得短小精干，讲课态度活泼，说话干脆利落。有一次课堂作文，我交了头卷，他看后大加夸奖，说我才思敏捷。

担任庶务主任的张莲渠先生，好像也是清末秀才，曾教过我们的

"读经"课。有一次他讲《论语》,说到"子曰:'后生可畏,焉知来者之不如今也。四十、五十而无闻焉,斯亦不足畏也矣'",让同学们讲解,有几位同学都把"无闻"解作"没有听到过什么"。他叫到我讲解时,我说:"'无闻'不是自己无所闻,而是无闻于世,即不为人所知的意思。"他听后,颇加赞赏,说我讲得对。

以上几位先生,从我小学毕业到外出读书后,再未见过面。现在他们都"墓木已拱",但他们的音容笑貌,回忆起来依然历历在目。

当时的同学,比我年纪大的有罗宝玺和我的堂兄维扬。同班中有廉氏兄弟(明湖、明江、明河)及李湘山、李承志叔侄。其中最有成就的罗宝玺,后改名宝册,又改名梦册,河大毕业后,留学英国伦敦,后任香港中文大学教授,是位诗人兼学者。

读到小学三年级时,父亲来到县城,带着我和二哥借住在城南的张姓亲戚家里。课余时间,他便教我们读《诗经》、《尚书》,也常常给我二哥改文章。一次,国文教师李干卿在二哥的作文上批道:"咄咄怪事!"他看出了二哥不可能写出那样的文章。还有一次,文章的题目是《说竹》。父亲在二哥的文章后面添上"子猷之爱,良有以也",用的是东晋王子猷(徽之)爱竹的故事(《世说新语·任诞》)。但干卿先生未读过《世说新语》,不知出自何典,遂改为"平安竹报,良有以也"。父亲因说李二先生读书不博,他如此一改,反嫌得文章有些庸俗了。

父亲于1925年去世。这年暑假我在家时,他已患了肠炎。开学返校后,较长一段时间未接到家信。直到寒假回乡后,才知道父亲已于秋天故去。我以未能为他送终而深感愧悔与伤痛!

三 六年开封师范的学习生活

1923年春节前,我的一位在开封师范读书的堂兄冠五回来,劝说我大哥让我和二哥去开封读书,父亲鉴于地方上常闹土匪,没有安全感,便也同意了。

春节后,我和二哥随冠五兄从梁沟起程,到了县城,与其他在开封读书的学生汇合后,在一个欲雨的清晨出发了。

由于道路不靖,不敢走鲁山,只能走方城大道。行至午后,下起了濛濛细雨,道路渐渐变得泥泞起来,我初次出远门,年仅14,跟在成年兄长们的身后,直走到四野苍茫,夜幕降临,仍在奔波着。只有到了方城,才能放心投宿,尽管我已是精疲力尽,也不得不勉强前行。9点左右才到达目的地。

在方城雇到了马车,后经叶县、襄县,到达了许昌,才乘上火车。到开封后,和另两位准备考学的同乡在家庙街合租了三间民房,在附近的一家小饭馆包饭吃。

其时,离暑假升学考试还有几个月,原打算找一个学校补习功课,但一打听学费太贵,把我们带来的全部费用交了也不够,便只好靠自学来准备功课。

二哥长我三岁,尤喜钻研数学。他带一本全一册的算术,从四则到开方,并有许多难题的解析。我俩觉得考学时,国文问题不大,我的数学较差,二哥便帮我复习,把全本的数学题演算了一遍。平时也练习写些作文。

我们住的三间东屋里,除了四张床和两张桌子外,真是空空洞洞。冠五兄有时来看看我们,另有一位在第二中学读书的同乡郑福新(鼎臣)倒是这里的常客。他喜欢读《红楼梦》,每次来,都要绘声绘色地讲宝、黛的恋爱故事,给我印象极深。

暑假到了,当时中等学校都是各自单独招生。我和二哥初离家时,大哥曾叮嘱我们说:"考上师范就上,考不上只有回来。"因为师范每月发给学生膳食费,中学不但不发,还需交纳学费。但在考试时,我们报了开封第一师范外,还报了一中、二中。发榜时,在一师、一中的录取榜上,我们哥俩都名列前茅,很引起当时考生们的注意。因为被一师录取,就未再去一中、二中复试。一师复试了两次,我们都顺利的过了关。

当时,一师从近2000考生中录取80名,能以考取实属不易。后来,听一位那时任一师校医的陈少坪大夫讲,曾有人对同时录取我们兄弟二人持有异议,幸亏教英语的罗海澜先生坚持按分数录取,才算通过。

一师和一中都在前营门,两校共走一个大门。一中原是高等学堂的旧址,一师的前身是优级师范。进大门后,正北方向的是一中,东北方向的是一师。走进一师校门,临大路的南边有一偏院,是音乐、手工教室所在地。往北是二门,上书"河南省立第一师范学校"。字体工整,似隶非隶。进去后向北直到附小,又有三层院落。一层是坐北向南的两层教学楼,两边是平房,东边的是教务处,西边的是总务处。向西又有一个偏院,这个院子又分两个小院,以中间的理化、生物教室为界,南院是生物标本室,北院是教师宿舍。

教学楼下边有一通道,进去后为二层院。正北为图书馆,正中上方悬一长方匾额,大书"图书馆"三字,下题梁启超。东西两厢是两座教室。两边教室,就是我入学后编在一年级甲班上课的地方。

由图书馆旁边再往后走,直到毗邻附小的院墙,在一条通道两边有五六排平房,是自修室和学生宿舍,两头各有一排横的平房,为盥漱室。东边也有对称的平房,是阅览室。校园里很少见到树木花草。

我就是在这样的环境里,从初一到高三,除了因北伐革命停课半年,和后来开封中等学校合并为大一中,改在原一中上课、住宿半年外,前后五年都是在这里度过的。

这里的老师,最不能令我忘怀的有以下几位。

嵇文甫先生。入学后,我遇到的第一位国文教师就是嵇先生。他一开始给我们讲的是胡适的《新生活》,继之又讲了法国作家都德的《小物件》(后译为《小东西》)。由于讲得生动形象,给我的印象极深。他似乎连一学期的课都未上完,便由吴宪斋先生接替了他。吴先生年纪较大,给我们讲的课文是戴季陶编写的白居易的《新乐府》。他讲"官牛官牛驾官车"(《官牛》)、"新丰老翁八十八"(《新丰折臂翁》)时的声调,至今想起来似犹回响在耳际。他读大学时,大概听过章太炎的课,所以常常在课堂上说:"章太炎他老先生。"当时我对章太炎是一无所知,由于吴先生的一再提及,使我想像着他一定是位很有学问的人。直到我上了大学,聆听钱玄同先生的课,才对章太炎略有所知。

国文老师换的较多,教我时间最长的是上高二时的卢文斋先生。他喜欢选讲古典文学中的名作名篇,如《桃花扇》中的《余韵》之类。他后来离开了学校,听说到教育厅任督学去了。

英语教师冯品毅先生教我们班近两年的课。我深感受益非浅。后来我能读《英语周刊》,及毕业后参加大学入学考试,英语得以顺利通过,与他的负责教导,给我奠定了坚实的基础有关。

数学老师孙廷莹(蕴璞)教我们时间也较长。虽然后来我选择了学文的道路,但由于在师范打下了数学基础,才使我经受住了升学考试的检验。

一师在当时的河南中等学校中是办得较好的。首先是经费的充足,教师待遇高,所以能从南北各大学聘请学有专长的教师来任教。另外,学校的图书仪器也比较完备。尤其值得一提的是校风的优良。从北大、北师大毕业回豫的部分教师经受过五四精神的洗礼,把"科学"、"民主"的思想带到学校,因而学校摒弃了封建家长式的管理,在学生中提倡自学和钻研,一时间自由学习研讨的风气极盛。其时,正值国共合作,准备北伐之际,政治思想上的种种倾向也不可避免地反映到学校里来。在教师中就有国民党、共产党和国家主义派之分。各派的刊物在阅览室都可以看到。宣传马列主义的有《向导》与《中国青年》,宣传三民主义的有《民国日报》,宣传国家主义的有《醒狮》。此外,宿舍山墙上装有镜框的壁报一个接着一个。从内容上看真是五花八门,有政治思想和主义不同的论辩,有学术问题的研讨,也有文艺方面如小说、诗歌的习作。我和同班几位同学也办了一个壁报,但因思想倾向不同,没出几期便停刊了。

我在初级师范时期,国内发生了一系列大的事件。在师生中反映最强烈的是:(一)国民党第一次代表大会,国共两党第一次合作,孙中山先生宣布实行"联俄、联共,扶助农工"三大政策。许多有识见的师生都认为这是中国革命前途出现了曙光,而为之欢欣鼓舞。(二)1925年孙中山先生在北京逝世。噩耗传来,许多师生为之震惊与伤痛,认为是中国革命不可估量的损失。记得在学校举行的追悼会上,我们的英语教师冯品毅先生讲话时,那种悲怆带有哭泣的腔调,于今似乎还回响在我的耳边。(三)1925年英日帝国主义在上海制造的"五卅"惨案,激起的反帝爱国浪潮。开封学联组织了全市大中学生游行示威,我也和同学们一起举着芦苇杆制成的小白旗,沿着大街高呼"打倒英日帝国主义,誓为死难的同胞复仇!"等口号。这一运动深深刺激了我幼小的心灵,激发了我的爱国热情。为了加深了解帝国主义的侵略罪行,我阅读了漆树棻的《帝国主义侵略中国史》、马克思主义的《剩余价值浅说》等书籍。暑假,我和河大历史系学生、同乡武承利君受省学联派遣回到南召。我们的任务是宣传帝国主义的暴行,唤起民众团结御侮,因而受到当地政府、士绅和教育界的支持,一部分中小学教师也参加到我们的行列中来。我们巡回在各大集镇如留山、李青店、白土岗等地宣传演说,收到了很好的效果。

这次活动,提高了我的觉悟,加强了我的民族意识和爱国主义思想,同时也锻炼了我的处事能力。

除了参加一些政治运动和正常上课外,也开始了我早期的文学活动。当我走出仅仅能读到《水浒传》、《三国演义》、《聊斋志异》一类古典小说的山乡,来到处于省会城市的一师,使我得于接触到许多新文学作家的创作。凡是鲁迅、周作人、胡适、叶绍钧、冰心等人的著作,只要找得到,便如饥似渴地阅读。那时西大街有一家"文化学社"出售各种新出的刊物。我最初读到的《语丝》、《文学周报》、《创造周报》,都是从这里买到的。后来,我就预订了《语丝》、《小说月报》、《文学周报》等刊物。在阅读的过程中,往往在受到启发、激励的同时,也有许多感触和体会,再加上国文老师的提倡,便也尝试着写些文章。初三时,因为受到刊物上一篇《鸟与文学》的提示,便写了篇《杨柳与文学》,从古代折柳送别的故事,写到古代诗人对杨柳的描写和吟诵。我把文章送给国文老师卢文斋先生审阅,他颇加赞许,并嘱我向外投稿。于是我把文章寄给了商务印书馆发行的《学生杂志》,竟然得到了采用,并寄赠了五六元购书券作为稿费。我便兴冲冲地跑到东大街商务印书馆开封分店,用购书券买了几种书。其中有《小说月报》增刊、一大厚本《中国文学研究》,这真使我异常高兴。

由于文章能在刊物上发表,所以便增加了投稿的勇气,《河南民报·副刊》就成了我常常发表短文的地方。那里的编辑陈治策君还在开封高中兼任英语教师,系荥阳人,曾留学美国,从事戏剧研究。到我读高三时,他忽然约请我和我的同班徐缵武及河大国文系学生罗梦册、张源,还有曾在上海读大学的白寿彝君到鼓楼街一家回民饭庄东兴楼吃饭,商议组织文学团体和出版刊物的事宜。

经过大家的一番讨论,确定成立"晨星社",编辑出版《晨星半月刊》。稿子由大家提供,印刷费由陈先生负担。不久,创刊号问世了。上面有陈治策先生的发刊词,有白寿彝以"授衣"笔名写的文学与社会关系方面的文章,还有徐缵武的小说、罗梦册的诗歌、张源的童话,我写的是一篇评论茅盾《蚀》三部曲的文章。

《晨星半月刊》出了不到半年,社员们便纷纷离去。陈治策先生应老友熊佛西之约,赴北平艺专戏剧系任教去了。白寿彝也到了北平,考入了燕京大学历史研究所。罗梦册出国留学去了。刊物便停办了。

1929年夏,我和徐缵武在开封一师毕了业,一同到北平升学。我考入了北师大,缵武进了燕大。于是,"晨星社"的大部分成员相聚到了北平,便有人提出恢复刊物的计划。而后由朴社印行,出了两期。终因居住分散,各自研究的方向不同而停了刊,"晨星社"便也星散了。

1927年,由于北伐战争,学校暂时停课,我回到了家乡。为了躲避土匪,我家从曹店迁至刘村。这是一个距我家梁沟仅八华里的小集镇,约有两百来户人家。我家在一条背街上租了三间北屋。全家七八口人挤在这里,自然谈不上我读书的地方。村中的首富褚袭堂是当地有名的兼营商业的大地主。他的小儿子大学毕业后,跻身政界,一直做到南阳地区专员。当时,褚袭堂的几个孙子,有的上了中学,有的还在读小学。他聘我教他的孙子们读书,这样才使我有一个自学的地方。

褚袭堂的大孙子仲康,已是中学学生,比较聪明,我给他讲了些古文篇子。家教之外,也读书,也写作。记得读《红楼梦》,读到"林黛玉焚稿断痴情"那一回时,忍不住为之潸然泪下。我还从南阳买了部《前四史》。读《汉书》是一篇接着一篇,并记了三四本读书札记。当时还不懂得什么治学方法,在札记中只摘承一些名言警句和精彩的片断。至于写作,只是写些小说之类的文字,曾经写过赌徒李永斋的生活遭遇。

1928年春,接到学校复课的通知,回到开封。此时,不知教育界当局出于何种考虑,把全市的中等学校来一个大合并,名曰大一中。高中部分为文、理、师范三科。一师与女师合为师范科。

师范科的男生宿舍是原开封高中的宿舍,教室也是原来开封高中的教室。由于男女合班,在课堂上一边坐的是女生,另一边坐的是男生,可谓泾渭分明。这样地,便引起部分男生对女生在仪容、举止上有所品评。平时较为活跃的女同学,更是引起男同学的注意。经常为男生所议论的有徐××、张××、靳××等。徐后来考入了河南大学,张、靳则考入了北平大学女子文理学院。

大一中的首任校长为当时的教育厅长查良钊所兼任。继任的是霍六丁,原系留学欧美预备学校毕业,从美国留学回来,继任此职。他曾在原一师后边的大操场上,向全校师生发表就职演说。

当时,在河南教育界颇有影响势力的有北大、北师大,以及稍后的河大等派系。这次中等学校的大合并,熔诸多派系为一炉,不可能不发生矛盾,尤其在各级领导的安排和教师的聘任上。不过我们学生对其中的内情很少了解。而在这一段的学习中,给我印象最深的是金干亭先生。他在北大读书时,曾聆听过辜鸿铭先生的课。他听辜先生讲,自己学习英国文学一开始便读英国诗人弥尔顿的《失乐园》。金先生为我们选的英语教材,一是英国小说家狄更斯的《圣诞节述异》,一是《近代散文选》。听他的课,使我的英语学习大有长进。我曾把《近代散文选》的一些篇子翻译出来,其中有两篇还发表在《河南民报·副刊》上。

大一中还曾举行过写作竞赛。我和同班赵守之被推为参赛代表。评选结果,赵守之和我分别为第一、第二名。我得到了几部书的奖品,其中有一部是鲁迅先生点校的两册《唐宋传奇集》。

1928年秋,大一中解散,恢复了原来的学校,我又回到原来的一师。校长为大一中时期师范科主任孙蕴璞先生,老师则绝大部分为原一师的老师。

高三年级时,我为了毕业后继续升学,不能不在英语上多下功夫。我订阅了商务印书馆发行的《英语周刊》,每天早晨坚持朗读英语课文,还常常练习写些英语短文。自修室内一些同学不愿听别人朗读英语,我便跑到操场或僻静的地方去读。

1929年上半年是高师阶段的最后一个学期。教育部门规定,师范生毕业前要到附小实习,而后再到南方参观。这一年,豫南大旱,而家乡南召县尤为严重。大哥来信望我毕业后即参加工作,好在经济上对家庭有所帮助。其时,在商丘教小学的堂兄冠五也为我接洽了毕业后任教的学校。但我决心要继续升学深造,当同学们出发去南方参观的时候,我带上县里汇来的30元参观费和学校退还的10元保证金,与同班徐缵武一起负笈北上,去报考北平的大学了。从此与母校一师告别,结束了10年中学时代的生活。

四　从北师大到北大研究院

1929年秋,考取北平师范大学国文系。当时,我的经济状况异常困窘,连新生入学需交纳的20元保证金,也是从同乡褚某处借来的。因此,在我入学后,除了上课就是钻图书馆。即使是礼拜日,去逛大街,看电影,对我这个贫寒的学子来说也只是一种奢望。由于在师范时撰文投稿的积习,又使我常常写一些具有研究性的短文投寄给《新晨报·副刊》。那时兼任该刊编辑的孙荪荃女士是师大国文系助教,但我们并不认识,而我的文章常被采用。是否因为是同系学生的稿子而予以照顾,便不得而知了。这样,每月可得到五六元的稿酬,差不多够伙食费了。

教大学一年级课程的,有几位老师给我印象较深。(一)沈兼士,教授"文字学";(二)吴检斋,教授"经典叙录";(三)钱玄同,教授"国音沿革";(四)徐祖正,教授"文学概论"。其中除吴先生印发有讲义外,都需在听讲时记录随堂笔记。课堂听讲外,还翻阅许多课外读物。对我影响最大的是桐城姚鼐的后裔姚岳纂辑的《论文名著集略》。这部书从韩柳文论选起,把唐宋八家和后来的归、方、刘、姚以及道、咸时期的曾国藩及其四弟子的论文都选录了进去。我以此为线索,系统地阅读了其中各家的文集,并作出了自己较有心得的札记。那时可谓专心致志,空余时间都是在图书馆度过的,约有一年之久,把平日的札记分类组合,写成了4万余字的论文《古文家的文论》,发表在师大国文学会的刊物《国学丛刊》一卷一期上。

此后,我在科研上的兴趣又转到了对明代公安派的研究上。曾有一个时期,经常去府右街北京图书馆善本阅览室,借阅善本书籍。凡晚明文坛上与三袁兄弟有关的文人的集子,能找到的都借出浏览。在这个基础上,我写出了《中郎师友考》(刊于1931年《师大国学丛刊》一卷二期),从中可以了解到以袁中郎为代表的文学革新派的阵容,及其能以扭转当时文风的必然性。而后,又陆续写出了《袁中郎评传》的6个部分。其中《公安派的文学主张》、《中郎的小品文》、《公安派与十八世纪英国浪漫派之比较》刊于1932年《师大国学丛刊》一卷三期,《中郎之生平》、《中郎的思想》、《中郎的诗》刊于1933年《师大月刊》第二期。

因家中常常汇不来学费,生活十分艰苦,便由朋友介绍到私立中学任教。起初,在西四附近平民中学高中教《文学概论》课外,还教一班初中语文。月课酬20几元,便觉得生活富裕多了。1931年秋,友人李静之应沈阳高中聘离开北平时，将其原在私立大同中学所任的课荐我代庖。他本是专职教师，每周十几节课，月薪60多元，我接替后，还算顺利，期末，学校发给了我下学期的聘书。在这里教了两年，到我大学毕业赴洛阳师范任教，还请了朋友徐缵武、罗梦册接替我大同中学的课。

1931年，在我读大三的时候，北京大学国学研究所招收研究生，报名条件不限学历，只需交篇论文，经审查后，认为具有研究能力，再进行学业知识和外语的笔试。我已忘记当时所交论文的题目，参加笔试后便被录取了。当时我报的课题是"元白研究"，导师是沈尹默先生。我和沈先生通过两次信后，他便做了河北省教育厅厅长，我也无从向他问学了。那时的研究所对学生要求很松，学生既不住校，也没有必修课目，更不进行成绩考核。我和许多同学一样成了研究所挂名研究生。直到1935年，我已任教于洛阳师范，忽然接到北大的通知，说研究所已改为研究院，凡过去研究所的研究生，如系大学已毕业，需再经笔试合格后，方可为研究院研究生。

于是，洛阳师范的课由北大一位同学接替后，我便住进了位于北河沿的北大第三院丁巳楼宿舍。虽说研究生住的都是单间，却都是由大房间用木板隔成的斗室。倘若邻居来了客人，难免不受到谈话之声的干扰。但大多数时间还是比较清静的。由于我的导师换成了一向推崇晚明公安派小品文的周作人，所以便把研究的课题改为了"袁中郎研究"。这个课题，我在读大学时，已经下过一些功夫，搜集了大量的有关资料。所以在1936年暑期前，我就完成了《袁中郎研究》的撰写。

当时，北大研究院又分为文、理两个研究所。文研所所长由文学院院长胡适先生兼任。我的论文经导师周作人、所长胡适及罗常培先生审阅后，准予参加答辩。答辩委员会由5人组成，校内即胡适、周作人、罗常培3位教授，校外则请了陈寅恪、俞平伯2位先生，答辩顺利通过了，研究生的学习生活划上了句号。

这届毕业的研究生，文学3位，史学2位。我们共同在当时的中央公园来今雨轩举行了一次宴会,邀请的有北大校长蒋梦麟及其夫人陶曾毂和导师胡适、周作人、罗常培、孟森,并摄影留念。这张照片,在文革中被抄家时丢失。

我 的 家 庭

我于1909年农历八月,生于南召县太山庙乡梁沟村一个书香门第的家中。父亲任尚贤,号象斋,清末秀才,后补廪膳生员。他在弟兄中行四,年龄最小,幼从附近山村罗圈的一位周毓清(莲塘)读书。莲塘先生是晚清的贡生,道德学问在全县士林中颇有口碑,父亲深受他的影响。我幼年时,常常听到父亲称道周先生如何、如何。

我在姊妹兄弟中年龄最小,有两个哥哥和两个姐姐,在堂兄弟中排行十一。父亲非常注意我们兄弟的学习问题,他们兄弟析居后,因为家境困窘,经常到外边坐馆,做家庭教师,并带着我大哥跟着他读书。父亲勇于接受新事物,在我们任家是他最先送子弟去外边上学堂的。我大哥维炳(耀铤)十几岁就到南阳,考取了省立五中。这时,我和二哥维煜(耀峰)也到了读书年龄,父亲便不再外出坐馆,在家里教我们读书。直到后来我们在县城小学堂毕了业,未能即时出外升学,他还教我们读经书。

父亲是位非常好学的人,他曾去省城参加乡试,购回许多地理、历史等方面的新书。他对数学也很感兴趣,还买了部康熙年间版的《数理精蕴》10册。后来,我二哥即钻研这部书,靠自修搞懂了算术、三角、几何。

父亲在个人品格上也很有修养。他对人和对妻子儿女都非常和蔼、平易。教我们读书,从不发脾气也未打过我们。他这种品性,深深地影响了我。父亲也钻研过中医,他买了许多医学方面的书籍。他给人治病,疗效是很高的。他行医的目的是"济世救人",从不收受诊金。特别是在农村,有些贫困人家远道来请,连个代步的牲口都不牵,他就徒步前去出诊。

父亲晚年,曾一度任过地方"首事",平时倒也没有什么公务,因为民国初年不像后来政府向人民摊派许多杂务。在他任职期间,我们村附近毛沟发生一桩人命案,县政府要他去说明情况。父亲感到地方上的事是不能管的,不一定什么时候会牵连到自己,便坚决地辞掉了这个职务。

父亲在我的婚姻问题上也是很开明的,我想这与他喜读文学作品有关。我家藏有许多明清以来的小说,如《三国演义》、《水浒传》、《红楼梦》、《聊斋志异》等。他对《聊斋志异》尤其熟悉,常常给我们讲述其中的故事。因而,蒲松龄的进步思想对他的影响很大。我的两个哥哥,在婚姻问题上由于听信了媒妁之言,后来都不太满意。父亲便以此为戒,对许多给我提亲的一概予以拒绝。他说:"现在兴自由结婚了,维焜的喜事,等他长大后,让他自己决定好了。"

我一生中爱好文学,并走上研究文学的道路,与父亲的家教是有关的。那时,一般的道学先生,是最厌恶小说一类的文学作品的,认为都是些"诲淫诲盗"的坏书。而我父亲不仅自己喜欢阅读文学作品,也鼓励我们去翻看。我很早就阅读了《三国演义》、《水浒传》及《聊斋志异》等小说。后来,我在学术研究上写出像《〈聊斋志异〉的思想与艺术》等较有质量的论文,从历史的根源上说,这并不是偶然的。

1927年北伐革命时期,农村经济破产,地方土匪蜂起。我家到城镇租房居住,频频播迁,生活艰苦,动荡不安。年迈人经不得折腾,加上病后,又没有好药。父亲虽是医生,但"六医不自治",终因长期慢性肠炎(长期泻肚),搞得身体非常虚弱,而离开了人世。当时,我就读于开封一师,回一趟家,有一段好长的旱路跋涉,需要一个多星期。因而家里没有即时通知我父亲去世的噩耗。直到寒假返里,才得知这一使我悲恸欲绝的现实。

我母亲娘家姓高，家在白河南新庄村，距我家约30华里。母亲在姊妹中行二，有一姐二弟。母亲性情温和，与父亲结婚后，两人感情融洽。我从幼年略知人情世故时，他们从未因家事吵过嘴。我们姊妹五人，二哥维煜自幼多病，曾连续三年为疟疾所苦。母亲为他耗费了很多精力，因此对他特别关注。大嫂和我爱人都认为母亲偏心二哥。二哥身体不好，平生事业不得意，母亲对他特别关照，也是自然的事。

母亲持家勤俭，自己从没有搞过特殊的享受。对我们姊妹兄弟都很慈爱。尤其是我二姐（堂姊妹排行为七姐），因婆家贫寒，夫婿出外谋事死在他乡。身边只有一个男孩张九皋（振环），年纪还很小。所以她心情一直很郁闷，终于得了肺结核而一病不起。母亲到她家一直看护她，直到她去世。

我们兄弟分家后，最初母亲在我们弟兄三人家轮流居住。后来我带着家眷到外地谋生，便由两个哥哥负责照护。我每月给她老人家汇生活费，直到解放后。1954年她在家乡去世，享年94岁。

大哥耀艇，毕业于南阳中学，后考入保定陆军军官学校，后因眼疾退学。回乡后，曾任县立第一小学教师、县督学、曹店镇小学校长等职。大哥当年一面工作，一面代父亲料理家务，对我和二哥耀峰读书，尤其竭力支持。我同耀峰在1923年同时考取河南省立第一师范。二哥上了一年，因身体不好退学。后来，他在县师和县中任数学教师。我在一师毕业后，考入北师大，大哥也总尽力支持我，直至毕业。

大哥对父母孝顺，对弟妹友爱，在旧时代是不可多得的。他平生最不幸的，是他的大儿子德方，在南阳中学读书时，参加了地下党，后被捕遭到国民党反动派的杀害。德方为革命牺牲，解放后被追认为烈士。

解放后，大哥年纪已老，家庭生活困窘，后因病去世，年仅62岁。

二哥耀峰，长我三岁。从家塾到考入一师，我们都在一起。他喜爱独自钻研数学。小学毕业后,他自学《数理精蕴》,学通了算术、几何、三角等课程。1923年春,我和他到开封准备中考,他辅导我数学,通读了大哥在南中读书时的数学课本,把所有的习题都演算了一遍。从而使我顺利地考上了一师。

二哥因为身体不好,在一师只上了一年便退学了。后来他在县里一面教书,一面从事发明创造。他设计了适合中国当时广大农村的双捻式纺纱机,并试制出了样机,得到当局建设厅的奖励。后来还在报上公布了该机的性能、功效。因而烟台和上海的一些机械厂都来函请他去试制,以便推广。1948年,他在外甥马运吉陪同下去了上海,住在一家邀请他的工厂里。但不久他的心脏病、肺病加剧,住进了医院,虽经手术,病情仍在恶化,终于不起。后葬于上海公墓。当时为他办理后事的,除了外甥外,还有我的本家大哥任德臣(在上海经商)。1948年,河大迁校苏州时,我曾由德臣大哥陪同,到上海万国公墓去祭奠他。任德臣大哥也已物故,即令再去上海,也无从找到他的墓地了,悲哉!

再说我的两个姐姐。大姐嫁给了离我家约35华里的林老庄马家。姐丈马太协(子和)是个文化不高的小地主。经济状况属于小康之家,每年粮食有节余。门前有个小型堰潭,在雨季可以蓄水,到了旱季,可以灌溉下边的稻田。潭中还养有鱼,大的可长到二斤。每逢节日,大姐家就派人送一些大的鱼来。我读师范时,放假回乡,总要带些礼品去看望大姐同姐丈。

大姐有两个男孩,大的名运吉,是我父亲给起的名字。省立第一高中毕业,喜欢外语,后一直任县立中学外语教师。次子运庆,懂中医外科,医术在当地还颇为知名。

二姐一生遭遇很不幸。十几岁时,疽发于面部,经当地一位外科郎中贾八先诊治痊愈,但却留下一个明显的疤痕。二姐原本生得清秀,这样以来使她的婚姻受了很大影响,以至于高不成,低不就。直到二十多岁,才嫁给了大她六七岁的张鸿钧(子衡)作填房。张子衡有一定的文化,能提笔为文。婚后生了一个男孩。张子衡因家中人口众多,经济拮据,到外边军队中作了个文书。后因荐人不当,致使所荐之人携枪潜逃。张子衡遂被拘留,要家中按价赔偿,方能放人。经我大哥谋划,又由我母亲的表弟孙八舅多方奔走,算是由张家出名贷款,才把张子衡赎出。二姐为此而生气,身体也逐渐瘦损。又因为家中人们的怨言恶语,张子衡愤然出走,从此杳无信息。孩子长大后,一直住在我家。二姐竟患痨瘵,终于不起。

另外,家中给我印象最深的,是我的大嫂。她出生在城关一个比较富裕的地主家庭,人很聪明,记忆力特别强。幼年在家,从家庭仆妇口中听到的民歌、小曲以及故事非常多。我在师范读书时,假期回家,听她讲民间流传的小曲和故事。我曾根据她讲的故事,记录整理后,投稿给当时林兰编印的《民间故事集》。我也记录了她说给我的许多小曲、歌谣,但后来都遗失了。大嫂过于精明,为她的儿子们积聚财产,变得十分悭吝,甚至是刻薄。虽然后来家业逐渐富裕,但解放后,顿然陷于贫困,加上大儿子任德方被反动派所杀害,晚境也是非常悲凉的。

我从1933年大学毕业后,一直在外面从事教学工作,从洛阳师范到河南大学。解放后再没有回过家乡。由于我的家乡处在偏远的山区小县,我的家更处在穷乡僻壤的小山村,解放前和解放初期交通十分不便,因而在我母亲及大哥去世时,还有其他一些原因,都未能回去奔丧。现在虽然交通比过去发达得多了,几乎可以朝发夕至,但想到山川依旧,而人事已非,虽有故地重游,再温童年旧梦的愿望,而想到过去的亲人墓木已拱,只能徒增伤感而已,所以最终未能成行。

1989年7月12日

我 的 婚 姻

　　1920年，我才11岁时，因当地农村土匪猖獗，我家由梁沟迁到县城，租住了靠城西南的一家姓秦的房子。秦家是世家，三进院落。我家住在后院的四间平房里。房后有一个小花园，大部分是草花，几口大瓦缸里养着一寸多长的各色金鱼。房子虽嫌得湫隘，但环境还比较幽静。当时，我和二哥都已小学毕业，由父亲在家里教我们读经书。我大哥当时任县督学，跟前还没有小孩儿，所以家庭比较简单。

　　我大哥原在县立一小当教员，与校长吉丹林是中学时代的好友。当时县立女小校长是吉丹林的本家长辈。他的大儿子做过高级军官，所以人们都称他吉老太爷。他有个小女儿，正在小学读书，而我刚刚小学毕业，于是就托吉丹林向我提媒。这件事不知怎的传到了外边，秦家有几个十几岁的小姑娘，也都是女小学生，她们一见我，就大喊"吉××"，来羞我。我只是装作没听见，听之任之。

　　按说女方同我的年龄相当，从家庭条件来说，也算是门当户对。我当时年纪尚幼，也不加可否，只有父亲不同意。原因是我大哥、二哥的婚姻都是由媒妁之言说成的，而都不怎么满意，那时已有自由恋爱结婚之说，于是父亲便以我的年龄小为托词谢绝了，好让我长大后自己决定自己的婚事。

　　吉家有一个亲戚叫李秀峰，年长我几岁，是小学时的同窗。一次,他约我到城墙上闲逛。我们循着城墙由西向东,郊野碧绿的禾苗和苍翠的鹿鸣山色尽入眼底。走着走着,李秀峰便又提起了吉家说亲的事。他把吉家女方的情况详尽地向我叙述了一遍,希望我答应这件婚事。我便以父亲不同意为由,婉言地推辞了。

1925年,我已是开封一师的学生,经河大同乡介绍,认识了开高学生冯某。冯的一位表妹在女师读书,河大同乡遂怂恿冯某将其表妹介绍给我。我未见过这位女士,自然不好表态。冯某当时似乎也同意了,但因北伐战争,开封学校放了假,这件事也就随之而作罢了。

1928年,开封市中等学校合并为大一中,其中的师范科是由男师和女师合并而成。班上来了许多女同学,上课时便自然地分为两排,一边是女生,一边是男生。这说明男女有别的封建意识在当时青年人的头脑中还在起着很大作用。虽然如此,男同学对女同学仍然颇为关注,尤其是属于三种类型的:一是搞学生会工作的干部,一是姿容秀丽,衣服时髦的,一是态度比较随便,思想比较解放,而敢于和一般同学打交道的。属于第一种类型的如徐××;属于第二种类型的如靳××;属于第三种类型的如张××。

当时,我认为婚姻问题的解决,需有待于个人事业的成就。一个高师学生,实在没有谈恋爱的条件,更不用说以后结婚了。因此,根本不考虑从同班女生中物色对象问题。当时同乡罗梦册,曾要给我介绍他的同班于君在女师读书的妹妹,我借口学业未成,何以家为,于是也就作罢了。

1929年秋,我考入北师大,开始在和平门外师大本部上课、住宿。1931年,原北平大学女子师范学院院长徐炳昶(旭生)调任师大校长,在他的提议下,女子师院与师大合并。我所在的国文系隶属文学院,文学院被安排在石驸马大街原女子师院校址上课,我们班也一下子增加了一倍以上的女同学。

这次合并,与在开封时男女师范合并大不相同了,一则年龄都比较大了,二则未曾结婚的都想在同学中寻找对象,于是由双方发起,组织联欢会,彼此介绍,相互认识。那时班中最活跃的有位姓郑的女同学,她已经结过婚,不知道是由于对自己的婚姻的不满,抑是有别的原因,她和许多男同学都有往来。当时我在北京《益世报》主办一个副刊《草虫周刊》,后又改为旬刊,篇幅增加了一倍。她当时经常投稿,还连篇累牍地给我写信,谈她以往的事,我猜不透她是什么居心,她的一位姓杜的女朋友,山西人,和我同桌听课,程度可以,人也温文典雅,只是身体不太健康。我觉得可以同她交交朋友,我们也通过几次信。但就在这时,我认识了现在的妻子马鸿毅,并由同乡介绍作为朋友。在我的选择下,我喜欢的是马鸿毅,于是就不再和杜通信了。

在此之前,与我有过往来的还有一位黄女士。她是我堂姐婆家的表妹,在南阳女中读书。堂姐认为我们年龄相当,况且黄女士也喜欢文学,便把她介绍给我,并且要我把发表在北平报刊上的文章寄给她看,她表示同意。但她的父亲是地方上的绅士,从财产上考虑,不赞成他女儿与我的婚事,从此便断绝了音信。

我现在的妻子,家住陕北米脂杨家沟。十几岁便随哥哥们到天津南开女中读书,后考入北平大学女子文理学院。她与我的好友李静之的夫人魏廷玢是同窗。当时,李静之在北大国学门研究院学习,住在沙滩东老胡同的一个公寓中。就是在这里,我初次见到随魏廷玢一起来玩的马鸿毅。她给我的印象是容貌美丽、谈吐爽快,因而便产生了无限倾慕之意。

九一八事变后,出于对蒋介石当局安内攘外卖国政策的义愤,北平各大学学生纷纷南下请愿。我所参加的请愿组织到了下关,分裂为示威团和请愿团,我参加了前者。到南京后我们住在中央大学。我们这个团面对蒋介石当局的欺骗、推托,激愤万分,遂砸了国民政府的外交部和中央日报社。于是,遭到了反动军警的残酷镇压,有被捕的,有牺牲的。而国民党的报纸竟然加罪于学生,提出所谓"友邦惊诧"的谬论。对此,鲁迅写了《友邦惊诧论》,揭露、抨击了蒋介石当局的反动卖国面目。

当时,马鸿毅也参加了示威团,住在中央大学。后来,我们同一天被反动军警押上了火车。当北上的火车在山东德州临时停车时,我下车购物,又碰到了她,彼此还说了些话,这真使我喜出望外。

1932年春,我住在西单白庙胡同师大文学院宿舍时,魏廷玢正式介绍我与鸿毅交往。开始,都由她陪同我们看电影、逛公园。当时称陪同的人为"加萝卜干"。因为两人还不熟悉,为了促成双方的恋爱关系,介绍人从中能够起到传递信息,说合的催化作用。一旦彼此已经熟稔,介绍人便自动退出了。

这样,我和马鸿毅在魏廷玢的陪同下经常去看电影、出游。其中的一次到香山碧云寺游春,使我最难忘怀。那是一个晴朗的日子,我们三人在我的住所所在地白庙胡同会齐后,在稻香村买了些点心、糖果,准备野餐用。这天,马鸿毅打扮得非常漂亮,显露出少女活泼纯真的天性而又明艳的姿态。我们乘电车到西直门后,转乘汽车到颐和园,然后再雇小毛驴去碧云寺。时值暮春,杨柳青青,袅娜摇漾,远处盛开的桃花似灿烂的云锦,在如此明媚的春光中,迎着拂面的春风,与自己倾慕已久的少女同游,真是令人陶醉。

颐和园附近,有许多赶毛驴的脚夫,喊着:"骑驴吧!到碧云寺,价钱便宜。"我们随行就市,雇了三头毛驴。起初,马鸿毅和魏廷玢骑在驴背上都有些害怕。过了一会儿,驴子一直走得很平稳,她们才放下心来。

10点左右,我们到了"香云旅馆"。下了毛驴,便往山上爬去。山路上时时有提篮叫卖樱桃的。刚刚采摘的樱桃红亮晶莹如玛瑙一样,我们买了些带上。由于平时很少走远路,更不用说爬山了,所以到了山半腰,都觉得有些吃力了。到了碧云寺山门外,马鸿毅和魏廷玢的额头上都冒出了汗。寺外松柏郁郁葱葱,浓阴匝地。近处的水潭清澈见底。我们把樱桃在水潭里洗了洗,寻了一片适宜的树阴坐下休息。时间已近中午,大家都有些饿了。于是,把带来的面包、糕点、樱桃一类的食品拿出来分享。面对眼前旖旎的水光山色,都说以后如有机会,在这里租几间民房来消暑度假,该是挺惬意的。午餐后,略事休息,便进入寺内游览。这次观光距今已半个多世纪,所以寺内的建筑、景物在记忆中都已变得模糊。只记得太阳偏西时,我们下了山,待我扶马鸿毅、魏廷玢上了毛驴后,我才骑上毛驴一同返城。到了西单,我请她们在一家小饭馆晚餐后,送她们上了电车,才回到自己的宿舍。

1932年夏,我同马鸿毅在王府井大街的一家餐馆举行了订婚仪式。莅临祝贺的有挚友李静之、魏廷玢、罗梦册等。我和马鸿毅在订婚证明书上签了名,并交换了戒指。这年秋天,我偕马鸿毅回豫一趟,算作旅行结婚,只是印了些结婚通知,分寄给了亲朋好友。

1932年,榆关事变后,日寇侵略的魔爪伸向了关内。不久,宋哲元成立了"冀察政委会",殷汝耕成立了冀东伪组织。到了寒假,马鸿毅随她大哥、四哥,连同五妹要回陕北老家探亲,我送他们到石家庄,直至他们登上正太路的火车,我才乘车返回北平。

同年秋天,李名章学长新任洛阳师范校长,来电邀我前去任教。因我不能去,遂推荐同窗方国瑜兄往代。1933年2月,我回到开封,李名章和许多外地的中学校长为聘请教师云集开封,他执意要我去洛阳师范任教,并把方国瑜介绍到信阳师范任教。春节后,我到洛阳师范就职。马鸿毅来信说,她回家后,父亲因病去世,哥哥们都得居丧守制,不能送她出来,要我前去接她。我只好向学校请假,并邀当时在师大读研的罗梦册兄到洛师代课。

于是,我乘车北上,由石家庄转正太路,抵太原后,又坐汽车到汾阳。从汾阳到通往陕北的黄河渡口碛口已不通汽车,便雇了牲口,走了三天才到。在一家小旅店安顿下后,到街上闲逛。商店不多的市面,显得异常萧条。街头庙院里的戏台上正上演"秦琼卖马",听出来唱的是二黄。我在台下站了一会儿,觉得没多大意思,就回了旅店。晚上我给马鸿毅写了封信,告诉她我已到了碛口,是否可以直接到她家去。于是,花了几元钱雇了个脚夫,把信送往米脂杨家沟。隔了一天,岳母家派了个仆人杨某,牵一匹马到碛口接我,并带来一封马鸿毅的信。信中谈了谈他家的情况,并嘱我带去一个礼幛。第二天,我即骑上杨某牵来的马上路了。走不多远便到了黄河渡口。这里系黄河上游,河床多为岩石,坡度又较大,"哗哗"的浪涛声,使我想起《木兰辞》中"不闻爷娘唤女声,但闻黄河流水鸣溅溅",这里与黄河的下游大不相同。

杨某牵着马,我们一起上了船。过了河,已是下午。又走了几十里路,到了一个名叫吉镇的地方。杨某带我到一家店铺住宿。店铺掌柜问我是什么人,杨某答道:"四妮子女婿。"掌柜道:"是有福人啊!"这家店铺是鸿毅家的资本开的。

第二天,午前便到了杨家沟。这个村庄是倚着一座丘陵而建成的,约有百户人家。到了马鸿毅家,进了大门,逐渐往上走,过了二门,是一大片院落。房子都是就山势凿的窑洞,洞内是由砖石砌成的套间。门窗全是镶的玻璃,室内的光线仍极明亮。正室为岳父的灵堂,马鸿毅姐妹、哥嫂们都带着孝。我拜见了岳母及兄嫂后,在岳父灵前行了子婿之礼,便被安排在一个小客厅里住下。

我来到马鸿毅家,已是过门女婿,所以与她家较近的本家,都请去吃饭。临行前,随她家的哥哥们到山那边祭了祭祖坟。

我和马鸿毅要走时,雇了一乘驮轿。这是陕北特有的交通工具,在轿子前后各有一头骡子驮着轿杆,轿内可以坐卧,放置行李。训练有素的骡子步伐一致,上下坡或转弯时配合得非常好。当我们起程时,岳母一直送到寨门外,待我们上了驮轿,她才回去。

到了北平,马鸿毅回到学校,继续她的学业,我也返回洛阳,继续我的教书生活。马鸿毅此次离开家乡,再没有机会回去,直到她的母亲去世,因为已经有了孩子的拖累,再加上路途的不便,这未免不使她抱憾终生。

同马鸿毅的结合,转眼已50多年。现在我的大女儿任秋子,已55岁了。半个多世纪以来,经历了抗日战争、解放战争。我们东西播迁,从城市到农村,从农村到城市,历尽了人间的艰辛,但由于我们有着深厚的爱情基础,所以能相互体谅,同休戚,共患难。马鸿毅性格上的温柔与坚强,使她在坎坷曲折的人生道路上虽饱尝了苦难,受尽了劳累,而从无怨言。在她处处体贴、照抚下,我才得以在学术上有所创获,在学术界稍有声誉。同时,孩子们由她抚养,都已大学毕业,成家立业。在这些地方,我不能不对她的性格与品质,表示由衷的敬佩,并以此感到无比幸运。

1989 年 7 月 9 日写成,时年 80 岁

我 的 朋 友

中国古代把朋友作为五伦之一,这说明人生活在社会上不能不交际,因而也不能没有朋友。一个人从童年、青年、壮年,直到老年,都不可能块然独处。随着年龄的增长,社交方面也随之而发生变化,朋友也因之而增多起来。从古至今,朋友有着多种多样,有道义之交,也有势利之交。前者以道义,时间久而弥坚,以至生死不渝。而后者不过彼此利用,时过境迁而成路人。这在复杂的社会生活中是在所难免的,也无须兴什么人心不古之叹。

我从早年到现在,也交过一些朋友,其中志同道合者,也不乏其人。不过有的已经物故,有的则天各一方,久绝音问。至今仍有书函往来的已寥寥无几,思之不能不令人怆然。现在,就最不能忘怀的几位,略述于下。

1923年,我考上开封省立第一师范后,由于诸多方面的影响,使我对文学产生了浓厚的兴趣。初三时,我的习作《杨柳与文学》发表在商务印书馆发行的《学生杂志》上,大大地激励了我撰文投稿的热情。《河南民报·副刊》便成了我经常发表文章的地方。其时,我的同窗徐缵武也是一位爱好文学的青年。因为彼此趣味的相投,便成了好朋友。

缵武的父亲徐侍峰是河南教育界的老前辈,曾任开封一师校长、河南大学教授。后来到了北平,先后任师大附中校长、师大教育系教授、辅仁大学教授。由于缵武也常给《河南民报·副刊》投稿,所以我们都应邀参加了该报编辑陈治策先生发起组织的文学团体"晨星社"。还记得在本社的《晨星半月刊》创刊号上,载有缵武的小说。他的小说颇有幽默的风味。

1929年暑期,我和缵武在一师毕业后,都到了北平参加升学考试。我考取了北师大,他考取了燕大。课余时间,我们仍然经常往还。那时,我曾为北平《益世报·副刊》编辑《草虫周刊》,后又改为旬刊。周刊的篇幅为8开,旬刊为4开。"草虫"是继"晨星社"后而组成的一个小型文学团体。除原"晨星社"的成员罗梦册、徐缵武和我外,还有一些师大同学如许安本等。

缵武在燕大学习期间,也钻研学术。他曾为王国维的《人间词话》作注,但不知为什么没有出版。

缵武的姊妹兄弟较多,他又是长子,为了减轻家庭的经济负担,他在燕大未毕业便教书了。

我在师大读书时,上课在石驸马大街原女师大的旧校址,住宿在西单白庙胡同。缵武住家也在石驸马大街附近,所以彼此经常见面,有时还一起到西单吃小馆。记得有一次我俩一起去访问罗绳武君,罗绳武毕业于开封一师,比我们早三四年。由于他是缵武父亲侍峰先生的学生,所以我们到沙滩西老胡同去看他。在他那里,又遇到久别的老师嵇文甫先生。时间是在下午,临别前,绳武在一家名华顺居的小饭馆请我们吃了顿晚餐。我大学毕业,赴洛阳师范任教后,和缵武还时时有书信往来,但见面的机会就很少了。

缵武也曾回到河南,任教于开封北仓女中,后来又到北平教书。解放后,我每次去北京都要看望他。1976年,唐山大地震时,他的在唐山工作的大儿子、儿媳和孙子同时遇难。组织上为了安慰和照顾他,把他在山东的二儿子全家调到了北京。

缵武极其平易近人,很容易与他相处。对朋友,总是要自己吃亏从不肯占别人的便宜。我有一个同乡和他在燕大同学。由于我的关系,他们也彼此往来。但我的这位同乡极不责己,曾为个人婚姻问题,多次向缵武借钱,而从不偿还。后来提及此事,缵武虽有所不满,但也只一笑了之。其为人之厚道,足见一斑。1958 年,我的二女儿任蕤,在北京郊区的一个部队医院动手术,缵武代家长签字,并接她出院,送她上返豫的火车。这种深情厚谊,不能不令我铭刻五内。多年来未去北京,也因为年老懒于执笔,况且写信时又觉得要说的话太多,所谓"一部二十四史,不知从何说起"。几次提笔,又几次放下。他长我一岁,现在已是八十开外的老人了。我惟有默默地祝愿他健康长寿。

我在开封师范读书时的另一位挚友,是罗梦册。他是我的小同乡。由于他的叔伯婶婶是我的姑姑,因而又有表亲的关系。当时他就读于河南大学中文系,彼此又都是文学爱好者,所以往来很频繁。他对新诗情有独钟,并倾力于从事创作。他于古代诗人,盛推盛唐的李白、清初的吴梅村。他时常提起在南阳中学读书时的语文教师周子信先生,他在讲授吴梅村的《园园曲》时,说到吴梅村在明亡后,被清朝强迫出仕,而称其为"被强奸的二臣"。在现代诗人中,罗梦册倾慕"新月派"诗人徐志摩和闻一多,而受徐志摩的影响尤深。他本人的诗作,也有其独特的造诣。我每次去他的宿舍时,他总是拿出自己的新作给我看,偶而也朗诵给我听。他的诗给我印象最深的有《花要落去》和《诗人的遗嘱》等。他的诗想像丰富,构思遣词,颇有天马行空,不受羁勒的气概。他也是《河南民报·副刊》编辑陈治策君组织的"晨星社"成员。1929 年,我赴北平升学。翌年,他委托我在北平的一家印刷厂印行了他的诗集《花要落去》,并由我请北师大教授徐祖正先生为之作序。罗梦册对西方诗歌,酷嗜英国 18 世纪浪漫派诗人拜伦的作品,他的诗作也颇受拜伦的影响。而徐先生又是研治英国文学的,并在师大外语系开过"济慈诗选"课,我也选修了。所以徐先生在"序"中称道英国浪漫派诗人风格的同时,联系罗梦册的作品,指出其与英国浪漫派诗人,特别是拜伦在创作上的渊源关系。我认为这篇"序"是具有一定深度的论文,决非泛泛的应景之作。

罗梦册大学毕业后,曾东渡日本,适值"九一八"事变,遂当即返国。而后,考入了北师大研究院,从事明代文学研究,导师为高步瀛(阆仙)先生。当时我正在师大读书,因而往还频繁。他住在彰义门大街师大研究生宿舍,每到他那里,总有说不完的话,往往与他同床抵足而眠,谈到夜深方才入睡。

罗梦册在研究院毕业后,赴英伦留学。他素有经世之志,出国后便放弃了文学,从事于"国际政治"。回国后,任中央政治学校教授,还在商务印书馆出版了《中国论》一书,并在河南竞选"立法委员"。后曾被河南大学聘为"法学院"院长,但未到任。南京解放后,他去了香港。据说他任教于香港大学。1957年,曾一度回国,不久又返香港,任教于私立中文大学。我从他的亲戚马慰慈那里得知其近况和住址。虽为过去的挚友,但多年来天各一方,彼此的思想和处境,都发生了巨大差异和变化,深感几十年来积累的许多话,不知从何说起,所以几次想致书问候,而又终于作罢。

我在师大时,与校外朋友接触较多的是住在沙滩北大附近的李海宴(静之)。同时,又由于我参加师大国文学会的原因,又结交了钱振东(鲁亭)、方国瑜。另外,还有同班中河南同乡许安本(固生)、陈国钧(仲平)连同我,被同学们戏称为"河南三杰",但彼此往来反倒不多。与许安本的结交是我到洛阳师范任教之后的事了。

钱鲁亭是山东单县人,曹州府省立六中毕业后考入北师大。曹州六中在山东颇有名气,当时山东教育厅长何思源就是从这里毕业后,又相继于北大和美国哥伦比亚大学深造。因而,他选拔用人,也多是从这几个学校毕业的学生。一时山东教育界有"六中,北大,哥伦比亚"之说。我的这位朋友钱君,便因为毕业于六中,在师大毕业后,又曾出版过一本《中国文学史》上卷,所以很快就被任命为济南白鹤庄乡村师范校长。当时,我即将升入大四,他便一个电报又一个电报,邀我去他那里任语文教师。那时,一个学校的校长只要一换,主要的职员和主科教师也随之发生变动,所谓"一朝天子一朝臣"。由于他对我的信任,在盛情难却的情况下,我不得不去给他帮忙。

白鹤庄位于济南郊区,四周的稻田间杂着一些荷塘。正值初秋,一望碧绿,其中点缀着"出污泥而不染,濯清涟而不妖"的荷花,令人心旷神怡。惟使人遗憾的是,这里的蚊虫太多,一到晚上,室内蚊声如雷,撑着帐子,它也会设法钻进来咬你几口。我从未害过疟疾,却在这里种上了疟疾的病根,以后每到夏秋之交便要复发。直到1933年,爱人在洛阳一家教会医院生我长女秋子时,一位被称做毕教士的外国大夫,给我开了6元钱的金鸡纳霜药面几十包,嘱我每到将要发病时服用。这样的连服几年,才算除了疟疾的病根。

我在济南的那段时间,主要是帮助钱君招生、阅卷。而后又上了几天课。师大开学,步入了我大学生活的最后的一学年,事实上又不能旷课太久。于是请在北平的朋友徐缵武前来代庖,我才得以脱身。

钱君后来带着新婚夫人到北平游览,我和爱人马鸿毅陪他们去逛了中山公园。此次别后,不很通信。直到1937年抗日战争爆发,山东沦陷,他携眷内迁时路过开封,我们见过一面。当时他已患肺结核,因为还没有特效药,所以不久他便去世了。

在北平上大学期间,另一位与我往来较多的是李静之兄。他是南阳博望张湾人,与罗梦册在南阳中学时是同窗好友。1924年春节后,我和罗梦册相约一同赴汴。途中,我们又拐到博望张湾,偕同李静之一起走。当时,李静之就读于南京东南大学,须从开封乘火车前往。李静之的伯父很好客,留住我们不让走。但因开学在即,势不能多留,所以只休息了一天,便雇了辆马车上路了。那时还未通汽车,走了四五天才到许昌。而李静之又生了病,到开封后他已不能再去南京了。呆了几天,他只好返乡养病去了。

1929年,我到北平时,他住在西四转塔胡同的朋友家里。他的这位朋友,原是军官。李静之在家养病期间,曾参与某部队的文职工作。后来,该部队遣散了部分人员,李静之和他的这位朋友皆在其列。李静之来到北平,也是为了寻找再升学的机会。适值北大国学门研究所招生,他前去报考而被录取了。而后,他住在北大附近东老胡同的一家公寓里。我因罗梦册关系,也和他不断往还。他喜爱文学,在古代文学方面很有根底,对现代文学的名家名作,他也时常浏览,所以我们之间有较多的共同语言。他的爱人魏廷玢在女子文理学院读书,我常常在李静之那里碰到她。她有时也带女同学来玩,我和爱人马鸿毅也就是在这种情况下认识、相爱的。后来,由他们夫妇作合,我和鸿毅结了婚。

为了生计,李静之最初在北大同学贺翊新等办的大同中学任教。后来,沈阳第三高中出较高薪酬聘他,他遂把大同中学的三班高中语文课请我来代。大同中学在东城东四附近,离女子文理学院很近。我有时上午下课后,就去邀马鸿毅到饭馆午餐。

李静之在沈阳工作一段后,回到河南,任开封高中语文教师。一次暑假,他来北平,为我和马鸿毅设订婚喜筵。我和马鸿毅在筵席上交换了镌有姓名的戒指,作为订婚的纪念。参加的除李静之夫妇外,还有罗梦册。散席后,我和马鸿毅到照相馆照了合影。

1932年,罗梦册的胞兄罗震(东峰)出任南阳专员,李静之被罗梦册荐为专署秘书长。从此,李静之弃学从政。此后,他历任河南保安处,建设厅及河南省政府秘书长等职。河南解放前夕,他已与地下党有联系,并参与谋划河南反正事宜。解放后,担任政协工作,并担任河南民革省委副主委之职。1988年,因病谢世。

李静之在学问上有较坚实的基础,但因有济世之才,故后半生把精力都用在了政治活动上。其平生事业最值得称道的是,在抗日战争时期,他辞去南阳专署的行政职务,创办了《前锋报》。当时,大半个河南都已沦陷,只剩下豫西、豫南几个专区。官方报纸,仅有《河南民报》。由于《前锋报》系民营,说话比较自由,所以能以客观地报道国内外消息,批评时政,申诉人民的疾苦。特别是通过弘扬民族文化,鼓吹爱国主义精神,去教育民众,去鼓舞他们抗日救国的热忱,起到了积极的作用。

我当时在嵩县潭头(今属栾川)河大任教。《前锋报》发刊后,李静之便来信向我约稿。起初,我只给"副刊"写些短文。后来,一到假期,尤其是暑假,我回到南召家中后,他便邀我去报社,为他撰稿。这样的,除了写些学术文章外,还时常写些"社论"一类的稿子。又因为

《前锋报》社的印刷条件较完备,我还为南阳地区的高中编写了语文教科书,并且又以"前锋丛书"的名义,印行了我的《子产评传》和《中国现代文学史》上卷。

由于李静之对古代汉语有过深入的探讨,所以在20世纪50年代,他曾多次表示想到河大中文系执教,以发挥自己在这方面的学术专长。但省委领导需要他从事政协工作,而未予以批准。这对他而言,不能说不深为遗憾。

我就读于北大研究院时,在同学中过往较密的是商鸿逵兄。他原毕业于中法大学,是刘半农的学生。他在研究院从事"颜(元)李(塨)学派研究",导师是清史专家孟森先生。后来,他在中法大学负责学报编辑工作。我的《王国维〈人间词话〉与胡适〈词选〉》一文就是应他之约发表在《中法大学月刊》上的。

抗战期间,鸿逵兄未离开北平。解放后,北京各大学调整,中法大学并入了北京大学。1982年,我去北京看他,他在北大历史系任教授。文革中,翦伯赞夫妇自杀后,他家搬入了翦伯赞的住宅。房子比较讲究,据说翦伯赞喜欢种花,所以楼房的上层,朝阳的一面全是玻璃窗。鸿逵兄留我吃过饭,谈及往事,说他20世纪30年代曾同刘半农先生写过《赛金花遗事》一文,文革中便有人攻击他,说他是"黄色作家"。到了文革后,一些攻击过他的人又对他表示好感,见面恭维备至。对这种世态人情的变化都有着无限感慨。这次分别后,中间音问断绝。后来突闻北京传来的消息,说他已经去世。原因是他夜间下楼,因未开灯,而从楼梯上摔下来而致命的。伤哉!

岁月如流,往事如梦。回忆以上过从较密的几位朋友,有的尚在,有的已经作古。尚在的也因天南地北,很少问闻。写到这里,不能不感到一阵心酸。但愿尚在的老友们,善自保重,晚年生活幸福。

1989年9月4日于不舍斋

十年飘泊记

1939年我在河南省立洛阳师范任教,为了躲避日军的飞机轰炸,学校于1938年迁到四面环山、洛河萦带的卢氏县涧北村。这个村的居民有几十户,大半姓莫,民情淳厚,人们对到那里的洛师师生和家属都非常地热情。对生活上的问题,尽量帮助解决。所以洛师师生员工不论是工作和学习,都非常安心。

到了1940年1月,学校开始放寒假的时候,我接到了河南大学文学院文史系的聘书,让我去那里任教。河大当时已迁到豫西的嵩县,医学院在县城,其余文、理、农三院在该县潭头镇,离县城还有100里的路程。我同我的一位堂兄任冠五(当时也在洛师任教)商量说,不能贸然去河大,因为对该校情况还不清楚,不如先把家属送回南召老家,过了春节,我一个人到那里去,他非常赞同。于是我和妻儿由任冠五陪同,一起离开卢氏,在春节前到了家乡。

春节过后,我只身由一个仆人陪同,去嵩县潭头镇。路上有时坐汽车,有时坐人力车,走了四五天才到学校。接着就到我在河南省立第一师范读书时的老师嵇文甫和张邃青两教授家里看望。他们见了我都很高兴,通知学校为我安排了住处。我担任的课程已经确定,共两门课,一是古代散文选,一是中国文学史。

刚从中学到大学任教,自己担心能不能胜任,能不能站住脚,心中还没个底,不过要全力以赴。文选课选的篇子大半是魏晋文人的作品,如嵇康《与山巨源绝交书》、陆机《文赋》之类。中国文学史我在洛师已教多年,并且已有印出的讲义。上了一段课,同学们表示满意。

1942年春,学校发生了教师罢教的风潮。当时河大校长王广庆,河南新安人,与张钫有旧。王先生是治国学的,没有进过大学,也没到外国留过学①,对新学比较陌生。师生对他有时讲的外行话,不免传为笑谈。当时教务长刘海蓬,在北京的大学任过教,校中有部分教师同他比较接近。这样,他以为王某在校不孚众望,便产生了取而代之的想法。适逢当时物价暴涨,部分工资较低的讲师和助教,以请求增加工资为理由,举行了罢课。后来由几位院长从中斡旋,风波才得平息。

我在这次风潮中,深感到学校内部有激烈的派别斗争,风潮虽暂时平息,将来是否还会再爆发,尚未可知。我于是给城固西北联大的原北京师大教务长、中文系教授黎劭西老师去信,告诉他我想离开河大的打算。不久暑假到了,我就回到了南召老家。9月份开学后,我和在河大数学系读书的同乡褚君走山路去潭头镇。途中过河跌跤摔着了腿,由褚君搀扶,勉强步行了一段,后来找到牲口代步,才到了学校。

暑假中我在家已接到了黎劭西先生的信,约我到兰州西北师院任教,并告诉我路费到校后可以报销,并说在城固的原北京师大师生不久也将会全部迁到兰州。我将离开河大之意告诉了嵇文甫及张邃青两位老师,他们都不同意,并说兰州离家太远,将来搬家也很困难。我当时思想很矛盾,加上我摔伤的腿还未痊愈,于是我就写信给黎师,辞去了他的邀请。由于春天的学潮,校当局自然不能善罢甘休,

---

① 据台北市1988年4月30日出版的《中原文献》第20卷第4期载《王广庆先生传略》(作者署名"本社编委会",而看行文,当为王广庆之侄王契刚所作)记:"民二,先叔游学东瀛,习法政,民五归国。"

在暑假中对刘教务长及其追随者都予以解聘的处理。从此河大中文、理、农三院,成为王校长与留美派合作共治的天下。校当局为了平息部分工资较低的教师的不满,根据各人的学历与教学成绩,提升了职称。我也由讲师提为副教授。

在潭头,较大的教师宿舍,位于西寨门里的一家大院,大家都称之为"十六号"。院中北房为上房,南房临街,并有东西厢房。我住的是东厢房。教师是在校部搭伙,刮风下雨,极不方便。后来教育系陈仲凡教授带去了一个厨师,于是院内就有了一个小灶,大家都很满意。尔后住在附近的老师,凡是家属没带去的,都到这里搭伙,这里就更加热闹了。每当晚饭后,同事们三三两两都到西寨外沿着一条向东的大路散步,天晴时,西边的落日余晖,映出一片灿烂的晚霞。周围群山非常地静穆,南边的伊河蜿蜒自西向东流过。在那烽火连天的年代,在这里不能不令人有"世外桃源"之想。不过学校外表上的平静并不能掩盖内部的尖锐矛盾。曾有一个时期,校当局为了消磨同学们的时光,由同学中喜欢戏剧的,不断地演出节目,如南阳曲剧、豫东梆子等都登上了舞台。当时演的次数较多的有陈铨的话剧《野玫瑰》、曲剧《白蛇传》等。而扮演主角的一两个女同学也名噪一时,成为当时师生谈论的中心。

当时进步的同学组织了笔会,举行鲁迅逝世纪念会及具有进步意义的理论演讲会。那时最受进步同学欢迎的老师为嵇文甫先生。他用马克思主义的科学方法来讲授中国社会史和中国学术思想史。正因为这样,当时反动势力嫉之如仇。抗战期间,国民党发动了几次反共高潮,河南省自不例外,而河大尤为当局所特别注意。部分进步同学逐渐逃离了学校,最后嵇先生也遭到反动派的逮捕而囚禁于洛阳。后经多方营救,反动派迫于舆论的压力,不得不予以释放。

20世纪40年代初,我的朋友李静之在南阳创办了民营报纸《前锋报》。他给我写信,要我为这个报纸撰文,同时也约了嵇先生。我因当时的教学情况,除备课和从事科研外,还有一点余暇,于是不时为《前锋报》撰文。那时该报的副刊主编先为傅恒书,后为李蕤(赵悔深),他们都是我相识已久的友人。我当时为该报副刊所写的文章,内容多结合我教的中国文学史、中国现代文学史中的学术问题。后来曾把发表在《前锋报》副刊上的这些文章,部分收入到我较早印出的论文集《中国文学史散论》中。

此外,我每逢寒暑假,即回南召老家。暑假假期较长,李静之往往约我到南阳他的报社,为该报撰文。当时除为副刊撰文外,间或也替李静之写些社论一类的文章。现在回忆起来,当时发表的文章涉及的范围相当地广。除一部分学术论文外,还有论道德修养以及评论社会风气的。我还记得有一年暑假,南阳地区一部分县的管教育的官员到南阳开会,他们要和我会会面,我深感不安。他们可能出于一时敬慕的动机,但我觉得自己才疏学浅,实在惭愧。

1944年前后,我在《前锋报》社接连出了两本书,一是《子产》,二是《中国现代文学史》上册,这都是在潭头写的。《子产》一书是我在教先秦文学时,阅读《左传》,一时对子产生平、思想及其政绩产生了兴趣,加上子产又是河南人,于是参考有关史料,写成了这本书,并请嵇文甫师审阅后写了篇序。

当时系里有一门现代文学及习作的必修课,让我担任。我就借此机会,为同学们讲授现代文学史。当时河大图书馆在潭头寨外的上神庙,我费了几天功夫把散乱堆积的旧杂志加以翻阅,居然找到了五四时期全部的《新青年》、《新潮》以及当时倡导新文化运动的陈独秀、胡适、鲁迅、周作人、刘半农等人的著作。此外,20世纪20年代文学研究会的《小说月报》、创造社的《创造季刊》及《创造周报》,还有20世纪20年代后期创刊的《洪水》、《文化批判》,语丝社的《语丝》等,20世纪30年代左联的《萌芽》、《文学月报》以及提倡第三种人的刊物《现代》,提倡"民族主义文学"的刊物《前锋月刊》,提倡小品文的刊物《论语》、《人间世》,等等,都居然找到了。这样就为我写《中国现代文学史》提供了最主要的资料。

我把这门课讲了一年之后,将讲义第一、二部分,即从五四到20世纪20年代前期,誊写出来,又请嵇文甫师审阅,他又为它写了篇序。后来写信,商之《前锋报》社的李静之兄,他慨然答应,愿意由他们那里印行。这部书应该是最早出版的中国现代文学史,时间是1944年5月。该书的主要内容共分三编:《文学革命运动的前夜》、《文学革命运动》、《新文学的萌芽与成长》。当时印了2000册,销行如何,我不大清楚。下卷因为形势变化未能印出。直到解放后,我又担任了这门课,1956年由河大函授部发行了我的《中国现代文学论稿》。

在潭头生活期间,我们每周到汤营洗温泉澡。汤营离潭头约七八里路,那里温泉水的温度约摄氏80度,据说把鸡蛋放进去,过一个时候,就能煮熟。由于有这么一个天然沐浴的好地方,学校师生往往三三两两结伴到那里洗澡,一般都是每周一次。每当春天到来的时候,山里杨柳垂绿,野花呈艳,别有一番况味。

还有重渡,离寨子约30多里,位于南边的山中。有一年的春假,我曾和同事前往游览。经过漫长崎岖的羊肠小路,最后到了目的地。这是两山之间的一个盆地,村落并不大,一所讲究的宅邸,据说是潭头大户王家的庄园。我们进到一所比较高的大门楼里,有王家的仆人在接待我们。这里有山有水,比较令人注目的是布满了青翠的竹林。这里的竹子,不但很粗,而且很高,微风吹来,沙沙作响。这样的景色,是我平生第一次见到的。在那里住了一宿,第二天即遵原路返校。

1944年春,日军从东边渡河(当时黄河已改道,从花园口向东南方向流去。这是1938年中央军扒黄河,以御日军西进所采取的措施)进攻洛阳。经一番战斗,洛阳沦陷,豫西大为震动。接着日军又分出一部兵力进攻嵩县。在该县县城的河大医学院师生,纷纷逃散,其中一部分来到潭头。于是人心惶惶,学校也停了课。我因家在南召,这时大路已经不通,只得走山路回去。

临时将一部分常用的书籍,像《辞源》、《十三经注疏》、前四史以及《昭明文选》等,雇一个脚夫担着,陪我到合峪一个小学校的孙校长家里。这位校长是我在洛师教书时的学生。

从合峪动身,仅我一人,因为这条路曾走过多次,所以也无须找向导相陪。经过嵩县的车村,再翻过一座大山,就到了南召的马市坪,再经过李青店,就到了我的家乡梁沟。抵家后不久,就派人去合峪小学取书。去人回来说,潭头沦陷后,合峪去了些军队,大肆抢劫,书籍完全损失,只带回几本零散的《十三经注疏》。当时深悔没把书带回家中。

过了一两个月,接到了逃到荆紫关的河大友人刘纵一函,谈到敌人到潭头时,河大师生纷纷逃难的情况,有不少人只身逃出,什物损失一空。另外就是校中一些教授向教育部控告王广庆校长"玩忽职守",使学校遭此大难。教育部免去了王广庆的职务,另任命张广舆接任。张氏20世纪30年代曾作过河大校长。

暑假中又接到学校友人来信,说学校在荆紫关正筹备开学,于是我不能不去学校。这时我们那里也不大平静,一些杂牌军队分驻在许多村庄。在我去荆紫关时,把大女儿任秋子和大儿子任光带走,家中由我妻照顾二女儿和小儿任麟。当时交通工具很困难,我是雇架子车经过南阳、内乡、淅川到达豫陕边境的荆紫关。

荆紫关是淅川县一个大镇,商业相当发达。荆紫关附近也有较大的村庄,当时教职工多住在镇上,同学们住在附近乡村。我被安排在一个生意铺后边的两间屋内。没有公共的食堂,吃饭须自己做。好在食品都很好买,同时一位南召同乡郑学康君是经济系的学生,他同我们在一块做饭,这样凑合着解决了吃饭问题。这年寒假,因为妻子的病,我须回家乡去。当时,大女儿任秋子已上小学,因为假期短,我不想带她回去,把她留在荆紫关,住在邃青师家里,由他来照料。我带着小的光儿,回到家乡。到家后,才晓得妻结核病发,卧床几个月,幸喜调养得好,已见痊愈。春节过后,打算带她到南阳让西医看看。同时家中还有三个孩子,都留在家里,我的外甥媳妇也照顾不过来,于是又把光儿带走。到南阳后,把他同他母亲留在南阳朋友家中,我乘汽车去荆紫关。

到校不久,听到日军进攻南阳的消息,这时学校师生又慌成一团。校领导开会商量,认为荆紫关临着由南阳通往西安的公路,如果敌人大举西进,前途是很危险的。学校不西迁,无别的路可去。但如果都循着公路西去,交通工具又很困难,不要说汽车没有,就连能代步的牲口也很少。经过一番商讨后,决定同学和没带家属的教职工循着公路向西安出发。至于有家眷的教职工,绕道走竹林关,最后到龙驹寨。如果敌人到南阳后,不再西进就更好。如果继续西进,那我们也可以躲开敌人的前锋。大家同意这样的安排,于是分头出发了。

我因带着10岁的女儿秋子,跑路不行,于是决定随同带有家属的老师们,采取绕道走的办法。

在这一次逃难的途中,我感慨很深的是,一个国家不能自强,一旦遭到敌人入侵,人民的境况该有多么痛苦、凄惨。当时,没有交通工具,许多老太太、小孩子都得步行,道路并不平坦,虽没有高山,但却有不少的丘陵。前进的队伍,断断续续,三三两两,沿着小路,非常缓慢地行进着。当你走到丘陵的高处,回头一望,那蜿蜒曲折的人流,男女老少缓缓行进的情形,真是一幅目不忍睹的"流民图"。

我们走到赵川,到了一家姓党的庄园。主人是地方政府的一个头头,他的庄园,俨然像欧洲中世纪封建贵族们的城堡。部分校领导被接到他家客厅里住下,我和大女儿任秋子也随着住了进去。

主人党某约四十几岁,是当地豪绅,听他的谈吐,文化水平不高,但颇有几分豪侠气概。他对住在他家的客人招待得非常周到。他留大家多住几天,看看时局动向再作定夺。他说他在附近的山里藏有几百条枪,敌人不来则已,即令来,也有力量消灭他们。他有一个上中学的儿子,让我给他讲一点古文,这样我个人心中觉得总算不白吃他家的饭了。

在赵川党家庄园住有一个多礼拜,校领导决定动身到龙驹寨去。临走前,因交通工具困难,同时天气渐暖,有些人觉得棉衣棉被都已成了包袱,还有的出来时还带有不少家庭灶具,如锅碗盆勺之类,于是决定把这些卖掉。由于人数多,一时间在村庄前面几乎成了个大市场。这里土地集中,贫农佃农较多,加上不产棉花,比较廉价的衣服、被褥,买的人还不少。这样持续了几天,东西出售得差不多了,就开始出发。

出发时已是暮春天气,桃花已谢,而梨花正开得如雪片一样,簇拥在枝头。此情此景,不能不令人想起杜甫的"国破山河在,城春草木深。感时花溅泪,恨别鸟惊心"的诗句来。女儿任秋子上路那天,跑了五六十里路,晚上竟发起高烧来。我心中非常担忧,这样明天怎么办?跟不上大队,怎么好?后来把情况告诉嵇文甫、张邃青两师,他们带有治感冒的药片,给了我几片。所幸她服了药,休息了一个晚上,第二天不烧了,于是又继续随着大队前进。

这样走了约三四天,才到龙驹寨。龙驹寨是临着河南到西安公路的一个大镇。沿途往来有不少的大卡车,运输货物,同时也带客人。所以到了龙驹寨,并未多停,就搭上汽车向西安进发了。

第一天就开到秦岭东南麓的山脚下。次日早饭后,汽车爬山,越过高峰,在下坡的路上如飞一样,下午就到了灞桥。这里是古代离开长安远行的征人们的亲友送别征人的地方,所谓"灞桥折柳送行人"。我们正在逃难,想到古人在这里送别,不禁感慨万千。

西安街道宽阔,气势宏伟壮丽,还多少留有汉唐古都的气派。学校早已派人在河南人办的西北中学给我们安排了落脚的地方。我带着孩子随着其他同路的到那里略事休息,即去甜水井街看望我妻马鸿毅的大哥马晓钟。幸喜他在家里,没有外出。他非常热情地接待我们,并问到马鸿毅为什么没一块来。我告诉他,我们是从荆紫关随着学校同仁跑出来的,马鸿毅带着任光儿在南阳养病,不知道她们现在是否回到了南召家中。马晓钟大哥表示非常遗憾,并为她们的安全担心。

学校决定迁到宝鸡石羊庙,我们并未在西安多停,即随学校其他同仁乘陇海路火车西上。在西安时,得知我的表侄女的丈夫韩某在宝鸡工作。到宝鸡后,因为石羊庙离城还有一站,而学校短时间还不能把老师安顿下来,至于何日上课,为期更是渺茫,我便找到了韩某的家,暂时住在那里。我当时感到,战争结束,还遥遥无期,而家乡早晚终有被日军占领的可能,妻儿在那里,的确不安全。于是,我决定在河大短期还不能上课的这段时间,回到家乡,把她们接到宝鸡来。主意既定,我把任秋子留在亲戚家中,就动身回家乡了。临行时,遇到南召同乡袁家安,系友人袁峻峰的本家侄子,他要回南召,我们就结伴同行。

根据我的推断,从灵宝经卢氏、嵩县,到南召,日军不可能在那里呆。我们就决定走这条路线。从宝鸡乘车到灵宝下车,即开始步行。我因多年来在潭头教书,寒暑假都是步行翻山回家,可以说在走路上是锻炼有素,一天步行百里,毫不成问题,和我同路的袁君总是落后。在途中心里最不宁贴的是马鸿毅和任光儿,当日军进攻南阳时,她们正在那里看病,不知后来是否跑脱了。杜甫在《北征》一诗中写他从凤翔请假去鄜州一带看望妻儿时,用"苍茫问家室"的诗句,我当时也深有同感。很巧,我在从嵩县车村向马市坪行进中,碰到了与我家住得不太远的邻村的人,他告诉我,我妻和孩子早已回到了梁沟家中。这样我才把心放下。到了李青店,已经是下午,袁君已到家,只剩我一人,离家还有四五十里。袁君要我休息一下,第二天再走。我坚决要走,快到家了,走的速度很快,但"心急路转长",觉得几十里地也很难走。晚饭前终于到了家,马鸿毅还有我的母亲见我回到家,真是喜出望外。季节已过了小满,很快要收麦了。据说敌人在进攻南阳时,曾从我们县经过,但没有停留,就南去了。而当时国民党的县政府人员,在日军没到之时,早已逃之夭夭了,我们县已成了"真空"地带。不过时时传来一些谣言,说日本人还可能来,于是往往不免闹些虚惊。

战争究竟何时能结束,谁也推断不出来。当时日军占据着南阳,是否还会西进,不得而知。日军是否还会在南阳增兵,派一部分到南召来,谁也不敢说这个不可能。我到家后,带着马鸿毅和三个孩子出去,是早已决定了的。有些亲友想跟我一块到陕西去,当时准备与我同行的有黄文煌君,他的爱人秦女士是河大医学院学生,他要我带他去。另外还有一位本家侄子,在宝鸡经商,他的媳妇也要跟着一块去。其他还有几位中学生,他们听说陕西有几所收容河南流亡学生的中学,也要去上学。出发的人员加上雇的牲口和挑夫,形成了一行长长的队伍,自然我无形中成了这支"远征军"的领队。我们做了些分工,譬如到了一个地方找宿处,雇牲口及挑夫等等分头去做,还有晚上何时休息,早晨何时上路的规定。在我离校时,由学校办了一个证明身份的护照,这个护照在路上发挥了很大的作用。因为途中经过一些关卡,还有晚上住宿的地方,都必须有证明。我因持有大学教授的身份证明,所以沿途关卡都给以特别照顾,所带行李都不检查,并优先予以放行。同时在住宿与雇脚夫方面,也都很顺利。经过几天的跋涉,最后到了淅川的西坪镇。想不到遇见了我在洛师任教时的学生李更夫君,他当时在政府工作,正在那里等待一批政府人员。看到多年没有见面的老师,他异常热情,不但赠给路费,并代我们解决了住宿与购汽车票等问题。

西坪镇为陕豫交界的一个大镇,从这里循着公路越过秦岭,不用一天的时间,即可到达西安。我们乘上了汽车之后,觉得轻松多了,尤其我,感到担子快要放下了。路途上还算顺利。这是在较短期间,第二次又到西安。到了西安之后,所有同行的,都各自找自己的有关亲友去了,我带着妻儿到亲戚马晓钟家去作客了。

在西安没多停,即去宝鸡。由在那里的亲戚派人到石羊庙附近一个村庄找到两间房子,算是把家安顿下来。这时学校在流亡中,一切都是从简。在石羊庙也算上了一段课。

我记得日本投降的消息在一天凌晨传到我们所住的乡村,一时鞭炮齐鸣,我当时也有杜甫在四川听到官军收河南河北的消息时的心情,所谓"剑外忽传收蓟北,初闻啼泪满衣裳。却看妻子愁何在,漫卷诗书喜欲狂"和"即从巴峡穿巫峡,便下襄阳向洛阳"。我们则是"即从宝鸡到长安,便穿潼关至洛阳"。

这一令人兴奋的消息,真使所有河大师生喜笑颜开。学校当局开始筹划迁回开封。这时从宝鸡到开封的铁路还没有全通,但由于集体行动,路局也给以特殊照顾。从石羊庙附近的一个车站上车,路过西安,很少人下车。当天就到潼关,再向东,火车就不通了。这时我一家六口同陪我们一起回开封的小同乡褚君金栋一块行动。褚金栋是中文系学生,由他陪同照顾,一路雇车、住宿以及一切琐碎事务都由他来奔走。今天回忆起来,还不能不对他表示由衷的感激之情。

到潼关的第二天,就雇到了一辆马车,向洛阳进发。经过阌乡、灵宝、渑池、新安等县,每天大约走七八十里。途中经过崤山,使我想起幼年时读的《左传》上讲的秦师伐郑的史事。当时,秦国的老臣蹇叔反对穆公此举,遭到穆公的斥责。当秦师出发时,蹇叔的儿子与师,他送他儿子时说:"晋人御师必于崤,崤有二陵焉,其一,夏侯皋之墓在焉,其一,文王之所避风雨也。必死是间,余收尔骨焉。"结果不出蹇叔所料,秦国的几员大将都是在这里被晋军俘虏去的。由于了解过去的这段历史,这地方特别引起了我的注意。

到了洛阳,因去开封的铁路已通,所以没停留即搭车东去。这时黄河还没有恢复故道,火车到中牟黄河西岸,须下车渡河,然后,再乘东岸火车去开封。抵开封,已是下午。暂时到学校住了几天,才托学生阎季昌君在辇子街租到三间南屋,房子非常破旧,四壁的墙用手一摸,就纷纷落下土来。但一时找不到较好的房子,只好住下了。在这里过了春节,后来在延寿寺街有两间东房,一间南房,因系朋友所住,他要离汴去北平,于是转让给我。这房子离学校近,并且较新,只不过略小一点,我决定搬去了。

这时胜利伊始,开封出现了不少报纸,有的是原有的,如从豫西南迁回来的《河南民报》、《河南民国日报》。也有新创刊的,如《青年日报》(后改名《正义报》)。《河南民报》的总编辑为傅恒书,他过去曾任《前锋报》总编辑,所以我们比较熟,他就约我写稿。《青年日报》系新创刊的小报,负责人之一的李更夫是我过去在洛阳师范任教时的学生,他约我为该报编一文艺副刊,我共编了十余期,后来该报改为《正义报》,副刊就停了。

1947年国民党当局发布"戡乱"命令,内战的烽火燃遍了大河南北,抗战胜利初期下跌的物价,这时又猛涨起来了。学校每月发的工资买不到几袋面粉,生活再次紧张起来。这时外县有不少富家子弟,为逃避国民党的兵役,来到开封考大学。由于名额少,报考者多,有许多落榜学生留在开封,想找一个补习的机会。当时有位叫景中天(邓县人)的,看准了这个机会,在河大南边的眼光庙,开办了一个大学补习班,聘请河大教师任教,待遇是每月按规定时间送几袋面粉,作为报酬。景中天由朋友介绍,约我去兼课,并希望我介绍文史系别的老师及其他系老师来兼课。大家兼课对生活不无小补,也就答应了。景中天的目的实现了,他后来还逐渐发展,在眼光庙附近的空闲地皮上又盖了几所教室,接着就挂出了"嵩华学院"的牌子,并请南阳的胡某(与中央教育部长田某有关系)任该院院长。1948年开封第一次解放,该校随着形势的变化而停办了。

在1947、1948两年,由于学生李君组织报社之便,由河大教育系、外语系几位同仁(郝冠儒、陈梓北、杨震华、武柏林、孙映康、王般若)组织了"师友社",发行《师友》月刊,我为主编,而筹划奔走发行的为郝君。《师友》以谈教育问题为主,也发表少量的论文学的短文,也曾发表过般若的几首新诗。刊物维持了一年多,还出了几本个人著作,作为"师友丛书",其中有我的《中国文学史散论》,郝冠儒的《新道德学》。以上诸位,目前大半健在,只有郝冠儒、杨震华两君墓木已拱,令人不胜悼念。

1948年6月,开封第一次解放,接着解放军即离开开封。当时河大校长姚从吾决定将学校迁往苏州。这年8月,我随学校经南京去苏州。文学院在沧浪亭上课。我与友人郝冠儒两家,最初住仁孝里,由于孩子们上小学,与附近从云小学的主持人施剑翘女士相识。施校长早年曾因报父仇,在天津某佛堂刺杀孙传芳而闻名全国,并且因此入狱,抗战才释放。这时她已信佛,与灵岩山寺院的高僧有旧,并且陪同我和郝君往见,因而趁机游览了古刹的宏伟建筑与周围的明丽风光。

我在大学读书时,曾致力于公安派袁中郎的研究。袁中郎以写抒情状物的小品文而著称。他在中进士后,曾任吴县县令。在他任职期间,以廉洁明敏、为人民造福盛称一时,后因病辞官。在他的集子中有不少刻画吴中山水的诗文,可惜当时我虽居胜地,但因生活窘迫,无兴致游览。国民党由于政治、军事的失败,经济也濒临崩溃,物价飞涨,后来由于限价,市面一无所有。我们当时从粮店中买不到粮油,六口之家眼看着要饿肚子,没办法,用囊中有限的几元"袁大头"托学生在苏州乡间籴了几十斤大米来糊口。

1949年解放大军渡过了长江,南京、上海相继解放,解放军到了苏州,军管了该地,师生生活问题得以解决。这年7月,河南省人民政府派河大校友郭海长到苏州迎接河大师生返回开封。从抗战开始到解放战争的十余年间,随河大迁徙流亡的生活,从此宣告结束。

1988年6月

(原载1988年《河南文史资料》第28辑。)

回忆我的老师

1917年,我已9岁,与二哥维煜,到县城高小读书。校长吉桂芳(字丹林)是我大哥耀艇在南阳中学读书时的同班好友。后来大哥还曾在南阳中学学校教书,和他同过事。所以我们入学后深受他的关照。在这个学习阶段中,给我印象最深的是国文老师李廷桢(字干卿)先生。他是清末的秀才,父亲李华是本县教育界极有声望的人物。李老师排行第二,人们称他李二先生,他有个四弟,被称为李四先生,也是有功名的。

李二先生,中等身材,方面大耳,比较胖大,走起路来慢条斯理。所选教材基本都是古文。给我印象最深的是,他在发改过的作文时,总爱让写文的学生站在他跟前,一一指出文章的错误。他坐在讲台上,许多同学都在下边围着讲台,听他讲解。每次较好的文章,他让作者誊写一遍,贴到教室向着讲台的墙上,让别的同学观摩。他对每篇作文,改的都非常仔细,圈圈点点,并在后边加上批语。我二哥的文章,常常让父亲修改,一次李老师在他的文章后边的批语中,大加赞许,并在最后加上"咄咄怪事"四个字。可能是李老师觉得小学生能写出那样老练的文章,未免有点奇怪。

后来李先生年岁大了,不教我们班的课了,继任的有位刘子尚先生。他在北京上过私立民国大学,家住杨分岭村,离我家仅十几里,同我大哥也很熟。我当时年岁在班里比较小,可我作文思路较快,所以每次作文,我总是交头卷,因此他总夸奖我才思敏捷。不过他教我们时间不长,即离开我校,另有高就了。

当时小学还有门功课叫"读经",老师是我们学校总务主任张莲渠先生。他是清末的秀才,"读经"课的课本是《论语》。给我感受最深的是,一次他讲到"后生可畏,焉知来者之不如今也!四十五十而无闻焉,斯亦不足畏也矣!"张先生讲课,总先让学生试讲,不对的地方,他最后加以纠正。《论语》这段话,比较难解的是"四十五十而无闻焉"这一句。张先生最初让几个同学讲,都把"无闻"解作无所闻,即没有学到什么,张先生都不同意。最后让我讲,我说"'无闻'是无闻于世,即不为世人所知"。张先生大加称赞,认为这样解释是符合文义的。在小学几年中,我的国文史地的成绩较好,算术学的不够扎实。后来在升学前,由我二哥指导,认真补习了半年,于1923年夏,考上了河南省立第一师范。

1923年秋,我进一师后,我们这个年级是当时实行新学制的第一班。过去师范是五年制,第一年预科,后四年为本科。新学制改为六年,三年初级,三年高级,与普通中学实行的学制完全一样。

入学后,我们的国文老师是嵇文甫先生,他是当时河南教育界已负盛望的教师。他毕业于北京大学,当时正是五四文化革命时期,他回到河南,和当时其他在北京读书回豫工作的河南部分大学生把五四的新思想带回到河南,一时河南教育界风气为之一变。首先是反对封建主义的民主自由的空气;其次是提倡白话文,反对文言文。由于当时河南特别是开封,中学生为反对原来用封建家长制管理学校的校领导,常常发生学潮。在我考上一师的前一年,该校就发生过驱逐校长韩席卿的风潮。我入学时的校长是王砚生。入学以后,高年级同学又赶走了一位训育主任。其他中学如一中、二中,也往往发生驱逐校长与教员的事情。

在我读一师的六年中,教书比较有威信而受学生欢迎和尊敬的老师,除嵇文甫先生外,还有张邃青、冯品毅、王镇南、孙蕴璞、卢文斋等先生。

张邃青先生是教历史的,后来当了校长。在他任职期间,曾举行过一师成立二十周年纪念会(大概是从一师前身清末优级师范成立时算起)。会开得很隆重,举行了各种展览与盛大的游艺晚会,并邀请了一些省级官员来校讲话。一师学生上学本是公费,开会那天的午餐,学生伙上都加了菜。晚上演出新剧同旧剧,教我们生物课的王镇南与教历史的郑震宇两位老师是擅长京剧的,在晚上都进行了清唱。

当时一师同女师两校的性质相同,而且有不少老师都是两校兼课,所以两校关系较融洽。一师凡有全校性的活动,常常邀请女师同学参加。我记得有一次举行晚会,学校让女师同学来参加,而拒绝邻居省立一中的同学。于是部分一中同学大为恼火,从他们校园向一师扔砖头,后来还是让部分一中同学进来,纠纷才算平息。

张邃青先生任一师校长期间,一师在建设以及在教学各方面都有所发展。但后来不知为什么,他辞去了校长职务,而到河大文史系担任教授去了。

接任一师校长的是我们的算术老师孙廷莹(字蕴璞)。他在北师大毕业后,即到一师任教。他担任我们年级的数学,讲解清楚,教学认真负责,我感到在数学学习上深有所获,为我以后考大学奠定了基础。在他任教时,我们班曾哄走一位英文教师朱佛乐。这位先生曾留学美国,但上课时态度不够严肃,有时以开玩笑的态度对待学生,另外他对教学法不太注意,教了一段课,同学们感到收获不大,因而大家不满,向学校提出更换他。我们原先的英文老师冯先生,他从一年级开始教我们,一直教了两年,课本是周越然编的《模范英语读本》,大家都感到进步很快。冯老师教书认真,并很严格,后来他在思想上信仰了马克思主义,而他所教的在我们上一个年级的同学,有许多信仰国家主义,当时在北伐前夕国共合作,但是国家主义与共产主义却是水火不相容的。由于政治思想上的矛盾,后来他就离开了一师,多年之后听说他做革命工作牺牲了。

在国文教师方面,任我们班课较久的是卢自然(字文斋)先生。

当时我们已升到高级师范文科,他比较喜欢宋元以来的戏曲,给我们选了这方面的不少名篇,如元人马致远的《汉宫秋》、清初孔尚任的《桃花扇》的《余韵》等,他对作品中重要地方,都加以串讲,因而印象较深。到现在,这些作品中的名句,我还能背上一部分来。卢老师后来曾任校长,最后调到教育厅任督学,解放后对他的情况就不大清楚了。

在史地老师中,有郑震宇同熊梦飞两先生,教课也都认真负责。不过时间都不很久,郑震宇后来到国民党中央政府做官去了,而熊梦飞则去北师大任教,并曾编《文化与教育》这个刊物。生物教师王镇南是教书最受同学们欢迎的,惜乎后来染上了鸦片烟瘾,我在大学毕业后回河南省立洛师任教时,他当时也离开一师到那里任教,我们还同过一段事。解放后,他曾在河南省文化局工作,不久就去世了。

1929年秋,我考入北师大中文系。上课后,给我印象较深的有钱玄同,他任系主任并任"国音沿革"课,吴承仕任"经典叙录"课,徐祖正任"文学概论"课。钱先生是国学大师章太炎的弟子。钱先生是浙江吴兴人,在日本留学时曾受业于章门,与周作人、鲁迅为同学,治声韵文字之学,并兼治经学。五四新文化运动期间,他发表了不少赞助文学革命与思想革命的文章,与陈独秀、胡适、鲁迅等相呼应。由于他同鲁迅是同学,所以当时往来极密。在文学革命方面,他提出"桐城谬种"、"选学妖孽"的论点,一时对打击复古派产生了极大的影响。另外,他在文字上,曾提出废除汉字的主张,一时受到许多保守派的攻击。鲁迅后来一次在香港的讲演中,还提及这事,大意是钱玄同提出废除汉字,引起保守派的纷纷攻击,于是白话文运动因而减轻了阻力得以顺利地发展。钱先生是我早已闻名而且非常钦佩的学者,所以在学习期间,他所开的几门课,如"经学历史"、"说文研究",我都听过,并记有较详细的笔记。解放后,我曾写过一篇《钱玄同论》,里边论及先生的学术思想时,除根据他所发表的一些学术论文外(大半收到顾颉刚的《古史辨》的一、二、三、四辑中),还参考了我当年听课时的笔记,因而里边有许多在他的论文中看不到的资料同论点。后来山东一个出版社出版的《钱玄同年谱》中,把我这篇文章放到年谱的后边,作为附录。

吴承仕(字检斋)先生,安徽歙县人,他年岁较钱先生稍大,他的课都发有讲义,内容是对中国儒家所事奉的各部经典论述其梗概及后人注疏发展的情况,先生讲授认真负责,很少请假,他这部讲义,至今我还保存着。他喜欢看赛球,每当有名的篮球队比赛时,他都要看。抗日战争期间,他在天津因反对日寇而被杀害,表现了高度的民族气节。

徐祖正先生号耀辰,江苏昆山人,早年留学日本,治日本文学,造诣较深。五四后,他曾以发表小说《兰生弟日记》而蜚声文坛。后来他又曾翻译的日本名作家岛崎藤村的《新生》,为译界的力作。当时北京大学设有东方文学系,他和周作人、钱稻孙都是该系主要教授。由于他讲授"文学概论",我曾多次去他家访问、请教,并通过多次信。我的朋友罗梦册写的一部新诗集《花要落去》,曾由我负责在北京印刷,因而并请他为该诗集写了篇颇有质量的序言。1972年,我去北京,还曾由北大研究院时期同学,这时已任北大教授的高鸿逵陪同去看望过他。但为时不久,他就去世了。当时教我们中国文法的是黎锦熙(字劭西)先生。他对学生也是和蔼可亲,平易近人。在读书时,因为我不是搞文法的,所以除听课外,私下和他接触不多。1935年,我到北大研究院读书,由于生活费用困难,曾请他为我介绍一个教书的机会,他曾把我介绍到通县师范(当时设在北京)任一班国文课,这样对我在生活上不无小补。1936年暑假,我在北大研究院毕业时,还曾筵请过他和钱先生。1937年抗日战争爆发后,师大与北平大学迁到陕西城固,成立了西北联大。1941年,我在河大任教,当时学校因闹学潮,我曾写信给先生,说明我想离开河大之意,他很快复信,让我先到兰州师大分校,说不久师大就要统统搬到那里去。后来因为河大不让我走而未能成行。1972年我去北京,还去看望过先生,当时先生由于年迈体弱,已经有点行动不便了。此后不几年,先生就去世了。先生不仅是文法的专家,而且有经世之才。他曾任院长并代理过校长,惜乎他早年专力治学,未能大展怀抱。

我是在大学三年级(1931年)时,考进北京大学国学门研究所的。该研究所当时招生的手续是先交一篇论文,看你有无研究能力,若是论文通过,第二步即笔试外文及专业知识。但录取后,既不住校,也不上课,只让你从导师中选择一位,以后向他请教就行了。我考取后,定的题目是"元白研究",选定的导师为沈尹默先生。我记得和他曾通过几次信,后来不久,他到天津就任河北省教育厅长去了,此后再不曾有过接触。

1933年,我在师大毕业后,即回河南洛阳师范任国文教师。直到1935年,忽接北大研究院通知,内容:(一)说明研究所已改为研究院。(二)原研究所学生,如有大学毕业资历的,即为研究院学生。否则,须迅速交上研究论文,经过研究,发给证书。(三)研究生须到校学习。我接到通知,即暂时请人到洛师代课。我到校报到,又开始了学生的生活。北大研究院,当时在北河沿第三院。学校特辟了巳楼为研究生宿舍,一个人一小间房子,是把一间教室用木板隔成的几个单间,如果一个屋里讲话,其他室内听得一清二楚。好在研究生住宿的不多,并且客人不多,所以我也没感到有多大干扰。

研究院文学研究所所长为胡适,他是以北大文学院长身份兼任这个职务的。导师我选的为周作人。为什么选周作人呢?因为当时在文坛上他是以写清淡的小品文著称的作家。他从五四后,最早出版了小品文集《自己的园地》,接二连三出版了许多小品文集子,如《雨天的书》、《永日集》、《夜读抄》等等。在古代文学中,他推崇晚明以袁宏道为首的公安派的散文。我当时很喜欢读周氏的小品文,因为他的推崇公安,我于是就阅读袁氏兄弟的集子。特别在20世纪30年代前期,上海以林语堂为首,与北方周氏相呼应,大力提倡公安派的散文。林氏曾主编《论语》、《宇宙风》、《人间世》等小品文的刊物。后来并校订印出了《袁中郎全集》。我不是从事小品文创作的,是从事文学史研究的,当我读了中郎的集子后,我非常赞赏他的文学革命精神,他当时抨击、批判风靡文坛的王(世贞)李(攀龙)复古派,而提倡清新俊逸,反对因袭模拟的腐朽文风,主张要敢于革新敢于独创的精神。我当时在师大国文学会任《国学丛刊》的编辑,在该刊上,我连续发表了《袁中郎师友考》、《袁中郎的文学论》(袁中郎评传之一)等长篇论文。因此,我到北大学习时,研究题目改为《袁中郎研究》,而选周作人作导师。

周作人当时是北大的研究教授,是全国知名的作家,他住在西直门内八道湾,离北大相当远。但那时从东城到西直门通电车,先坐电车,到西直门下车后,离周作人宅已很近。进了二门之后,院里靠墙有一棵很高的白杨树,微风一吹,哗哗作响,真如古人所说:"白杨无风亦萧萧。"正应着二门,即周氏的书屋,书屋内悬有由沈尹默写的"苦雨斋"三个碗口大的大字裱成的横幅。室内一间是会客室,设有沙发、茶几之类。另外两间是藏书室。周先生对学生是和蔼可亲的,我曾向他借过袁小修的《游居柿录》及袁伯修的《白苏斋集》。他所藏的都是印得比较精美的明刊本,一部都是几十元。但他毫无难色地慨然借给我。而我也深知这些书的珍贵,所以很快地翻阅,摘录下需要的资料后,即行璧还。另外,当时北京图书馆在府右街,离北河沿也不远,我办了一个善本书室的阅览证,经常到那里借阅一些明刊本公安三袁和与他们有关的作家的著作。在北平住了一年,由于过去已积累了不少资料,最后终于把关于袁中郎的论文写成了,内容分两部分:一、年谱,二、文学。约十几万字。这部论著后经修改,于1983年由上海古籍出版社出版单行本。

论文写成后,交给了周先生审阅。当时研究院由胡适、周作人、罗常培三位教授,并邀请了清华大学俞平伯、陈寅恪两教授组成了答辩委员会。他们先对论文进行审查,其中以罗氏看得最为仔细,特别对年谱,遇有不同意见,就用长方形小纸块,写出个人意见,贴在稿子的上方。

论文审毕后,即进行答辩,最后以无记名投票,全部通过。

当我在大学读书时,曾以胡适与钱玄同二人的名字,作为我的书斋的名字,叫同适斋。我在研究院学习时,和胡适往来不很多。记得我当时写了篇论文《袁中郎与李卓吾》，请他看，他非常嘉许，不仅写了评语，还让他的秘书卢逮曾把这篇文章推荐到天津《益世报》文学副刊上发表。这篇文章后来收入到我的论文集《中国文学史散论》中。记得一次我同另外一位同学到胡适家看望他，碰见一位青年在那里，看情况是请他代找工作的，他讲话似乎很不客气，问那位青年，在专业上有什么专长，青年没答话。胡适于是就说："现在有不少地方需要人，但所需要的，是有专长的人才，并不需要普普通通的人。"言外之意，你在学识上没有什么专长，没法给你介绍工作。那位青年看没有希望，没精打采地走了。由于他很忙，我们也不敢多坐，谈谈毕业答辩的问题也就告辞了。我们毕业后，所有文科的毕业研究生集资在中山公园"来今雨轩"筵请了各自的导师，同时邀请校长蒋梦麟及其夫人陶曾毅和胡适的秘书卢逮曾等，并照了像。不久胡适出国赴英伦，我们同学还曾到车站给他送行。此后由于他走上了仕宦的道路，同他也就断绝了联系。解放后，由于我同他有过一段师生关系，几次运动，我都受到批判。1955年毛泽东主席发动了对胡适进行全面的批判，我自然不能置身事外。由于我已学习了马列主义与毛泽东思想，掌握了辩证唯物论与历史唯物论的科学方法，于是再看胡适的著作，就发现他的治学方法是资产阶级的形而上学，而在文学思想上，则是形式主义与自然主义。于是写了几篇分析批判文章：一、《略论中国古典文学中的"典型"与"幽默"，并驳胡适对"典型"的抹煞与歪曲》，收入到我的《中国古典文学研究论集》中；二、《胡适论》，后收入到我的《中国近代文学作家论》的附录中；三、《胡适〈五十年来的中国之文学〉批判》，后收到我的《中国古典文学论文集》中。由于时间变化与学术界形势的发展，现在看来，第一、第三篇主要是批判，而第二篇有否定，也有肯定，态度比较持平，而论点也比较公允。

以上我回忆了我从中学到大学直到研究院所接触的老师，应该说对我的专业同个人的人生观以及学术思想都产生了极大的影响。他们教我以读书与治学的方法以及做人的道理。我到现在之能够在学术上做出些微成绩，对社会能够有点滴贡献，都应该说和过去我所从学的老师是分不开的。这些老师,现在都已作古,但他们的著作以及他们在教育上殷勤地培育后进的功劳,可以说是永垂不朽的,而他们的形象也将永远活在我的心中。

1989 年 8 月 29 日

(原载 1991 年《河南文史资料》第 37 辑)

七十自述

我于1909年秋天,诞生于南召县的一个小山村里。这里只不过十几户人家。村的四面都是坡陀的丘岭,前边有条小河,清澈见底,它既可以灌溉附近的菜圃和稻田,同时也是儿童们捉鱼捕蟹的好地方。从村子向西北望去,真是万山重叠,像是青色屏障。而北面的小山,每到秋天,在夕阳的反衬中,就抹上了一层姹紫的颜色,至今想起,还有点心醉。

我的父亲名尚贤,号象斋,是晚清的廪生。我在行辈中是最小的,家中有两个哥哥同两个姐姐。父亲给我起名叫维焜,字仿樵,访秋是我后来发表文章时的笔名。直到解放后,才改用这个名字。

父亲为人谦逊退让,与世无争,好读书。自与兄弟分居后,因家道困窘,常常到外边作家庭教师。后来我大哥耀艇中学毕业,到县里小学任教后,这时父亲才经常在家,教我同二哥耀峰两人读书。他虽然受封建教育,但由于进秀才后曾去省城参加过乡试,因而受到晚清风靡一时的维新思潮的影响。这种影响,首先表现在他从省城买到许多当时所谓新学,如算术、舆地以及历史方面的典籍。他于经史外,并泛览诸子同小说,他除了教我们读书外,还经常给我大嫂同二姐讲述《三国演义》、《聊斋志异》等故事。

我6岁开始读书,最初读的是小学课本,以后才读《四书》同《左氏传》。我父亲认为《诗》、《书》、《易》都不易了解,《左氏传》为历史故事,易懂易记,并且以后也有用处。他认为晚清废科举、兴学堂是对的。并且他以自己当时没有进学堂为憾事。因此,他很早就送我大哥到南阳中学读书。他教我们从不用体罚,并且在开新课时,总是先给我们讲解,根据我们的理解同记忆力,规定进度。只要把指定的课文背会后,就可以出外玩耍。因此,我们从没有把读书当作苦事。当我进小学后能读小说的时候,他不仅不禁止我看,并且加以鼓励。那时我已能读懂《聊斋志异》了。

我父亲开明思想的另一种表现是他不主张给我订婚。他从旧社会产生的婚姻悲剧,认为"父母之命,媒妁之言"这一套老规矩,早应该打破了。我想这是他受当时新思潮与古典小说影响的结果。他对人和蔼诚挚的态度,对子女毫无封建家长专制主义的作风,以及接受新事物的勇毅精神,对我都有着深刻的影响。由于他鼓励我阅读小说,因而培养了我对文学的浓厚兴趣,这就无形中决定了我一生从事文学研究的方向。1925年秋天,当我在开封一师读书的时候,他在家中因病同我们兄弟姐妹永别了。

1923年秋,我考进了河南第一师范。这个学校因受到五四新思潮的洗礼,学校管理比较民主,思想也比较解放。当时中国共产党已成立,孙中山改组了国民党,国共两党正在进行合作。河南督军胡景伊是一个国民党员。因此国共两党刊物在学校里都能看到。另外,文学刊物当时也如雨后春笋,层出不穷。我当时除经常阅读《小说月报》、《创造周报》及《语丝》外,《中国青年》、《向导》也是我比较喜欢的刊物。

当时一师自由学习的风气很盛,不少同学终日埋头读书,抱着专家学者的宏愿,这对我影响很大。因此除应付一般的功课外,拼命阅读有关文学与学术的书籍。有个时期曾耽读梁任公的《饮冰室文集》和《梁任公讲演录》。我还记得他在《为学与做人》、《治国学的两条大路》和《学问的趣味》等讲演中,曾有勉励青年们应以学者自期,不可妄自菲薄一类的话。这对我启发很大,从此树立了毕生从事文学研究的宏愿。但由于专力于读书,因而也就逐渐形成了超政治的思想。

由于长期阅读《语丝》同鲁迅、周作人的著作,在思想上不免受到他们的影响。同时,又由于阅读梁(启超)胡(适)的著作,因而在治学的方向上又受到梁胡的影响。1928年由于我当时经常在《河南民报》副刊上发表短文,该报的副刊编辑陈治策发起,约同在汴的白寿彝、河大学生张源、罗梦册,还有我和我的同学徐缵武等组织了"晨星社",发行《晨星半月刊》。当时我所写的,基本上都属于文学评论一类的文章。

从1923到1929年这6年是我国历史上一个伟大的变革时代,共产党的成立,国民党的改组,北伐革命,"四·一二"反革命政变。一师是当时政治空气非常浓厚的学校,一时各个党派在那里都建立了自己的组织。在言论上出现了"百家争鸣"的局面。校内壁报林立,对当时政治问题,各派间相互辩难,断断不休。我同几位同学也办过壁报,但始终不曾参加过任何政治组织。虽然自己不愿卷入政治漩涡,但时代的风暴毕竟也震动了自己。1925年上海爆发了"五卅"惨案,在全国范围内,掀起了反帝的高潮。我和同学们一起上街游行,后来被省学联派为回县宣传代表。在暑假中,我和河大同乡武承利君,一块回南召进行宣传。

由于要宣传英日帝国主义的残暴,并激发同胞们的敌忾同仇之心,因而读了漆树芬的《帝国主义侵略中国史》以及阐述马克思的《剩余价值》一类的宣传资料。回县后到各集镇进行巡回讲演。这次运动,加深了我对列强侵略祖国的暴行的认识,并对之产生无比仇恨的心理。

1929年夏,在一师毕业;基于对学术研究深造的愿望,这年秋我考进了北师大的中文系。由于当时农村的破产,家中学费汇不到,因而不得不钻进图书馆,并经常写点文章,从报社赚取极其微薄的稿费来解决伙食问题。在这个时期,曾在北京《晨报》副刊上发表过一些学术论文,如《边塞诗人吴汉槎评传》、《刘师培的文学论》、《白蛇故事的演变》等。同时在中文系国文学会的刊物《国学丛刊》上,发表了《古文家的文论》、《袁中郎评传》、《中郎师友考》等。在文学上曾与师大同学许安本、老友徐缵武组织了草虫社,并在北京《益世报》发行《草虫周刊》,后改为旬刊,由我担任编辑。在这个刊物上,我写了一些论文、散文和少量的诗歌。一年半后由于我同许君回豫教书而停刊。

1931年冬,北京学生因"九·一八"事变,掀起了南下请愿与示威的浪潮,我也参加了这次轰轰烈烈的运动。从前门车站卧轨以及去南京的途中,都曾经过多次的坚决斗争,才冲破国民党当局的重重阻挠,最后到达目的地。

请愿学生到了浦口,内部发生了分裂,有的主张用"请愿团"的名义,有的则坚持用"示威团"的名义。由于对国民党政府态度上的分歧,最后还是各行其是,分道扬镳了。后来才了解,前者是国民党分子在领导,后者是地下党在领导。我和同行的同学,都参加了"示威团"。在这次运动中,由于遭到国民党政府的武力镇压,最后被武装押解回平。这使我深刻地认识到国民党政府对敌投降妥协,对人民欺骗镇压的真面目,在政治上给我上了最生动最深刻的一课。特别到后来,读到鲁迅先生为这次南下学生被镇压而写的《友邦惊诧论》一文,感到无限的亲切和快意。国民党反动派的嘴脸,在他的笔锋下,揭露得真是淋漓尽致。

在大学四年中,我最喜欢听钱玄同先生的课,他开的课如"音韵沿革"、"经学史"、"说文研究"等,我都认真地听讲,并作了详细的笔记。可惜我不是研究文字学的,他的讲授给我印象最深的,是他的治学态度同方法。同时,在1930年我还到北京大学听过胡适的"中古思想史"的课。他同钱玄同先生在治学的精神上有极相似之处。至于钱玄同的见解,概括起来大致有以下几个特点。

一、历史的发展观。认为社会上的一切事物,都在不停息地发展演变着,在这种思想指导下,批判了封建学者的"信古"、"尊古"、"拟古"、"复古"的错误思想。实际这是进化论的观点。钱玄同在上"音韵沿革"、"经学史"等课时,经常批判清代的汉学家们的"是古必对,凡汉皆好"的错误看法。

二、主张"考古务求其真",对历史要恢复其本来面目。由于钱玄同深信康有为在《新学伪经考》中对古文经的怀疑,同时还受到清代学者阎若璩、姚际恒、崔述等对古籍与古代传说的怀疑的影响,所以提出"考古务求其真"的主张,并自号为"疑古玄同"。他对国学研究,提出三点须要注意的事项:(一)前人辨伪的成绩;(二)要敢于疑古;(三)治古史不当存"考信于六艺"之见。当时同他见解相同的,有胡适、顾颉刚等,一时有所谓疑古派之称。

三、打破过去学者宗派门户之见,采取了"实事求是"的治学态度。过去学者宗派门户之见极深,经学有今古文之争,在对经学的研究上,又有汉宋之争。至于宋明理学,则又有朱陆之争;钱玄同是治经学的,他最早从学的是章太炎,章太炎是宗古文经的。后来又从崔适问学,崔适是治今文经的,是康有为的同调。钱玄同对两派,认为在客观上如果是正确的,就接受,错误的,就否定。他曾说:"说到我个人对经学的态度,只不过是站在历史的立场上,来研究经学的本来面目罢了。"(《经学历史》笔记)

四、"致用务求其适"。对于"致用"他主张根据历史的发展同客观现实的需要提出这样的主张。譬如在文学上,五四时代,他是赞成文学革命的,在同卫护古文学的守旧派的斗争中,他是一员猛将。在反对封建道德方面,他是赞成打倒"孔家店"的。由于他提出"桐城谬种"、"选学妖孽"的战斗口号,因此林纾在攻击革命派的小说《荆生》中,用金心异来影射他。他不是从事文学研究,而是致力于文字学的专家。为了民族文化的普及,他是大力提倡文字改革的。解放后一再公布的简体字,而当初首倡者,乃是钱先生。

总之,钱氏是章太炎的弟子,他一方面继承了清代皖派治学的方法与精神,同时又受到西方科学与民主思想的影响,从而又有新的发展。因此,我过去对他是非常倾服的,所以在治学上受他的影响是比较深的。但是从今天看来,这种立场、观点同方法还是资产阶级的。虽然在一定程度上是正确的、合理的,但显然是很不够的。而我当时就认为这是治中国文学最适用的武器,所以就运用它来从事对作家与作品进行分析研究工作。

1933年,大学毕业后,回河南任教于洛阳师范。由于教学任务,不得不编写《中国文学史》讲义。在写讲义过程中,使我对中国文学的发展,作了较系统的学习与探索。我深深感到中国文学史在当时的确还是未开垦的处女地。虽然在专体史上,已有了王国维的《宋元戏曲史》,同鲁迅的《中国小说史略》,但就通史来说,还没一部真正令人满意之作。但写出一部真正有质量的通史,缺乏应有的凭借,只靠少数人是不易成功的。因此需要有许多人从事专家研究、专体研究、流派研究与断代研究。而我对于专家研究比较有兴趣,因此有一段时间即从事以袁中郎为首的公安派的研究。

1935年,我又到北大研究院学习。我的研究题目即袁中郎研究。1936年夏毕业,又回洛阳师范,直到1940年3月,由朋友介绍才到河南大学中文系任课。

河大当时在豫西嵩县潭头,居于万山丛中,颇有点像世外桃源。但是当时在学校内部,文学上新旧之争、政治上革命与反革命之争还是非常激烈的。在国民党反动派的三次反共高潮中,校中的革命师生,有的被逮捕,有的被迫离校。一次由于罢课风潮,我也几乎被解聘,但因与暗中发动者无关,所以未被株连。

在潭头近5年间,由于讲授"中国文学史"、"中国文学批评史"和"现代文学史",使我进一步阅读了有关这些方面的典籍,因而对中国文学发展的来龙去脉比过去有着更进一步的理解。在这一时期,因为应报社友人之约,也写了不少的文章,并且由报社出版了《中国现代文学史》上册同《子产传》。1944年潭头沦陷,1945年随学校迁往宝鸡,这年秋日寇投降,又随学校回到了开封。

从1946年到1949年,这一段正是解放战争时期。河大内部的阶级斗争是激烈的,我虽参加了反饥饿、反迫害的罢课运动,但因系一般的群众,所以没有遭到解聘的打击。在这一时期,我曾与几位朋友办过《师友》杂志,并且由师友社出版了我的《中国文学史散论》。

解放后,学习了辩证唯物主义与历史唯物主义,回头看过去对中国文学的发展以及对作家作品的理解与评价,不仅失之片面,而且认识也是极其肤浅。对过去自己一向钦佩的学术界大师们的论著,再读起来,就发现了不少的问题,不像过去那样的敬畏了。自己深深感到,无产阶级的立场、观点和方法的确使自己打开了眼界。鲁迅在20世纪20年代曾说过:"马克思主义是最明快的哲学。许多以前认为纠缠不清的问题,用马克思主义观点一看,就明白了。"(李霁野《鲁迅先生两次回北京》,见《回忆鲁迅先生》)自己在经历了一段对马克思主义、毛泽东思想学习之后,对鲁迅的话,才深深有所体会。

在对鲁迅著作进行比较系统而深入的探讨过程中,对鲁迅精神有了进一步的理解,并愿以他作为自己终生的师资。特别他的治学精神同后期的立场、观点与方法,也给自己树立了理解文学的发展和评价作家作品的光辉典范。

对现代文学同古典文学的研究来说,毛泽东同志在《新民主主义论》和《在延安文艺座谈会上的讲话》中的许多精辟的论点成为我研究的指针,如关于批判继承问题、评价作品的标准问题、人民的立场问题、无产阶级的功利主义问题。关于这一些,在我最近出版的《中国古典文学论集》的《后记》中谈得比较详细,在这里就不多说了。

由于自己的立场、观点和方法同过去有了发展变化,所以在1951年,我和李嘉言、张长弓两同志三人合写的《中国文学史提纲》(我执笔的是宋以后的小说戏曲部分)就开始以此去分析理解、解决问题了。这本提纲的印行标志着我在治学方法上的一个大的转折。

1952年以后,由于担任现代文学史课,于是在原来写的《中国现代文学史》的基础上,进行了补充与修正,于1956年师院函授部印行了我的《中国现代文学史讲稿》。另外在教课之余,还写了一些关于中国古典文学的研究论文,1956年,由长江文艺出版社出版为《中国古典文学研究论集》。

"文化大革命"前,由于准备开"近代文学史"课,于是曾致力于近代文学,特别是晚清文学作家的研究。十年浩劫,工作中辍,并且有些手稿因被查抄而遗失。粉碎"四人帮"后,才又重理旧业。几年来一面整理旧稿,一面也作些新的研究,已经出版的有《中国古典文学论集》、《聊斋志异选讲》,共四十余万言,行将出版的还有《鲁迅散论》,亦有 10 余万言。另外,计划中的《中国近代文学作家论》,还有几个作家没写出,争取在今年把它完稿。

最后谈谈我对研究中国文学史的看法:

一、整理研究中国文学遗产必须用马克思主义、毛泽东思想的立场、观点去进行分析与评价。资产阶级学者也曾在这方面作过大量的工作,这些工作有些是有价值的,即如对史料之搜集整理以及考订之类。但一涉及到批评,就常常不免带着阶级的偏见,甚至只知其一,不知其二,能说明其然而不能说明其所以然。所以只有用辩证唯物主义与历史唯物主义的观点,才能给以彻底的说明与解决。正如鲁迅在 20 世纪 20 年代同李霁野同志所讲的那段话(已见前引),这是鲁迅在接受马克思主义之后,在治学上深有体会的至理名言。

二、研究文学遗产一定要掌握马克思主义的批判继承精神。鲁迅在 20 世纪 30 年代曾经给我们提出了"拿来主义"。无产者要有宏伟的气魄,对于遗产不论是封建的、资产阶级的,我们都要敢于拿来。之后,就要根据人民的当前的和长远的需要,而分别给以适当的处理。鲁迅先生形象地把继承遗产比作一个穷青年得到一所大宅第。他的意见是"不管三七二十一拿来",接着又指出,以下三种态度是愚蠢错误的,是要不得的,即:

> 如果反对这宅子的旧主人,怕给他的东西染污了,徘徊不敢走进门,是孱头;勃然大怒,放一把火烧光,算是保存自己的清白,则是昏蛋。不过因为原是羡慕这宅子的旧主人的,而这回接受一切,欣欣然地蹩进卧室,大吸剩下的鸦片,那当然更是废物。

那么正当的态度是什么呢?答案应该是占有,挑选,或使用,或存放,或毁灭。那么,这人是新主人,宅子也就会成为新的宅子。然而首先要这人沉着,勇猛,有辨别,不自私。所以这种"沉着勇猛",

得有无产阶级的宏伟气魄。而"有辨别,不自私",就得有无产者的立场同马克思主义的观点、方法。这样才能真正分辨出什么是精华,什么是糟粕,而分别给以去取。

三、研究作家与作品必须进行全面的分析与考察。时代、家庭、个人以及作者所处时代的经济、政治同文化给予作者的影响,然后从对作品内容的分析上来理解作者,评价作者。否则,片面的用寻章摘句的办法,肆意对作者进行评论,那就会像鲁迅对某些评论家讥讽的话,即"近于说梦"的。

四、我国唐代有位史学家刘知几曾说过"史有三长,才、学、识也"。我认为研究文学遗产,三者不可缺一,而其中"识"尤其重要。如果没有史识,即令搞一大堆史料,而不能加以分析综合,从散乱的史料中发掘出其发展的规律,从而彰往以察来,那么虽多亦奚以为。但今天所谓"识",应该是马克思主义的立场、观点与方法。只有掌握了这个武器,才能解剖分析这些史料,不仅能够说明其然,而且能够进一步地说明其所以然。

我虽明白以上这些道理,但自己的功力甚差,水平不高,在治学上也谈不到有什么成绩。但愿在有生之年,继续努力,为中国文学研究,做出一点自己力所能及的微末的贡献。

1981 年 10 月 8 日于河南师大

任访秋主要著作目录

《中国现代文学史论稿》
《中国古典文学研究论集》
《中国古典文学论文集》
《鲁迅散论》
《中国近代文学作家论》
《中国文学史散论》
《中国现代文学史》(上册)

《袁中郎评传》
《子产传》

(原载 1983 年书目文献出版社《中国当代社会科学家》第五辑)

五十年来在治学上走过的道路

时光如流,不觉年已80。过去孔老夫子曾说过"发愤忘食,乐以忘忧,不知老之将至"。就我来说,应该说"不知老之已至"。回想起来,在我读师范的时候,因受《梁任公讲演录》中一些话的启发,而立志竭毕生精力从事学术研究。几十年来,读大学,进研究院,教中学,教大学,不管是平时,还是在日军入侵,战火纷飞,流亡播迁的情况下,只要能坐下看书,而决不偷懒。诚如古人所说:"造次必于是,颠沛必于是。"由于个人天资拙笨,虽然经过最大的努力,但成就却微乎其微,这使我感到非常惭愧。但几十年来,在治学的观点、方法上,随着自己年龄、阅历的增长,在对专业的研究上,也不乏一些甘苦的经验。因而,对过去走过的路加以回顾,还不是毫无意义的事。

王静庵曾引宋人词句,说明他治学的三种境界:一、"昨夜西风凋碧树,独上高楼,望尽天涯路。"二、"衣带渐宽终不悔,为伊消得人憔悴。"三、"众里寻他千百度,蓦然回首,那人却在灯火阑珊处。"(《人间词话》)这可以说是所有治学较有成就的人必经的三个阶段,我自然也不例外。下边我拟对我治学所走过的道路,分作三个时期进行叙述。

一

我出生于河南南召县农村一个小康家庭,也可说是"书香门第"。父亲系清末廪生,曾赴省城参加乡试,不第,不久科举废除,他在送我大哥到南阳读中学后,即在家教我和二哥读四书、五经。

1919年,我10岁,肄业于县立高小,12岁毕业。当时因种种原因,未能入中学学习。1923年,南召一带土匪猖獗,我家由乡村迁到附近曹店镇居住。这年秋天,该镇被土匪攻陷,不少人被打死,再不然被土匪架走,我家幸免于难。这年年底,我的一位在开封河南省立第一师范读书的堂兄冠五回家过春节,劝说我父亲和大哥,让我和二哥跟他去开封读书,父亲同意了。过了春节,我们跟着冠五哥,同其他在开封读书的同县学生结伴出发。

到开封后,因中学还不到招生时间,为了准备应试,我和二哥在西大街与另外两位准备暑假升学的同乡,租了三间民房居住,并在附近一个小饭馆包饭。住下后,就复习功课。我二哥算术比较好,他曾在家自修过清代乾隆年间印行的数学丛书《数理精蕴》,因此他对算术、几何、三角都通晓。另外,我大哥在南阳中学读书时有一本算术教科书,内容从四则一直到开方,并有例题;二哥就用这本书作为帮助我补习算术的课本。在半年中,我把这本书上的习题仔细演算了一遍。待到暑期投考时,我俩考了三个学校,即省立一师、省立一中、省立二中。我们俩在一中和一师,都是名列前茅。一师当时是河南省办得比较好的学校,它的前身是河南省立优级师范,图书和仪器设备都比较完备。由于经费充裕,学校用高薪聘请国内名牌大学毕业的优秀学生和学识渊博并富有教学经验的老教师到校任教。

我们入学后,任我们国文课的老师就是后来的知名学者嵇文甫先生。他的学识、品格给我影响极大,他是我毕生学习的典范。我在入学以后,深感这个学校校风优良:(一)民主空气比较浓厚,学生比较自由,平时上街不一定非请假不可,但同学们犯校规的却极少,一般都能自觉地遵守纪律。(二)全校学生有自学的风气。(三)自由结社,发表文章的风气很盛,校当局鼓励学生成立学社,并发给纸张和大型镜框,让出壁报。当时高年级同学成立有青年学社,该学社设有阅览室,订了许多报刊,任同学们前往阅读。因此,同学们的思想极为活跃。

在北伐的前夕,一师学生在政治思想上主要受国民党、共产党和国家主义派的影响。那时国共合作,国民党的《民国日报》(其副刊为《觉悟》)、共产党的《向导》、国家主义派的《醒狮周报》在校内都有销售。当时校内在思想上斗争较激烈的是共产党与国家主义派,持共产党主张的学生和持国家主义派主张的学生在壁报上经常进行论辩。我因为受梁启超的影响,决心从事学术研究,对政治不感兴趣,没有参加任何政党。

我幼年在父亲的教导下,平时除读经书与古文之外,还经常阅读小说,如《聊斋志异》、《水浒传》、《三国演义》等,因而培养了我对文学的浓厚兴趣。在开封读书时,我国文坛上已成立了许多文学团体,如文学研究会、创造社、还有稍后的语丝社。我订阅了《小说月报》、《文学周报》,还有《创造周刊》、《语丝》等。我的读书兴趣比较广泛,除文学作品外,对当时一些学术著作也加以浏览,如梁任公的《饮冰室文集》、《梁任公讲演集》,胡适的《胡适文存》、《国语文学史》(胡适曾在北京国语讲习会讲授文学史,北师大文化学社印行了他的讲演稿,书名《国语文学史》)、《中国哲学史大纲》等。在文学方面,鲁迅的小说、杂文,周作人的散文,冰心、叶绍钧、王统照、庐隐的作品以及郭沫若、郁达夫等人的作品,无不加以浏览。初级师范毕业后,到了后期,根据新学制分为三个专业:文科、理科和艺术科。我对理科兴趣不大,艺术方面既不擅长唱歌,又非常拙于绘画,只得选择了文科。这时,专业方面的科目也有几门,如中国文学史、学术文之类。国文老师给我们出了一些近于学术论文的题目,我记得我曾写过三篇近万字的论文,一篇是对当时文坛上几个流派的评述,另一篇是《杨柳与文学》。因为我曾在当时刊物上看到过题为《鸟与文学》的论文,给我以启发,我就搜集杨柳与文学的有关资料。譬如在唐代有灞桥折柳送别的习俗;另外,从杨柳本身特点上,如看到柳绿想到春的到来,看见满天飞絮,感到春的归去;用柳枝在风中飞舞,比喻女子身材的苗条与袅娜,用柳叶的窄而长比喻女子的双眉等,古代诗词及小说中凡关于杨柳的描写与比拟均加以搜罗分类与排比。论文写成后,请国文老师卢先生评阅,他看后颇加赞许,鼓励我向杂志投稿。我在他的怂恿下,竟寄给商务印书馆发行的《学生杂志》。过了一段时间,接到采用通知,并寄给我五六元的购书券作稿酬。我记得时在寒冬,我冒着风雪跑到东大街商务印书馆开封分馆,用书券换了几部书。所换的书的名字已忘记,只有《小说月报》的特刊《中国文学研究号》记得很清楚。这使我从事写作并向外投稿越发起劲了。第三篇论文,是因河大文史系一位同乡武易三君而写。教授郭绍虞先生给他们出的论文题目是"汉光武帝的文治与武功",这位老兄从未写过学术论文,对这样的题目不知如何下手,一次我去河大,他非让我替他写不可,加上别的同乡帮他劝驾,不得已,我只得勉为其难。他把《后汉书》、《资治通鉴》等一大堆参考书送到我那里,我费了几个礼拜的功夫,终于写成了六七千字的论文,交了卷。就这位老兄来说,总算搪塞过去了。至于评分如何,他也没告诉我,我也不好意思问他。

1927年,北伐军到了河南,开封的中学和师范来了个大合并,高中分为文科、理科、师范科,我分到师范科。一次全校举办作文竞赛,班上推举我和赵寿之君作为竞赛的代表。评选结果,赵寿之得了第一名,我名列第二,得了几部书的奖励,给我印象较深的,是鲁迅校点的《唐宋传奇集》上下两册。

当时《河南民报》副刊编辑为陈治策(济安),他是开封高中的英文教师,曾留学美国,研治戏剧理论。由于我经常向他编的副刊投稿,同时向该刊投稿的还有河大、一师等校的学生,一次他忽然在鼓楼街一家叫东兴楼的回民饭店请客,被邀请的有在上海读书、当时在家停留的白寿彝,河南大学文史系的同学罗梦册、张源,开封师范有我和我的同班徐缵武,加上陈治策,一共六人。席间陈治策提出要成立一个文学社,出版定期刊物,由大家供给稿子。至于刊物的印刷费,由他一人承担。大家自然都非常赞同。文学社的名称,经过讨论定为晨星社,意思一则表示社员少,寥落如晨星,二则也含有对曙光能早点来临的期待之意。而刊物也就随着社名命名为《晨星半月刊》。

《晨星半月刊》创刊号出版后,一般反应还不坏。社员们每人都有作品,徐缵武写的是小说,罗梦册是诗,张源是童话,陈济安、白寿彝和我写的都是论文。我的题目是对茅盾三部曲的评论。刊物出了五六期。到了1929年,社员在工作和求学上发生了很大变化,主编陈先生在美国留学时的同行朋友熊佛西新任北京艺专的戏剧系主任,陈济安应熊佛西之邀到北京艺专任教,白寿彝到北平去了,考入燕京大学的历史研究所,而我同徐缵武也都在这年毕业,为了深造,都要去北平升学了。于是晨星社社员一个个地星散了。

晨星社社员到北平后,在1929年的冬天又聚集在一起。当时我已考入北师大,徐缵武考入燕大,大家要重整旗鼓,继续发行刊物。嵇文甫先生这时在北大、女师大任教,也表示支持我们。于是经有关人士接洽,刊物由北京大学朴社印行,终于出了一期。后来由于各人忙着各人的事,没有人能致力于刊物的编辑与印行,只得停刊,晨星社终于真正星散了。

二

1929年夏,我在河南省立第一师范毕业后,没有去南方参观,就与同班徐绪昌去北平,准备考大学。到北平后住在沙滩一个小公寓里,作考试的准备。我报考了三个大学,最后被北师大录取。我上了国文系,系主任倒是我一向钦佩的钱玄同先生。他给一年级开的课是"国音沿革",实际就是中国语言的发展史。到了二年级,他又为国文系开了两门课,即"经学史"与"说文研究"。这些课我全部听过并作了详细的课堂笔记。

钱先生是晚清国学大师章太炎先生的高足。太炎先生在学术上,是继承并发展了皖派戴(震)、段(玉裁)、二王(念孙、引之父子)治学的精神与方法,特别值得令人尊敬的是他力排满清,成为企图恢复汉民族河山的革命志士,鲁迅先生称他为"有学问的革命家"。

当我听了钱先生一段课后,真是"茅塞顿开",眼界为之一扩。他往往用简明的语言,对清代一些著名学者的学术成就与独特的造诣给以概括与阐述;用对比的方法,对同一时代的学者在治学的专长上进行比较,还从纵的方面,也就是从时代的发展上进行比较,如将清儒与汉儒以及宋明儒者对问题的看法进行比较。在讲经学史时,他的阐发极其宏博而又精辟。他谈到清代朴学大师的"实事求是"与无征不信以及独立思考的精神,弟子在学术问题上倘有新的发现,证明老师说法的错误时,可以直言不讳地对老师的说法进行纠正。钱先生打破了古人固守"家法"、"师说"的门户之见,而能够客观地实事求是地给古代学者以公允的评价。如在经学上,以往主张古文者攻击今文学家言为谬说,对汉代古文大师刘歆所提倡的经典信奉不疑。章氏推崇刘歆达于极点,至刻一图章,文为"刘歆私淑弟子"。但今文学家则竭力攻击刘歆,认为刘歆所提倡的经典都经过他的篡乱和修改,康有为写了《新学伪经考》,说刘歆所提倡的经学是给王莽篡汉作舆论准备。因王莽国号为"新",所以称刘歆所提倡的经学为"新学"。钱先生曾受业于太炎,故熟闻古文经学家之说;后来钱先生又问学于今文经学家崔适,并从崔适处借阅了与崔氏同调的康有为的《新学伪经考》,还读了崔氏的《史记探原》,遂不笃信古文经学。五四以后,由于西方科学方法的影响,钱先生彻底打破了经学家们的门户之见,而把经学看作历史资料,从历史角度考证其真伪,借以说明古史的真相。我在20世纪30年代听了钱先生的课后,对他这种科学态度深为佩服。

另外是胡适。我在一师时,即读过他的《文存》、《中国哲学史大纲》以及《白话文学史》等著作。我到北师大时,胡在北大任教,曾讲授《中古思想史》,我为听他的课,每周去马神庙北大二院礼堂听一次他的讲授。我觉得从钱、胡二人那里,学得了治学的方法与态度。为表示对他们的崇信,把我的仅有两三平米的书斋命名为"同适斋",并请我的挚友罗君梦册加以书写,贴在书房的门上方。

1930年,我还在大学一年级时,偶然领到一份桐城姚岳选编的《论文名著集略》,从唐宋8家,历明代的归震川,清初的侯方域、魏禧、汪尧峰,直到方苞、姚鼐、梅曾亮、曾国藩,最后为吴汝纶,共18家。我当时以他所选的名家为线索,翻阅了各家的文集,并用原书与铅印的讲义进行对校。根据我当时粗浅的文学理论水平,对这些古文家的文论进行了分析、比较与评价,写了约4万言的论文《古文家的文论》,发表于北师大《国学丛刊》第1卷第1期。这可以说是我进大学后写的一篇比较用力的学术论文。今天看来,虽然比较粗浅,但对古文作家的创作与批评等方面的论点与主张,还是条分缕析,能够实事求是说明其然,并企图探讨其所以然的。

到了二年级,我就参加了《国学丛刊》的编辑工作,并主编了第1卷第3期。在本期发表了我的篇幅较长的考订与评论的论文,有《袁中郎师友考》、《袁中郎评传》等,另外,《边塞诗人吴汉槎评传》则发表于北平《新晨报》副刊。

1932年,我考进了北京大学国学研究所。入学以后,我选定的研究题目为《元白研究》,导师为沈尹默先生。当时研究所在北大三院,由于制度不健全,也不上课,仅靠研究生与导师自己联系。我仅同沈先生通了几次信,不久他就担任了河北省教育厅厅长的职务,到天津去了,从此以后再没有联系。

1933年,我大学毕业,到洛阳河南省立第四师范任教。到了1935年,忽然接到北京大学研究院的通知,说研究所已改为研究院,原来的研究生须到校进修,否则就要除名。我于是只得到校学习,住在北大三院丁巳楼。学校对我们还算优待,每人一间房子,没有什么干扰。这时我的论文题目已改为"袁中郎研究",指导教师为周作人,因为他一向是表彰晚明公安派小品文的。那时,八道湾周宅我去了不知多少次,向导师借书,并提出问题请教。岂明(周作人的笔名)老人对青年一向是和蔼可亲,平易近人,没有学者名流的架子。到了1936年暑假前,论文完成,经过评审委员会审阅通过,准予参加答辩。当时答辩委员会系五人组成,主任委员胡适,副主任委员周作人、罗常培,并请校外专家二人,均系清华大学教授,一是陈寅恪,一是俞平伯。委员会以无记名投票方式表决,我的答辩获全票通过。

毕业论文《袁中郎研究》内容共分两大部分:(一)年谱,(二)文学。发表时,分为上下两编。上编论述,下编年谱。该文对中郎思想及渊源作了纵的探索,研究了他与李贽的关系以及与王学当中泰州学派的关系,然后对中郎思想作了微观的剖析。

袁中郎的文学论在当时是反复古主义的,为了阐明中郎文学论的革新本质,不能不对明代两次复古运动,即何李与王李的复古主义进行追溯与论述,这样对中郎文论的革新意义,才能有较深刻的理解和评价。其次,对中郎文学革新的理论与主张作了比较系统的阐述,并对当时附和中郎的作者的见解作了概括的评述,从而说明所谓公安作为当时文坛的一个流派的声势与影响。通过这部论文,可以看到从明代何李开始,直到五四,中国文学论中的革新与复古两派在斗争中发展的线索。

中郎及其追随者的创作,实践了他们的文学革新理论,清新淡远与自然朴质的文风出现了,使文学中陈腐颓败的局面和因袭模拟的风气为之一变。明以后对中郎作品评价中的分歧,也反映了两种文艺观的斗争。

论文完成后,交给导师审阅。导师审阅后又交给院组织的答辩委员会各位委员审阅。在委员中以罗常培教授看得最为仔细,他把论文中的引文和原文进行了校对,有不符处,都用楷书写成小长方字块贴在论文的上端。不久论文答辩比较顺利地通过了。与我同时毕业的学文学的黄天朋(毂仙,四川人)的论文题目是《韩愈传》,学历史的有张鸿翔、盛代儒,他们的导师是清史专家孟森(心史)教授。答辩结束后,我们几名毕业生邀请了校长蒋梦麟及其夫人陶曾榖女士,文学研究所所长胡适,导师周作人、孟森及研究所秘书卢逮曾等,在中山公园来今雨轩吃了一顿饭,并摄影留念。

研究院毕业后,我没有考虑在北平找工作,又回到洛阳任教了。

1940年2月,由友人介绍,接到河南大学文史系的聘书,职称为讲师。接到聘书后,考虑到河大在嵩县潭头,那里的情况还不清楚,同在洛师任音乐教员的堂兄冠五商量后,决定利用寒假先把眷属送回家乡,过春节后,我一个人到河大去。于是携带妻儿和堂兄一起,从卢氏县涧北村出发(1938年河南省立洛阳师范迁到卢氏县涧北村),旱路跋涉,回家乡去。

春节后,我把妻儿留在家乡梁沟,只身同一仆人去嵩县潭头河大。当时河大文学院院长为嵇文甫先生,文史系主任是张邃青先生,二位都是我在第一师范读书时的老师。我到那里后,受到他们无微不至的关怀。系里让我开了两门课,一是中国文学史,二是古代散文选。文学史,我在洛师已教了几年,并写有讲义。"散文选"所选篇子,大都是魏晋人的作品,如嵇康《与山巨源绝交书》、陆机《文赋》、鲍照《芜城赋》之类。文学史没印讲义,由学生记笔记。因为这门课很长时间没人讲授,我真可说是"承乏"。上了一段课,同学们反映还算不坏,因而也算站稳了脚跟。

1941年,按照大学文学系课程的规定,文史系设有"中国现代文学及习作"的科目,但一直没有开过,于是文甫师就同我商量,可否由我来开,我同意了。为了开好这门课,我不能不作充分地准备。我经常到上神庙河大图书馆,去翻检五四时期和20世纪20年代及30年代现代文学方面的期刊与作家们的论文和创作。河大在抗战爆发后不断地搬家,图书也随之搬家,幸而过去的期刊及大部分现代文学方面的书籍还保存了下来。而比较重要的期刊,如五四时期的《新青年》、《新潮》、《少年中国》以及20世纪20年代初几个文学团体的刊物,如文学研究会的《小说月报》、《文学周刊》,创造社的《创造季刊》、《创造周报》以及语丝社的《语丝》、新月社的《新月》,20世纪30年代的《现代》和左联的刊物《文学月报》以及民族主义派的《矛盾月刊》等刊物,大半都找到了。我根据这些期刊及后来赵家璧编的《中国新文学大系》和一些作家的诗文集,开始了我的《中国现代文学史》的编写工作。

《中国现代文学史》讲义,在教学中陆续写成。1943年,友人李静之兄在南阳办起了《前锋报》,他给我写信,让我给他的报纸写文章。最初是向该报的副刊投稿,大抵是结合专业,属于论古典文学方面的,有不少评论作家和作品的。有些后来收入到我的《中国文学史散论》一书中。我家在南召农村,离南阳约100余华里,平时可以朝发夕至,那几年的寒暑假,我回到家后,李静之常约我到报社,为他撰稿,并编印中学国文教科书。由于印刷上的方便,报社先印行了我写的《子产》。前两年我对该书作了修改,在河南人民出版社再版,改名《子产评传》。《子产》的印行,引起了我对文学史出版的兴趣,当我把《中国现代文学史》上卷定稿后,又商请李静之兄予以印行,这部书于1944年5月出版,印数2000册,是出版较早的一本中国现代文学史。

《中国现代文学史》上卷是根据自己搜集的资料,根据自己当时对文学的认识与理解,对五四文化革命(包括思想革命与文学革命)和20世纪20年代前期中国文学的发展,作了具体地分析与阐述。《中国现代文学史》的下卷未能发表。新中国成立后,我在河南大学中文系担任了现代文学教研室主任,继续讲授现代文学史课。1956年,我出了《中国现代文学论稿》一书,有关资料都是以原来所写的《中国现代文学史》的下卷为基础的。所不同的是,由于学习了马克思主义与毛泽东思想,用新的立场、观点、方法来对五四后30多年的中国现代文学,作了重新的审视与评价。在认识上,比原来的较为深刻全面了。这部书本来河南人民出版社已确定出版,由于1957年我被错划为右派而未能实现。但河南大学函授处发行了5000册,当时已流布全国各地,为当时从事现代文学教学工作的同志所参考。

建国后,我虽然致力于中国现代文学的教学,并曾在国内的刊物上,如上海的《新中华》、北京的《新建设》上发表有关论文,同时还写了专门论著,但由于在建国前还教了多年中国文学史,并已写出了全部较详细的讲义,所以对中国古典文学未能忘情。在20世纪50年代初,曾在《长江文艺》、《新建设》上,发表关于司马迁《史记》以及蒲松龄《聊斋志异》的分析评论文章。特别是后者,曾引起了国内治古典文学者的注意。分析评论《聊斋志异》的文章,被翻译后在英文版的《中国文学》上全文登载,另外还在俄文刊物上作过介绍。后来又发表过关于屈原、司马迁、陶潜以及《红楼梦》等的评论文章。1956年,长江文艺出版社印行了我的《中国古典文学研究论集》,该书共收论文8篇,约7万字,对屈原、司马迁、陶潜等作家及《聊斋志异》、《红楼梦》等作品进行了评论,还有批判胡适以及与王瑶争论关于黄遵宪的评价问题的文章。

建国后到1957年以前是我在写作上比较多产的时期。原因主要是初步掌握了马克思主义的理论武器,因而对比较熟悉的古典文学,经常有着与前人不同的看法,所以能发前人之所未发。即如对于唐代古文运动的大作家韩愈与柳宗元,过去论者大抵尊韩而抑柳,这是由于封建时代的文人,大都是传统的儒家思想的尊奉者。韩愈的主导思想主要是儒家的思想,他在《原道》中提出了道统之说,开宋代理学家道统说之先河。到了宋代,欧阳修在古文方面宗法韩愈,后又有曾巩、王安石和苏氏父子从事古文创作,到明代就有唐宋八家之说。到了晚明的归有光,直到清代乾隆时期的方苞、刘大櫆、姚鼐都是致力于古文的,他们所推崇的则为韩、欧,韩愈成了中国古文方面的不祧之宗。而柳宗元由于其思想中有佛老的因素,因而受到后来儒者的诋訾。我从新的观点出发,分析韩、柳两人文章的异同,觉得柳是一个唯物主义者,这从他与刘禹锡论天的文章中可以看得很清楚。他上承战国末年荀子唯物论的思想以及汉代王仲任的思想,又写了《非国语》一类的论著。在这些方面,他比韩愈高明多了。其次,再从他们的政治态度来看,韩愈在《原道》中论说君、臣、民的相互关系时说:"是故君者,出令者也;臣者,行君之令,而致之民者也;民者,出粟米麻丝,作器皿,通货财,以奉其上者也。君不出令,则失其所以为君;臣不行君之令而致之民,民不出粟米麻丝,作器皿,通货财以事其上,则诛。"韩愈为封建最高统治者在剥削压迫人民方面树立了理论根据,所以他深为历代封建统治者所称赞,这种情况一直延续到晚清;曾经游学英伦受到西方民主主义思想影响的严复回国后,为宣扬西方民主主义,曾写了《辟韩》的文章,马上受到清政府大官僚们的嫉恶,险遭不测。这说明韩愈在历代封建统治阶级眼中的地位是相当崇高,稍一批评,统治者就认为批评者是大逆不道,马上就要大兴问罪之师。至于柳宗元,他在《送薛存义之任序》一文中,阐明官吏与人民的关系,实际也就是韩愈所讲的臣与民的关系,他说:"凡吏于土者,若知其职乎?盖民之役,非以役民而已也。"这就是说官吏之于人民,是人民的仆役,而决不是人民的主人与老爷。他又说:"凡民之食于土者,出其十一佣乎吏,使司平于我也。今我受其直,怠其事者,天下皆然。岂惟怠之,又从而盗之。向使佣一夫于家,受若直,怠若事,又盗若货器,则必甚怒而黜罚之矣!以今天下多类此,而民莫敢肆其怒与黜罚者,何哉?势不同也。势不同而理同,如吾民何?"这种民主主义的思想,在当时的确是石破天惊的观点,是不多见的。正因为他有这样的思想,所以当他被贬到永州时,才能写出为受压迫与剥削的人民呼吁的《捕蛇者说》。因而在我的论文末尾,论到对韩、柳的评价问题,我提出从三方面进行分析与比较:(一)从两人的品质修养上,韩不如柳;(二)从两人的世界观上,韩也大逊于柳;(三)从创作上,两人各有优劣。总的说来,过去封建文人对他们的评价,是不公允的,现在应该为柳翻案。这篇文章发表于1957年第6期《新建设》上,后又选入《中国古代散文评论集》中。

但是好景不长,1957年中国共产党整风,鼓励党外人士帮助党整风,要大鸣大放。不久,即开始反右。我于这年初被任命为中国民主同盟开封市委员会主任委员,因此参加了中共河南省委宣传工作扩大会议,会议结束后,就被邀参加了一系列座谈会。反右一开始,民盟河南大学支部的宣传委员、教育系教师郝士英因为向党员提意见积极,校党委划他为右派。我因为是民盟开封市委主委,并在过去同郝士英往来较多,于是认为他的行动是我幕后策划的。就在这时,民盟中央出了章(伯钧)罗(隆基)联盟。民盟河南省委主委王毅斋成了河南的大右派。于是有人就认为"上梁不正下梁歪",既然民盟中央和省民盟的领导出现了大右派,那么民盟市委负责人还能不受他们的影响?于是搜集我在鸣放中的言论,结果我未能幸免。到1958年初,正式宣布对我处理的意见,给我戴上了右派分子的帽子,从事劳动,不再任课,在群众中被孤立了起来。这时除阅读毛主席著作外,就是不断地写个人思想检查。科研根本谈不到了。1958年国庆节,我在河南大学中文系第一个被摘掉右派帽子。

由于一度被错划为右派,在文章的发表上大受影响。我写的《中国现代文学论稿》,河南人民出版社已确定要出版,结果作罢了。在国内刊物上,已经打开了局面,写出的学术论文,在发表上已不成问题,但1957年后,已经成为不可能了。直到1964年,我才开始在本校学报上发表了几篇学术论文,如《吴敬梓的学术思想》、《从〈红楼梦〉中的叛逆思想谈到李贽的叛逆思想》以及《龚定庵文学略论》等。到1982年,把第一本《中国古典文学论集》中关于论屈原、司马迁以及《桃花源记》、《聊斋志异》等篇论文和以后发表的关于《儒林外史》、《红楼梦》以及评章太炎学术思想、批判胡适《五十年之中国文学》等文章,辑为《中国古典文学论文集》,约25万字,由中州书画社出版,不久又重版一次。

1964年我还写了篇论袁中郎文艺论与创作的论文,寄到北京《新建设》,因为过去我在这个刊物上曾发表过几篇较有质量的论文。这次,我想到师院(当时河大改称开封师范学院,1979年8月改名为河南师范大学,1984年5月恢复河南大学名称)学报已经发表了我的论文,那么它之被采用,决不会有大问题。果然,不久接到该刊编辑来信,说已采用,接着把清样寄来了。我满以为这可没问题了,谁知等该刊新的一期印出后,竟没有我的文章。这一定是因为该刊写信给学校,了解我的情况,知道我为"摘帽右派",于是原已印成的文章也被摒弃了。这给我的打击很大,从此,再不向外边投稿了。1966

年,"文化大革命"开始了,我这个从旧社会过来的老教师,便被打成"反动学术权威",经过批斗之后,即从事劳动。后来在林彪"一号命令"下达后,我随着其他师生下到豫西灵宝县朱阳镇去劳动,将近一年,回到开封。但接着又去杞县林场,后来又到尉氏农场劳动,直到1972年在招收工农兵学员前夕,我们才回到学校。当时领导上分配我担任《鲁迅作品选》的课,我想到北京了解北京各大学对这门课是准备如何讲授的,领导上批准我去北京。到京后,我到了北大、师大、人大等校,访问了研究鲁迅的专家们,了解他们如何选篇子以及讲授的方法等。回来后,在招收的工农兵学员的第一届,我担任了"鲁迅作品选"的讲授,根据同学们的反映,还是比较成功的。后来我又给继续招收的两个年级讲授了这门课。这些年,我写了一些论述鲁迅思想和作品的文章,后来辑成《鲁迅散论》一书,由陕西人民出版社印行。

1976年9月,毛泽东逝世。10月,中国共产党粉碎了江青反革命集团。不久,中共中央发出了平反冤假错案的指示,我在1957年被错划的右派得到了彻底改正。此后曾一度任全国政协委员,后又任河南省政协副主席、开封市人大常委会副主任。在学校,则曾担任中文系主任。我的著作出版社敢承印了。以后我连续出版了《聊斋志异选讲》、《中国古典文学论文集》、《鲁迅散论》、《袁中郎研究》、《中国近代文学作家论》、《中国新文学渊源》、《子产评传》,最近还出版了由我主编的《中国近代文学史》。

20世纪70年代末到80年代,我在文学研究的方向上发生了一些变化,这就是由现代文学转向近代文学。

我之最早写近代文学方面的文章,始于20世纪40年代。当时我写的《中国现代文学史》里边的第一编即为《清末民初的文学》,不过讲得比较简单,而且认识还不免停留在表象上。到了20世纪50年代中期,由于毛泽东发动了批判胡适的运动,我当时就选定了批判胡适《五十年来的中国文学》这一题目。胡适这篇文章,是应《申报》馆成立50周年纪念的邀请而写的,而那50年恰恰属于近代史范围。

批判胡适的立场、观点与方法，不能不了解他在文章中所评述的文学现象，阅读研究各个流派的作品及有关文献资料。从研究中得出，胡适的史学观是属于唯心主义的英雄史观，他的立场乃是地主资产阶级的，在文学观上，乃是自然主义与形式主义。批胡适的文稿约3.5万字，最初发表于《开封师院学报》的创刊号上，后又收入《中国古典文学论文集》。

　　由于我发表了批判胡适的文章，系领导拟让我开"近代文学史"课。但当时高等学校的教学计划没列这门课，因而很长时间没有开成，不过却引起了我对近代文学研究的重视。后来对这一时期的作家与作品，作了比较系统的钻研，陆续在国内刊物上发表了一些对这一时期的作家评论的文章。从龚、魏、康、梁，直到章太炎，共18家，即龚自珍、魏源、黄遵宪、严复、康有为、谭嗣同、梁启超、章炳麟、刘师培、苏曼殊、林纾、王国维、吴沃尧、曾朴、李伯元、刘鹗，另外还有钱玄同和胡适。以后辑为《中国近代文学作家论》，1984年3月由河南人民出版社印行。

　　由于对中国近代文学的研究，于是上溯至晚明文学，下推至五四文学革命，把近300年的中国文学与学术思想，作了比较系统地考察与研索。认为晚明的李贽，实为中国学术思想史上一个伟大的革命家。在当时封建统治时代，他首先批判程朱派理学，并进而大胆地批评孔子，说孔子思想不应视为千古评判是非的标准。这种言论在当时真可谓冒天下之大不韪，结果被封建统治阶级视为妖妄，予以逮捕，而自杀于狱中。

　　公安三袁，袁宗道、袁宏道、袁中道兄弟，都曾师事李贽，特别是袁宏道，最为李贽所赏识。由于他们兄弟在李贽的影响下，思想得到解放，所以在文坛上，以袁中郎为首，反对前后七子的复古主义。袁中郎提倡文学创作在内容上要"抒写性灵"，在方法上要"信腕直寄"，反因袭，主独创。加上当时与他们同调的如陶望龄、雷何思、江进之等的响应，一时形成了一个文学革新运动，于是陈腐的因袭的创作风气为之一变。明末文坛上的领袖钱谦益，在他辑的《列朝诗集》

中，对袁中郎当时转移文风的功绩，大加赞扬，说："中郎之论出，王李之云雾一扫，于是天下之文人才士，始知疏瀹心灵，搜剔慧性，以荡涤摹拟涂泽之病，其功伟矣！"

李贽倡导的反封建的思想革命与公安派袁中郎倡导的文学上反复古主义的文学革新汇合起来，形成了晚明文化革命的高潮。在这股进步思潮影响下，在中国文坛上，从晚明到清中叶，出现了市民文学、戏曲与小说的黄金时代，前者如汤显祖的《牡丹亭》、洪升的《长生殿》、孔尚任的《桃花扇》，后者如晚明冯梦龙、凌濛初的《三言》、《二拍》，清初蒲松龄的《聊斋志异》、吴敬梓的《儒林外史》，直到乾隆时期曹雪芹的《红楼梦》与李汝珍的《镜花缘》。我们从这些杰出作品的思想内容上来分析，都无不与晚明这股革新的思潮一脉相承。他们反对传统的封建礼教，反对封建等级制，主张男女婚姻自由，揭露批判不合理的科举制度以及封建官吏对人民的压迫与剥削。

这种进一步追求平等自由的民主思想与清中叶输入中国的西方资产阶级民主主义思想互相渗透，互相印证，形成了汹涌澎湃的潮流，因而出现了晚清梁启超所倡导的文学改良运动。但由于反封建与反复古文学的不彻底，到了五四，才又爆发了一场伟大的文化革命运动。

在以上的分析理解下，我决定把五四文化革命的渊源上溯到晚明，于是我陆续写出了8篇论文，即：《李贽与晚明思想解放及文学革新运动》、《十七世纪初中国文学革新运动的倡导者——袁中郎》、《晚明的文化革新运动与中国十七、十八世纪的文学》、《清代朴学家的反程朱思想与先进的文学观》、《清代桐城派的兴起、发展与衰歇》、《晚清西学的输入与中国近代文学的发展》、《晚清的排荀、批孔与五四的思想革命》、《晚清文学革新与五四文学革命》。这8篇文章，汇集成册，以《中国新文学的渊源》为名，由河南人民出版社在1986年出版。

清代朴学家在学术思想与文学思想上，上承晚明的文化革新运动，加上西学的输入，从而有了晚清维新派的文学改良，最后终于导致了五四文化革命的爆发。在中国学术界,对五四文化革命的渊源,过去还没有人加以探索与论述,我认为在我平生著作中是比较有个人独到之见的,是具有开创性的作品。这部书印的册数才2000多册,社会上的读者尚少,但我认为我的看法,将来一定会得到一般有识之士的认同的。

1982年,在开封举行了第一次全国性的关于近代文学的讨论会。我在会上宣读了我的论文《恽敬的古文文论及其与桐城派的关系》。当时《文学遗产》的编辑卢兴基同志参加了这个会,会后他把这篇文章拿走,发表在该刊1984年第3期上。

1984年在杭州举行了全国第二次近代文学学术讨论会。与会同志感到高等学校要开近代文学史课,首先须有一部较为详细的能反映这门学科研究新成就的中国近代文学史,于是由我约请了上海师大王杏根、华南师大钟贤培与河南大学关爱和等同志,在一起商讨该书编写事宜,并简单商讨了章节的设置。后来由关爱和整理拟出了一个编写大纲。1986年3月,在河大举行了该书编写会议,会上大家推举我任主编,并由国内几个大学的与会同志组成了编委会,推关爱和、王杏根、张中担任该书上、中、下三编的责任编委,并把全书各章分配到参与编写的几个同志。全书完稿后,交由河南大学出版社印行。

1986年,上海书店编辑部拟编纂一部《中国近代文学大系》,该店总编辑范泉同志来函通知我,让我担任其中散文卷的主编。我回信答应了。不久,范泉到开封商谈编辑事宜。散文卷将有百余名作家的代表作品入选,共分4册,每册50万字,商定由我组织编选人员,成立了个编委会。经过两年的努力,基本上完成了编选工作。导言由我写出了初稿,继由任亮直进行补充与修改,修改后的导言已送往上海书店。书稿不久也将派专人送去。

另外,我把继《鲁迅散论》之后所写的关于研究鲁迅的论文(特别是1981年鲁迅诞生100周年纪念时期写的较多),辑为《鲁迅散论二集》,同时还把近年来所写的关于古典文学论文,辑为《中国古典文学论文集续编》,前者尚未找到接受的出版社,后者已交与河南大学出版社。

　　根据上述,综观50多年来我的治学道路,大致可分为三个时期:

　　(一)早期。从1929年到1933年,在治学上,注重选题,然后根据题目搜集有关资料,对资料进行分析比较,从中企图有所发现,然后把它系统化、条理化,把根据有关资料的研究所得,予以整理,写成论文。较早发表于北师大《国学丛刊》中的《古文家的文论》与发表在北平《新晨报》副刊的《边塞诗人吴汉槎评传》、《刘师培的文学论》可为此期的代表作。

　　(二)中期。受清代朴学家及五四时期胡适、钱玄同等学者治学方法的影响,学习了他们的重证据、斥臆断以及客观的分析评论、务期有所创见的"实事求是"精神来解决学术上的问题。我在北师大读书时听钱先生的课,在北大研究院读书时接受胡适的指导,受到深刻影响。后来在北大研究院写的毕业论文《袁中郎研究》即根据上述治学精神而写成的。

　　(三)后期。建国后学习了马克思列宁主义的经典著作以及毛泽东的哲学论著,特别有一个时期系统地钻研了鲁迅后期的论著,在立场、观点、方法上又深受鲁迅的启发,因而能较为顺手地运用新的阶级观点以及辩证唯物论与历史唯物论去分析学术上的各种问题,深感得到这一锐利的武器,应付学术上的问题,随时随地大都能够得到较满意的解决。这时看过去一些旧时代学者的论著,觉得未免陷于皮相之见,很少能鞭辟入里的。我用新的观点、方法写出的书,有《中国古典文学论集》、《鲁迅散论》、《中国近代文学作家论》、《中国新文学的渊源》等。特别是《中国新文学的渊源》一书,自信为个人的创获。

　　岁月不居,时光如流,转眼个人已到耄耋之年,来日无多,当更加奋发,希望能写出对学术有新的贡献的论著来。

1989年6月

(原载1989年《河南文史资料》第32辑)

补　遗

杨柳与文学[1]

我们在中国文学里,关于杨柳的描写,实在是屡见不鲜,屈指难数。但是虽说如此的多,可并不是千篇一律,陈陈相因的。有的是拿杨柳形容他物的;有的是因杨柳起兴的;各有各的不同,各有各的意思。现在我把素日所见到的关于杨柳的描写聚集起来,就其意义之不同,作为一度的研究。因名为"杨柳与文学"。

我们在未研究这题目以前,我们应知道古时杨柳的种类,同它的形状,所以就不得不找中国最古的博物——《尔雅》,同较古的《古今注》了。

《尔雅》同《古今注》这两部书,可以说是干燥无味,所以我的一部《尔雅》,平素不是把它放在架上,就是把它扔到箱底,这一次因为要参考东西,才把它从监狱中捞出,叫它见见天日。至于《古今注》是《汉魏丛书》中的一部,没单行本,我一个穷学生那里能有《汉魏丛书》,所以还是从图书馆里借来的。现在闲话不必多说,我把这两部书翻了一翻,见到《尔雅》中说的有三种,即:

檉,河柳【注】今河旁赤茎小杨。【疏】檉一名河柳,郭云"今

---

[1] 本文原载上海《学生杂志》第 15 卷第 3 号,署名"任维焜",1928 年 3 月出版。

河旁赤茎小杨。"陆机疏云"生水旁皮正赤如绛,一名雨师,枝叶如松"。

　　旄,泽柳【注】生泽中者。【疏】柳生泽中者,别名旄。郭云"生泽中者"。

　　杨,蒲柳【注】可以为箭。《左传》云"董泽之蒲"。【疏】杨一名蒲柳,生泽中,可以为箭笴。

我们看《古今注》中的有下几种:

　　蒲杨①生水边,叶似青杨,一曰蒲杨栘栘,杨一曰栘,一曰蒲杨。②

　　水杨,蒲杨也,枝劲细,任失③用,又有赤杨,霜降则叶赤,材理亦赤也。

现在把这几种比较一下,可以说《尔雅》上的檉柳,同《古今注》上的赤杨是一种。《尔雅》上的蒲柳,同《古今注》上的水杨是一种。《尔雅》上的旄泽柳,与《古今注》上的蒲栘是一种。这三种柳在我们中国文学里描写最多的,要算蒲柳同旄泽柳这两种。至于檉柳,它的形状相差太甚,简直几乎同松相似,所以在文学里是见不到的。

　　我们现在已经知道古时柳的形状,同它的种类,所以就不妨开始研究文学中关于它的描写啦!

　　我随便举几个例,就可以晓得普通文学家之对于它的形容了。

　　　　弱柳万条垂翠带,残红满地碎香钿。(《浣溪沙》,毛熙④)

我们一看就知道是拿翠带来形容它的。

---

① "蒲杨"当作"蒲柳",见崔豹《古今注》卷下"草木第六"。
② 此处引书断句有误,《古今注》"蒲杨"条至"一曰蒲杨"终,下引"栘栘,杨一曰栘,一曰蒲杨"是"栘杨"条,引文亦有误,正确的原文是"栘杨,亦曰栘柳,亦曰蒲栘"。
③ "失"当作"矢",疑原刊排印失误。
④ "毛熙"原刊排印有误,当作"毛熙震",五代人,仕蜀,好书能词。

柳叶乱飘尺千雨。①（《鸳湖曲》，吴梅村）

这是以千尺雨比柳叶，我们一看就联想到李白的"白发三千丈"，拿三千丈来形容发，同这是一样的写法。但是按修辞上说，这是一种扬厉格，虽说有些过甚其辞，可是能使我们得到深刻的印象，仿佛当真拖着很长的白发，垂着很长的柳叶似的。至于：

　　岸柳如新沐。（《六么②令》，周邦彦）

是拿发来形容的。

　　西湖万柳如丝。③（《春夏两相期》，蒋捷）

是拿丝来形状的。

　　梅谢粉，柳拖金。（《贺冲天》第一体④，欧阳修）

　　柳拖金缕。（《河传》第四体，孙光宪）

是拿金缕来形容的，大概都是描写新柳才黄之时，同已成阴时的纤条，诸如此类，不胜枚举，这不过聊述一二，作为一个证明；我想阅者，大凡读过几篇诗词的，当谓余言之不谬吧！

　　光阴迅速，当春光要同世人告别时，柳叶已从金黄渐变成浓阴了，柳絮已经飞舞空中，好像严冬的雪花一般，所以最能刺激人，而且最能引人注目，因此一般文学家描写柳絮的更多了，现在缕举一二：

　　长浪没天柳絮轻，只将飞舞过清明。⑤（《再和杨公⑥梅花十首》，苏轼）

　　颠狂柳絮随风舞。（《绝句漫兴九首》，杜甫）

---

① 此句排印有误，当作"柳叶乱飘千尺雨"。

② "么"当作"幺"，原刊排印失误。

③ 蒋捷《竹山词》通行本此句作"西湖万柳如线"。

④ 《贺冲天》当作《鹤冲天》，疑为笔误或原刊排印错误。另按，此处"第一体"以及下文的"第四体"等等，可能是据清人赖以邠著、查继超增辑的《填词图谱》及其续集标注的，其实不足为据，下同不另说明。

⑤ 这两句引诗有误——可能是排印错误或作者记忆有误，当作"长恨漫天柳絮轻，只将飞舞占清明"。

⑥ "杨公"当作"杨公济"。

芦花也似柳絮轻。(《戏赠杜舆》,苏轼①)
以上都是形容柳絮飞舞的。
　　　糁径杨花铺白毡。(《绝句漫兴》,杜甫)
这是形容柳絮颜色的,可是叫我们看后,再闭目就好像看见一条小径上,落着一片的杨花,如同白毡一样,真可以说形容尽致了。再看后面的:
　　　柳花着水万浮萍。(《再和曾仲锡荔》②,苏轼)
这是形容柳花形状的。
　　　春尽飞絮留不得,随风好去落谁家?(刘梦得诗③)
这不但形容柳絮的漂浮不定,而且用象征的方法喻女子之改嫁了。我们从此可知柳之对于文学之贡献,是多么的大,而又一方面,也不能不叹文学家的技术,是变化无穷的了!

　　上面的都是关于杨柳本身的形容,我们觉着也没很大的意味,后边所缕举的大都是因柳而兴感;或者是拿杨柳去形状其他一切的,要比前边的有些意思,现在请往后看:

　　第一因柳而感时光的迅速——当冬尽春初之交的时候,有许多植物尚在做着它们冬眠之梦,而觉醒最早的,差不多要算杨柳了,所以我们一看见杨柳被④上它的黄黄的春服时,我们立刻就感觉到严酷的冬日已经退避,可爱的春之神已经降临了!
　　　诗家清景在新春,绿柳才黄半未匀。(《千家诗》中,已忘记作者⑤)
　　　春色已上柳梢头。⑥

---

① 此处所述诗题与诗作者有误,当为陆游的《次韵周辅道中》之一,原句作"芦花也似柳花轻"。
② 诗题当作《再和曾仲锡荔支》。
③ 这两句出自刘禹锡的《杨柳枝词九首》之九,"飞絮"原句作"絮飞"。
④ "被"通"披"。
⑤ 这两句诗出自唐杨巨源《城东早春》诗。
⑥ 这是一句谚语。

去年新柳报春回。(《重游终南子由以诗见寄次韵》,苏东坡)

我们由此看来,杨柳好像一个报春的使者;又好像春之先锋一样,所以杨柳的萌芽,就是春到的特征。还有:

杨柳吹绵,迤逦麦秋天气。(《花发沁园春》,黄昇)

春欲暮,残絮尽,柳条空。(《献衷心》,欧阳舍人炯)

帘前柳絮惊春晚,头上花枝奈何老。(《李铃辖坐上分题花》①)

我们再由柳絮飞舞,而又知春之欲暮,所以杨柳可以说是迎春的使者,而同时又是送春的使者;无怪乎文学家要见而动情了。

杨柳既然可以断定春之来去,所以一般闺中的少妇,异乡的旅客,一见杨柳,就不免动了闺思离愁,忆念远人。如:

闺中少妇不知愁,春日凝妆上翠楼。忽见陌头杨柳色,悔教夫婿觅封侯。(《春怨》,李白②)

门外柳花飞,玉郎犹未归。(《菩萨蛮》,牛给事③)

春岸杨柳发,忆与故人期。(《江上寄山阴崔少甫》④)

这都是见柳而感时令的迁移,因时令而忆起别后的情人或契友。更有因柳而生今昔之感的,亦复不少。例如:

归来池苑皆依旧,太液芙蓉未央柳。芙蓉如面柳如眉,对此如何不泪垂。(《长恨歌》,白居易)

这是白乐天描写唐明皇宠爱杨贵妃,后来安禄山之乱,玄宗幸蜀,路过马嵬坡,众士卒逼杨妃自杀,到了玄宗驾返长安故宫,因睹景物依旧,佳人长逝,不胜为之悲凉伤感。

---

① 此诗为苏轼作,完整的诗题是《李铃辖坐上分题戴花》。
② 此处有误,《春怨》当作《闺怨》,王昌龄作。
③ "牛给事"即牛峤,王建在蜀称帝,牛峤曾为给事中。
④ "春岸"当作"春堤",完整的诗题当作《江上寄山阴崔少府国辅》,孟浩然作。

　　　　江头宫殿锁千门,细柳新蒲为谁绿?(《哀江头》,杜甫)
这是朝代鼎革,而旧柳仍绿,所谓"明月不知人事改,夜阑犹照深宫"①同这是一样的感慨。
　　上边的是今古之感,至于因柳而自己感伤也是很多:
　　　　多情自古伤离别,更那堪冷落清秋节!今宵酒醒何处?杨柳岸晓风残月。(《雨淋②铃·秋别》,柳永)
　　　　睡起横波漫③,独望情何限?衰柳数声蝉,魂消似去年。(《醉公子》,顾太尉琼)
　　　　杨花杏花几多情?④(《南歌子》,毛秘书熙震)
这些都是因物兴感,即景生情的,而一般文学家还有拿柳来比自己心情愁苦的:
　　　　一丝柳一寸柔情。(《风入松·春园⑤》,吴文英)
　　　　愁水极杨柳,一种乱如丝。(《春意》,孟浩然⑥)
　　　　离恨⑦怨芳草,春思结垂杨。(《南阳送客》,李白)
　　　　恨缕情丝春絮远。(《珍珠帘》,吴文英)
　　　　谁教杨柳千丝,就中牵系人情。(《相思儿令》,晏殊)
　　　　时听语莺娇,杨柳牵恨一条条。⑧(《望远行》第一体,李珣)
杨柳之形容其他的固然很多,可是我们中国文学家的特例,拿杨柳来比拟女子身上的一部,真可以说"罄南山之竹亦不胜书",所以我替杨

---

① 语出鹿虔扆《临江仙》词,原句作"烟月不知人事改,夜阑还照深宫"。
② "淋"当作"霖",原刊排印有误。
③ "漫"当作"慢",原刊排印有误。
④ 原句作"杨花杏花时节,几多情?"
⑤ 吴文英此词一题"春晚感怀"。
⑥ 诗题当作《春怨》;另,"愁水"当作"愁心"。
⑦ "离恨"一作"离颜"。
⑧ 此处所引词句不完,完整的句子是"琼窗时听语莺娇,柳丝牵恨一条条"。

柳起个别号,就是植物中的"窈窕佳人",因为它的长条被风刮着的时候,真是不胜妩媚,而一丝丝的柳叶,尤足动人。现在把它形状女子的分述于后。

1. 形容女子腰肢的:

　　转盼如波眼,娉婷似柳腰。(《南歌子》,温庭筠)

　　腰如细柳,脸如莲脸①。(《荷叶杯》,顾太尉琼)

　　柳腰儿恰一搦。(《西厢记》,王实甫)

　　隔户杨柳弱嫋嫋,恰似十五女儿腰。(《绝句漫兴十②九首》,杜甫)

这是形容女子的腰的;还有形容女子行路的。如:

　　行一步可人怜,解舞腰肢娇又软,千般嫋娜万般旖旎,似垂柳在晚风前。(《西厢记》,王实甫)

　　闲静似娇花照水,行动似弱柳扶风。(《红楼梦》,曹霑)

这几种描写,真可以说维妙维肖,我总觉得除了柳什么都不像佳人的窈窕,而除了杨柳什么也不配形容佳人的。不知阅者以为如何?

2. 形容女子眉的:

　　芙蓉如面柳如眉。(《长恨歌》,白居易)

　　柳如眉,日长蝴蝶飞。(《阮郎归·春景》③)

　　语多时,依旧桃花面,频低柳叶眉。(《女冠子》,韦庄)

　　相见稀,相忆久,眉浅浅烟④如柳。(《更漏子》,温庭筠)

　　人似玉柳如眉。(《定西番》,温庭筠)

　　一双丹枫三角眼,两弯柳叶榉梢眉。(《红楼梦》,曹霑)⑤

---

① 此处"脸"字为衍文。

② 此处"十"字为衍文。

③ 这是欧阳修的词作,此处所引词句不完,完整的句子是"青梅如豆柳如眉,日长蝴蝶飞"。

④ "浅烟"当作"澹烟"。

⑤ 这两句,《红楼梦》通行本作"一双丹凤三角眼,两弯柳叶吊梢眉"。

我想阅者已经看讨厌了,现在关于形容眉的不多写啦!

3. 形容女子眼的——这一类比较少些,可并不是绝对没有,不过拿杨柳来形容女子的眼,我想有一种原因,要是我们时常说的两句话:一、"去函想已入青睐",二、"他对他特别垂青",至于形容女子的眼,多半是取柳的颜色,恐非取其形状,不知阅者以为对不对?例子较少,今举于后:

红入桃腮,青开柳眼。(《高阳台》,僧晦如①)

柳眼梅须漏洩去②,江南又见物华新。(《冬夕闲咏》,陆游)
以上都是形状女子的娉婷,女子的俏丽的,可以说尽柳之能事了。至于其他植物,桃花仅能形容女子的脸;莲瓣仅能形容女子的足(现在已不能用了);然柳能形容如此几种——腰,眉,眼,行动——大家一定可以说我给柳的别号"植物中的佳人"之不谬吧!

还有形容人的劣点——性情飘荡,心无主张。如:

念羁人之心游荡,随风化为春絮。(《添字莺啼序》,杨慎③)

风里杨花虽未定,雨中荷叶终不泣。(《寄子由三首》,苏东坡)

水性杨花无主张。(谚语)

这一切都是文学上的,而有关于历史上一代风俗习惯的,就是临别折柳送行,我们可以从唐宋的诗词中处处发见出来。如:

乡园欲有赠,梅柳着先攀。(《早春润州弟还乡》④,孟浩然)

只为都门赠别多,长条折尽减春风。(《青门柳》,白居易)

---

① "晦如"应作"如晦",任访秋先生的根据当是类编《草堂诗余》,但《阳春白雪》断此词为王观作。另,"青开柳眼"当作"青回柳眼"。

② "去"当作"春",原刊误排。

③ 按,《填词图谱》以杨慎词《莺啼序》为谱,而别列所谓《添字莺啼序》于续集,录吴文英词为例,任访秋先生此处乃是误以吴文英词属杨慎。另按,吴词原句作:"念羁情游荡,随风化为轻絮。"

④ 原诗诗题应作《早春润州送弟还乡》。

> 欲寄意浑无所有,折尽市桥官柳。(《市桥柳》,蜀妓)
>
> 採去尽是伤离意绪,官柳低金缕。(《瑞龙吟》,黄昇①)
>
> 何②使昔年离别,攀弱柳,折寒梅,上高台。(《定西番》,温庭筠)
>
> 终日行人争攀折,桥下水流呜咽!(《清平乐》,温庭筠)

我由这许多诗词中,可以断定唐宋的时候临别要折柳送行,但是为什么要拿柳送行? 这是一个问题,我一时可以说答不出,只好俟诸异日。

现在我要告诉阅者关于柳的两个故事。

一、《章台柳传》——这个故事有两个作者,一个是许尧佐,一个是孟棨。许尧佐的《章台柳传》,见于《旧小说》。孟棨的一篇见于《本事诗》。我们拿这两篇比较一下,是大同小异的,不过许尧佐的较为详尽,现在就把它全篇录在这儿,望读者不要惮烦的看一下:

> 天宝中,昌黎韩翊有诗名,性颇落托,羁滞贫甚。有李生者,与翊友善,家累千金,负气爱才。其幸姬曰柳氏,艳艳当时,喜谈谑,善讴咏,李生居之别第,与翊为宴歌之地,而馆翊于其侧。翊素知名,其所问候,皆当时之彦。柳氏自门窥之,谓其侍者曰:"韩夫子岂长贫贱者乎!"遂属意焉。③李生曰:"柳夫人容色非常,韩秀才文章特异。欲以柳荐枕于韩君可乎?"翊惊栗避席曰:"蒙君之恩,解衣辍食久之,岂宜夺所爱乎?"李坚请之。柳氏知其意诚,乃再拜,引衣接席。李坐生于客位,引满极欢。李生又以资三十万,佐翊之费。翊仰柳氏之色,柳氏慕翊之才,两情皆

---

① 此处误署词作者,其实此词乃周邦彦所作,引文排印有误,原句作:"探春尽是,伤离意绪。官柳低金缕。"

② "何"当作"汉"。

③ 按,《章台柳传》通行本此处有"李生素重翊,无所悋惜。后知其意,乃具膳请翊饮。酒酣"数句,任访秋先生此处则据别本引录,没有这几句。另按,此处所引文本的个别文字亦与通行本有所不同,兹不具校。

获,喜可知也。明年,礼部侍郎杨度擢翊上第,屏居间岁。柳氏谓翊曰:"荣名及亲,昔人所尚。岂宜以濯浣之贱,稽采兰之美乎?且用器资物,足以伫君之来也。"翊于是省家于清池。岁余,乏食,鬻妆具以自给。天宝末,盗覆二京,士女奔骇。柳氏以艳独异,且惧不免,乃剪发毁形,寄迹法灵寺。是时侯希逸自平卢节度淄青,素藉翊名,请为书记。洎宣帝以神武反正,翊乃遣使间行,求柳氏,以练囊盛麸金而题之曰:"章台柳,章台柳!昔日青青今在否?纵使长条似旧垂,也应攀折他人手。"柳氏捧金呜咽,左右凄悯,答之曰:"杨柳枝,芳菲节,所恨年年赠离别。一叶随风忽报秋,纵使君来岂堪折!"无何,有蕃将沙咤利者,初立功,窃知柳氏之色,劫以归第,宠之专房。及希逸除左仆射入觐,翊得从行。至京师,已失柳氏之所止,叹想不已。偶于龙首冈见苍头以驳牛驾辎軿,从两女奴。翊偶随之。自车中问曰:"得非韩员外乎?某乃柳氏也。"使女奴窃言失身沙咤利,阻同车者,请诘旦幸相待于道政里门。及期而往,以轻素结玉合,实以香膏,自车中投之曰:"当速永诀,愿寘诚念。"乃回车以手挥之,轻袖摇摇,香车辚辚,目断意迷,失于魂魄。翊大不胜情。会淄青诸将合乐酒楼,使人请翊。翊强应之,然意色皆丧,音韵凄咽。有虞侯许俊者,以材力自负,抚剑言曰:"必有故,愿一效用。"翊不得已,具以告之。俊曰:"请足下数字,当立致之。"乃衣缦胡,佩双鞬,从一骑,径造沙咤利之第,俟其出行里余,乃被衽执辔,犯关排闼,急趋而呼曰:"将军中恶,使召夫人!"仆侍辟易,无敢仰视。遂升堂,出翊札示柳氏,挟之跨鞍马,逸尘断鞅,倏急乃至。引裾而前曰:"幸不辱命。"四座惊叹。柳氏与翊执手涕泣,相与罢酒。是时沙咤利恩宠殊等,翊俊惧祸,乃诣希逸。希逸大惊曰:"吾平生所难事,俊乃能尔乎?"遂献状曰:"检校尚书金部员外郎兼御史韩翊,久列参佐,累彰勋效,顷从乡赋。有妾柳氏,阻绝凶寇,依止名尼。今文明抚运,遐迩率化。将军沙咤利凶恣挠法,凭持微功,驱有志之妾,干无为之政。臣部将兼御史中丞许俊,族本幽蓟,雄心勇决,却夺柳氏,归于韩翃。义切中抱,虽昭感激之诚,事不先闻,故乏训齐之令。"寻有诏,柳氏宜还韩翃,许俊①赐钱二百万。柳氏归翃,翃后累迁至中书舍人。

我们看了这个故事,我们可以知道章台多柳。按,章台为秦所建,至汉仍存,在咸阳渭水南,有章台街,在台下。我们还可从《方舆胜览》里边看到这一段:"灞桥在西安府东灞水上,汉时送行者,多至此折柳赠别。"由此足见折柳赠别,这个风俗,汉已有之,不过唐宋仍沿此风罢了。沈伯时《乐府指迷》说道:"说桃不可直说破桃,须用'红雨'、'刘郎'等字,说柳不可直说破柳,须用'章台'、'灞岸'等字。"由此看来,章台、灞岸既能代表杨柳,那么章台、灞岸之多柳,自不待言了。

二、河东狮吼——苏轼与陈慥游,其妻柳氏强悍异常,陈慥常被屈辱,所以苏氏做这首诗:"龙印②居士亦可怜,谈空说有夜不眠。忽闻河东狮子吼,拄杖落手心茫然。"按,杜诗有"河东女儿本姓柳"之句,《传灯录》有"河东狮子吼"之语,故苏氏借用之。

煜按,上边两个故事,《章台柳传》,梅鼎祚曾编为一部传奇,名《玉合记》;"河东狮子吼",汪廷讷亦曾编为传奇,名《狮吼记》,因为这两个故事都很离奇的缘故。

目今关于杨柳与文学的关系,差不多说的也不少啦,最后让我们讨论一个问题,就是为什么中国文学关于杨柳的描写如此的多呢?我觉得有三种最大的原因:

1. 形状的特异——杨柳的形状同其他植物都不一样,其他的植物都是枝干交叉,向上生长,且异常的坚硬,而柳则千条下垂,并且柔软纤弱,就是被风一刮,就摇曳不止,所以最能动人情感。

2. 发芽之早——当初春的时候,其他植物尚是枯枝的时候,它已

---

① "许俊"通行本作"沙吒利"。
② "龙印"当作"龙丘"。

经萌动了,因此令人特别注意。再则暮春柳絮的飞舞,更使人为之惊奇。

3.种植之易——我们当清明植树节或二三月时,我们随便把杨柳枝折一条插在地上,只要稍为灌溉,不被牛羊践踏,就可以生长起来,所以杨柳在中国内部,无论南北,都非常的多,因此无论南北的文学家,都能借以描写形容,决不像南方的枫树在北方我没见过,试问生在北方的文学家,怎能去描写呢?

这一篇已经写完,我很盼望阅者能给我加一更正。最后我要抄一首词,是咏叹杨柳的,作我这篇文章的结束吧。

垂　杨①

银屏梦觉,渐浅黄嫩绿,一声莺小,细雨轻尘,建章初闭东风悄。依然千树长安道。翠云锁、玉窗深窅。断桥人、空倚斜阳,带旧愁多少?还是清明过了,任烟缕露条,碧纤青袅。恨隔天涯,几回惆怅苏堤晓。飞花满地谁为扫,甚薄幸、随波缥缈。纵啼鹃、不唤春归,人自老。

辑校附记

本文是任访秋先生的学术处女作。据先生晚年回忆:"我于1923年考进河南一师……我之立志向学,准备终生献身于学术研究的志愿,确实是从这个时候开始的……特别是到高级师范以后,就开始学写研究论文。我在高一(即高级师范一年级——志熙按)时,曾写了篇《杨柳与文学》,当时语文老师卢自然先生鼓励我向外投稿,我把它寄到了《学生杂志》,发表后得到几元购书券。由于文章得到发表,于是写作的兴趣就更浓了。"(《关于个人治学的回顾》,见《任访秋先生纪念集》,河南大学出版社,2004年)。由此可知本文对任先生学术生涯的奠基性意义。可是,各大图书馆都没有藏存上海学生

---

① 此词为宋陈允平所作。

杂志社1928年的《学生杂志》,而《杨柳与文学》就刊发在此年的该刊上,遂使此文久觅不得。想到即将出版的任师文集,独缺这篇处女作,总让我觉得遗憾,所以前几天便尝试在"大成老旧刊全文数据刊"里寻找,而此文赫然在焉,真是欣何如之,于是立即校录之。由于是初次为文论学,所以此文不免有些仓促与疏漏之处,但从中已可看出先生当年博览群书、好学深思的才情,论文的写作思路也已显出现代学术综合分析的特点。顷得任光先生电话,言任师文集下月即出样书,此文还来得及补入,因此特为校订如上,并略记因缘于此。

    解志熙　2012年4月16日于清华园之聊寄堂

怎样学习文学[1]

一、普通[2]的需要

  文学对于人类,要算是最普通的需要了。就年龄说,儿童从他们略知人事起,就爱在夏天的晚上,或冬天的炉边,挽着祖母或母亲的手,叫[3]唱儿歌或说故事;至于中年人同老年人喜欢接近文学,更不用说了。就职业说,农人是不识字的,但他们喜欢听说书,看旧剧;工人同小商人,虽然都谈不到什么文学修养,但是《三国》、《水浒》、《彭公案》、《施公案》以及一些小唱本,都是他们闲暇时候的好伴侣。所以文学同[4]哲学、科学不同,不须要专门的智识,就可以了解,可见文学并不是专属于某一阶层或某一民族,乃是属于全人类的。

  文学对大众既然是普遍的需要,那么对一般青年们来谈谈怎样学习文学,似乎并不是多余的事。青年的将来,决不会全去作文人,然而对于文学,不管是作政治家或工程师,这似乎是常识一类的东

---

 ① 本文原载《河南青年》文艺附册第一号,1942年出版。
 ② 此处"普通"乃"普遍"之意。民国文人学者常在"普遍"的意义上用"普通",下文兼用"普遍"可证。
 ③ "叫"当作"教"。
 ④ 此"同"字即"和"的意思,"同"与下文"不同"连用,读来有点别扭。

西,知道一点,在精力的化费上,不仅不算是枉搭,而且是必须。

二、学习的三方面

  普通人对于学习文学,往往有一种错误的看法,譬如某人好看一些诗歌或小说,那么就有人要说,你想做文学大家的吧,或者写了几篇小说或诗歌,发表以后,颇负时誉,于是就有人请他去教国文、文学概论或文学史,或者当你想要研究①文学本身以及作品作者种种问题,有人就要问你为什么专谈别人的作品,自己不来作? 这三种人,一是误把鉴赏当作创作,二是误把创作当作研究,三是误把研究当作创作。

  其实鉴赏是一回事,创作是一回事,而研究又是一回事。只要是喜欢同文学接近的人,都可以说是能够鉴赏文学的人。不过是因为鉴赏者的程度修养有差异,所以对作品本身的理解,也因之有浅深的不一而已。至于创作,乃是诗人、小说家同戏剧家的专门行业,他们之中最伟大的,能够把自己一生的精力都用在这上面来,他们能忍受饥寒,在颠沛流离之中,往往什么都可以撇,但不能舍弃文学。因为他们对文学有这样深挚的爱,所以才能产生出极超卓的作品。说到研究乃是对文学加以科学的分析同历史的观察,从事这方面的人尽管不能写诗或小说,但这无害于他的工作。他有着广博的学识,从心理学上与社会学上,来探究文学的起源、文学的特质,以及它与人生的关系,其次从历史地理及美学上,来对某杰作或某文豪作一局部的或全部的考察,而予以说明与批判。

  这三方面,有的人能集其二,有的只具一部分才能,很难能并此

---

① 原刊"当你想要研究"六字漫漶不清,姑录待考。

三者的。① 譬如普通人,只能欣赏《水浒传》、《红楼梦》,觉得它们内容真好,但他们写不出《水浒传》、《红楼梦》,同时更不能看出它们为什么会写得这样好,它们的价值在那②里。可是一个作者同批评家,一定是一个很好的鉴赏家。至于创作同研究,普通是不能兼顾的,工部、太白没有见到他们专门论诗之作,而记室、彦和则无一篇诗歌流传于后。可是,也间有能兼顾于此二者的,即如近代的王国维,他一面是《人间词》的作者,但同时他也有《人间词话》刊行。而现代的茅盾,一面是小说家,同时又是批评家;鲁迅一面写《阿Q正传》,同时又讲小说史。像这种全才,实在是不易多觏的。

三、学习的程序

我们既了解学习文学有这三种不同的方向,底下就可以来谈谈学习的程序了。

假若我们对文学光想成为一个鉴赏者,那就比较简单,只要多看文学作品,同时对于个人的生活使之丰富,那么普通的作品都容易理解。假若要想作一个作家或批评家,那就不大容易了。在我认为,无管是想作一个作者或批评家,都应当有着这样基本的修养——

A. 属于典籍的

从事文学的研究,必然的是抛撇不了典籍的诵读与阅览。不过有人要问究竟应该读些什么,要看些什么?我以为应阅读的有下列三种:

甲、作品——第一步,自然是文学名著,不论是中外古今,只要是名著,都应当尽情的阅读。最初自然是有些不能完全理解,但这是不

---

① 原刊"有的人能集其二,有的只具一部分才能,很难能并此三者的"几句漫漶不清,此处勉强录之,待考。

② "那"通作"哪",下同不另出校。

妨事的,因为有些作品是年龄大了才能懂。可是阅读的兴趣总得浓厚,读的多了,看的多了,自会提高自己对文学研究的兴趣,同时从名著中会提高自己的志趣、眼光,不至于落到卑陋凡下焉。

乙、理论——已经读了一些作品了,自然会有对文学本身作一研究的意向,而能解答这个问题的,是理论的书籍。中国的作品如刘勰的《文心雕龙》、钟嵘的《诗品》、朱光潜的《文艺心理学》,在外国如亚里斯多德的《诗学》、莫尔顿的《文学之近代研究》、温其斯德的《文学之理论与批评》、托尔斯泰的《艺术论》、厨川白村的《苦闷的象征》、小泉八云的《文学讲义》——这些书籍都是很枯燥的,尤其是译本,更是艰涩难读,但你要有耐心,同时要有几本名著在肚里作参考,这些书籍便不狠①难懂。它们告诉我们文学是什么,那些文学是有价值的,那些是无价值的,非读这些典籍,不但不能批评他人的著作,而且就是个人来创作,也不能找出一个正当的途径。

丙、其他——研究文学需要有丰富的常识,文字学,史学,心理学,社会学,哲学,民俗学,都应有相当的研究。一个孤陋寡闻的人,决不能成功为一个作家。工部的"读书破万卷,下笔如有神"可说是经验谈。现时代的人生更是复杂,更需要有博洽的学识,【对】各种现象才能有较深切的理解。即如茅盾的《子夜》决不是一个不懂政治经济的人,所能写出的。古人说:"读书要由博而反之于约。"学习文学又何尝不是如此。

B. 属于生活的

文学同其他的学问不同,文学所写的不纯然是书本上的知识,它大半是生活的体验,所以有些作品,非有丰富的人生阅历,及生活的深切体验,是不能了解的。渊明的诗,字句是那样的平淡,但如无深厚的修养,是不会尝到他的隽永的滋味的,东坡评谓"似枯而实腴",

---

① "狠"通作"很"。

是很对的。所以一个从事文学的人，应当对生活要多变化，不断要变化，而且要观摩，要体验。这样才能理解他人的作品，能理解他人的作品，自己才能进一步的去创作。

四、学习时应持的态度

中国一般人一向对文学不甚了解，所以对文学也不甚重视。这从最早的帝王起，就把文人当作倡优般看待，因之词曲小说之类也就被人视为小道，视为茶余酒后的消遣品。这种态度直至民十年新文学研究会成立，当时他们的宣言中，才声称过去人的谬误，今后要以严肃的态度，来从事文学的探讨。二十年来，这种观念在上层社会改变了不少，可是一般大众还差得远。所以不学习文艺则已，如要学习，首先要重视文学，把文学当作自己的终身事业，集中全力以赴之，颠沛必于是，造次必于是，这样才能够有成功的希望。平常光只是躺到床上，看几本不三不四低级趣味的小说，哼了几句肉麻的情歌，而美其名曰研究文学，文学有灵，也当羞死。

五、尾　话

以上不过是几句老生常谈，不是甚么高谈妙论。但我已预先声明，在这里讲的不是文学概论，这不过是对初学文学的读者略示路径而已。真正有志于文学的青年，还是要努力的去读屈原、陶潜、李白、杜甫、托尔斯泰、屠格涅夫、左拉、莫泊桑、歌德、莎士比亚、易卜生等作者的作品，光看文学入门同文学概论一类的书，是不行的。

卅一，七，廿九，南召梁沟。

文章简繁[①]

　　文章主要的目的,在表现作者的情绪或思想,但如何能表现得恰到好处,达到所谓增之一字则太繁、减之一字则太简的地步,这全看作者个人的技巧如何,所谓"神而明之,存乎其人",似乎是很难定出一条一定而不移的规律的。但是后来文士多鉴于前人文字之繁,于是矫枉过正,极力求简,反使文章意义因而转晦。故顾宁人谓:

　　子曰:"辞达而已矣。"辞主乎达,不论其繁与简也。繁简之论兴,而文章亡矣。(《日知录》"文章繁简"条)

　　那么照这样说来,文章不当予以剪裁与修饰吗?是又不然。文章是可以剪裁修饰的,士衡所谓"考殿最于锱铢,定去留于毫芒",工部所谓"新诗改罢自长吟",不都是认为诗文须删正吗?不过删正尽管删正,但不应把一个求简的意思放在胸中,因为极力求简的结果,到最后必不免于削足适履之弊。现在我打算本着宁人之说,把它扩而充之,进一步我们对繁简的问题,作一个彻底的探究,其于修辞问题,亦许不无裨益也。

[①] 本文原载《华北导报月刊》第2卷第6期,署名"访秋",1942年12月15日出版于洛阳。

一、作者删正己作

　　一篇文章之写成,中间常常经过许多次的修改才能成为定稿。本来我们的情绪是飘忽的、思想是抽象的,最初写的时候,不见得就能找到恰好的辞句把它们表现得适如其分,也许因为一字之不当,而使全篇减色,也许因一时间找不到适宜的词句,而使自己的意思隐晦不彰,这些都有赖于异日的删正,才能成为完整的作品。欧阳修每作一文,即糊在墙壁上,改了又改,到成为定稿时,常常不存原文一字。小泉八云也是每写一文,誊清后,放到抽屉内,隔几日拿出来改它一遍,再誊清放下,过几日,再改一遍。如此下去,能改很多次,才成定稿。为文必须这样推敲锻炼,才能成为不刊之作。近代学者的作品,有一个很好的例子,就是章太炎的《文学论略》。这篇文字最早揭载于《国粹学报》第二十一期,时道光①三二年丙午,迨光绪②元年乙酉(一九〇九),章氏刊其《国故论衡》,将此文收入,但词句与内容,较原刊已大有出入,其修正之迹,至为显著。

A. 内容的订补

《国粹学报》:

　　何以谓之文学?以有文字著于竹帛,故谓之文;论其法式,谓之文学。凡文理,文字,文辞,皆谓之文,而言其采色之焕发,则谓之彣。《说文》云:"文,错画也,象交文。""彣,䚋也。""䚋,有彣彰也。"或谓文章当作彣彰,此说未是。要之命其形质,则谓

---

① "道光"当作"光绪",作者误记年号。按,光绪三十二年丙午,即1906年。

② "光绪"当作"宣统",作者误记年号。按,宣统元年乙酉,正是1909年。

之文;状其华美,则谓之彣。凡彣者,必皆成文;而成文者,不必皆彣。是故研论文学,当以文字为主,不当以彣彰为主。今举诸家之说,商订如下。

《国故论衡》:

文学者,以有文字著于竹帛,故谓之文;论其法式,谓之文学。凡文理,文字,文辞,皆言文,言其采色发扬谓之彣。《说文》云:"文,错画也,象交文。""章,乐竟为一章。""彣,䩼也。""彰,文彰也。"或谓文章当作彣彰,则异议自此起。《传》曰:"博学于文",不可作"彣"。古之言文者,不专在竹帛讽诵之间。孔子称尧、舜"焕乎其有文章"。盖君臣朝廷尊卑贵贱之序,车舆衣服宫室饮食婚娶丧祭之分,谓之文。八风从律,百度得数,谓之章。文章者,礼乐之殊称矣。其后转移,施于篇什。太史公记博士平等议曰:"谨按诏书律令下者,文章尔雅,训词深厚。"(《儒林列传》)此宁可书作"彣彰"耶?独以五采施五色,有言黻、言黼、言文、言章者,宜作"彣彰"。然古者或无其字,本以"文章"引申,今欲改"文章"为"彣彰"者,恶夫冲澹之辞,而好华叶之语,违书契记事之本矣。孔子曰:"言之无文,行而不远。"盖谓不能举典礼,非苟欲润色也。《易》所以有《文言》者,梁武帝以为文王作易,孔子遵而修之,故曰《文言》,非矜其采饰也。夫命其形质曰文,状其华美曰彣,指其起止曰章,道其素绚曰彰。凡彣者必皆成文,凡成文者不皆彣。是故榷论文学,以文字为准,不以彣彰为准。今举诸家之法,商订如左方。

B. 词句的修正

《国粹学报》	《国故论衡》
然《雕龙》所论列者,艺文之属,一切并包,是则文笔分科,只存时论,固未尝以此为限界也。	然《雕龙》所论列者,艺文之部,一切并包,是则科分文笔,以存时论,故非以此为经界也。

《国粹学报》	《国故论衡》
近世阮伯元氏,以为孔子赞《易》,始著《文言》,故文必以骈俪为主,而又牵引文笔之分,以成其说。夫有韵为文,无韵为笔,则骈散诸体,皆是笔而非文。籍此证成,适足自陷。既以《文言》为文,则《序卦》、《说卦》又将何说?且文辞之用,各有所当,《彖》、《象》诸篇,属于占繇之体,则不得不为韵语;《系辞》、《文言》属于述赞之体,则不得不为俪辞;《序卦》、《说卦》或属目录或属笺疏,则不得不为散录。必以俪辞为文,何以《十翼》不能一致,岂波澜既尽,有所谢短乎?	近世阮元氏,以为孔子赞《易》,始著《文言》,故文以偶俪为主,又牵引文笔之说以成之。夫有韵为文,无韵为笔,是则骈散诸体,一切是笔非文,藉此证成,适足自陷。既以《文言》为文,《序卦》、《说卦》又何说焉?且文辞之用,各有体要,《彖》、《象》为占繇,占繇故为韵语;《文言》、《系辞》为述赞,述赞故为俪辞;《序卦》、《说卦》为目录笺疏,目录笺疏故为散录。必以俪辞为文,何缘《十翼》不能一致,岂波澜既尽,有所谢短乎?

C. 段落的删削

　　试将《国粹学报》中所载自"或言学说文辞"至"其为文辞则一也"一段,与《国故论衡》中所载自"或言学说文辞所由异者"至"以文辞学说为分者,得其大齐,审察之则不当"一段相较,不但内容有出入,即词句亦大段的删去(文长不俱引)。至就整个的文章而论,则后者已较为整练苍劲得多。像这样的修正,则真可谓义增于前、文省于旧也。

　　其次,朱晦庵曾见过欧阳修的《醉翁亭记》原稿,发端凡三四行,后悉涂去,而易以"环滁皆山也"五字。此正为删正己作而使之趋于适当之一佳例。

二、檃栝前人之作而更生色者

　　这一类是本着前人的作品,而予以修正与润色,于是其文彩遂驾乎前人而上之,如《左氏传》之于《国语》。

《国语》	《左氏传》
（一）宋人使门尹班告急于晋，公告大夫曰："宋人告急，舍之则宋绝。告楚则不许我。我欲击楚，齐、秦不欲，其若之何？"先轸曰："不若使齐、秦主楚怨。"公曰："可乎？"先轸曰："使宋舍我而赂齐、秦，藉之告楚。我分曹、卫之地以赐宋人。楚爱曹、卫，必不许齐、秦。齐、秦不得其请，必属怨焉，然后用之，蔑不欲矣。"	（一）宋人使门伊般如晋师告急。公曰："宋人告急，舍之则绝。告楚不许。我欲战矣，齐、秦未可，若之何？"先轸曰："使宋舍我，而赂齐、秦，藉之告楚。我执曹君而分曹、卫之田，以赐宋人。楚爱曹、卫，必不许也。喜赂怒顽，能无战乎？"
（二）先轸曰："子与之。我不许曹、卫之请，是不许释宋也。宋众无乃强乎！是楚一言而有三施，子一言而有三怨。怨已多矣，难以击人。"	（二）先轸曰："子与之。定人之谓礼，楚一言而定三国，我一言而亡之。我则无礼，何以战乎？不许楚言，是弃宋也。救而弃之，谓诸侯何？楚有三施，我有三怨，怨仇已多，将何以战？"

第一例是由繁而删之使简，第二例是简而增之使繁，但总期于字句之畅通，与夫意思之充分得以表现。故《左氏》行，而《国语》转不为世人所重。文字之工拙，讵不重哉。又如王西厢之与董西厢。

董西厢	王西厢
【风吹荷叶】生得于中堪羡，露着庞儿一半，宫样眉儿山势远。十分可喜，二停似菩萨，多半是神仙。 【醉奚婆】尽人顾盼，手把花枝撚。琼酥皓腕，微露黄金钏。 【尾】这一双鹘鸰眼，须看了可憎底千万，兀底般媚脸儿不曾见。	【元和令】颠不剌的见了万千，似这般可喜娘的庞儿罕曾见。则着人眼花撩乱口难言，魂灵儿飞在半天。他那里尽人调戏，弹着香肩，只将花笑捻。 【上马娇】这的是兜率宫，休猜做了离恨天。呀，谁想着寺里遇神仙！我见他宜嗔宜喜春风面，偏宜贴翠花钿。
【胜葫芦】手取金钗把门打。君瑞问："是谁家？""是红娘啰！待与先生相见咱！"张生闻语，速开门连问："管是莺姐姐使来吵。昨日因循误见他，咫尺抵天涯，一夜教人没乱洒。"红娘道："且住，把莺莺心事，说与解元暇！"	【元和令】金钗敲门扇儿，我是个散相思的五瘟使。俺小姐想着风清月朗夜深时，使红娘来探尔。俺小姐至今脂粉未曾施，念到有一千番张殿试。

董西厢	王西厢
【中吕调】【古轮台】"莫心忧,解元听妾话踪由。俺姐姐夜来个闻得琴中挑斗,审听了多时,独语独言搔首。手抵牙儿,喟然长叹:'奈何慈母性搊搜,应难欢偶!'料来他一种芳心,尽知琴意,非不多情,自僝自僽。争奈他家不自由!我团着情,取个从今后为伊瘦。"	
【双调】【御街行】文房四宝都拈至,先把松烟试。墨池点得兔毫浓,拂拭锦笺一纸。笔头洒落相思泪,尽写心间事。也不打草不勾思,先序几句俺传示,一挥挥就一篇诗。笔翰与羲之无二。须臾和泪一齐封了,上面颠倒写一对鸳鸯字。	【后庭花】我则道拂花笺打稿儿,原来他染霜毫不勾思。先写下几句寒温序,后题着五言八句诗。不移时,把花笺锦字,叠做个同心方胜儿。忒聪明,忒敬思,忒风流,忒浪子。虽然是假意儿,小可的难到此。 【青歌儿】颠倒写鸳鸯两字,方信道"在心为志"。看喜怒其间觑个意儿。放心波学士!我愿为之,并不推辞,自有言词。则说道:"昨夜弹琴的那人儿,教传示。"

由董西厢到王西厢,不能【不】①说是一个大的进步。董西厢自然也有他的优美的地方,即素朴自然,可是欠剪裁,欠精炼,有些可以省略的,常是唠唠叨叨的数②个不休。但有时遇到重要的关键,反而几句描过。王实甫本此书之大的纲领,从新又铸造一番,其因袭董本的处所,异常的明显,可是比董本精炼得多,生色得多了。大致就全书说,较董本为简净,可是有时倒比董本还要精详,这些地方,不能不叹实甫的技巧,比着解元确是高出一筹。所以说数百年来,王本脍炙于读者之口,而董本则阒然无闻于世。其中道理,就可以从这里窥知一二了。

---

① 原文此处似脱漏一"不"字,校订者酌补。
② 此处"数"似应作"说"。

三、删改前人之作而极端失败者

宋代史学家纂修古史,常常删改前人作品,而竭力求简,但往往使内容转趋隐晦,令读者莫名其所以。《日知录》引《黄氏日抄》云:

> 苏子由《古史》改《史记》,多有不当。如《樗里子传》,《史记》曰"母韩女也,樗里子滑稽多智",《古史》曰"母韩女也,滑稽多智",似以母为滑稽矣。然则"樗里子"三字其可省乎!《甘茂传》,《史记》曰:"甘茂下蔡人也,事下蔡史举,学百家之说",《古史》曰"下蔡史举学百家之说",似史举自学百家矣。然则"事"之一字其可省乎!以是知文不可以省字为工,字而可省,太史公省之久矣。

苏子由固是如此,即高明如司马温公亦曾犯此类之病。《通鉴》记淝水之战云:

> 晋太元八年,秋,七月。秦王坚下诏大举入寇,民每十丁遣一兵,其良家子年二十已下,有材勇者,皆拜羽林郎。又曰:"其以司马昌明为尚书左仆射,谢安为吏部尚书,桓冲为侍中;势还不远,可先为起第。"(《通鉴》卷一○五)

按,此本于《晋书·苻坚传》:

> 坚下书,悉发诸州公私马,人十丁遣一兵。良家子年二十已下,武艺骁勇,富室材雄者,皆拜羽林郎。下书期克捷之日,以帝为尚书左仆射,谢安为吏部尚书,桓冲为侍中,并立第以待之。(《晋书》卷一百四十下①)

《通鉴》原文采自此,但于"其以司马昌明为尚书左仆射"上边,删去"克捷之日"四字,同时于"先为起第"以下,删去"以待之"三字,于是意义模糊,乍看简直莫名其妙,为什么坚下诏而任用晋朝那班人

---

① 此处作者误记,当作《晋书》卷一百十四苻坚载记下。

呢?"可先为起第",是给谁起第呢?我最初读此段,简直装在闷葫芦里了,及一翻《晋书》,才为之恍然。

其次为《新唐书》亦有求简之病。即如卷一二一陆龟蒙传,实本于龟蒙自作《甫里子传》①,但删削极多。

> 先生之居,有地数亩,有屋三十楹,有田奇十万步(吴田一亩当二五〇步),有牛不减四十蹄,有耕夫百余指。而田污下,暑雨一昼夜,则与江通,无别己田他田也。先生由是苦饥困,仓无升斗蓄积。乃躬负畚锸,率耕夫以为具。由是岁波虽狂,不能跳吾防、溺吾稼也。或讥刺之,先生曰:"尧、舜霉瘠,大禹胝胼。彼非圣人耶?吾一布衣耳,不勤劬,何以为妻子之天乎?且与其蚤虱名器雀鼠仓庾者何如哉?"先生嗜茶荈,置小园于顾渚山下,岁入茶租十许,簿为瓯牺之费。自为《品第书》一篇,继《茶经》、《茶诀》之后。南阳张又新尝为《水说》,凡七等,其二曰惠寺石泉,其三曰虎邱寺石井,其六曰吴松江,是三水距先生远不百里,高僧逸人时致之,以助其好。

《隐逸传》:

> 有田数百亩,屋三十楹,田苦下雨,潦则与江通,故常苦饥。身畚锸,薅剌无休时,或讥其劳,答曰:"尧、舜霉瘠,禹胼胝。彼圣人也,吾一褐衣,敢不勤乎?"嗜茶荈,置园顾渚山下,岁取租茶,自判品第。张又新为《水说》七种,其二慧山泉,三虎丘井,六松江。人助其好者,虽百里为致之。

简则诚简矣,但与原意岂不大相径庭乎?刘器之曰:

> 《新唐书》叙事好简略其词,故其事多郁而不明。

顾宁人亦讥之谓:

> "时子因陈子而以告孟子,陈子以时子之言告孟子",此不须重见而意已明。"齐人有一妻一妾而处室者,其良人出,则必餍

---

① 又名《甫里先生传》。

酒肉而后反。其妻问所与饮食者,则尽富贵也,其妻告其妾曰:'良人出,则必餍酒肉而后反。问其与饮食者,尽富贵也,而未尝有显者来。吾将瞯良人之所之也。'""有馈生鱼于郑子产,子产使校人畜之池。校人烹之,反命曰:'始舍之,圉圉焉,少则洋洋焉,悠然而逝。'子产曰:'得其所哉?得其所哉!'校人出,曰:'孰谓子产智?予既烹而食之。'曰:'得其所哉!得其所哉!'"此必须重叠而情事乃尽,此孟子文章之妙。使入《新唐书》,于齐人则必曰:"其妻疑而瞯之。"于子产则必曰:"校人出而笑之。"两言而已矣。是故辞主乎达,不主乎简。

洪景庐《容斋随笔》亦云:

欧阳公进《新唐书》表曰:"其事则增於前,其文则省於旧。"夫文贵于达而已,繁与省各有当也。《史记》卫青传:"校尉李朔、校尉赵不虞、校尉公孙戎奴,各三从大将军获王,以千三百户封朔为涉轵侯,以千三百户封不虞为随成侯,以千三百户封戎奴为从平侯。"《前汉书》但云:"校尉李朔、赵不虞、公孙戎奴,各三从大将军,封朔为涉轵侯、不虞为随成侯、戎奴为从平侯。"比於《史记》,五十八字中省二十三字,然不若《史记》为朴赡可喜。

可知前人对《新唐书》之微辞,已不一而足。

我们试就以上例证而论,可知文字欲求精炼,必须修正润色,如章氏之于己作,或补充缺漏,或芟刈枝叶,期于事理详明,辞句惬当即后已。至镕铸他人之作,以为己作,如《左氏传》之于《国语》,王西厢之于董西厢,亦在求达求美,能斟酌情势,予以删削或补充,作者决无一毫求简之心横于胸中,故能点铁成金,价值益高。至于子由《古史》、永叔《新唐书》,力意①求简,结果辞意两无所当,内容既郁晦而不明,字句亦索然而乏味。故吾人于此,不能不叹宁人与景庐之见,为不可及也。

---

① "力意"通作"立意"。

"智"与"明"[①]

在事业的建造上,我觉得老子这句话,最可作为我们的参考,就是"知人者智,自知者明"。一般人在社会上活动,第一要问自己想干什么,第二要问自己能干什么,第三要问自己干什么干得最好。前一问题,比较[②]容易解决,后来的问题就越想越难了,而尤其是最后一个,想答得圆满,就必得把自己的个性、兴趣、天赋、体质、环境、教育、作一番详细的考察、研究,然后才能得出一个比较确实的答案来。

我们知道有许多的人物,他一生的成功,并不是他最初专门所学的那一种学问。鲁迅是学医的,但他却成功为一个文学家,胡适是学农的,但他却成功为一个史学家。这就足证明,自己所想要作的与自己所能作为的,并不一定会一致的道理来。

社会上的事业,是纷纭复杂,而人们的才能,又是千差万别,所以一个人不了解自己,而冒然的来选定自己要终身从事的事业[③],其结果之不合适,自是必不可免的。所以世界上从事于各方面事业的人,是那样的多,而能够获得成功,竟是如此之少。这固然大半是由于才

[①] 本文原载1947年2月28日兰州《西北日报》"专论"栏。此文由西北师范大学研究生王贺发现并提供。

[②] "较"原刊误作"經"。

[③] "终身从事的事业"原刊误作"终身从的事的事业"。

智高低的关系,而选择工作之不当,实为其主因。

夹在中国这个社会中,很难就自己的天赋之所近去决定自己应走的路径。一个社会有一个社会的风尚,谁能不受他的转移呢,贤达如梁任公,要专力从事于学术的研讨,不成问题是会有惊人的成就,但他踏入政治的漩涡,结果是在这方面,不但毫无成就,而且对他在学术上的建树,反牺牲的非常大,所以他到晚年就很有点后悔。任公尚且如此,至于不如任公的,不知有千百万,那他们之不免走入错误之路,还用说吗?

其次是由于社会上人才太少,往往能者多劳,万事集于一身,使一个人东西张慌,不能集中精力在一业,结果是务广而荒,样样都干,样样敷衍。蔡孑民先生晚年为要专力于中央研究院的任务,曾登报辞去兼职数十种,我们从这里可想到,与蔡先生地位相当,或略次于蔡先生的贤者,其兼职之事,不也是一样吗?像这样个人的精力分散了,不易有特殊的表现,同时社会各项事业,也因为自己的尸位,不会有什么发展,一方面是个人的失败,同时也是国家的损失。

所以就个人来说,决定自己工作的道路,应有自知之明,拣自己所能作得好的,专心致志的努力作去,不诱于风尚,不惑于势利,不见异思迁,不务广而荒,那么自己的工作一定可以得到相当的成功。再就社会来说,一般有声望地位的前辈,应有培植后进、提携后进的精神,使凡百事业,都能有专门人才去分任而治,所谓前辈也者,应自居于领导而督促的地位,那么自然社会就会有进步。又何必事事都兼而事事不管呢?

下面我们再看所谓"知人"。普通说来,这似乎是惟有作领袖的才需要具备这样的智慧,其实也不尽然,即不作领袖的,也需要知人之智。我们处于社会上,无时无刻不在与人接触,也无时无刻不在与人发生关系,既然要与人发生关系,那么就有了解人的必要,不了解某人,而与之共事,与之合作,结果是非常危险的,所以先哲孔子,他曾讲到考察人的方法道,"视其所以,观其所由,察其所安,人焉廋哉,人焉廋哉。"到汉代如刘邵的《人物志》,可以说是专门讲究知人的方法的专著,不过有一派学者,主张要专门从表现上来认识人,道庄两家都是如此,老子讲"不尚贤,使民不争","前识如道之华,而愚之始也",韩非因此而主张"以事观功,宰相必出于州郡,猛将必出于卒伍"。本来一般人的贤愚智不肖的分别,不能专就言论声誉上看,应该是从事实上来考察,这样似乎是笨,但的确是最可靠的办法,所以孔子说过这样的话,"始吾于人也,听其言而信其行,今吾于人也,听其言而观其行,于予与①改是"。所以我们要想了解一个人要听言观行,可是要任用一个人,应该是"以事观功","试可乃已了"。

可是社会上一般人则不然,对人往往是不能客观的去考察,而用人又往往囿于个人之私见。譬如根于一己之好恶,与彼此间的关系,只要个人喜欢的,或者与个人关系近的,那么愚者已是智,不肖者也是贤,结果必然的会把事情弄得一团糟。司马子长在屈原贾生传中曾这样的说:"人君无愚智贤不肖,莫不欲求忠以②自为,举贤以自佐,然亡国破家相随属,而圣君治国累世③而不见者,其所谓忠者不忠,而所谓贤者不贤也。"④可知所谓知人必须有一客观的标准才行,若一权以己之私见的标准最后没有不是弄得黑白混淆、是非颠倒的。

根据以上的论列,可知"智"与"明"是我们一生事业成败的枢纽,不明的人,不能尽己,不智的人,不能成物,但由何才能达到"智"与"明"的境地,很简单,这就全看自己能不能客观的去分析自己、考察别人了,主观与"情感",是我们"明""智"的大敌,要竭力排斥它们、驱除它们,纯用理智,站在第三者的地位,来看自己与别人,那么人我的真像,或者可以了解大半吧。老子称"知人者智,自知者明",用"智""明"二字来批评"知人"与"自知"的人,最剀切,最合适,盖惟此等人才可以成就大事业,才可以福己而利人。至于既不了解别

---

① "与"原刊误作"予"。
② "以"原刊误作"于"。
③ "世"原刊误作"上"。
④ 按,这段话出自司马迁《史记·屈原贾生列传二十四》。

人,更不认识自己的人,自然是智明的反面所谓"愚""闇"了。愚闇之辈,只能坏事、败事,你要希望他有所成就,那不只是希望,简直是有点近于梦想。